Techniques
de la vie en groupe

Du même auteur, aux éditions Chronique Sociale (Lyon) :
– **Des réunions plus effficace** (2e éd.)
– **Pratique de l'expression** (5e éd. co-édition EVO, Bruxelles)
– **Autorité, pouvoir, responsabilité** (3e éd.)
– **L'œdipe. Moyen de libération** (2e éd.), traduit en portugais et espagnol
– **Pour une éducation de la liberté** (4e éd.), traduit en portugais et espagnol
– **Organisation et responsabilité**
– **Savoir écrire un livre, un rapport, un mémoire...** (2e éd.)

L'humanité face aux changements :
– **Maîtriser les mutations techniques** (co-édition EVO)
– **Valeurs pour notre temps** (co-édition EVO)
– **Les sciences humaines en mouvement**, traduit en portugais et italien
– **Solidarité par le partage du travail et des revenus**

Les Éditions de la Chronique Sociale se veulent un champ d'expression libre où des pensées et des pratiques sociales différentes peuvent s'exprimer.

Elles ne sont inféodées à aucune institution, parti, Église, syndicat et ne vivent que de leurs productions. Leur orientation est déterminée par ceux qui participent à leur fonctionnement.

Elles souhaitent donner à chaque personne, à chaque organisation, des outils accessibles de connaissance, d'analyse et de compréhension d'elles-mêmes et de la société en évolution.

Chacun pourra s'approprier ces outils et les utiliser tant pour son développement personnel que pour une action collective efficace.

Responsable des Éditions : André Soutrenon
Correctrice : Simone Dutey
Composition : Colette Huissoud
Mise en page : Catherine Roche – Catherine Bigot
Relations avec l'imprimeur : Catherine Bigot
Imprimeur : Imprimerie des Monts du Lyonnais
69850 Saint-Martin-en-Haut

Chronique Sociale, Lyon, Dépôt légal : Octobre 1997

Charles Maccio

Techniques
de la vie en groupe

10e édition entièrement revue et augmentée
de l'ouvrage Animation de groupes

Les éditions précédentes ont été traduites en italien, en portugais et en espagnol

Savoir communiquer
synthèse

"La condition humaine, les profits de l'homme, la collaboration entre les hommes pour des tâches qui augmentent la totalité de l'homme, sont des problèmes neufs qui exigent de véritables inventions."

Frantz Fanon, **Les damnés de la terre**,
François Maspero, 1961, p.240

Chronique Sociale 7, rue du Plat, 69002 Lyon
Tél. : 04 78 37 22 12

La vie en groupe

Nous appartenons tous à des groupes, de vie, de travail, d'engagement. C'est une richesse pour nous et pour la société. C'est pour cela qu'il a paru utile de proposer deux ouvrages qui fournissent des matériaux pour vivre la vie de groupe plus pleinement et la rendre plus efficace.

Animer et participer à la vie de groupe

Ce premier ouvrage présente les composantes humaines : les personnes comme individus (animateur et participants) et les personnes comme êtres sociaux (le groupe).

- ***L'animateur*** exerce une fonction spécifique au sein des groupes, d'où l'importance d'analyser sa personnalité, sa responsabilité et la façon dont il va coordonner l'ensemble des responsabilités des participants en dynamisant la vie collective du groupe.
- ***Les participants***, personnes uniques qui, grâce à l'expression de leurs différences, vont enrichir leurs relations entre elles. En acceptant de prendre chacune une responsabilité, elles se répartissent les tâches à accomplir, ce qui facilite la participation active de l'ensemble.
- ***Le groupe***, vie commune des personnes, quand elles sont réunies, mais aussi avant et après les réunions. D'où la nécessité de connaître les phénomènes de groupe afin de faciliter la vie collective, au service de chaque personne et de toute l'équipe.

Les techniques pour animer et participer à la vie de groupe

Ce second ouvrage propose les outils indispensables pour favoriser l'équilibre des personnes et l'efficacité du groupe. Il aborde successivement :

- ***Le sens***, car vivre c'est penser et agir dans une direction donnée en sachant distinguer : les finalités (conception de la personne et de la société dont découlent les valeurs à choisir), les politiques (application du sens à un secteur ou domaine particulier – santé, éducation) et les objectifs qui sont l'application à court terme des politiques et des finalités, se traduisant par des moyens.
- ***Le projet***. C'est la capacité de rédiger un programme cohérent qui indique le travail à réaliser sur une certaine période. Le projet personnel s'inscrit dans un projet de groupe qui fait partie du projet d'une organisation. C'est ainsi que les personnes concrétisent le sens à donner à leurs pensées et à leurs actions.
- ***Les techniques***. Ce sont les instruments nécessaires à la réalisation des objectifs et du projet. Il nous faudra distinguer : **les moyens** qui sont des outils pratiques, **des méthodes** qui indiquent la façon de se servir des moyens, **des procédures** qui permettent l'organisation des moyens et des méthodes dans une démarche pour réaliser le projet.

Ces deux ouvrages rassemblent une documentation importante puisée dans l'expérience de nombreuses personnes et dans la recherche de beaucoup d'auteurs. Ils permettront, nous l'espérons, à chaque personne d'y trouver les éléments nécessaires pour assumer ses responsabilités dans sa vie de groupe, en se les appropriant, les améliorant, les transformant, en tenant compte de son expérience personnelle et des besoins du groupe.

Remerciements

Ce livre n'aurait pu exister sans les nombreuses personnes qui, consciemment ou inconsciemment, m'ont interpellé.

D'abord au cours des stages d'animation de groupe, d'organisation de réunions, d'accompagnement de recherche pour rendre les structures des organisations plus démocratiques, etc. stages organisés à la demande pour répondre aux besoins. Que soient remerciés ceux qui, pendant plus de 20 ans, responsables d'organisations et participants, m'ont sollicité.

Ainsi que tous les amis qui ont relu et critiqué le manuscrit et m'ont apporté la lumière de leur expérience.

– *André Soutrenon par ses remarques pertinentes*

– *Simone Dutey pour son regard minutieux sur le texte*

– *Catherine Bigot pour son travail de présentation agréable*

– *Colette Huissoud pour le gros travail de frappe du texte et ses suggestions*

– *Catherine Roche pour l'harmonisation de l'ensemble du texte*

– *Colette Bizouard pour ses réactions et ses conseils éclairés*

– *Sans oublier Blanche, mon épouse, pour sa longue patience face à mon isolement pendant mon travail d'écriture.*

Merci à tous les lecteurs qui ont pris la peine de m'écrire pour me faire part de leurs remarques et suggestions.

Merci enfin aux critiques de journaux et revues qui grâce à leurs réactions m'ont interpellé.

Techniques de la vie en groupe

"Science sans conscience n'est que ruine de l'âme."

François Rabelais (1494-1553)

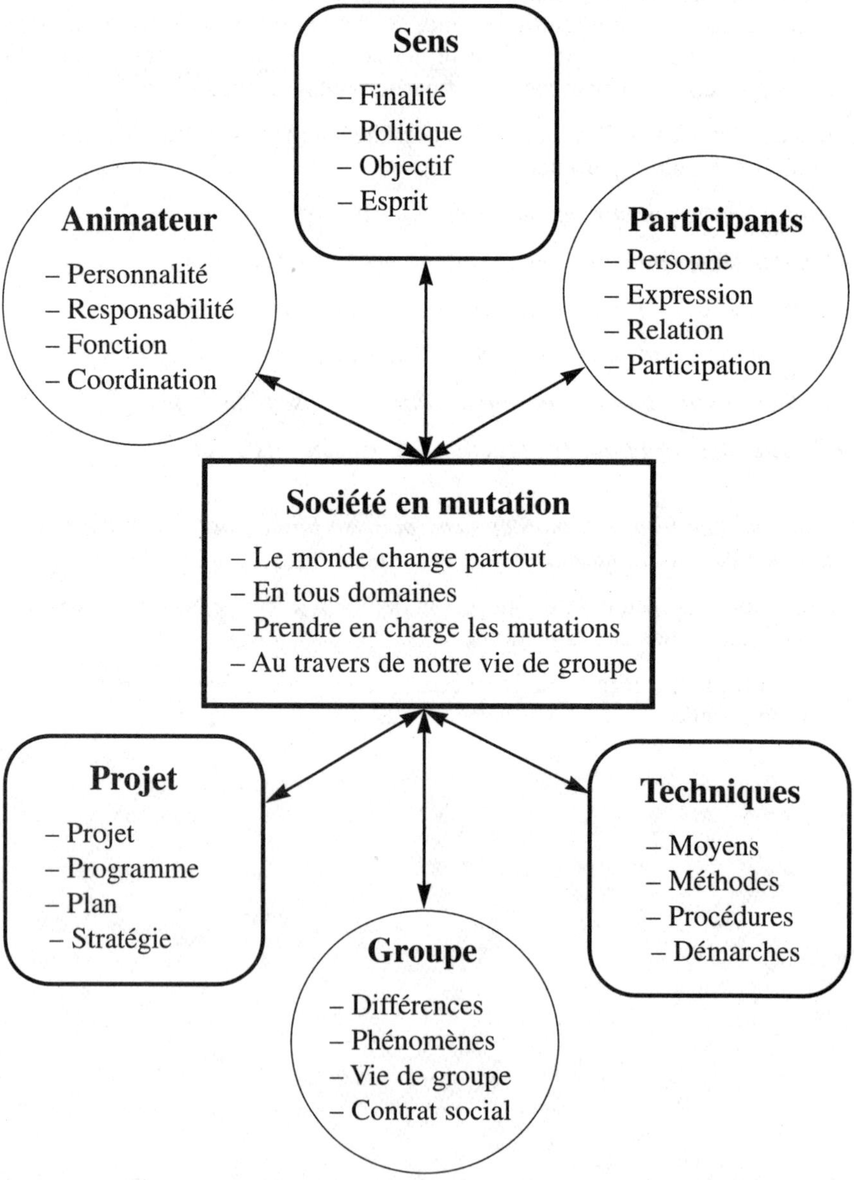

Techniques de la vie en groupe

"Un caillou jeté dans l'eau fait des cercles à l'infini. C'est pourquoi nous devons inlassablement faire des gestes qui font avancer la cause du pluralisme culturel. Et les valeurs qui s'y rattachent : démocratie, tolérance, justice et paix."

Frederico Mayor, directeur de l'Unesco, **Courrier de l'Unesco**, octobre 1994

Cet ouvrage est complémentaire de l'ouvrage : **Animer et participer à la vie de groupe** qui aborde les problèmes des personnes

– tant au plan individuel : l'animateur, les participants

– qu'au plan collectif : le groupe.

Introduction

Pourquoi apprendre à travailler en équipe

1. Nous sommes des personnes en relation

- *Chacun de nous est un être unique*. Par nos caractéristiques biologiques : nous sommes composé de 23 chromosomes de notre père et de 23 chromosomes de notre mère, ce qui fait de nous un être différent de nos géniteurs, mais aussi de toutes les autres personnes. Par notre façon de penser : nos réactions, nos idées, nos convictions sont le fruit de notre histoire personnelle confrontée à l'histoire personnelle de chacun de ceux qui nous entourent. Par nos sentiments personnels, fruit de nos relations parentales, qui ont forgé notre façon de réagir affectivement aux événements et aux diverses rencontres occasionnées par notre vie sociale. Cette interaction corps, cœur, esprit a permis de faire de nous un **être autonome**. La nature nous a faits différents. La culture peut nous rendre solidaires. C'est une prise de conscience nécessaire.

- *Vivant au sein d'un tissu de relations sociales*. Nous vivons dans un logement avec notre famille. C'est le premier lieu d'apprentissage de vie sociale puisqu'il nous faut apprendre à vivre avec nos parents, nos frères et sœurs. Notre logement est situé dans un quartier, un village, un hameau. Nous y rencontrons des personnes d'autres familles avec qui il est nécessaire d'apprendre à cohabiter sur un territoire proche. Pour gagner notre vie, nous avons un travail où, avec d'autres collègues, nous sommes affronté à la réalisation d'une tâche. Si par malheur nous n'avons pas de travail, nous allons rejoindre les millions de chômeurs qui sont affrontés aux mêmes problèmes que nous. Si nous avons la foi, nous appartenons à une Eglise, une religion. Quand nous réagissons avec d'autres pour améliorer nos conditions de vie ou de travail nous rejoignons ceux qui appartiennent à une association, à un syndicat, à un parti, etc. Sans oublier nos loisirs où nous côtoyons encore d'autres personnes. Nous découvrons que nous sommes des êtres de relations. C'est ainsi que se réalise notre **socialisation**.

- *Autonomie et socialisation* contribuent au développement de notre être individuel et social. C'est ainsi, grâce aux autres, que nous pouvons devenir nous-même. Notre autonomie se réalise par tout ce que nous apportent les autres. C'est cette conscience qui fait notre socialisation. Elle nous permet non seulement d'accepter l'autonomie des autres, mais nous fait participer lucidement et activement à sa réalisation. Cette conscience favorise en outre le dépassement de l'individualisme ambiant, car qui peut prétendre développer toutes ses virtualités seul, sans la participation des autres ?

Le groupe va donc être un moyen incontournable de notre épanouissement personnel.

2. C'est un moyen efficace

• ***De travail***

Qui peut prétendre se passer des autres pour vivre sa vie ? Pour bâtir nos logements, il a fallu des équipes de travail. Pour construire nos voitures, nos ordinateurs, nos routes, nos meubles, il faut aussi des équipes de travail. Pour édifier nos quartiers, nos villes, nos usines, nos écoles, nos universités, etc. il faut aussi des équipes de travail. Ce qui est vrai du secteur du travail l'est tout autant de tous les secteurs de la vie sociale. Dans les loisirs : équipes de foot, de rugby ; dans les hôpitaux : équipes chirurgicales, équipes de soins ; dans les associations : équipes de formation, équipes financières ; dans les syndicats : équipes salaires, équipes négociations, et la liste peut s'allonger en repérant chacun des éléments de nos besoins. Tout ce qui nous entoure est le fruit du travail humain, bénévole et salarié, réalisé dans ces divers groupes appelés des équipes.

• ***De changement à tous les niveaux de la vie sociale***

- ***Dans notre vie personnelle***. Le groupe, la vie d'équipe favorisent la conscience des problèmes, l'expression de chaque membre, l'affrontement des analyses et des propositions, la prise de décision, l'action individuelle et collective pour résoudre les problèmes où les personnes du groupe sont concernées. Contre la solitude chacun aspire à être reconnu et il peut l'être au travers de sa participation à des activités.
- ***Dans la vie des groupes où nous sommes inséré***. Une équipe est plus intelligente qu'une personne seule. En effet, elle permet un enrichissement mutuel grâce à la mise en commun de nos différences. Si j'apporte une idée, si l'autre apporte aussi une idée, nous avons deux idées chacun et, si nous sommes dix avec dix idées différentes, chacun possède alors dix idées. Sans compter l'interaction des idées qui en fait surgir de nouvelles. Ce qui est vrai des idées l'est aussi des actes. Ceux qui ont le même problème à résoudre, s'ils s'organisent pour agir ensemble, seront plus efficaces pour opérer les changements nécessaires pour améliorer leurs conditions de vie ou de travail.
- ***Dans la société***. L'ensemble des activités individuelles coordonnées dans le groupe permet les changements locaux. L'ensemble des activités de groupes appartenant à la même organisation favorise les changements au niveau régional et national. L'ensemble des activités des diverses organisations agissant ensemble sur un même problème provoque des changements dans la société.

De l'action individuelle par l'intermédiaire du groupe à l'action collective des groupes coordonnés, le **changement social** s'opère en commençant à la base sur les problèmes de vie quotidienne pour provoquer progressivement la mise en place d'une société plus humaine. C'est grâce à la participation de chacun au sein de groupes que la société pourra s'améliorer.

La vie du groupe, un phénomène enrichissant

La vie du groupe se réalise en deux états. Le premier état se passe quand le groupe est réuni sous forme de réunions diverses et variées, réunions de réflexion, de recherche, d'information, de décision, de négociation, etc. Le second état se déroule en dehors des réunions quand les personnes agissent dans la vie de tous les jours.

- Ces deux états se décomposent en trois périodes :
  - avant les réunions pour les préparer ;
  - pendant les réunions pour mettre en commun ces préparations individuelles ;
  - après les réunions pour réaliser les activités prévues au cours de la réunion.
- Dans la vie du groupe il y a donc les moments où les personnes sont réunies pour travailler ensemble, échanger, réfléchir, décider. Il y a d'autres moments où les membres du groupe sont seuls dans leur milieu de vie pour prendre conscience des problèmes, s'informer, réfléchir, amener ces matériaux à la réunion pour les travailler en équipe et traduire dans leurs activités, après les réunions, les résultats de ces échanges.

Le groupe vit comme une personne. Il naît quand plusieurs personnes ayant pris conscience d'un problème dans leur vie décident de s'organiser, de se retrouver pour agir ensemble. Il se développe grâce à l'apport de chacun de ses membres et, à mesure que sa vie se déroule, sa cohésion se renforce, ses communications internes et externes se développent, etc. Des changements se produisent pour tenir compte de l'évolution des mentalités et des mutations de la société. Si le groupe est assez lucide pour assumer ces changements, il continue son développement en modifiant ses habitudes. S'il refuse en subissant la résistance au changement de ses membres, il se sclérose et soit il se bureaucratise, soit il meurt.

Cette vie est riche de potentialité si nous savons :

- ***Développer la qualité de nos relations***
  - *Inviter* ceux qui ont les mêmes problèmes que nous.
  - *Nous rencontrer* pour échanger ensemble.
  - *Accueillir* chacun avec le sourire et
  - *Etre à l'écoute* de chacun des autres.
  - *Mieux comprendre* nos problèmes et nos réactions.
  - *Nous enrichir* de nos différences.
  - *Transmettre* autour de nous le résultat de nos travaux.
  - *Inventer* les réponses à la diversité des personnes et de leurs problèmes.
  - *Laisser mûrir* les solutions pour les rendre plus pertinentes.
  - *Faire changer* par nos actes individuels et collectifs.

- ***Donner un sens à notre vie et à nos rencontres***
  - *Utiliser notre potentiel* pour nous réinventer.
  - *Tisser des liens* qui donnent de l'énergie.
  - *Créer des structures* qui favorisent les échanges.
  - *Nous libérer* du conformisme ambiant.
  - *Prendre conscience* de nos problèmes et de ceux du monde.
  - *Prendre le temps* de nous impliquer et de dialoguer.
  - *Savoir instaurer* la justice face à une situation insupportable.
  - *Rechercher des objectifs* communs à tous les membres du groupe.
  - *Apprendre à partager* notre avoir, notre savoir, notre pouvoir.
  - *Situer nos actes* dans une perspective évolutive.

Cette vie de groupe est source d'apprentissage permanent. Elle permet :

- *D'enrichir* chacun de ses membres par la différence des autres.
- *D'évoluer* de la compétition vers la solidarité.
- *De favoriser* la prise de responsabilité de chacun.
- *D'épanouir* l'imagination et l'initiative individuelles et collectives.
- *De favoriser* l'épanouissement de la liberté dans la relation.
- *De décupler* l'efficacité des activités.
- *D'élargir* la conscientisation du groupe et du milieu.
- *D'utiliser* les potentialités et les richesses de chaque personne.
- *D'accéder* à la compréhension de la complexité des problèmes.
- *D'avoir une vision* plus large des problèmes du monde.

Cette vie de groupe nous prépare à

- Nous former.
- Nous informer.
- Nous documenter.
- Nous organiser.
- Coopérer.
- Communiquer.
- Réfléchir.
- Travailler en groupe.
- Décider.
- Nous transformer.

Cette richesse du groupe est une dynamique vivante de transformation sociale qui commence par le changement de nous-même, en nous faisant découvrir les vertus de la simplicité, de l'ouverture, de la souplesse, et la nécessité de mettre en œuvre en permanence dans nos équipes écoute, compréhension, responsabilisation. Ces deux démarches complémentaires nous permettent d'atteindre la véritable efficacité qui est celle de l'épanouissement de l'être, de tous les êtres, grâce aux autres êtres.

Pourquoi apprendre à animer ?

Des signes d'évolution des mentalités

Une conjugaison de phénomènes se traduit par un changement profond des relations sociales des nouvelles générations.

- ***La loi de 1881 sur la scolarité obligatoire*** et celles qui ont suivi pour prolonger la scolarité ont permis aux générations actuelles d'accéder au savoir. Nous avons aujourd'hui dans la société des personnes avec un niveau d'instruction élevé. On ne peut donc, dans les entreprises par exemple, commander comme on le faisait avec leurs pères ou leurs grands-pères. Ces personnes veulent avoir **un autre rapport au pouvoir**. Elles se sentent capables de participer aux décisions dans les domaines qui les concernent. Mais l'instruction ne donne pas forcément l'intelligence, ni l'éducation, d'où la nécessité de poursuivre la formation en permanence.
- ***L'extension des médias*** donne aux personnes une place importante dans la vie sociale et apporte **un autre rapport au savoir**. L'arrivée du multimédia modifie aussi notre système de relations. Il permet de compléter la formation initiale. Il nous fait accéder à une masse d'informations grâce aux multiples bases de données à notre disposition. Il favorise la communication sous toutes ses formes en nous permettant, grâce à la numérisation, d'échanger son, texte, image, mouvement. Il nous ouvre au monde. Aucun point du globe n'échappe à notre investigation et cet accès se réalise très rapidement. C'est un enrichissement considérable du potentiel des personnes que peuvent nous procurer ces outils.
- ***Le développement de la vie associative s'étend sans cesse***. Des centaines d'associations sont déclarées chaque jour dans de nombreux pays. Ce phénomène est un signe face au dépérissement des corps intermédiaires classiques : syndicats, partis, organismes culturels, etc. Il indique clairement que les personnes concernées par un problème veulent le prendre en charge. Elles créent pour cela de nouvelles structures qu'elles veulent moins pyramidales, pour échapper au pouvoir des minorités dirigeantes des institutions traditionnelles. Elles introduisent **un autre rapport à la citoyenneté**. Sans réflexion et analyse de ces expériences, elles peuvent échouer et conduire au découragement, alors qu'une étude sérieuse des raisons du piège de la reproduction peut conduire à trouver des solutions novatrices.
- ***De nouvelles expériences dans des entreprises de haute technologie***. C'est un autre secteur d'expérimentation. Comportant généralement un personnel hautement qualifié, la hiérarchie des fonctions y a peu de sens car tous possèdent un très haut niveau de compétence. Ces entreprises se sont donc orientées vers des structures cellulaires remplaçant les structures pyramidales classiques. Les définitions de fonctions y sont claires et précises. Elles comportent une partie fonctionnelle précisant les tâches à réaliser et une partie plus politique concernant les aspects décisionnels et les objectifs de l'entreprise. C'est vers **un autre rapport à la responsabilité** que l'on s'oriente.

Tirer les conséquences de ces signes

Ces signes indiquent donc une volonté d'avoir du pouvoir dans les domaines où chacun se sent concerné. Ce désir conscient ou inconscient d'avoir des responsabilités, soit sera pris en compte, cela nécessitera que nous repensions nos structures et notre système de relations ; soit sera rejeté, mais, comme c'est un phénomène irréversible, ce qui ne se fera pas à froid, par la négociation et la concertation en recherchant ensemble des bases nouvelles, se fera à chaud dans les pires conditions. Trois éléments devront plus particulièrement attirer notre attention.

- ***Tous une responsabilité***. C'est à la base, au niveau des groupes, que peuvent se réaliser les premiers changements. Il y a tellement de tâches à réaliser dans un groupe, tant dans la vie associative que dans les entreprises ! Il serait préférable d'affecter à chacun des membres une responsabilité précise et concrète. La plupart du temps, les responsabilités réparties sont d'ordre **fonctionnel** (président, trésorier, secrétaire, information, formation, etc.). Cela risque de conduire à un esprit de chapelle et à faire perdre de vue les objectifs d'action de l'organisation à laquelle appartient le groupe. Pour éviter ce danger, il serait souhaitable d'ajouter à la responsabilité fonctionnelle une responsabilité **politique** correspondant au champ d'action du groupe (éducation des enfants, budgets familiaux, contraception, etc. pour une association familiale par exemple). Cette double responsabilité pour chaque membre répondrait à un désir de se prendre en charge et rendrait le groupe plus efficace pour agir sur les problèmes de son secteur.

- ***Tous assumer les quatre dimensions d'une responsabilité***. Un groupe souhaitant être efficace et désirant favoriser le partage du pouvoir dans son sein devra prendre en compte pour chaque responsabilité les dimensions suivantes :
  - *Gestion*, c'est-à-dire son champ de pouvoir. Celui qui ne peut **décider** n'est pas responsable. La compétence devra donc être requise et développée pour atteindre à l'efficacité de la fonction et de l'équipe.
  - *Administration*. C'est le champ du fonctionnement de l'organisation par l'intermédiaire de la fonction de chacun. C'est le registre des **outils** pour atteindre les objectifs fixés : moyens, méthodes, procédure.
  - *Animation*. C'est ce qui donne une âme à la vie d'un groupe. C'est tout le domaine des **relations**, de la communication, où, à travers sa responsabilité, on insuffle participation et dynamisme.
  - *Orientation*. Toute action résultant d'une réflexion doit avoir un **sens**. C'est vrai au plan personnel. C'est aussi vrai au plan des groupes, des organisations, des institutions. Cette orientation, ce sens donnent cohérence à nos projets individuels et collectifs.

- ***Tous animateurs***. Ainsi, dans le cadre de notre responsabilité, par exemple trésorier (ou tout autre), il deviendra nécessaire : 1. d'être capable de communiquer notre travail aux autres membres du groupe ; 2. d'animer le groupe pour le faire réfléchir sur les problèmes soulevés par l'exercice de notre responsabilité (politique financière, choix des investissements, etc.) ; 3. ceci, afin de déterminer collectivement les actions à engager face aux aspects particuliers de notre responsabilité. Ainsi, il n'y a plus un animateur exclusif par groupe (celui-ci devient coordinateur), mais chaque membre anime le groupe lorsque sont abordés les problèmes de sa compétence et de sa responsabilité.

Le groupe est inséré dans des réseaux

La nature d'un réseau [1]

- **Le réseau est un ensemble de personnes ou de groupes** réunis par des liens de sympathie ou de nécessité, qui sont en relation, pour donner un même sens à leur action, au sein d'organisations différentes.
- **Les structures** bureaucratiques et hiérarchiques ont de la difficulté à accepter de changer pour tenir compte des mutations en cours. **Les réseaux d'acteurs** sont, au contraire, des ensembles non structurés, par lesquels transitent des flux d'informations, entre les acteurs agissant dans la même sphère d'activité ou d'activités différentes, et caractérisés par leur capacité à anticiper les changements de l'environnement, à décider des actions nécessaires et à les mettre en œuvre au sein des groupes et organisations auxquels ils appartiennent.

Un réseau de personnes

- ***Chacun de nous*** est inséré dans un grand nombre de relations avec d'autres personnes, dans sa famille, son quartier, son entreprise, son Eglise, son parti, son club de loisirs, etc. qui peuvent former un réseau.
- ***Les autres membres d'un de nos groupes*** sont aussi insérés dans un réseau de relations comme nous le sommes. Si, dans chaque groupe, on fait le point des personnes en relations avec chacun des membres du groupe, cela représente un nombre considérable de personnes touchées, ce qui est un atout considérable quand il s'agit de prendre conscience des problèmes auxquels nous sommes affrontés.
- ***Les autres membres des autres groupes*** auxquels nous appartenons sont aussi en relation avec un grand nombre de personnes comme nous-même. Cela élargit encore le champ de relations possibles de personnes que l'on peut contacter. Nul n'est une île. Etant inséré dans une multitude de réseaux, nous sommes en prise directe avec la réalité pour prendre conscience des problèmes et réfléchir sur la façon de leur apporter une réponse.

Cette prise de conscience de notre insertion dans des réseaux pourrait nous aider à dépasser notre propre individualisme et contribuer, par nos actions, à faire prendre conscience que **l'individualisme** est une attitude irréaliste et dépassée aujourd'hui.

- ***Les autres personnes d'autres cultures***. Notre relation aux autres illustre aussi le brassage de population auxquels nous sommes confronté : contact avec des immigrés vivant chez nous, mais aussi découverte, à l'occasion de manifestations sportives, religieuses, de salons, d'expositions, de colloques, que beaucoup de nos concitoyens vivent à l'étranger. Ces mélanges de population existent depuis l'hominisation. Comment une personne cultivée peut-elle encore être raciste puisque, après des millénaires de brassages ethniques, nous sommes tous des métis, comme le dit avec pertinence Michel Serres ?

---

(1) **L'acteur et le changement : essai sur les réseaux**, Neuschwander, Seuil, 1991.

Un réseau de groupes

• ***Notre groupe fait partie avec d'autres groupes d'une même organisation*** d'entreprise, de loisirs, syndicale, associative, religieuse, etc. Ce qui vient ajouter au réseau de notre groupe tous les réseaux des autres groupes appartenant à la même organisation. Cela représente un nombre considérable de personnes touchées.

• ***Notre groupe fréquente d'autres groupes, d'autres organisations s'intéressant aux mêmes problèmes***, mais avec des objectifs, des idéologies différents. Il existe, par exemple, plusieurs organisations syndicales, plusieurs associations s'intéressant aux handicapés, aux familles, aux problèmes scolaires, etc. Ainsi, sur un même problème, un grand nombre d'organisations se mobilisent représentant une quantité de réseaux touchant une multitude de personnes. Si l'unité d'action pouvait se réaliser à défaut d'unification, l'efficacité serait décuplée. Le problème serait pris en charge par toutes les organisations concernées, tout en respectant les orientations particulières de chacune.

• ***Notre groupe côtoie d'autres groupes appartenant à des organisations prenant en charge des aspects différents d'un même problème***. Par exemple, le chômage concerne les syndicats, les partis politiques, les associations familiales, les entreprises, l'administration, les organismes caritatifs, etc. Par nos différentes insertions dans des groupes divers et par les réseaux avec lesquels ils nous mettent en contact, il devient possible, face à un problème, de percevoir qu'il y a compénétration des problèmes. Le chômage a une dimension politique (droit), économique (entreprise), idéologique (solidarité), sociale (famille), culturelle (normalité), etc. Le chômage est aussi lié aux problèmes de revenu, de logement, d'impôt, d'équipement ménager, de loisirs, etc. Par la conscience de notre appartenance à des réseaux multiples nous découvrons la complexité des problèmes et leur dimension collective. Comment rester replié sur son territoire quand les problèmes sont à l'échelle du monde ?

Si les problèmes débordent notre vie personnelle, locale, nationale, pour atteindre la dimension mondiale, comment rester enfermé dans une organisation qui n'aurait aucune ou peu de relations avec d'autres organisations ? S'il y a compénétration des problèmes, interaction des phénomènes entre eux, il devient nécessaire d'œuvrer pour que les organisations auxquelles nous appartenons découvrent **la complémentarité** de leur action avec celle des autres. Cela pourra entraîner des collaborations, des coopérations, peut-être sur des points limités, mais ce sera un grand pas en avant pour faire éclater l'esprit boutique, les nationalismes étriqués, les dogmatismes dépassés. Ce sera la mort des fanatismes pour arriver à **apprendre à coopérer** au lieu de se concurrencer, **à partager** au lieu de tirer la couverture à soi, **à développer l'entraide** au lieu de la compétition, à promouvoir **la solidarité** au lieu de l'égoïsme et du repli sur soi.

Le groupe inséré dans la vie sociale

Le groupe est l'unité de base de la vie sociale. Il est inséré dans un tissu apparemment complexe. En le situant, il devient plus facile d'en comprendre les influences reçues et données [1].

La personne

Le groupe est composé de personnes et non d'individus. L'individu est celui qui croit se suffire à lui-même. Cette affirmation de soi a eu une importance historique indéniable pour échapper aux conditionnements et aux cloisonnements des ensembles sociaux : clergé, noblesse, tiers-état, compagnonnage du Moyen Age, etc.

Mais, en insistant de façon trop exclusive sur l'individu, s'est forgée une attitude culturelle à base d'individualisme, c'est-à-dire de non-conscience de nos liens sociaux.

Le concept de personne veut signifier un individu conscient de l'unité et de la complexité de son être (**corps, cœur, esprit**) ; conscient qu'il est un être de relations marquant et étant marqué par les autres ; conscient de vivre dans un milieu culturel qui détermine ses actes mais qu'il peut influencer à son tour par ses actions. Etre, c'est faire de l'individu une personne.

Le groupe

Un ensemble de personnes forme un groupe. Ce groupe peut être informel (file d'attente, voyageurs dans un wagon, spectateurs, etc.) ou formel (syndicat, association sportive, équipe de travail, etc.) ou de référence (Eglise, parti, etc.) marquant notre façon de réagir dans les autres groupes où nous vivons.

Ainsi, chacun de nous est inséré dans une multitude de groupes divers et chaque groupe est composé de personnes appartenant à d'autres groupes qui influencent leur comportement social.

Les éléments marquant notre insertion dans un groupe sont : **le travail** concret que nous y réalisons, soit comme bénévole, soit comme salarié, et non la cotisation que nous versons ; **les décisions** que nous pouvons prendre dans son sein pour réaliser notre travail ; **le degré de solidarité** entre les membres, son absence créera des tensions, des conflits, sa présence permettra de donner un sens à l'action collective du groupe.

L'organisation

Un ensemble de groupes de même nature, vivant dans un même milieu et ayant un même objectif, forme ce qu'il est convenu d'appeler, en sociologie, une organisation. Ainsi l'ensemble des groupes-classes forme l'établissement scolaire (organisation) ; l'ensemble des services de soins différents forme l'établissement hospitalier (organisation) ; l'ensemble des ateliers forme l'établissement industriel (organisation).

La plupart des groupes sont rattachés à une organisation, elle marque et parfois détermine leurs comportements. Les bases d'évolution possible d'une organisation se forment au travers de ses activités de **gestion** (fonction politique, organise les pouvoirs), **d'administration** (fonction économique, organise le fonctionnement), **d'animation** (fonction sociale, organise les relations) et **d'orientation** (fonction idéologique qui donne sens à nos actions).

---

(1) **Groupes, organisations, institutions**, Georges Lapassade, Gauthiers-Villars.

L'institution

C'est l'ensemble des organisations de même nature, régi par une même loi sur un territoire donné, généralement une nation. L'ensemble des établissements scolaires (organisation), forme l'institution école. L'ensemble des établissements hospitaliers forme l'institution hôpital. L'ensemble des établissements industriels forme l'institution entreprise, etc. Cependant, l'Etat est l'institution des institutions puisque c'est lui qui les institue autour de trois pôles. Il les fait évoluer par des **lois**. Par exemple, loi pour l'école, qui organise les rapports sociaux au nom de **valeurs** (le droit au savoir), touchant l'ensemble du **peuple** (l'enseignement pour tous et sans distinction d'âge, de sexe, etc.).

Des élèves, des enseignants (des personnes) appartenant à un groupe-classe, par exemple, sont influencés par leur appartenance à un établissement (organisation), lequel appartient à une institution régie par des lois qui déterminent les programmes, les statuts des maîtres, le fonctionnement des établissements, etc.

La civilisation

C'est l'ensemble des institutions dans un champ culturel donné. L'institution famille, par exemple, a des éléments connus dans le monde occidental qui sont différents de ceux d'Afrique ou d'Amérique. Si une civilisation peut recouvrir plusieurs nations, ce n'est pas forcément dans les limites forgées par les hommes politiques. Le peuple basque est situé sur deux pays, il en est de même des Kurdes sur cinq pays. Une civilisation est un mélange de **nature** et de culture. Nature, c'est-à-dire d'implantation géographique d'un peuple sur un territoire donné. Sur ce territoire les hommes font naître une **culture** spécifique avec sa langue, ses coutumes, ses rites, etc. et véhiculent des **croyances** qui forment les structures idéologiques de leurs modes de pensée. Ainsi notre groupe reçoit, outre ses influences précédentes, l'influence de la civilisation dans laquelle il est inséré. Parfois il peut croire que ses institutions sont naturelles et universelles (la famille, l'école) s'il n'ouvre pas ses horizons sur la diversité culturelle de notre monde.

La société globale

Elle est formée de l'ensemble des civilisations qui cohabitent à un moment donné de l'histoire. Par l'intermédiaire des médias nous risquons d'aboutir à un nivellement culturel. Les mêmes chansons, les mêmes costumes, les mêmes habitudes, envahissent tous les pays et risquent d'estomper la richesse des différences. Cependant, si nous souhaitons rester lucides, il devient urgent de prendre conscience des déterminations **économiques** qui favorisent l'exploitation des pays pauvres par les pays riches ; des influences **politiques** qui concentrent le pouvoir de domination entre quelques nations puissantes ; des orientations **idéologiques** qui aliènent la conscience des peuples pour leur faire accepter leurs situations.

Notre groupe ne peut échapper à ces influences et, dans son sein, nombre de problèmes sont marqués par la conjoncture économique, politique, et idéologique.

Exercice n° 1

Individuel – Collectif

Notre réseau de relations

Type Prise de conscience

Objectif Découvrir (action préconisée) les personnes avec qui je suis (personnes concernées) en relations régulières (problème) au cours d'une année (délai).

Déroulement

1. Prenez une feuille de papier.
2. Déballez spontanément, en notant, tous les noms des personnes avec qui vous êtes en relations régulières.
3. Regroupez-les par thème ou milieu de vie

– Vie sociale	– Vie associative de solidarité	
. Famille	. enfance	. chômeurs
. Ecole aujourd'hui, hier	. famille	. exclus
. Travail	. personnes âgées	. drogués, toxicomanes
. Loisirs	. immigrés	. handicapés, etc.
. Culture	– Vie associative de luttes	
. Logement	. syndicat	. formation
. Ville	. parti	. information
. Santé	. ass. familiale	. échec scolaire
. Commerce, etc.	. écologie	. droits de l'homme, etc.

4. Complétez vos secteurs de vie si vous voyez des manques ou des oublis.
5. Visualisez sous forme de cercles concentriques en vous plaçant au centre avec votre prénom
   – sur le 1er cercle situez les personnes que vous rencontrez chaque jour (membres de la famille, travail, école...)
   – sur le 2e cercle placez les personnes que vous rencontrez toutes les semaines
   – sur le 3e cercle les personnes que vous rencontrez tous les mois
   – sur le 4e cercle les personnes que vous rencontrez toutes les années.

Analyse

1. Combien de temps avez-vous passé pour faire cet exercice ?
2. Est-ce suffisant pour que vous l'ayez réalisé sérieusement ?
3. Estimez-vous l'avoir fait avec rigueur en vous impliquant ?
4. Que vous a apporté cet exercice ?

Amélioration

Tout objectif a deux composantes : un aspect pratique et un aspect de personnalisation sous-jacent.

– L'objectif pratique énoncé a-t-il été atteint ? Sinon, que souhaitez-vous faire pour le réaliser ?

– L'objectif de personnalisation. Quelle prise de conscience en est-il résulté ? Pensez-vous en faire profiter d'autres personnes de vos équipes ? Inscrivez leur nom pour que cela devienne un objectif pour vous.

Eléments de réponse p.296

Les nuances de l'égalité

Type Prise de conscience

Objectif Découvrir les appellations diverses des revenus (action à réaliser) perçus par les personnes exerçant des professions différentes (personnes et groupes concernés), pour prendre conscience des fictions de l'égalité.

Déroulement

Voici une liste de fonctions différentes. Veuillez mettre en face le nom du revenu perçu par la personne qui l'exerce.

– Propriétaire ex. : Loyer
– Ecclésiastique
– Ouvrier
– Militaire
– Employé
– Fonctionnaire
– Médecin, avocat, notaire
– Actionnaire
– Obligataire
– Représentant
– Greffier, huissier
– Garçon de café
– Prévaricateur
– Domestique
– Artiste
– Journaliste
– Administrateur
– Chef de l'Etat
– Ecrivain
– Famille

Vous pouvez vous aider d'un dictionnaire si vous le désirez car l'intérêt réside dans la réponse plus que dans la recherche.

Analyse

– Quelle démarche avez-vous suivie pour trouver les réponses ?
– Que vous suggère cette diversité d'appellations ?
– Rien n'est neutre, tout est signe... Quelle est pour vous cette signification ?
– La liste n'est pas exhaustive, à vous de la compléter si vous le jugez utile.

Amélioration

Il vous est possible de faire ce travail en équipe. Après une première étape de réponses personnelles, vous mettez en commun vos réponses et vous ouvrez ensuite le débat sur la signification de cet éventail d'appellations pour traduire une même réalité : percevoir un revenu, recevoir de l'argent.

Eléments de réponse p.296

Résistez

Qui que vous soyez, vous que je sers et que j'aime,
Souffrants que dans le mal la main du crime sème,
Et que j'ai toujours plaints, avertis, défendus,
O vous les accablés, ô vous les éperdus,
Nos frères, repoussez celui qui vous exploite !
Suivez l'esprit qui plane et non l'esprit qui boite,
Montez vers l'avenir, montez vers les clartés ;
Mais ne vous laissez plus entraîner ! Résistez !
Résistez, quel que soit le nom dont il se nomme,
A quiconque vous donne un conseil contre l'homme ;
Résistez aux douleurs, résistez à la faim,
Si vous saviez combien on fut près de la fin !

Victor Hugo
L'année terrible

1. Le groupe dans un monde en mutation

"Si je savais quelque chose que me fut utile et qui fut préjudiciable à ma famille, je le rejetterais de mon esprit. Si je savais quelque chose qui fut utile à ma famille et qui ne le fut pas à ma patrie, je chercherais à l'oublier. Si je savais quelque chose utile à ma patrie et qui fut préjudiciable à l'Europe et au genre humain, je le regarderais comme un crime."

Montesquieu, (Charles de Secondat, baron de) (1689-1755)

Le changement, une réalité

Le changement, un constat historique permanent

Les étapes du changement de l'humanité (1)

L'histoire de notre Terre illustre le phénomène du changement.

- La constitution de la Terre date d'environ 5 milliards d'années, le début de la vie de plus de 3 milliards d'années. Il a donc fallu plus de 2 milliards d'années pour que la vie apparaisse sur Terre.
  - Le premier vertébré est apparu il y a 500 millions d'années ; cela représente 2 milliards 500 millions d'années depuis l'apparition de la vie.
  - Le premier mammifère, il y a environ 200 millions d'années ; cela ne représente plus que 200 millions d'années depuis le premier vertébré.
  - Les premiers primates apparaissent il y a 70 millions d'années ; le temps se raccourcit encore à 130 millions d'années pour passer d'une étape à l'autre.
  - Les premiers hominiens, les Australopithèques, arrivèrent il y a environ 5 millions d'années.

L'hominisation a donc duré 65 millions d'années.

- Nous entrons dans l'histoire avec l'Antiquité, il y a à peu près 4 500 ans, en Mésopotamie, en Egypte.
  - La préhistoire aura duré environ 5 millions d'années.
  - Notre histoire a moins de 5 000 ans, découpés en durées de plus en plus courtes :

Antiquité :	3 500 ans	Temps Modernes :	150 ans
Moyen Age :	1 000 ans	Période actuelle :	50 ans
Renaissance :	300 ans	Aujourd'hui :	l'année

Les étapes du changement du progrès technique

- ***A l'âge de la pierre***, l'homme habile (il y a 2 millions d'années), d'1 kg de silex, tire 3 cm de tranchant. L'homme de Cro-Magnon (Il y a 35 000 ans), d'1 kg de silex, tire 20 mètres de tranchant. Ainsi, dès le début de l'humanité, des changements ont lieu.
- ***L'imprimerie*** a été inventée par les Chinois vers l'an 800. Gutenberg perfectionne les procédés existants et invente la presse à bras en 1448. Il aura fallu plus de 6 siècles pour généraliser l'invention.
- ***La machine à vapeur*** a été inventée par Denis Papin en 1679 et c'est en 1712 que Thomas Newcomen construit la première machine à vapeur dans les mines ; en 1823, la première ligne de chemin de fer St Etienne-Andrézieux. C'est donc 144 ans, presque un siècle et demi, pour passer de l'invention au début de l'industrialisation.
- ***Depuis, tout s'accélère*** : La durée entre la découverte et son application se raccourcit :

– photographie 1727–1839	= 112 ans	– radar 1925–1940	= 15 ans
– moteur 1821–1886	= 65 ans	– télévision 1922–1934	= 12 ans
– téléphone 1820–1876	= 56 ans	– réacteur nucléaire 1932–1942	= 10 ans
– radio 1867–1902	= 35 ans	– transistor 1948–1951	= 3 ans
– radiographie 1895–1912	= 18 ans		

– De 1971 à 1973, on est passé de 10 000 transistors à 100 000 sur un microprocesseur de 2 mm x 2 mm, soit = 2 ans. Aujourd'hui, c'est plus de 10 millions sur la même surface.

---

(1) **Maîtriser les mutations techniques**, Charles Maccio, Chronique Sociale, p.10–11.

– La prochaine génération de processeurs devrait afficher 1 000 milliards d'instructions par seconde pour une consommation inférieure à 5 watts grâce au remplacement de l'électronique par la lumière.

Les étapes du changement des valeurs

• ***Pendant des siècles***, ceux qui forgeaient **les valeurs** et en étaient les garants étaient les philosophes : Aristote, Platon, Montaigne, Montesquieu, Kant, Proud'hon, Mounier ; et les théologiens : St Augustin, St Thomas, Grégoire de Nazianze, etc.

• ***Depuis un siècle à peine***, la plupart des grands spécialistes, tant dans les domaines techniques que dans celui des sciences humaines, réfléchissent sur leur pratique afin de lui donner un sens. Ainsi se dégage progressivement **une éthique** issue de la réflexion des personnes compétentes qui, conscientes des dangers, veulent se fixer **une déontologie** professionnelle, pour faire partager leurs interrogations et leurs propositions. Citons au hasard, en biologie : J. Testard, A. Jacquard, F. Jacob ; en psychologie : F. Dolto, B. Bettelheim, G. Mendel ; en philosophie : K. Popper, P. Ricœur, M. Foucault ; en anthropologie : G. Devereux, G. Bateson, G. Balandier ; en économie : J. Fourastié, F. Perroux, P. Bairoch ; en politique : R. Rémond, F. Janson, C. Castoriadis ; en sociologie : A. Touraine, E. Morin, P. Bourdieu ; en géographie : J. Labasse, Y. Lacoste, J. Tricard ; en histoire : F. Braudel, G. Duby, P. Ariès, et nous pourrions poursuivre cette énumération.

• ***Depuis quelques décennies***, un peu partout, dans toutes les professions, dans toutes les associations, dans de nombreuses Eglises, des travailleurs, des citoyens, des croyants, réfléchissent à leur vie et veulent avoir leur mot à dire dans les domaines qui les concernent. "**Tous penseurs**" semble est le mot d'ordre actuel.

• ***Cette recherche d'un sens***, d'une éthique, pour éclairer sa pratique, remet en cause nombre de valeurs traditionnelles. Pour n'en citer que quelques-unes : le dialogue veut se substituer à l'obéissance qui, même affublée d'adjectif, obéissance "libre", est une soumission qui aliène ; la solidarité qui est partage au lieu de la compétition qui est domination ; la créativité qui est l'utilisation des ressources spécifiquement humaines contre la normalisation qui est exploitation, etc.

Les étapes du changement culturel

• Les pratiques sociales changent. Pour conquérir leurs droits, les travailleurs se sont battus. A leur exemple, les plus démunis, les plus rejetés se sont mis en route. Il y a quelques années : révolte des femmes, des jeunes, des immigrés, des handicapés, etc. Aujourd'hui, on prend conscience que contester c'est reconnaître le pouvoir en place et lui demander la permission d'être. Aussi on conteste moins, on fait sans demander : c'est le cas de la famille qui s'est transformée sans revendication des jeunes. Ils ont vécu ce qu'ils avaient envie de vivre.

• Des doutes sur la supériorité de notre modèle culturel occidental favorisent la découverte de la richesse d'autres cultures, d'autres civilisations, sur d'autres continents, dans d'autres pays. En favorisant la découverte d'autres modes de pensée, d'autres modes de vie, on s'aperçoit qu'il est possible de s'enrichir de la différence de l'autre et ainsi d'amorcer des rencontres inter-culturelles, non pour niveler mais, au contraire, pour promouvoir la différence et favoriser les échanges profitables à tous les partenaires en présence.

Prendre conscience que le monde change

Des changements diversifiés

De ce rapide survol des changements au cours de l'histoire, dans des secteurs très divers, quels éléments peut-on tirer ?

1. Le changement n'est pas un phénomène nouveau puisqu'il a commencé depuis l'origine du monde. Le changement est donc signe de vie.
2. La durée de chaque phase d'évolution se raccourcit. Très longue au départ, elle se rapproche en périodes de plus en plus courtes et ceci dans tous les domaines. Il conviendra donc d'apprendre à la maîtriser le plus rapidement possible.
3. Aucun domaine n'échappe au changement qui concerne le monde de la matière comme le monde des humains et celui de l'esprit. Il nous faudra apprendre à déceler tous les secteurs du changement et percevoir leur interaction.
4. Tous les changements ne sont pas de même nature. Les uns sont quantitatifs (on va plus loin, plus vite, plus confortablement), d'autres sont qualitatifs (notre culture, nos valeurs se modifient). Cependant, quand le quantitatif atteint un certain seuil il devient qualitatif, ainsi des communications plus rapides, plus nombreuses, plus lointaines, changent tous nos rapports sociaux et font que les frontières s'abolissent, les hiérarchies s'atténuent.
5. Les rythmes de changement sont différents : le changement technique est très rapide ; le changement humain, des mentalités en particulier, est beaucoup plus lent. Il y a là une contradiction à surmonter, car comment faire pour que la personne reste maîtresse de son destin si, au lieu de maîtriser les changements techniques, elle se laisse conduire par eux en s'adaptant ?

Une accélération certaine

Sur le plan technique, prenons l'exemple de la vitesse.

Napoléon, au retour d'Italie, allait à la vitesse du cheval, comme César au retour des Gaules. Pendant des siècles, on n'a pas pu aller plus vite. Depuis les choses ont changé :

- à vélo, les professionnels atteignent 50 km/heure
- en auto de course, 200 à 300 km/heure ; en train, 300 à 500 km/heure
- en avion, 2 000 à 3 000 km/heure ; en satellite, 27 000 km/heure à 100 km de la Terre.

En moins de deux siècles, on n'a pas seulement doublé ou triplé, mais accéléré le rythme de façon exponentielle.

Sur le plan humain, prenons l'exemple de la démographie.

En l'an I, il y avait environ 250 millions d'habitants sur Terre ; en 1500, on est passé à 500 millions : il a fallu 15 siècles pour doubler. Le premier milliard a été atteint en 1850, il n'a donc fallu que deux siècles et demi pour doubler. En 1930, il y avait 2 milliards d'habitants, soit 80 ans pour doubler. En l'an 2000, nous serons peut-être 6 milliards, soit 70 ans pour tripler, et c'est irréversible. Alors que faire ?

Une mondialisation des relations

Perceptible par chacun d'entre nous. Comme producteur, si nous travaillons dans une entreprise de notre pays qui a des succursales et des ramifications dans d'autres pays ; si nous travaillons dans une multinationale étrangère dont la direction dépend du pouvoir situé dans un autre pays ; si ce n'est nous-mêmes, ce peut être un de nos collègues, il suffit de s'informer. Comme consommateur : quand nous observons notre habillement, nous pouvons avoir des chaussures venant d'Italie, des costumes montés en Espagne, des chemises coupées en Corée, etc. ; pour notre nourriture il en est de même avec les oranges venant du Portugal, des pamplemousses d'Israël, des haricots du Sénégal, des raisins d'Italie, des légumes verts de divers pays d'Afrique ou d'Asie, etc.

Elle touche tous les secteurs. L'économie avec les importations et exportations de voitures, de lessives, de pneus, d'essence, d'appareils ménagers, etc. Le politique : dès qu'un conflit a lieu sur un point du globe, les autres nations tentent de venir en aide aux victimes. Des regroupements d'Etats s'opèrent pour coopérer, mais en même temps de petites nations luttent pour leur indépendance afin de rejoindre librement le concert des nations. La démographie nous interpelle. Les déséquilibres Nord/Sud peuvent avoir des répercussions importantes sur l'avenir de l'humanité. L'écologie ne peut nous laisser indifférents quand de multiples atteintes sont portées à la flore, à la faune, à l'environnement mettant en danger l'avenir de la planète pour nos enfants et petits-enfants, etc.

Avoir une démarche évolutive pour maîtriser ces phénomènes dans la mesure du possible.

1. Prendre conscience des mutations qui nous entourent.
2. Connaître ces mutations pour les comprendre.
3. Comprendre pour vouloir leur donner un sens afin que l'homme reste maître de son destin.
4. Vouloir pour agir sur les problèmes et dans la direction choisie.

La conscience joue un rôle déterminant dans les fondements de l'action. Cette conscience peut être aidée par des grilles d'analyse qui pourront servir de trame à l'organisation de formations appropriées. Essayons de proposer quelques **grilles d'analyse**.

Les grands secteurs de changement

Ne pouvant entrer dans tous les détails des changements, nous retiendrons : les mutations techniques qui sont le secteur où les changements sont les plus spectaculaires et les plus rapides ; les mutations humaines où les changements touchent tous les domaines des sciences humaines et sociales ; les mutations des valeurs, elles concernent les réflexions sur l'éthique et les codes de déontologie qui nous obligent à repenser le sens à donner à nos actes ; les mutations dans l'action qui nous aident à repréciser la façon dont nous voulons contribuer à changer la société pour la rendre plus humaine : enfin les mutations culturelles qui font la synthèse des autres mutations pour leur donner cohérence et direction.

Le champ des mutations

Le champ des mutations des sciences [1]

Faire une classification des sciences et des techniques est impossible. Comme toutes choses vivantes, les recherches et les découvertes modifient les classifications anciennes. Essayons toutefois d'avoir une vision d'ensemble des domaines d'où naissent les changements et les évolutions, pour avoir une grille de lecture.

Au premier niveau (les bases), nous avons trois domaines principaux :

- ***La physique*** : Elle étudie les propriétés générales de la matière et des corps, en faisant apparaître les lois qui tendent à modifier leur état ou leur mouvement sans modifier leur nature. Nous retrouvons là l'étude de la pesanteur, des fluides, des vibrations, de la lumière, de la chaleur, de l'optique, de l'électricité, de l'énergie, du son, de l'électronique, de l'atome, etc. Au cœur de la recherche en physique se trouvent les particules pour l'étude de l'infiniment petit et l'astrophysique pour l'étude de l'infiniment grand.
- ***La chimie*** : Elle étudie la transformation des corps (solides, liquides, gazeux) en d'autres corps. Nous retrouvons les corps purs et les éléments qui composent la nature. On en a recensé 90 et chacun d'eux correspond à un atome. Ses deux grands secteurs d'intervention sont **la chimie minérale**, qui étudie les composés de la matière inerte, et **la chimie organique**, qui étudie les composés de la matière vivante. Aujourd'hui, **la chimie de synthèse** se développe. Elle permet de fabriquer des corps totalement nouveaux.
- Chimie et physique scrutent, l'une et l'autre, les propriétés des atomes.
- ***Les mathématiques*** : C'est une discipline étudiant, par les moyens du raisonnement et du calcul, les propriétés des données abstraites, tels que les nombres, les figures géométriques, etc., ainsi que les relations qui s'établissent entre eux. Elle est l'outil indispensable aux travaux de la physique et de la chimie. Le cœur des mathématiques est le calcul ; lorsqu'il est appliqué à des surfaces planes ou à des sphères les règles utilisées sont différentes. Elles nous enseignent donc la rigueur, la tolérance, car toutes les théories sont utiles suivant les circonstances.

A un second niveau (les applications), nous avons deux domaines :

- ***La cristallographie*** : Elle détermine les règles qui régissent l'univers solide. C'est la science de la matière cristallisée, des lois qui président à sa formation, de ses propriétés géométriques, physiques et chimiques. Elle est à la base de la minéralogie et des sciences de l'état solide de la matière.
- ***La biologie*** : Science de la vie, elle étudie tous les êtres vivant actuellement ou qui ont vécu dans le passé. Elle détermine les règles qui régissent la vie.

Elle peut se décomposer en trois grands secteurs qui, eux-mêmes, sont subdivisés en de nombreuses parties :

- la botanique qui étudie la structure et le mode de vie des végétaux
- la zoologie qui étudie la structure et le mode de vie des animaux
- l'anthropologie qui étudie la structure et le mode de vie des êtres humains.

---

(1) **Les sciences humaines en mouvement**, Charles Maccio, Chronique Sociale, pp.10-11.

A un troisième niveau (le champ de l'infiniment petit), nous avons :

- ***L'atome*** est la matière première de l'univers. (Il est composé de particules, dont la plus petite est le quark, et possède un noyau qui n'occupe que le millionième de milliardième du volume de l'atome). Il est au cœur
  - des 3 000 espèces minérales
  - des 300 000 espèces végétales
  - des 3 000 000 d'espèces animales
  - de l'espèce humaine.
- ***La cellule*** est la clé du vivant. Elle est au cœur de la biologie qui comprend les espèces végétales, animales, humaine.
- ***La personne*** est l'unité de base de la société avec ses caractéristiques :
  - anthropologiques : biologiques, psychologiques, philosophiques
  - sociales : économiques, politiques, idéologiques
  - écologiques : géographiques, historiques, religieuses.

A un quatrième niveau (le champ de l'infiniment grand), nous avons les trois disciplines de base :

- ***L'astronomie*** étudie les astres. Il existe des milliards de milliards d'étoiles, regroupées en de nombreuses galaxies, dont la nôtre n'est qu'une parmi d'autres.
- ***La géologie*** étudie les matériaux passés et présents constituant le globe terrestre. Elle s'intéresse à :
  - la lithosphère (pierre), c'est-à-dire au magma de roches en fusion et à l'écorce terrestre
  - l'hydrosphère (eau), c'est-à-dire les océans, les mers, les lacs, les nappes souterraines, etc.
  - la biosphère (vie), les caractéristiques des régions où la vie est possible.
- ***L'océanographie*** étudie la vie dans les océans.

Les domaines élémentaires de la science			
1er niveau : les bases			
Physique	**Chimie**		**Mathématiques**
2e niveau : les applications			
Cristallographie	**Biologie**		
3 000 espèces minérales	**Botanique**	**Zoologie**	**Anthropologie**
	300 000 espèces végétales	3 000 000 espèces animales	1 espèce humaine
3e niveau : l'infiniment petit			
			La personne : base de la société
	La cellule : clé du vivant		
L'atome : matière première de l'univers			
4e niveau : l'infiniment grand			
Astronomie	**Géologie**		**Océanographie**

Le champ des mutations techniques [1]

Les cinq cercles (une grille de lecture possible)

Une évolution historique

Tout au cours de l'histoire, grâce à la créativité humaine, le progrès technique a jalonné l'évolution de la société. Nous sommes passés successivement par :
- l'âge du muscle où seule la force physique était utilisée,
- l'âge de l'outil où le bras est prolongé par la pierre puis par les métaux,
- l'âge de la machine qui nous introduit dans la première révolution industrielle avec la mécanisation et dans la deuxième révolution industrielle avec l'automatisation,
- nous sommes entrés depuis peu dans l'âge de l'information, appelé par certains la révolution de l'intelligence, car nous passons de l'emploi de la force, de la puissance, à l'utilisation de notre cerveau pour nous servir de l'information et de ses supports comme facteurs de communication. D'autres l'appellent troisième révolution industrielle, d'autres encore révolution postindustrielle.

Les fondements des mutations actuelles

Plusieurs éléments interviennent :
- au cœur du processus : l'atome, l'énergie, la lumière, le vivant,
- trois fondements : l'information, la communication, le multimédia
- trois domaines : le nucléaire, l'électronique, les biotechnologies
- trois secteurs : la télématique, l'informatique, les réseaux
- trois phénomènes : standardisation, numérisation, maillisation.

Voyons à présent les changements qui en découlent.

1er cercle : Les sciences et les techniques

- Tout progrès matériel passe nécessairement par la science qui a pour objet l'étude théorique et pratique de tous les phénomènes, et les techniques qui sont très souvent l'application des découvertes scientifiques à des secteurs particuliers, mais qui ont aussi leur propre autonomie, née de la pratique quotidienne.
- ***La science*** a pour fondement trois domaines centraux : la physique qui recouvre toutes les recherches se rapportant à l'étude des propriétés générales de la matière ; la chimie qui concerne les travaux se rattachant à la recherche de la constitution des divers corps, de leur transformation et de leurs propriétés ; les mathématiques qui ont pour objet les recherches sur la quantité et l'ordre et permettent de travailler sur la physique et la chimie.
- ***La technique*** concerne les applications de la connaissance théorique dans le domaine de la production, de l'économie, de la santé...
- Mais, aujourd'hui, les frontières s'estompent du fait de l'interaction permanente sciences et techniques qui a permis des bonds prodigieux dans le domaine de l'électronique, de la lumière, de la génétique, des atomes, de l'énergie, etc.

2e cercle : la téléinformatique

- Les progrès de l'électronique ont permis de découvrir, puis de développer, l'utilisation de l'électron qui est au cœur de l'atome, pour améliorer les circuits électroniques, les microprocesseurs (puces) en les rendant plus performants sur des surfaces de plus en plus réduites. Les puces ont envahi notre univers et ont permis à l'audiovisuel, à l'informatique et aux télécommunications de prendre leur essor.

---

(1) **Les sciences humaines en mouvement**, Charles Maccio, Chronique Sociale, pp.12-13.

- Aujourd'hui, l'électronique est au cœur de la troisième révolution industrielle qui est celle de l'information. De ce fait, audiovisuel, télécommunications et informatique sont devenus indissociables et sont à l'origine de transformations sociales profondes : dans le secteur des communications, dans le rapport des relations de pouvoir avec des répercussions sur les structures qui, de pyramidales, s'orientent vers plus de convivialité par leurs formes cellulaires.

3e cercle : L'environnement informatique

- Directement liée à l'informatique et aux télécommunications, une série de services est née et se développe chaque jour, sans compter ceux qui se créent pour répondre à de nouveaux besoins :
  – la monétique se répand avec l'usage des cartes à puces
  – la productique permet de gérer les facteurs de production
  – la robotique se développe dans la plupart des entreprises
  – la bureautique touche tous les secteurs de l'économie
  – la domotique s'introduit chez les particuliers
  – la CAO est une aide pour tous les bureaux d'étude
  – la PAO permet de traiter l'information et de la diffuser
  – l'EAO se développe en formation scolaire et adultes
  – les banques de données se multiplient
  – les sociétés de services sont de plus en plus nombreuses
  et la liste s'allonge régulièrement avec de nouveaux secteurs touchés.

4e cercle : L'impact de l'informatique sur les autres branches

Les progrès de l'informatique, de la télématique et de leur environnement direct ont permis l'essor de nouvelles technologies dans des secteurs divers et variés :
– nouveaux médias avec la PAO, le multimédia et les réseaux
– nouveaux matériaux en céramique, métaux, plastique, multimatériaux
– valorisation des océans (richesse des fonds marins)
– conquête de l'espace (fusées, satellites, aviation, stations spatiales)
– biotechnologie (médecine, agriculture, industrie, énergie, etc.)
– agro-alimentaire (grâce à la biotechnologie et à la téléinformatique)
– laser (en chirurgie, dans la métallurgie, le textile, etc.)
– maîtrise de l'énergie (nucléaire, nouvelles énergies)
– et la liste s'allonge continuellement.

5e cercle : L'intégration des nouvelles technologies dans le développement des précédentes révolutions industrielles

Se battre pour conserver des industries dépassées n'a pas de sens, mais intégrer dans ces industries les nouvelles technologies c'est possible :
– 1re révolution industrielle : le chemin de fer – le TGV est un exemple réussi où les microprocesseurs et les ordinateurs permettent des performances accrues
– 2e révolution industrielle : l'automobile, l'aviation. Les derniers modèles de toutes marques ont su intégrer les nouvelles technologies pour le confort de l'usager.

La note à payer – dit-on – est **le chômage**. C'est une façon, pour ceux qui ont des responsabilités économiques et politiques, de camoufler leurs carences, car si nous développions les industries et les services nécessaires pour répondre aux besoins de développement de ces 5 cercles, nous serions exportateurs de produits performants de la troisième révolution industrielle au lieu d'en être acheteurs.

Le champ des mutations humaines

Les sciences humaines recouvrent un territoire très vaste qui s'étend chaque jour davantage du fait des recherches et des expériences étudiées en permanence. Aussi ne peut-on faire qu'un bilan provisoire dont le contenu, dans chaque domaine, sera à mettre à jour constamment. Nous avons opéré un regroupement autour de trois pôles pour avoir une grille de lecture simple [1].

1. Comprendre les personnes

Nous sommes constitué, en tant qu'être humain, d'un corps (aspect physique), de sentiments, de désirs (aspect psychologique), d'une pensée pour réfléchir (aspect philosophique). Cela nous conduit à donner la priorité à trois domaines de base.

- ***La biologie*** traite de toutes les manifestations du vivant, depuis la cellule jusqu'à la vie en société. Elle nous permet de situer notre corps dans sa relation aux autres et à l'environnement, en sachant utiliser la totalité de nos sens.
- ***La psychologie*** est la science de la vie mentale, des faits psychiques conscients et inconscients, comme l'affectivité, les sentiments, les passions, etc. Elle nous aide à nous connaître nous-même, à percevoir nos contradictions pour les assumer et les surmonter. Elle nous permet d'apprendre à mieux comprendre les autres.
- ***La philosophie*** étudie rationnellement la pensée humaine, les fondements des valeurs morales, et organise les connaissances en un système cohérent, mais jamais définitif à cause du doute philosophique. Elle nous aide, en puisant dans le patrimoine des penseurs depuis le début de l'humanité, à acquérir une pensée personnelle, à la recherche du vrai, par la méthode du questionnement philosophique.
- ***L'anthropologie*** tente la synthèse des connaissances sur l'homme, en analysant l'interaction des aspects physiques, affectifs et intellectuels, insérée dans une culture (institution, technologie) et construisant une civilisation.

2. Comprendre la société

L'être humain est en relation permanente avec ses semblables dans les domaines de l'avoir (économie), du pouvoir (politique) et du savoir (idéologie).

- ***L'économie*** étudie la production, la circulation, la répartition, la consommation des richesses sous leur aspect matériel symbolisé par l'argent (capital) et sous leur aspect humain symbolisé par le travail, tant manuel qu'intellectuel, rémunéré ou non. C'est le domaine privilégié de l'utilisation des techniques.
- ***Le politique*** est l'ensemble des rapports de pouvoir entre les personnes (famille), les groupes (équipe de travail), les organisations (entreprise, commune), les Etats (au plan national et international), dans le cadre d'institutions élaborant des lois pour fonder le droit.
- ***L'idéologie*** est l'ensemble des idées et valeurs communes à un groupe social. Elle est nourrie par la philosophie et la théologie. Elle imprègne toutes les cultures marquant les positions des individus et des institutions à leur insu, ce qui nécessite d'en prendre conscience.
- ***La sociologie*** tente la synthèse de l'interaction de ces trois domaines qui sont à l'origine de nombreux autres. Elle permet de saisir le fonctionnement des groupes humains, leurs relations, leurs activités au sein de structures qui, jusqu'à nos jours, sont hélas encore pyramidales.

---

(1) **Les sciences humaines en mouvement**, Charles Maccio, Chronique Sociale, pp.14-15.

3. Comprendre la dynamique de la vie sociale

L'homme et la société ne sont pas des êtres statiques, leur vie est en mouvement permanent de progression, de régression, mais la création finit toujours par l'emporter. Il est important de percevoir que nous sommes situés.

- ***La géographie*** nous aide à nous situer dans l'espace. Elle nous permet d'étudier notre planète (géographie physique) et la façon dont les groupes humains l'occupent et la mettent en valeur (géographie humaine), sur leur territoire.
- ***L'histoire*** nous permet de nous situer dans le temps. Par l'analyse du passé, nous retrouvons nos racines, la genèse de ce qui fait notre réalité présente et nous procure les éléments pour préparer notre avenir en nous aidant à anticiper nos décisions.
- ***La religion*** nous fournit les éléments pour nous situer en profondeur. Elle nous donne les moyens de saisir l'ensemble des croyances, des dogmes, des pratiques constituant les rapports des humains avec Dieu et avec les autres. Leur diversité s'est étendue au cours des âges, entraînant la nécessité d'un dialogue entre les religions si l'on veut construire la paix.
- ***L'écologie*** tente la synthèse pour nous permettre de mieux connaître notre habitat, notre niche. Nous sommes ainsi mieux armés pour étudier les rapports des humains avec le reste du monde vivant et avec la matière qui constitue leur milieu.

Construire la communauté humaine

Ce champ des mutations concernant la personne, la société et le monde, nous permet de nous fabriquer un outil d'analyse afin de contribuer à continuer la création.

- ***Les relations de l'homme à la matière*** prennent en compte : pour la personne **la biologie**, pour la société **l'économie**, pour le monde **la géographie**. C'est par nos actes de travail que nous pourrons conduire nos **actions** créatrices.
- ***Les relations de l'homme avec les autres hommes*** prennent en compte : pour la personne **la psychologie**, pour la société **le politique**, pour le monde **l'histoire**. C'est par les rapports humains que s'élabore une **culture** particulière à un peuple.
- ***Les relations de l'homme à l'esprit*** prennent en compte : pour la personne **la philosophie**, pour la société **l'idéologie**, pour le monde **la religion**. La conjugaison de ces trois apports rend possible l'élaboration **des valeurs** correspondant au sens que nous voulons donner à notre vie.

Construire le milieu

devient alors possible si nous savons utiliser pour la personne **l'anthropologie**, pour la société **la sociologie**, pour le monde **l'écologie**. C'est par la prise en compte de ces trois dimensions que nous pourrons construire un milieu favorable au développement de toutes les potentialités humaines de chaque personne et de chaque peuple. Cela permettra, par le dialogue des civilisations et des religions, de construire un monde de paix, de justice, de solidarité et de dialogue.

Le champ des mutations des valeurs

Un champ bouleversé (approche d'une grille de lecture) (1)

Paradoxalement, les valeurs, comme les autres secteurs, sont en plein bouleversement.

1. *Approfondissement.* Toutes les valeurs prennent une plus grande densité grâce à la recherche, à la réflexion, à l'expérience. Ainsi, la liberté ou le dialogue ont un contenu plus riche aujourd'hui qu'il y a un siècle ou 3 000 ans.
2. *Choix.* Les valeurs fondamentales d'une époque sont remplacées par d'autres plus en rapport avec les mentalités actuelles. Le dialogue se substitue progressivement à l'obéissance, la solidarité à la compétition, etc.
3. *Nouveauté.* De nouvelles valeurs émergent. Elles existaient certes, mais elles prennent aujourd'hui une place plus importante, comme la créativité ou la responsabilité.
4. *Extension.* Dans le passé, certaines valeurs étaient considérées comme réservées à une élite, à une minorité, comme la justice ou la liberté (esclavage, servage, etc.) ; aujourd'hui, les valeurs tendent à devenir universelles, à s'appliquer à tous les hommes et à tous les peuples.

Le fondement des valeurs : l'action et la pensée

Ces changements sont dus à la conjugaison de deux phénomènes. D'une part, les personnes et les peuples, grâce à l'éducation, aux médias, à l'ouverture sur le monde, n'acceptent plus d'être dominés, exploités, aliénés et, par leurs pratiques, leurs luttes, agissent pour améliorer leurs conditions de vie. D'autre part, les personnes et les peuples puisent dans le patrimoine culturel de l'humanité recueilli par la théologie, la philosophie et les idéologies, échangent entre eux et essayent d'être à l'écoute des mouvements profonds des peuples (Afrique, pays de l'Est, Amérique latine) pour en décoder les significations, afin de dégager un sens qui serve à tous, et donner une direction à leur action.

La valeur fondatrice : l'amour

- L'amour est l'essence même de l'homme, car il permet la communion des êtres dans le respect de la spécificité de chacun.
- Quatre formes d'amour sont fondamentales car elles sécrètent les formes complémentaires nécessaires à l'universalité des êtres :
  – l'amour de Dieu conduit à l'amour de l'Esprit
  – l'amour de soi conduit à l'amour de la Personne
  – l'amour du couple conduit à l'amour des autres
  – l'amour de la famille conduit à l'amour de l'humanité.
  Pour le non-croyant, l'amour de Dieu est remplacé par l'amour de l'Esprit car c'est la caractéristique fondamentale qui distingue l'homme de l'animal.
- L'amour fonde les autres valeurs, les nourrit, mais il est à son tour enrichi et approfondi par elles.

Les valeurs qui en découlent

- L'amour de Dieu fonde **la créativité** et, comme nous sommes tous fils de Dieu, nous pouvons tous être créateurs au lieu de nous laisser enfermer dans la normalisation.
- L'amour de l'Esprit fonde **la vérité**, tout au moins sa recherche permanente pour avancer vers elle au lieu de nous enfermer dans nos certitudes et nos dogmatismes.

Ces deux valeurs nous ouvrent à la transcendance.

---

(1) **Valeurs pour notre temps**, Charles Maccio, Chronique Sociale.

- L'amour de soi fonde **la liberté** de l'être et des êtres, les faisant agir contre toutes les aliénations, les dominations, les exploitations.
- L'amour de la personne fonde **la justice** car que serait une société où l'injustice régnerait en maître?

Ces deux valeurs nous ouvrent à la compréhension de l'être, des êtres.

- L'amour du couple fonde **l'égalité**, il est le lieu le plus adéquat pour faire l'expérience d'un amour qui élimine les inégalités, entre deux personnes
- L'amour des autres fonde **la responsabilité** car comment permettre à chacun d'être, s'il est soumis et ne peut répondre de ses pensées et de ses actes ?

Ces deux valeurs nous ouvrent aux autres dans leur richesse unique et complémentaire.

- L'amour de la famille fonde **le dialogue**. C'est un lieu d'apprentissage irremplaçable. Cela remet en cause l'obéissance aveugle à un pouvoir.
- L'amour de l'humanité fonde **la paix**. La violence et la guerre sont les signes évidents que l'amour est absent des relations entre les hommes et les peuples.

Ces deux valeurs nous ouvrent au monde et à la fraternité humaine.

Cela nécessite des changements dans trois domaines

- ***Changement des attitudes des personnes en développant***

– tendresse	– humour	– écoute	– compétence
– sagesse	– dignité	– compréhension	– partage

- ***Changement des comportements dans les relations en étendant***

– convivialité	– solidarité	– engagement	– travail
– affrontement	– non-violence	– promotion du peuple	– laïcité

- ***Changement des structures en essayant de mettre en place***

– des structures communautaires et non-pyramidales
– des groupes à taille humaine permettant l'expression de chacun
– des responsabilités pour chaque personne
– des rencontres entre personnes de même responsabilité
– des décisions unanimes non uniformes
– des définitions de fonction claires et précises
– le travail comme critère de participation aux décisions.

afin de promouvoir des actions de changement

- ***Fonder de nouveaux droits universels***

– droit des peuples
– droit à l'information
– droit à l'éducation
– droit à la promotion collective

- ***favorisant la mise en œuvre de nouvelles politiques***

– politique de démocratie participative
– politique de l'environnement
– politique culturelle
– politique de développement.

Le champ des mutations du sens

Les valeurs sont vivantes. Nous sommes conduits à distinguer (approche d'une grille d'analyse) :

Des valeurs anciennes demeurent. Elles ont une pérennité comme fondement des relations personnelles et sociales. **L'amour** est considéré comme une valeur universelle. On le retrouve dans la plupart des religions ou des idéologies. Elles empruntent parfois d'autres termes comme : charité, fraternité ou solidarité. **La justice** est apparue dès que nous sommes passés de l'hominisation à l'humanisation. Le code d'Hammourabi (1800 av. J.-C.) en est l'illustration traduite en droit. Tout le Premier Testament invoque la justice. **La sagesse**, symbolisée par la chouette, est enracinée dans la plus haute Antiquité. Elle était le régulateur de la loi du plus fort. Les sages étaient souvent des anciens que l'on écoutait. Si ces valeurs demeurent, elles sont chargées d'histoire et ont acquis une très grande profondeur.

Des valeurs anciennes évoluent. **La liberté**, une des valeurs les plus sollicitées, s'est enrichie. Nous sommes passés de la liberté individuelle à la liberté sociale, quand on a pris conscience que notre liberté s'arrête où commence celle des autres. Aujourd'hui, on parle couramment de liberté économique, de liberté politique, de liberté des peuples, etc. **Le dialogue** était dans l'Antiquité une sorte de pédagogie avec Socrate, Platon, pour faire "accoucher" les êtres humains de la conscience. Le dialogue, aujourd'hui, va au-delà de la discussion ou de l'échange. C'est accepter de changer par l'autre et réciproquement (ce qui est encore rare). **L'égalité** elle aussi s'est nourrie de l'expérience humaine. Nous sommes passés d'une conception de l'égalité où l'on souhaitait que tout le monde soit identique (même blouse à l'école, uniforme, etc.) à la découverte que la véritable égalité se réalise en assumant les différences (hommes/femmes, enfants/adultes, enseignants/enseignés, etc.). L'autre m'enrichit de sa différence et réciproquement.

Des valeurs nouvelles apparaissent. Elles existaient depuis longtemps mais étaient réservées à une minorité. **La créativité** : on s'est enfin aperçu que tout être a un potentiel de créativité et qu'il est important pour la société qu'il puisse le manifester en tout lieu. **La responsabilité** ne peut plus rester l'apanage d'une minorité. Elle doit progressivement s'inscrire dans les faits, et les structures devenir porteuses. **La laïcité** découle de l'égalité. Elle nécessite que chaque religion, chaque philosophie ou idéologie puisse s'exprimer et ne pas être éliminée par l'une qui serait dominante.

Des valeurs sont à modifier. L'obéissance doit progressivement être complétée par **le dialogue**, mais, hélas ! nous n'avons pas appris à dialoguer. La compétition sera enrichie par **la coopération**, tant au niveau des personnes que des groupes ou de la société. La neutralité sera progressivement améliorée par **l'implication** et la congruence, en se rappelant que le moment, la façon et le contenu de ce que l'on dit sont importants.

Les valeurs nourrissent notre conscience morale. Distinguons :

La conscience au sens psychologique. C'est le niveau de perception qui nous permet d'appréhender la réalité. C'est la capacité à acquérir une connaissance immédiate ou médiate de la réalité dans laquelle nous vivons. Cette conscience est toujours affrontée à notre inconscient qui nous marque à notre insu. Elargir notre champ de conscience est donc une nécessité pour devenir plus **lucide** et aider à la conscientisation de notre milieu de vie.

La conscience au sens moral. C'est un sentiment intérieur qui nous pousse à juger. Sentiment des droits et des devoirs qui régit notre vie personnelle et sociale pour lui donner un sens. Cette conscience vient compléter le premier aspect pour réaliser l'éducation des humains. La conscience morale est notre guide ultime. Rabelais (1494-1553) disait : "Science sans conscience n'est que ruine de l'âme." Mais Thomas d'Aquin (1225-1274) avait déjà écrit : "Dans un conflit entre l'autorité et la conscience, c'est la conscience, même erronée, qui doit l'emporter, car aucun homme, aucune femme ne peut appliquer une loi sans la soumettre à sa conscience."

Notre conscience morale nous permet d'élaborer un code de déontologie

Le code de déontologie est à un groupe, une organisation, ce qu'est la conscience morale à une personne.

Un constat. Très souvent un groupe, une organisation ont tendance à croire détenir la vérité dans le domaine ou le secteur qui sont les leurs. Le danger consiste à subir une double aliénation : celle de ne plus être conscient d'avoir perdu sa liberté de pensée, enfermé dans ses certitudes qui deviennent vite dogmatiques avec le danger du fanatisme ; celle d'empêcher la liberté des autres en imposant sa conception de la vérité avec le danger de ne plus entendre les critiques et suggestions qui sont faites.

Une nécessité. Pour éviter ce piège permanent qui nous guette tous, il faut élaborer des règles précises qui rappellent **les droits et les devoirs des personnes** appartenant à l'organisation, mais aussi **les droits et les devoirs de l'organisation** à l'égard d'autres organisations et de la société. Ces règles seront rassemblées dans un code de déontologie. Il s'applique aux activités particulières de l'organisation dans son champ d'engagement. Il renvoie aux actes quotidiens que nous posons dans l'exercice de nos responsabilités et de nos activités.

Aujourd'hui toute organisation est appelée à élaborer son code de déontologie car toute action est située par rapport à un sens qui donne une direction au changement social. Il est donc indispensable que chaque organisation réfléchisse aux problèmes auxquels elle est affrontée ; aux actions à conduire ; au sens à leur donner ; et aux droits et devoirs à respecter.

Comme les mutations sont très rapides en tout domaine, c'est régulièrement qu'il conviendra de revoir le contenu de son code de déontologie, élaboré par les personnes concernées, avec l'aide de spécialistes.

Le champ des mutations dans l'action fondée sur la solidarité

A quoi servirait une analyse fine de la réalité si elle se réduisait à une spéculation intellectuelle ? L'analyse des diverses mutations n'a de signification que si elle permet aux humains d'agir pour construire une société où chaque homme et chaque peuple aient leur place. (approche d'une grille d'analyse)

Signification [1]

L'action est une activité humaine issue d'une réflexion sur le réel (en ce sens elle est intentionnelle), éclairée par des valeurs choisies en fonction du sens que l'on veut donner à sa vie et à la société (elle est orientée par une éthique), afin de modifier une situation (elle dévoile des contradictions dans la mesure où l'action est une réaction à un conflit extérieur ou intérieur au système social).

Le sens de l'action

Il se situe dans une démarche exigeant de clarifier
- les finalités : conception de l'homme et de la société
- les politiques : application à des secteurs particuliers, santé, éducation, etc.
- les objectifs : qui précisent la réalisation de ces politiques au niveau de la vie quotidienne dans chaque secteur.

Les formes d'action

- Elles revêtent toujours deux dimensions inséparables : l'action **individuelle** que chacun peut réaliser au quotidien là où il vit ; l'action **collective** rassemblant les personnes concernées par un problème et le prenant en charge ensemble.
- Elles peuvent se présenter sous plusieurs aspects : l'action **réflexive** est un préalable à l'action pratique si l'on souhaite être efficace ; l'action **prospective** rompt avec les habitudes, elle est le résultat de l'action réflexive et permet d'anticiper sur les évolutions inéluctables qui vont arriver ; l'action créatrice ne doit plus être réservée à une minorité, en reconnaissant toute la part de créativité des peuples dans la maîtrise de leur vie quotidienne ; l'action **pratique** se situe sur le terrain de la diversité de la vie sociale, économique, politique ou culturelle, elle est l'application concrète des trois formes d'action précédentes.

L'éclairage global

- Pour préparer un projet cohérent, il est nécessaire de percevoir les grands axes fondateurs des actions à entreprendre, sinon il y a danger de tomber dans l'activisme.
- L'action politique permet d'instaurer plus de démocratie.
- L'action économique permet de favoriser le développement des peuples.
- L'action idéologique permet d'insérer l'éthique dans nos actes.
- L'action sociale permet la promotion collective du milieu.
- L'action écologique permet l'épanouissement durable du monde.

Le contenu de l'action

- Instauration de nouveaux droits à partir des valeurs :

– la créativité ➔ droit à l'innovation	– l'égalité ➔ droit au développement
– la vérité ➔ droit à l'information	– la responsabilité ➔ droit à la formation
– la liberté ➔ droit à la démocratie	– le dialogue ➔ droit à la laïcité
– la justice ➔ droit au travail	– la paix ➔ droit des peuples

---

(1) **Solidarité par le partage du travail et des revenus**, Charles Maccio, Chronique Sociale.

Stratégie (ou itinéraires)

C'est l'art d'organiser l'ensemble des actions de façon cohérente pour atteindre les objectifs fixés dans le cadre d'un projet. La tactique permettant de répondre aux problèmes ponctuels qui surgissent.

Les priorités

- ***Le chômage*** est le problème le plus urgent à régler. Il concerne des millions de personnes en France, en Europe, dans le monde. Le fait de ne pas avoir de travail rémunéré conduit le chômeur à devenir un assisté. Certes les cotisations chômage qu'il a versées pendant sa période active lui donnent le droit à une indemnisation. Mais, devant l'ampleur du phénomène, les caisses se vident, conduisant à des restrictions budgétaires avec, comme résultat, un appauvrissement accru des chômeurs et de leur famille. Et, au terme d'un certain délai, étant arrivé en fin de droit (quel terme horrible dans une démocratie !), le chômeur verse dans l'exclusion, dépendant pour vivre d'une aumône correspondant à la moitié du salaire minimum de chaque pays.
- ***Une proposition*** permettrait d'atténuer le nombre de chômeurs. Ce serait de **développer la solidarité par le partage du travail et le partage des revenus**.
  - *Le partage du travail* permettrait la réduction du temps de travail à 35 h puis 30 h. Une loi devrait être votée pour que la démarche soit obligatoire dans toutes les entreprises, petites ou grandes, dans tous les secteurs, mais l'application devrait résulter d'une négociation entre partenaires sociaux pour tenir compte des différences de situation. Cela permettrait, en appliquant cette réduction à l'ensemble de la population active, de créer, par exemple en France, à peu près 2 millions d'emplois. Il faut rappeler que la croissance aujourd'hui crée peu d'emplois. 1 % de croissance équivaut à 100 000 emplois seulement, ce ne peut être la seule solution. Cette réduction du temps de travail pourra être utilisée pour développer la citoyenneté, c'est-à-dire donner le temps de participer activement à la vie de la cité.
  - *Le partage des revenus* serait la deuxième façon d'assurer la solidarité. Il consisterait à accroître les prélèvements obligatoires (impôts et cotisations sociales) afin que la solidarité dépasse celle des seuls salariés pour toucher l'ensemble des revenus. On passerait ainsi de l'Etat-Providence à un Etat-Solidaire qui faciliterait la redistribution des revenus entre tous les membres habitant une même nation.
  - *Complément nécessaire*. Pour que cela soit viable, il faudrait en outre changer nos mentalités et repenser l'économie. La faire passer de 3 secteurs à 5 secteurs : 1. le primaire (agriculture) demeurerait ; 2. le secondaire (industrie) se réduit encore tout en continuant d'accroître sa productivité comme l'agriculture ; 3. le tertiaire (les services) devrait éclater, dans ce secteur ne resteraient que les services classiques ; 4. le quaternaire (communications) comprendrait tout ce qui touche à l'information issue de la téléinformatique, ce secteur va encore s'accroître ; 5. le secteur des travaux d'utilité sociale. Ces travaux, de plus en plus nombreux, sont nécessaires pour répondre aux besoins des citoyens, mais comme ils sont considérés comme non rentables par notre mentalité imprégnée de libéralisme, ils ne se développent pas. Pour cela il leur faut une reconnaissance qui prenne en compte leur utilité pour répondre aux besoins non solvables.
- ***Les autres priorités*** ne peuvent être développées ici mais rappelons-en les domaines : la formation, la santé, la réduction des inégalités par la justice sociale, etc.

Le champ des mutations culturelles

La culture marque et est marquée par toutes les mutations précédentes : celle des sciences et des techniques, celle des valeurs, celle des sciences humaines et sociales, celle de nos modes d'actions. Elle assure une certaine pérennité aux attitudes et comportements humains. C'est elle qui peut favoriser la prise en compte des changements sur de longues périodes sans provoquer de trop grandes perturbations.

La spécificité de la condition humaine

Elle se manifeste par deux caractéristiques complémentaires

- ***La dialectique nature/culture***. Trop de spécialistes ont affirmé la prééminence de la nature... humaine en particulier, nous conduisant à croire à une morale naturelle par exemple. Or la nature est sans cesse enrichie par la création humaine. C'est cela la culture, la prise en charge par l'homme de son destin pour construire un monde plus humain. Il n'y a plus de nature à l'état pur, elle a sans cesse été nourrie par la culture, c'est-à-dire l'action des humains.

- ***La dialectique culture/civilisation***. La culture c'est l'homme. Elle est le résultat de l'action de l'homme sur la nature, elle est le fondement de sa capacité d'être. La civilisation c'est la société. Elle est le résultat du travail des hommes correspondant à un certain état du développement technique et des relations que les hommes établissent entre eux pour développer le progrès social. La technique constitue le corps d'une civilisation, la culture en est l'esprit afin de favoriser l'épanouissement de chacun dans le cadre de l'organisation de la vie en société.

Le champ de la culture

- ***Les fondements de la culture***. Toute culture est fondée sur trois aspects complémentaires
  - *sa territorialité* dans la mesure où chaque individu est né sur un espace, avec ses caractéristiques particulières, marquant les conditions de vie et les mentalités (géographie) ;
  - *son historicité*, car toute société est vivante ; c'est l'homme qui fait son histoire et l'histoire, par ses actes quotidiens enrichis par la tradition renouvelée, afin de préparer l'avenir des générations futures ;
  - *son intentionnalité*, la vie humaine n'est pas le fruit du hasard, elle est le résultat de l'action de l'homme sur lui-même, sur la nature, sur ses semblables, en donnant consciemment un sens à sa destinée (religion, philosophie).

- ***La diversité culturelle*** en découle. Une variété très grande coexiste
  - géographique : africaine, américaine, occidentale, etc.
  - religieuse : chrétienne, islamique, juive, hindouiste, etc.
  - historique : Antiquité, Moyen Age, XXe siècle, etc.
  - sociologique : populaire, élitiste, bourgeoise, etc.
  - philosophique : humaniste, existentialiste, marxiste, etc.

De cette importante diversité, dont il est judicieux de tenir compte, une grande richesse peut découler si nous savons instaurer un **dialogue des cultures** pour nous enrichir mutuellement de nos différences.

La densité culturelle

- ***Contenu de la culture***. Pour la plupart de nos contemporains, le mot “culture” évoque les chefs-d’œuvre des penseurs et des créateurs, le progrès des arts et des sciences, les belles-lettres, la philosophie, l’expression du génie des peuples. La culture est certes cela, mais aussi davantage. C’est encore tout ce qu’une personne acquiert en tant que membre d’une société : tous les usages et toutes les pratiques qui s’apprennent par tradition ou par expérience, de même que tout l’environnement matériel produit par le groupe social. La culture, alors, peut s’exprimer dans des œuvres d’art ou d’érudition, mais aussi dans la cuisine et dans les vêtements, dans la nature des relations familiales et sociales, dans le système de valeurs, l’éducation, ce qu’il convient de faire ou ne pas faire, les façons de bâtir, les aspirations et la confiance dans l’avenir, l’attitude à l’égard des déshérités, des étrangers, etc. C’est dire que chacun de nous contribue par sa pensée et ses actes à nourrir la culture dans laquelle il est inséré.
- ***Les moyens de la culture***. Se cultiver c’est donc mettre en œuvre tous les moyens grâce auxquels :
  - la personne déploie ses dons corporels, affectifs et spirituels, pour les mener jusqu’à leur achèvement ;
  - la personne s’applique à développer, grâce à son pouvoir, à son savoir et à son travail, l’univers entier ;
  - la personne rend plus humaine la vie sociale, tant familiale que politique, à la faveur d’un progrès moral et d’une évolution des institutions ;
  - la personne facilite l’accès à la citoyenneté de chaque membre de la communauté humaine dans tous les domaines de sa vie ;
  - la personne, à travers la suite des âges, exprime, communique et conserve dans ses œuvres, ses coutumes et les actes de la vie quotidienne, les expériences et les désirs de sa communauté humaine afin qu’ils puissent servir et profiter à l’humanité tout entière.
- ***Le dialogue des cultures*** devrait devenir la voie novatrice de la construction de la communauté humaine. La diversité des cultures est grande : géographique (occidentale, africaine, etc.), religieuse (chrétienne, islamique, juive, etc.), sociologique (populaire, artistique, scientifique, etc.). De cette diversité peut découler un enrichissement mutuel si nous savons instaurer le dialogue entre les cultures.

  Le dialogue des cultures c’est travailler à construire le monde avec les autres. Cela suppose au préalable de n’exclure personne, aucune culture, du champ du dialogue, de n’instaurer aucune hiérarchie entre les cultures car aucune n’est supérieure ou inférieure à une autre. Il nous faut apprendre à reconnaître l’autre culture dans son originalité, dans sa particularité, ce qui nous conduit à reconnaître la richesse de la différence. Alors nous pourrons commencer à travailler avec les autres cultures à l’humanisation du monde en engageant dans cet effort toutes les capacités créatives présentes en chaque culture. C’est par le dialogue interculturel que pourra naître un projet planétaire.

La culture est source d’enrichissement

L’ensemble de ces mutations nous interpelle et nous aide à prendre conscience que, sous peine d’être broyés par la technique ou dominés par ceux qui auront acquis la maîtrise de ces mutations, nous sommes condamnés à nous cultiver, à nous former, si nous voulons que chaque personne soit actrice du changement social dans le sens d’un véritable développement.

Causes et conséquences de ces mutations

Une cause importante de mutations : la dialectique scientifiques, penseurs

A chaque époque, scientifiques et penseurs ont dialogué

- Depuis l'origine du monde, les savants ont apporté leur contribution pour **connaître** le monde. Ils ont toujours travaillé en équipes, partageant leurs découvertes avec les autres chercheurs pour avancer plus loin dans la connaissance. Ils sont de tous pays.
- Il en a été de même pour les penseurs (philosophes, théologiens, idéologues). Ils ont été interpellés par les découvertes des savants qui ont souvent nourri et fait évoluer leur pensée.

Dans l'Antiquité : univers terrestre

• Pythagore : 570-480 av. J.-C.
Créateur des sciences **mathématiques**, il entrevoit mouvement de la Terre sur elle-même et enseigne qu'elle est sphérique.

• Hippocrate : 460-377 av. J.-C.
Inventeur de **la médecine** et du premier code de déontologie.

• Euclide : IIIe siècle av. J.-C.
Créateur de **la géométrie**, il a développé la méthode des axiomes fondée sur la nécessité d'admettre certaines propositions pour en démontrer d'autres.

• Archimède : 287-212 av. J.-C.
Fondateur de **l'hydrostatique** et de la mécanique statique. Inventeur du levier.

• Ptolémée : 100-170 av. J.-C.
Père du **géocentrisme**. La Terre est le centre de l'univers, elle tourne sur elle-même et le Soleil autour de la Terre.

• Héraclite : 550-480 av. J.-C.
Père de **la pensée dialectique**, il met l'accent, sur le perpétuel écoulement des choses.

• Socrate : 470-399 av. J.-C.
Père de la maïeutique (art d'accoucher les esprits), amène l'interlocuteur à découvrir la **vérité** qu'il porte en lui.

• Platon : 428-348 av. J.-C.
Par la méthode du **dialogue** (questions, réponses), il recherche la vérité. La connaissance suprême qui procure une vision d'ensemble du monde est la dialectique.

• Aristote : 384-322 av. J.-C.
La **métaphysique** se fonde sur 4 domaines de jugement : le bon et le mauvais, le bien et le mal, le beau et le laid, le juste et le faux.

• Sénèque : 4 av. J.-C.–65 ap. J.-C.
Il a écrit un **traité de morale**. Il développe l'impassibilité du sage et la fragilité des choses humaines.

Moyen Age – Renaissance : univers mécanique

• Copernic : 1473-1553
Père de **l'héliocentrisme**. La Terre tourne autour du Soleil.

• Tycho Brahé : 1546–1601
Recueille une **multitude d'informations** dont Kepler tirera les lois auxquelles obéissent les mouvements des planètes.

• Galilée : 1564-1642
Père de la mécanique moderne, fondateur de **la science expérimentale**.

• Kepler : 1571-1630
Les planètes décrivent des **ellipses** dont un des foyers est le Soleil.

• Newton : 1642-1727
Etablit **les lois de la gravitation** et de l'attraction universelle.

• Saint Augustin : 354-430
Tente de réaliser la synthèse du **platonicisme** et de la religion. Le salut dépend de la grâce de Dieu.

• Thomas d'Aquin : 1225-1274
Etudie la pensée d'**Aristote**. Il affirme la distinction entre l'essence de l'être et son existence.

• Machiavel : 1469-1527
Décrit **les mécanismes du pouvoir**. Il dénonce l'absolutisme en l'expliquant.

• Rabelais : 1494-1553
Il attaque la tyrannie de la scolastique, l'absurdité des guerres, la collusion de la religion avec le pouvoir, prône **une société d'égaux**.

• Montaigne : 1533-1592
Refuse tout dogmatisme. Le doute est une école de **liberté** contre les dogmatismes.

XVIIe, XVIIIe siècles : univers scientifique

• Denis Papin : 1647-1714
Invente **la machine à vapeur**, à l'origine de la première révolution industrielle.

• Descartes : 1596-1650
Il expose sa méthode pour conduire pas à pas sa raison dans la découverte de **la vérité**.

• **Vaucanson : 1709-1782**
Constructeur d'automates, il inventa le premier **métier à tisser automatique**.
• **Lavoisier : 1743-1794**
Créateur de **la chimie** moderne. Découvre la nature et le rôle de l'oxygène, établit la composition de l'eau et pose les bases de la bioénergie.
• **Laplace : 1749-1794**
Père du **déterminisme** intégral. Emet l'hypothèse que le système solaire proviendrait d'une nébuleuse primitive.
• **Sadi Carnot : 1796-1832**
Fondateur de **la thermodynamique**. Elabore : le principe, le théorème et le cycle de Carnot.
• **John Locke : 1632-1704**
Empiriste, il s'attache à l'expérience, aux faits. Lepeuple a droit à l'insurrection si le souverain lèse ses **libertés**.
• **J.-J. Rousseau : 1712-1728**
La propriété engendre l'inégalité. **Le contrat social** sera le reflet de la volonté générale.
• **Diderot : 1713-1784**
Ressemble les connaissances dans l'Encyclopédie pour abattre les préjugés et éduquer l'homme.
• **Kant : 1724-1804**
Toute **connaissance scientifique** est l'union d'une forme fournie par l'esprit humaine et d'un contenu fourni par l'expérience sensible.

XIXe siècle : univers galactique

• **Darwin : 1809-892**
Père des théories sur **l'évolution** des êtres vivants.
• **Maxwell : 1831-1879**
Découvreur des lois de **l'énergie**. Célèbre pour ses travaux sur le magnétisme et l'électricité.
• **Marx : 1818-1883**
Père de la mécanique quantique. Enonce **le principe de complémentarité** : matière et rayonnement peuvent être à la fois ondes et particules.
• **Max Planck : 1858-1947**
Elabore **la théorie des quantas**. La lumière ou une onde peut être émise, propagée ou absorbée par quanta discret seulement.
• **Einstein : 1879-1955**
Sa **théorie de la relativité** permet d'expliquer de nombreux phénomènes atomiques et astronomiques.
• **Hegel : 1770-1831**
Dieu se fait dans l'histoire. La marche du progrès est **dialectique** : thèse, antithèse, synthèse.
• **Proud'hon : 1809-1865**
La propriété c'est le vol. Tout gouvernement est oppressif. Il faut fonder **la liberté** sur la coopération (économie), la fédération (politique) et l'association (social).
• **Niels Bohr : 1855-1962**
La société est **une totalité** fondée sur l'interaction de l'économique, du politique et de l'idéologique. L'exploitation sera surmontée parla lutte des classes.
• **Nietzsche : 1844-1900**
La volonté de puissance c'est la plénitude de l'âme créatrice. Le surhomme c'est l'homme **créateur**, libre de cœur et d'esprit.
• **Freud : 1856-1939**
Créateur de **la psychanalyse**. Il met l'accent sur l'importance de l'inconscient, expression de nos désirs refoulés.

XXe siècle : univers cosmologique

• **Pauli Wolfgang : 1900-1958**
On lui doit **le principe d'exclusion** selon lequel deux électrons d'un atome ne peuvent avoir le même nombre quantique.
• **Fermi Enrico : 1901-1954**
Réalise à Chicago, en 1942, avec une équipe de savants du monde entier, la première pile **atomique**.
• **Heisenberg Werner : 1901-1976**
Découvre **le principe d'incertitude**. On ne peut mesurer en même temps la position et la vitesse d'une particule atomique.
• **Godel Kurt : 1906-1978**
Décrit **le principe d'incomplétude**. Il existe des théorèmes que l'on ne peut démontrer. On ne peut donc formaliser aucune discipline.
• **Prigogine Ilya : 1917-....**
Décrit **le système dissipatif**. Les processus physiques sont susceptibles de mutation et produisent du nouveau. Tout comme les autres systèmes sociaux.
• **Husserl Edmond : 1859-1938**
Introduit **l'intentionnalité**. Philosophe de la transcendance. Toute conscience s'éclate vers le monde, vers ce qui n'est pas elle.
• **Sartre Jean-Paul : 1905-1980**
Défend **l'existentialisme**, plus soucieux de l'existence concrète que des notions ou idées. Laliberté est source de toutes les valeurs. L'hommeest responsable de tout devant tous.
• **Levi-Strauss Claude : 1908-....**
Utilise **le structuralisme**, méthode qui s'attache aux structures, à des ensembles où chaque élément est fonction de tous les autres.
• **Mounier Emmanuel : 1905-1950**
Développe **le personnalisme**. La personne est au service de la communauté comme la communauté est au service de chaque personne.
• **Ricœur Paul : 1913-....**
Travaille à une philosophie de la volonté. Père de **l'herméneutique moderne** (théorie de l'interprétation des symboles).

Les répercussions de ces mutations sur la société

Voyons-en quelques-unes parmi les plus importantes.

La transformation du monde. Sur le plan international, depuis l'effondrement du système communiste symbolisé par la chute du mur de Berlin en 1989, c'est la fin de l'impérialisme soviétique, la disparition des blocs et de la guerre froide. Cela laissait espérer la mise en place d'un nouvel ordre mondial modifiant les relations Nord/Sud, pays développés/pays en voie de développement, et une coopération internationale Est-Ouest plus intense... Hélas ! nous en sommes loin.

Le développement technologique. Il est né de la 3e révolution industrielle, celle de l'informatisation qui, grâce à la numérisation, permet de traiter et de diffuser toutes les formes d'information : texte, image, son, mouvement, nous plongeant dans l'ère du multimédia. Cette révolution est d'une autre nature que les précédentes, la 1re celle du chemin de fer, la 2e celle de l'automobile, car elle traite d'une matière, l'information, qui est la base nécessaire à toute décision et conduit à transformer toutes les relations de pouvoir. Elle a des conséquences sur toutes nos relations : en réduisant les distances les contacts peuvent s'établir en temps réel sur tous les points du globe. Elle abolit les frontières, dépasse les interdits et les censeurs.

L'accélération de la mondialisation. Elle concerne tous les secteurs de la vie sociale : le politique, interventions de l'ONU sur tous les points du globe en conflit, interventions des grandes puissances, américaine en Somalie, en Haïti, française au Rwanda, etc. ; l'économique touchant la production, comme les échanges et les finances. Cela entraîne l'accélération de la conscience des pays pauvres de leur exploitation. Il y a aussi des conséquences néfastes : délocalisation, dérégulation internationale, frénésie de la compétitivité, concurrence effrenée, etc. C'est là que résident les causes profondes de la crise économique, conduisant à avoir des millions de chômeurs dans les pays industrialisés et dans les pays du tiers-monde.

L'extension des technologies de la reproduction humaine. Elle conduit à des débats sur la bioéthique. Elle fait poser en d'autres termes le problème de la transformation de la famille, rôle du père ou du géniteur, rôle de la mère adoptive et porteuse, place des enfants dans la relation parentale, etc. Elle entraîne une réflexion sur la place des femmes dans la société, celle des hommes qui sont bousculés par le pouvoir pris par les femmes pour rétablir l'égalité entre partenaires, etc.

L'accroissement des dégâts du progrès sur la vie de la planète : destruction de la flore et de la faune, épuisement des ressources naturelles, pollution de l'air, de l'eau, perturbation des climats, prolifération des déchets, risques technologiques majeurs, marée noire, défaillance de réseau, transport de matières dangereuses avec les risques d'accidents déjà survenus en différents points du globe, etc.

L'explosion démographique. Là où il fallait des siècles pour avoir un doublement de la population, quelques décades suffisent : en l'an 1, il y avait environ 350 millions d'habitants, en l'an 1500, 500 millions, soit 15 siècles pour doubler. En 1930, il y avait 3 milliards de personne, en l'an 2000, six milliards, soit 70 ans pour doubler. C'est une accélération considérable qui nous interpelle. Si la terre peut produire suffisamment pour nourrir tous les humains, l'organisation de la société et du monde n'a pas été pensée pour réaliser ce partage des richesses. Au contraire, les riches continuent de s'enrichir et les pauvres de s'appauvrir.

L'expansion des découvertes scientifiques. Elles influent sur l'accélération du progrès technique et sa diversification en nous ouvrant de nouvelles perspectives et de nouveaux domaines (biotechnologie, monétique, nouveaux matériaux, laser, etc.). Elles marquent en outre notre façon de penser et notre culture.

- Einstein, avec les **lois de la relativité**, nous oblige à remettre en cause nos dogmatismes.
- Heisenberg et son **principe d'incertitude** nous conduit à introduire le doute dans nos certitudes.
- Godel et son **principe d'incomplétude** prouve qu'il existe des théorèmes que l'on ne peut démontrer et qu'il est donc difficile de formaliser certaines disciplines.
- Pauli démontre par le **principe d'exclusion** qu'une certitude (la vitesse de l'atome) en élimine une autre (sa position).

La liste pourrait se poursuivre pour nous indiquer que la science, qui a pour mission de rechercher la vérité du monde, de décrire la réalité, nous dit que plus nous avons des moyens de découverte, plus le doute sur les certitudes grandit.

La généralisation de la perte du sens qui conduit à une démoralisation. Affaiblissement chez les élus du sens de l'Etat, du service public, de l'intérêt général ; exaltation de la réussite individuelle et financière à n'importe quel prix ; affirmation du droit des gagnants (souvent sans scrupule) à un statut privilégié dérogatoire ; corruption fréquente à tous les niveaux, alors que l'on ne parle que des plus importantes. La corruption commence avec des dîners d'affaires proposés par celui qui veut obtenir certains avantages.

Le dévoiement du sens se retrouve aussi dans les religions, quand on voit la montée des intégrismes, des fondamentalismes, des dogmatismes conduisant au fanatisme à l'origine de meurtres, assassinats, attentats, etc. alors que toutes les religions sont fondées sur l'amour de Dieu et du prochain...

L'accentuation de l'angoisse. Devant la montée rapide des nouvelles technologies, l'extension de la mondialisation des relations, les informations sur les luttes, les génocides de population où l'on vit la mort lente de peuples, à la télévision ou dans la presse, etc. beaucoup se sentent désemparés et fuient dans la maladie souvent psychosomatique.

La consommation de médicaments a considérablement augmenté en tout domaine et les antidépresseurs sont en bonne place. Les inégalités s'accroissent. Elles ont été multipliées par 5 entre pays riches et pays pauvres au cours des 30 dernières années.

La montée de la délinquance engendre l'insécurité. Elle se banalise car une grande partie de la population ne respecte plus les panneaux de signalisation routière. Les chiens souillent de leurs crottes les trottoirs, quand ce n'est pas les bacs à sable des aires de jeux pour enfants, alors qu'il suffirait de leur apprendre à faire leurs besoins dans les caniveaux. Les menaces transfrontières de maladies que l'on avait réussi à réduire comme la peste ou le choléra, l'extension de l'épidémie de Sida, tout cela génère angoisse et crispation empêchant chacun d'être ouvert aux autres car il pense s'en sortir par le repli sur soi et l'individualisme.

Le progrès technique est rapide, le changement des mentalités est lent. C'est un constat dont il convient de prendre conscience si nous voulons que l'homme maîtrise son destin au lieu de se laisser entraîner par les progrès matériels. C'est un enjeu incontournable. Il nécessite que l'on adopte un certain nombre de mesures pour former toutes les personnes.

Pour nous permettre de prendre en charge notre destin, et celui de l'humanité, notre appartenance à des groupes dynamiques va nous permettre d'apporter notre contribution à cette humanisation.

Les répercussions pour notre vie de groupe

Apprendre à anticiper. Pendant longtemps on nous a indiqué qu'il était important de **s'adapter**. C'est, hélas ! encore un discours actuel. Si l'on s'adapte, on se coule dans le moule de ce qui est. On détruit ainsi la créativité humaine et le monde technique continue de progresser pendant que nous lui courons après pour nous adapter à lui. D'autres préfèrent **la fuite** dans la drogue, le sexe, la prostitution ou des travaux marginaux, mais pendant ce temps le monde continue de tourner, et sécrète des mutations que l'ensemble des personnes ne maîtrise pas. Fuir c'est une démission. La seule issue aujourd'hui c'est d'apprendre à **anticiper**, c'est-à-dire réfléchir à ce qui va se passer dans les années à venir. Le réalisme conduit à penser qu'il est possible d'anticiper sur le court (1 an) et le moyen terme (3 ans), mais difficilement sur le long terme. Cette anticipation permettra de prendre des décisions prospectives.

Etre concerné est la base de toute action. On ne peut être vraiment efficace pour résoudre un problème que lorsque on y est affronté. Seuls des exclus s'occuperont correctement des exclus, seuls des prostitués s'occuperont efficacement des prostitués, seuls des immigrés s'occuperont raisonnablement des immigrés. Cela ne signifie pas que la solidarité ne devra pas exister, mais elle sera demandée par les personnes concernées. Toute autre attitude confine au paternalisme, empêchant toute prise en charge de leurs problèmes par les intéressés.

Etre conscient des interactions. Aujourd'hui, nous découvrons que nous sommes insérés dans le système monde. Ce système est le fruit de l'interaction des techniques et de l'humain, des valeurs et des actions, des cultures et des civilisations. Au sein de chaque domaine, il y a encore interaction. L'être humain est composé d'un corps (biologie), d'un cœur (psychologie), d'un esprit (philosophie) en interaction permanente. Le physique est marqué par nos sentiments (avoir le moral, la motivation). Notre esprit, à son tour, imprègne nos comportements suivant nos idéologies, nos religions, etc. De même, dans la société, l'économique (entreprise) est influencé par le politique (lois sociales) et par l'idéologique (libéralisme). Par cette conscience nous pénétrons un peu plus dans **la complexité** du monde.

La citoyenneté devient une aspiration de plus en plus répandue dans toutes les sphères de la société. Dans l'entreprise, où le salarié veut avoir droit à la parole dans les domaines qui le concernent. Dans les Eglises, où les croyants souhaitent être entendus quand ils expriment des désirs de changement. Dans les écoles, les universités, où les enseignants, les élèves, les étudiants formulent des propositions concrètes pour améliorer la situation de l'enseignement. Dans la vie associative, les adhérents ne veulent plus être passifs. Quand ils ne sont pas entendus, ils créent leur propre association pour prendre en charge leurs problèmes. Il nous faut donc créer de nouvelles structures non pyramidales qui permettent la participation.

La solidarité est la valeur actuelle qui donne sens aux actions. C'est une laïcisation de l'amour qui a franchi l'étape de la charité, puis celle de la fraternité (1789) pour arriver à la notion de solidarité. Elle nourrit les autres valeurs auxquelles aspirent, consciemment ou inconsciemment, ceux qui luttent pour obtenir la citoyenneté. Le dialogue doit se substituer à l'obéissance, mais c'est difficile car on ne nous a pas appris à dialoguer. La coopération doit remplacer la compétition, la concurrence. La créativité doit remplacer l'adaptation, la reproduction. La responsabilité pour tous doit remplacer l'élitisme, les hiérarchies, car si la nature nous a faits différents, la culture a fait de ces différences des inégalités.

Tous responsables. C'est un des enjeux de la société en construction, car c'est une aspiration, parfois inconsciente mais toujours réelle, de participer activement à la vie des institutions dans lesquelles nous sommes inséré. Cela suppose que, dans toute structure, dans une entreprise, dans une Eglise, dans une association, etc. chaque personne ait une responsabilité précise et concrète en fonction de ses capacités personnelles, de ses compétences. Cette responsabilité se traduira dans une définition de fonction qui précisera pour chacun ses tâches, sa mission, son champ de décision individuelle, les domaines où il participera aux décisions collectives. Une durée sera fixée aux fonctions pour qu'il y ait rotation des fonctions.

L'investissement dans l'intelligence est une donnée incontournable. Pour l'investissement matériel, c'est un phénomène acquis. Pour l'investissement dans l'intelligence, si les choses évoluent cela n'est pas encore admis par tout le monde. Pourtant les investissements en recherche-développement, en formation, en logiciels, en système d'information ou développement commercial, en nouvelles formes d'organisation et de participation sont incontournables. Considérés comme des investissements non rentables, une analyse plus fine a permis de prendre conscience qu'ils étaient, au contraire, au cœur de la rentabilité et que, sans eux, une entreprise périclitait, une association stagnait, une Eglise s'étiolait, un syndicat végétait, etc.

Un code de déontologie va devenir l'outil indispensable pour donner cohérence aux actions et aux actes que l'on réalise chaque jour. Déontologie particulière à chaque secteur de la vie, à chaque profession, à chaque organisation, car l'application d'un projet fondé sur des valeurs comme la solidarité, la responsabilité, nécessite que des règles claires de comportement individuel et collectif soient édictées pour donner sens et direction, mais aussi pour éclairer les comportements quotidiens de chacun. Ce code de déontologie doit être élaboré par les personnes concernées car elles seules connaissent correctement les problèmes auxquels elles sont affrontées. Elles peuvent se faire aider, accompagner, par des philosophes, des théologiens, pour se procurer des outils.

La formation restera un moyen indispensable. Sans formation pas de prise de conscience, pas de connaissance suffisante, pas de compréhension des personnes et des problèmes en profondeur, en un mot pas de compétence pour agir efficacement dans la cité. La formation devra comporter plusieurs volets : celui de **l'instruction** centré sur l'apport de connaissances, celui de **l'éducation** prenant en charge le développement de la personnalité, celui de **la pédagogie** permettant de devenir capable d'utiliser les outils existants pour rendre efficace l'instruction et l'éducation, mais aussi être capable d'en créer en fonction de ses besoins. Il sera alors possible de conjuguer plusieurs formules nécessaire afin d'apprendre à apprendre en permanence.

Priorité à l'être humain. Pour nous, l'être humain comme être social devra toujours avoir la priorité sur la matière. C'est d'ailleurs lui qui, par son travail, a façonné le monde actuel. Si le temps de travail professionnel rémunéré diminue, et c'est indispensable, le temps de travail bénévole comme citoyen va progresser. Ce ne sera pas forcément un travail matériel, technique, ce sera aussi un travail intellectuel, de réflexion, d'échange, de concertation, de participation, et ce n'est pas parce qu'il n'est pas rémunéré que ce n'est pas du travail. La nature du travail va changer du fait des mutations, mais le travail sera toujours le fondement de la création de la société.

Elargir notre conscience des problèmes

L'information permanente devrait être un souci constant. Puisque la société évolue rapidement, si nous voulons donner un sens à ces changements, nous devons élargir nos connaissances et essayer de comprendre le plus possible tant les mutations techniques que les phénomènes humains individuels ou collectifs. C'est grâce à cette information organisée, classée, mise à jour que nous serons capable d'anticiper dans nos prises de décision. L'information et son traitement sont la clé du pouvoir grâce aux décisions.

Le multimédia va être l'outil personnel qui nous permettra cet accès à l'information sous toutes ses formes (écrit, oral, image, animation), sur tous les sujets, et nous mettra en contact grâce aux réseaux (Internet par exemple) avec l'ensemble du monde. Nous aurons ainsi accès aux informations les plus récentes et, grâce à notre ordinateur multimédia, nous pourrons, non seulement recevoir mais aussi transmettre les informations que nous possédons en raison de notre profession ou de nos responsabilités. Cela permettra surtout de communiquer avec tous les membres des groupes auxquels nous appartenons. Ce qui rendra la vie sociale plus conviviale et notre vie personnelle plus citoyenne.

Le mode de pensée traditionnel devra être remplacé par un nouveau mode de pensée pour traiter cette information quantitative et qualitative. Nous devrons acquérir une pensée *dialectique* qui sache découvrir les contradictions inhérentes à tous les problèmes et à toutes les personnes, situer le problème à sa place dans un *système* où tous les éléments sont en interaction afin de mieux maîtriser la *complexité* des phénomènes. Ainsi il nous sera possible d'avoir une vision plus claire et plus lucide des problèmes auxquels nous sommes affronté comme personne mais aussi comme membre de différents groupes.

Développer notre capacité de jugement

Porter des jugements de réalité éclairés par des valeurs sera la base de notre jugement. En effet, nous savons aujourd'hui que tout jugement de valeur (bien/mal, juste/faux, etc.) bloque les relations entre les personnes. Nous savons que le simple jugement de réalité est insuffisant pour donner un sens à notre réflexion. Il faut éclairer ce jugement de réalité, par ex. "Je ne peux te lire" qui se substitue à un jugement de valeur "Tu écris mal", par une valeur, en l'occurrence "Si je ne peux te lire nous ne pourrons dialoguer", le dialogue étant une valeur importante.

Choisir nos valeurs directrices. Nous avons choisi **l'amour** comme valeur fondatrice car elle a des racines lointaines, plus de 5 siècles av. J.-C. Elle a des racines diversifiées, car toutes les grandes religions : bouddhiste, taoïste, chrétienne, islamiste, juive, l'ont choisie. Avec cette valeur fondatrice, il sera souhaitable de choisir celles qui en découlent et qui nous permettront de les utiliser en fonction des problèmes et des circonstances, comme la créativité, la vérité, la liberté, la justice, l'égalité, la responsabilité, le dialogue, la paix. Ces valeurs nourriront notre jugement et remplaceront les jugements de valeur lapidaires (bien/mal, juste/faux, bon/mauvais, beau/laid).

Approfondir notre conscience morale. C'est elle qui en définitive doit déterminer nos choix au moment d'agir. Si des instances religieuses, philosophiques ou idéologiques peuvent nourrir notre conscience, en aucun cas elles ne peuvent s'y substituer. Le dialogue entre la conscience morale de tous, pris individuellement, au sein d'un groupe, d'une organisation, permettra l'élaboration d'un code de déontologie qui est la conscience morale collective dont a besoin aujourd'hui chaque organisation. Car les problèmes auxquels elles sont affrontées exigent de plus en plus de règles claires et précises pour éviter les manipulations des humains.

Choisir un engagement correspondant à notre insertion sociale

L'action d'amélioration de la société pourra se faire si chacun d'entre nous participe activement à la prise en charge des problèmes auxquels il est affronté. Il s'agit d'agir là où nous sommes, aujourd'hui, sur les problèmes qui nous concernent et avec toutes les personnes concernées. Si nous ne réalisons par cette démarche, si nous attendons que d'autres agissent à notre place, nous aurons une mentalité d'assisté.

L'élaboration d'un projet de changement élaboré par les personnes concernées sera le moyen le plus efficace de donner cohérence à des actions diversifiées et étalées dans le temps. L'élaboration du projet par tous est un gage de réalisation. Car ceux qui ont construit le projet ont toujours à cœur de le mettre en œuvre, et c'est d'autant plus facile pour eux qu'ils en connaissent tous les détails, qu'ils savent pourquoi il est fait et dans quelle direction ils ont choisi d'aller.

La démarche pluridisciplinaire est une exigence de plus en plus nécessaire. Un problème est complexe, une organisation ne peut à elle seule le régler car les facettes en sont multiples. Nous devons contribuer à faciliter ces rencontres entre organisations différentes pour agir de concert. Rencontre d'abord avec les organisations de même nature que la nôtre (syndicat par exemple) pour réaliser l'unité d'action. Rencontre avec d'autres organisations abordant le problème sous un aspect différent (syndicats, partis, associations familiales, associations culturelles, associations caritatives, etc.). Ainsi un problème aura plus de chances d'être résolu par la conjugaison de ces efforts multiples.

Les conditions de l'anticipation à court terme

Pour que l'homme reste maître de son destin, pour que ce soit lui qui donne un sens et une orientation à sa vie personnelle et sociale, il est important d'apprendre à anticiper pour ne pas nous laisser emporter par le flot continu des mutations en cours et percevoir les cinq conditions nécessaires à l'anticipation.

1. Interdépendance passé/présent/futur

- Si l'avenir pouvait se déduire du prolongement du passé dans une suite linéaire, ce serait relativement facile à faire. Hélas ! les choses sont plus complexes.
- ***Le passé*** se redécouvre tous les jours à la lumière de nouvelles découvertes.
- ***Le présent*** est vivant, mais nous n'avons pas le recul nécessaire pour le percevoir sous tous ses aspects.
- D'autre part, à chaque étape, de nouvelles choses apparaissent qui n'existaient pas auparavant et il faut être conscient de ces nouveaux impacts, tant matériels qu'humains (la numérisation). Si le présent se nourrit du passé, le passé se nourrit aussi du présent, et tous deux peuvent nous donner quelques matériaux pour déceler l'orientation du **futur**. Mais le futur amènera, comme aujourd'hui, des éléments nouveaux que nous ne connaissons pas et il nous faut être vigilants en permanence pour saisir, dans un mouvement de rétroaction continue, ce qui, dans le présent, a des potentialités d'évolution à la lumière du passé redécouvert.

2. La réalité est multidimensionnelle

- Tout problème technique, tout phénomène humain, comportent une multitude de facteurs en interaction. Le nucléaire a pu se développer car, dans le passé, Becquerel a découvert la radio-activité et parce que la guerre de 1939/45 nécessitait que les Alliés soient les premiers à utiliser la bombe atomique contre les Japonais et les Allemands si l'on ne voulait être asservi au nazisme. Aujourd'hui, le nucléaire a une dimension économique (production), politique (décision), idéologique (choix moral), etc.
- Il en est de même des problèmes humains, comme la démographie qui a aussi sa dimension économique (travail pour tous), politique (nourrir, former, soigner), idéologique (limitation des naissances), etc. Le futur devra donc prendre en compte l'ensemble des phénomènes, sans se limiter à leur aspect dominant.

3. L'univers a besoin d'un sens

- Qui sommes-nous comme personne ? aujourd'hui.
- Où sommes nous ? dans un monde en changement permanent.
- Pourquoi sommes-nous là ? c'est tout le sens de la vie.
- Pour aller où ? pour donner une direction à notre vie personnelle et sociale, et au monde.
- Ce sont les interrogations permanentes des êtres humains depuis l'hominisation. Les sciences et les techniques ne peuvent répondre à ces questions, mais elles fournissent sur la réalité des éléments de savoir que toute recherche de sens doit prendre en compte.
- Les domaines de la connaissance s'élargissent sans cesse pour nous faire

pénétrer dans la complexité de la matière, du vivant, et de leur interaction. Cela nous conduit à redéfinir la place de l'homme dans l'univers, dans ses relations avec la nature, avec les autres hommes, avec l'esprit.

- L'univers n'engendre pas le sens. Pour y accéder, il faut des éléments nouveaux : **1. Une direction** pour déterminer où nous allons ; **2. Des valeurs** pour définir pourquoi nous sommes là ; **3. Des décisions** pour indiquer nos choix. Seul l'être humain possède ces trois éléments. Il devient urgent d'apprendre à s'en servir. Reste un dernier aspect : est-ce une élite qui aura en charge la gestion de ces trois domaines ou allons-nous vers une société où toutes les personnes concernées pourront s'exprimer pour décider de leurs actes ?

4. Vers la pluridisciplinarité des compétences

- Devant la complexité, il est difficile aujourd'hui d'affirmer qu'un problème a une seule dimension. Si les problèmes se compénètrent, les spécialistes de chaque discipline intervenant sur un problème doivent se rencontrer, s'ils veulent être efficaces pour agir sur lui.
- Cette pluridisciplinarité a presque toujours existé, soit inconsciemment, soit sous la contrainte de la nécessité. Il serait peut-être judicieux, si nous voulons donner un sens à notre destin, que nous prévoyions une double démarche : renforcer **la spécialisation** pour aller le plus loin possible dans la recherche et les applications particulières, et **la pluridisciplinarité** pour être capables de voir tous les aspects complexes d'un problème afin de le maîtriser, par un choix délibéré fait à l'avance plutôt que contraints par la nécessité, ce qui nous fait perdre pas mal de temps et d'argent.

5. Adopter une vision globale, dialectique et systémique

- L'interdépendance, la complexité et les contradictions que nous avons à gérer, nous conduisent à adopter une vision nouvelle :
  - ***de la complexité***, puisque nous avons vu l'interdépendance et l'enchevêtrement croissant des problèmes : interdépendance des problèmes techniques, interdépendance des problèmes humains, interdépendance des problèmes techniques et humains ;
  - ***dialectique***, puisque nous rencontrons des contradictions tout au long de notre parcours : rapidité des changements techniques, lenteur des changements humains ; les uns affirment la permanence du progrès, d'autres sa régression ; ainsi, en nous habituant à dégager, de la thèse et de l'antithèse, une synthèse comprenant les points de convergence et les points de divergence, nous serons mieux armés pour décider ;
  - ***systémique***, car tout problème est inséré au cœur d'un système : la cellule est un système inséré dans un autre système, le corps humain ; l'entreprise est un système..., etc. L'analyse systémique permet d'intégrer, dans la complexité de leurs relations, les processus de tous ordres, les contradictions, les enjeux, les conflits, les dynamiques de fonctionnement.

Avènement de la personne solidaire

Développer nos capacités d'être

- Devant ce monde qui se socialise, qui multiplie les contacts, il peut surgir un danger : s'engloutir dans l'anonymat, se laisser porter par la société ou le groupe dans lequel on est, se laisser écraser par le phénomène que l'on découvre.
- Certains pensent que la maîtrise du monde nécessite des personnes très cultivées ayant une grande formation et une forte volonté. Ce qui est possible à tout le monde.

Tout le monde peut développer ses capacités

- Tout le monde en a, en soi, des virtualités. Ce n'est pas une question de niveau intellectuel, c'est une question d'équilibre personnel que toute personne peut atteindre.
- Certes, aujourd'hui il y a beaucoup de personnes qui ne se sentent pas à l'aise dans leur peau, qui sont bloquées par leurs problèmes personnels et n'arrivent pas à être totalement elles-mêmes. Cela tient en grande partie au style d'éducation reçue, au type de civilisation dans laquelle nous vivons.
- Il existe peu de structures où la personne puisse être pleinement elle-même : l'école, la famille, l'armée, l'Eglise, etc. autant de lieux où se prêchent les plus hautes valeurs, mais où se vivent des comportements aliénants, car nous sommes encore à l'époque des modèles à suivre.

Dépasser les déterminismes

- "Les choses étant ce qu'elles sont", ces paroles, prononcées par une haute personnalité, sont le reflet typique d'une mentalité qui se veut réaliste et reste cependant prisonnière de schémas tout faits.
- Si les choses sont ce qu'elles sont, pourquoi agir ? Faisons confiance à l'Etat-providence, à l'homme-providence, mis sur le chemin de notre destin pour résoudre les problèmes qui se présentent à nous.
- "L'histoire est un éternel recommencement", voilà encore une autre idée reçue qui fait que l'on peut démissionner de ses responsabilités. Pourquoi agir puisque, de toute façon, nous sommes prisonniers d'un retour cyclique des événements ?
- Or, ces affirmations ne correspondent pas à la réalité. C'est nier l'enrichissement du monde au cours de son histoire. On ne peut tout de même pas comparer ce qui était accepté comme conditions pour l'esclave de Platon et la période d'esclavage des Noirs des siècles derniers. Une quantité croissante de personnes furent amenées à réagir, ressentant l'anomalie du système, ce qui n'était pas le cas il y a quelques millénaires. Une conscience individuelle et collective s'est développée. Notre passivité peut provoquer une stagnation et des retours en arrière. Notre action peut être source de progrès et d'enrichissement des valeurs.

Etre capable d'assumer le monde dans son déroulement

- Il n'y a que les personnes adultes, celles qui ne s'enferment pas dans leurs problèmes personnels, qui peuvent assumer le monde dans son déroulement. Les autres, centrées sur elles-mêmes, n'ont pas le temps de faire autre chose. Il faudra pour elles résoudre d'abord leurs problèmes, et souvent elles n'y arriveront que si elles se laissent interpeller par l'extérieur.

C'est urgent car le monde avance rapidement

- Dans le passé, on pouvait se permettre de prendre plusieurs années pour étudier un problème. Aujourd'hui cela n'est plus possible, car deux ou trois ans après, les problèmes ne se posent plus dans les mêmes termes.

Avoir une vision prospective

- Cela devient de plus en plus nécessaire. Combien de routes se sont avérées trop étroites pour la circulation cinq ans après ? Combien d'immeubles construits il y a 10 ans ne correspondent plus aux besoins d'aujourd'hui, en surface, en insonorisation ou en commodités ? Les exemples pullulent en ce domaine.

Nécessitant une analyse scientifique

- Très souvent à l'origine de ces inadéquations, il y a au départ une analyse insuffisante de la réalité présente et de son évolution probable. Plus de rigueur dans l'analyse permettrait d'éviter les grands écarts constatés. Cela suppose, hélas ! que l'on fasse passer l'analyse scientifique avant les intérêts particuliers qui ont toujours tendance à infléchir les projets dans le sens qui leur convient.

et une vision vivante de l'évolution

- Notre formation nous conduit très souvent à penser en termes architecturaux. Pour "la nouvelle société" ou "la cité socialiste", on essaie de trouver quels sont les piliers sur lesquels elles vont se fonder. On construit encore des immeubles de la même façon qu'il y a plusieurs siècles avec des murs porteurs qui empêchent toute modification de la disposition intérieure.
- Il faut acquérir une vision vivante des choses, de façon à ce que les structures que nous mettons en place soient suffisamment souples pour tenir compte de l'évolution de nos besoins.

ce qui n'est possible qu'avec des êtres créateurs

- Le créateur est celui qui est disponible en permanence à tout ce qui surgit sans s'étonner de la nouveauté. Il est suffisamment adulte pour se libérer des modèles, des concepts dogmatiques reçus pour être apte à inventer ce qui est nécessaire au moment voulu.
- Rappelons cependant que la créativité ne surgit pas du néant mais de la densité, c'est-à-dire d'un travail préalable important, car elle naît de 98 % de sueur et de 2 % de génie.
- L'étincelle ne peut jaillir que d'une maturité.

Grille d'analyse (procédure)

Nouveau champ culturel

Méthode (Démarche) / **Moyens** Analyse (Plan)	**Voir** 1. Mutations de la science 2. Mutations techniques 3. Mutations humaines	**Juger** 1. Conscience morale 2. Jugement de réalité éclairé par des valeurs 3. Déontologie	**Agir** 1. Individuellement 2. Collectivement 3. Stratégie
Qui les personnes les groupes concernés			
Quoi l'objet			
Où les lieux			
Quand les moments			
Combien les nombres			
Comment la façon			
Pourquoi les raisons			
Contexte l'environnement			

Utilisation de cette grille

Cette grille d'analyse est à considérer plutôt comme un aide-mémoire rappelant les éléments essentiels d'une démarche d'analyse des problèmes que nous avons à prendre en charge.

Verticalement

- Il est proposé ici un **moyen** mnémotechnique pour avoir un outil facile à utiliser (QQOQCCPC). Il est important de se rappeler que ce n'est qu'**une bouée de sauvetage** quand on n'a pas eu le temps d'élaborer un **plan** pour avoir un outil d'analyse plus pertinent (voir p. 240).
- Tous les points ne sont pas forcément à prendre en charge. C'est cependant préférable si l'on désire cerner le problème sous ses différentes facettes. C'est un moyen de prendre en charge la complexité des situations.

Horizontalement

- Nous avons choisi, parmi une multitude de méthodes, celle qui nous semble la plus simple à utiliser. Elle est aussi plus exigeante car elle nous oblige à appliquer à chaque point les éléments d'approfondissement **Voir, Juger, Agir**, afin de déboucher sur des actions de changement social. Elle nous contraint à ne pas en rester à un constat (analyse), mais à passer ensuite de la conscience lucide des problèmes au jugement pour déterminer les actions.
- Le **Voir** décrit la réalité que nous percevons. Rappelons-nous que nous vivons dans un monde en mutation et que nous devons avoir un regard neuf sur les mutations scientifiques, techniques et humaines qui s'appliquent aux problèmes que nous prenons en charge.
- Le **Juger** nous contraint à réfléchir à cette réalité afin de rechercher un sens à donner à l'action. Ce ne peut être un jugement de valeur (bien/mal), mais un entraînement à apprendre à porter des jugements de réalité, éclairés par les valeurs que nous aurons choisies. D'autre part, si nous avons un code de déontologie, c'est à ce moment-là qu'il conviendra de voir comment l'appliquer afin que les moyens utilisés soient conformes aux fins que nous nous sommes assignées.
- L'**Agir** découlera des deux points précédents. Nous distinguerons les actions individuelles, afin que chaque membre du groupe ait une action personnelle à conduire, et les actions collectives nécessitant la mobilisation de l'ensemble des membres du groupe, voire de toute l'organisation, et éventuellement d'autres organisations affrontées aux mêmes problèmes. Pour que tout se déroule correctement, une stratégie sera à élaborer afin que chacun perçoive l'itinéraire à suivre et la cohérence de l'ensemble.

La grille d'analyse

Elle est composée du moyen et de la méthode, pour que nous possédions une procédure de travail qui nous aide : 1. d'une part à cerner les problèmes à prendre en charge avec le plan (colonne Voir) ; 2. d'autre part à porter un jugement sur cette réalité pour lui donner un sens (colonne Juger) ; 3. afin de pouvoir agir pour améliorer la société en fonction de nos projets (colonne Agir).

Exercice n° 3

Votre degré de conformisme

Type Prise de conscience

Objectif Déceler (action) votre (personne concernée) degré de conformisme (problème) aujourd'hui (délai).

Déroulement

La société dans laquelle nous vivons marque de son empreinte nos mentalités et nos actes. Nous sommes conditionnés à des degrés divers par notre éducation, notre environnement. En répondant aux questions suivantes vous pourrez réfléchir à votre degré de conditionnement.

	OUI	NON
1. Vous êtes perturbé dans votre travail quand on vous regarde ?		
2. Vous achetez plutôt les produits vantés par la publicité ?		
3. Vous adoptez la mode seulement quand elle vous semble convenir à votre personnalité ?		
4. Vous regardez la télévision après avoir consulté le programme et choisi les émissions qui vous intéressent ?		
5. Vous hésitez toujours à donner une pièce à une personne qui tend la main dans la rue ?		
6. Vous allez voir le médecin dès l'apparition des premiers symptômes d'une grippe ?		
7. Vous achetez un livre après avoir lu le dos de couverture et consulté la table des matières ?		
8. Vous ne passez pas sous une échelle appuyée contre un mur de peur que cela ne vous porte malheur ?		
9. Vous vous mettez en colère quand vous êtes pris dans un embouteillage ?		
10. Au restaurant, vous préférez prendre un plat à la carte plutôt que, à prix égal, le plat du jour ?		

Analyse

- Un point pour OUI : 1 – 2 – 5 – 6 – 8 – 9
- Un point pour NON : 3 – 4 – 7 – 10
- **Si vous avez plus de 8 points** : Vous êtes très malléable et prêt à suivre le dernier qui a parlé. Devenez lucide.
- **Entre 4 et 8 points** : Vous tenez compte de l'avis d'autrui pour faire vos choix. Vous avez le sens des relations.
- **Moins de 4 points** : Vous êtes imperméable aux contraintes de la société. Faites attention, vous n'êtes pas seul sur la planète.

Amélioration

- Compte tenu des résultats, dans quels secteurs de votre vie souhaitez-vous orienter vos efforts pour trouver un certain équilibre ?
- Vous pouvez aussi améliorer cet exercice. Repérez 10 autres comportements que vous ajouterez à la liste et que vous expérimenterez avec vos amis.

Eléments de réponse p.297

Individuel – Collectif

Avoir des idées de changement

Type Apprendre à anticiper

Objectif Trouver (action) des idées novatrices (problème à régler) pour votre groupe (personnes et groupes concernés) à présent (délai)

Déroulement

- Liste A : les changements
  1. Enumérez les changements que vous avez vu s'opérer autour de vous au cours des 10 dernières années.
  2. Chaque membre du groupe fait de même.
  3. Classez-les par ordre d'importance selon votre équipe.
- Liste B : le souhaitable
  1. Enumérez individuellement vos désirs de changement pour votre groupe au plan des structures, des relations, des orientations, etc.
  2. Chaque membre du groupe fait de même.
  3. Faites une synthèse.
  4. Classez par ordre de priorité ce qu'il serait souhaitable de modifier.
- Liste C : le possible
  1. Faites un tableau de 3 colonnes

A. Les mutations	B. Les désirs (souhaitable)	C. La réalité (le possible)
1.	1.	1.
2.	2.	2.
3.	3.	3.
4.	4.	4.
5.	5.	5.
6.	6.	6.

2. Comparez chacun des désirs du groupe (B) avec chacune des mutations de la liste A
3. Notez dans la liste C les idées nouvelles de changements réalistes qui ont surgi.
4. Reclassez par ordre d'importance les propositions de la colonne C.
5. Faites un nouveau classement en mettant les propositions par ordre d'urgence, à distinguer de l'ordre d'importance.

Analyse

1. Que vous a fait découvrir cet exercice ?
2. Comment le groupe a-t-il réagi aux nouvelles propositions ?
3. Que comptez-vous faire de ces matériaux ?

Amélioration

1. Comment améliorer l'exercice pour le rendre plus performant ?
2. Sur quels points portera l'amélioration de la vie de votre groupe ?

Elements de réponse p.297

Le monde qui naît

Les astres à profusion
Purs
Comme des yeux de
Sages
Seront aussi brillants
Que le destin des hommes.
Nous serons unis :
Plus un regard d'angoisse.
Nous serons frères :
Plus un regard de haine.
Et si dans le ciel
Il y a une lueur,
Ce sera pour éclairer
Notre amour.
Et si dans les frondaisons
Il y a une mélodie,
Ce sera pour bercer
Notre sommeil.
Nous serons frères.
Nous serons unis.
Et les astres, à profusion,
Sages
Seront aussi brillants
Que notre destin.

Bernard B. Tadie

2. L'objectif

"Je voudrais entendre comment il se peut faire que tant d'hommes, tant de bourgs, tant de villes, tant de nations, endurent quelquefois un tyran qui n'a puissance que celle qu'ils lui donnent [...]. Je ne veux pas que vous le heurtiez, ni que vous l'ébranliez, mais seulement ne le soutenez plus, et vous le verrez, comme un grand colosse dont on dérobe la base, tomber de son propre poids et se briser."

Etienne de la Boétie (1530-1563), **Discours de la servitude volontaire**

Les différents niveaux d'orientation

Clarification nécessaire

Toute une terminologie tourne autour de la notion de sens : on parle de finalité, de politique ou d'objectifs. Il semble donc nécessaire, pour éviter toute équivoque, de situer ces termes les uns par rapport aux autres.

Finalité

C'est le niveau le plus élevé. Il indique plus qu'une direction. Il veut signifier un sens profond permanent. Rechercher une finalité, c'est donc dégager les valeurs qui servent de guide à nos actions individuelles et collectives, c'est préciser notre conception de la personne et de la société.

C'est, d'une part, permettre à chaque personne de découvrir sa mission spécifique, de prendre conscience du sens qu'elle donne à sa vie pour répondre à l'appel profond de son être.

C'est, d'autre part, en choisissant une organisation syndicale, politique, culturelle, familiale, sportive, professionnelle, religieuse ou autre, connaître les finalités que s'est assignées cette organisation, quelles sont les orientations choisies par rapport aux personnes, mais aussi par rapport à la société.

Mais une finalité s'affine, s'approfondit par la recherche et la pratique que font ses membres. Sans conscience claire des finalités, sans participation de tous à l'enrichissement des finalités, il ne peut y avoir d'efficacité pour l'action individuelle et collective dans le sens choisi.

La finalité c'est le niveau d'ensemble situé dans le **long terme**.

Politique

C'est la transposition des finalités à chaque domaine particulier de la vie sociale. La politique détermine l'orientation d'ensemble des actions à conduire, sous l'éclairage des finalités pour leur donner un sens

– aux différents niveaux : international, national, régional, local, etc.
– aux divers problèmes : santé, logement, scolarité, urbanisme, écologie, etc.
– pour chaque domaine : social, économique, culturel, scientifique, écologique, etc.

C'est permettre l'application des finalités à chaque secteur de vie précis. Les politiques sont circonscrites à un temps, à une population définie et à un domaine donné (par exemple, politique de la santé pour les 5 ans à venir à l'égard de populations à risques).

Les politiques se situent dans **le moyen terme**.

Objectifs

C'est le niveau de l'action à entreprendre dans le cadre des politiques éclairées par la finalité. Par exemple :

– si une de nos **finalités** est la "liberté de l'être"
– il faudra élaborer une **politique** de la "liberté de l'être" pour les "jeunes", pour les "étrangers", etc.
– qui, pour se réaliser, nécessitera la détermination **d'objectifs** précis, dans des domaines divers, par exemple, pour les jeunes, la "participation aux décisions dans les domaines qui les concernent".

– Mais, **cet objectif final**, dans le cadre d'une politique, va nécessiter la mise en œuvre **d'objectifs intermédiaires**, car il ne pourra être atteint en une fois. Les différentes étapes de l'action nécessiteront donc la prévision d'objectifs intermédiaires permettant, sur une certaine période, d'atteindre l'objectif final, particulier à une politique, éclairé par la finalité.

Les objectifs se situent dans **le court terme**.

Le progrès social en marche

De l'élite

Dans un passé pas tellement lointain, seule fixait des objectifs une minorité cultivée qui, ayant eu la possibilité de poursuivre ses études, s'arrogeait le privilège de réfléchir et de penser. Nous n'avons qu'à regarder la profession des élus politiques pour nous rendre compte que les professions libérales et celles de la bourgeoisie dominent. Il en est de même pour ceux qui sont à la tête des partis, qu'ils soient de droite ou de gauche, à quelques exceptions près qui confirment la règle.

C'est encore de nos jours cette minorité qui détermine finalité, politique, objectifs. Elle les élabore en tenant compte de ses intérêts particuliers qu'elle fait passer pour l'intérêt général. En utilisant tous les moyens à sa disposition (école, médias, subventions), elle manipule l'opinion publique en déclarant ses décisions naturelles et utiles à tous.

Sous l'étiquette démocratique, la population est en fait déterminée par le petit nombre qui détient le pouvoir, et ceci quel que soit le domaine, politique, économique, social, culturel, etc.

A l'ensemble de la population

Aujourd'hui, les problèmes peuvent se poser en d'autres termes.

• *Au plan quantitatif*

La prolongation de la scolarité, le phénomène des mass-media ont fait accéder un très grand nombre au domaine du savoir réservé jusqu'ici à l'élite. Cela ne s'est pas fait toujours dans les meilleures conditions. Car la culture bourgeoise, ayant sécrété ses propres valeurs, ne pouvait transmettre que ce qu'elle avait. Cela a, de toute façon, été bénéfique. Car l'esprit humain ne reste pas prisonnier de ce qu'on lui donne en pâture, et toute évolution de l'ouverture d'esprit peut permettre à des virtualités latentes de se manifester.

• *Au plan qualitatif*

Les domaines réservés de la culture sont moins nombreux, malgré les résistances de l'élite qui se protège en utilisant un langage hermétique. La poussée de la pensée personnelle chez un plus grand nombre oblige les organisations de toute nature à transformer leur système de relations internes. Avant, on donnait des consignes, des orientations. Des tribuns soulevaient des foules en faisant vibrer la corde sensible des valeurs. Aujourd'hui, il se trouve de plus en plus de personnes à vouloir participer, non plus seulement à l'exécution, mais à la définition de la finalité, des politiques et des objectifs. Nous sommes enfin en marche vers **la promotion collective** de la population.

Les finalités

Vers une finalité claire

Pourquoi agissons-nous ?

Toute action vise un but, mais pas n'importe quel but, pas n'importe quelle fin. Cette finalité de notre action dépend de notre conception de la personne et de sa place dans la société.

Ainsi, toute organisation, qu'elle soit syndicale, politique, culturelle, familiale, humanitaire ou autre, rédige des statuts qui contiennent l'orientation qu'elle s'est assignée en fonction d'une finalité.

Il en est parfois de même pour d'autres organisations comme l'entreprise, l'administration, l'école, l'hôpital, etc.

Sommes-nous tous conscients de la finalité de notre organisation ?

Combien d'entre nous ont pris la peine de lire les statuts des organisations auxquelles ils ont donné leur adhésion ou dans lesquelles ils vivent ?

Et quand par hasard nous les avons lus, avons-nous réfléchi à ce que cela allait exiger de nous ? Une adhésion ne consiste pas seulement à payer une cotisation, c'est aussi, et surtout, une participation active à la vie de l'organisation.

Il faut passer le plus rapidement possible d'une adhésion affective à une adhésion raisonnée et, au bout d'un certain temps, se poser la question de savoir si l'organisation dans laquelle nous sommes, est bien celle qui correspond le mieux à notre conception de la personne et de la société et si c'est elle qui sera la plus apte à atteindre cette finalité.

Il ne faut cependant pas croire que parmi toutes les organisations existantes, nous allons en trouver de parfaites, adaptées à notre conception. Il n'y a pas d'organisation idéale, et attendre qu'un syndicat parfait existe, qu'un parti politique parfait existe, etc. c'est se condamner à ne rien faire ou à papillonner de petits groupes amicaux en petits groupes moins amicaux ; c'est se condamner et condamner la société, ce qui est plus grave, à l'inefficacité. Il faut donc choisir une organisation et agir de l'intérieur, quitte à s'organiser avec d'autres, pour l'améliorer et en faire un outil plus efficace pour atteindre la finalité que l'on s'est assignée.

De la lettre à l'esprit de la finalité

Il peut encore se faire qu'une organisation ait mis au point des statuts clairs quant à la finalité qu'elle s'assigne. Il faudrait voir si les mots ne deviennent pas des masques, cachant la réalité du contenu, ou évitant de la préciser.

Lorsqu'on lit dans des statuts : nous sommes **pour la dignité de la personne humaine**, ou : nous luttons pour **instaurer une société démocratique d'hommes libres et responsables**, le vocabulaire est riche, mais quel contenu recouvre-t-il ? Il serait utile de préciser quelle est cette conception de la personne ? Qu'est-ce que la liberté et la responsabilité ? Que mettons-nous sous le mot démocratie ?

Il serait urgent que chaque organisation explique le sens qu'il convient de donner à ces termes. Sinon, c'est vouloir faire prendre des "vessies pour des lanternes" aux adhérents, ce qui ne favorise pas la prise de conscience et la participation.

Nécessité d'une recherche approfondie

Tous ces mots qui recouvrent des valeurs sont utilisés dans des sens très différents par des organisations ou des personnes diverses. Il convient donc de préciser le sens que nous désirons leur donner. Certains préconisent de trouver des mots nouveaux. Ce peut être une solution mais elle a l'inconvénient d'ajouter à la confusion car le plus grand nombre continuera d'utiliser les anciens mots et cela sera inefficace. Il est donc préférable de s'expliquer sur chaque terme et de lui donner un contenu qui corresponde à notre conception.

Cela va demander un travail important, mais il est nécessaire de se situer dans la société actuelle en pleine mutation.

La recherche doit se faire au niveau de la personne et au niveau de la société. Ces **deux dimensions** indissociables formeront l'axe de notre travail de réflexion pour déboucher sur une pratique correspondante.

Cette recherche doit se faire en équipe

Dans de nombreuses organisations, des personnes ou des petits groupes ont entrepris une recherche pour préciser leur pensée, leurs orientations et les défendre devant leurs congrès.

Mais cette recherche est faite par petites chapelles. Là encore, on veut conserver toute la pureté de l'option que l'on a faite et l'on écarte ceux qui n'entrent pas dans le schéma. D'autres vont même jusqu'à faire cette recherche à l'extérieur de leur organisation, pour se sentir plus libres dans l'élaboration de leur pensée.

Ces différentes formes de recherche ne sont pas sans valeur, mais elles sont vouées à l'inefficacité ou à une efficacité partielle. Car cette recherche n'est pas faite au grand jour. Il est préférable de travailler dans l'organisation, même si c'est nécessaire comme représentant d'une tendance minoritaire, plutôt qu'en dehors de l'organisation.

Il ne faut pas que cette recherche soit l'œuvre d'une minorité, mais une recherche en équipe la plus large possible et au grand jour.

Un danger à éviter : le dogmatisme

Lorsque notre recherche a abouti à élaborer une finalité cohérente, il ne faut pas croire que tout est terminé. L'histoire nous apprend que tout évolue rapidement, les structures de la société mais aussi les valeurs. Une définition, correspondant au résultat d'une analyse de la situation présente et à la réalité du moment, peut se trouver remise en cause par l'évolution historique. Il est certain que le contenu du mot liberté n'a pas la même résonance aujourd'hui qu'au lendemain de la Révolution de 1789. L'histoire, l'évolution de la société lui ont donné une dimension plus vaste et plus profonde qu'il ne faut pas nier sous peine de ne pas voir la réalité.

Les valeurs seront toujours nécessaires, mais leur contenu et leur sens évolueront, c'est ce que nous enseigne l'histoire. Elle nous enseigne aussi que tous ceux qui ne font pas **l'effort nécessaire d'analyse permanente** pour tenir compte de l'évolution de la société sont dépassés. C'est le cas pour quelques organisations et quelques personnes très en vue qui ont conservé des schémas périmés. Résultat : sclérose de leur pensée et stagnation de leur organisation.

Attention au dogmatisme, n'érigeons rien en principes absolus et définitifs si nous ne voulons pas tomber dans les mêmes erreurs.

Disponibilité à la vie, analyse permanente et confiance en la personne, voilà les critères qui doivent nous permettre de ne pas tomber dans ce travers.

Voyons à présent les valeurs qui peuvent fonder nos finalités.

Les valeurs [1]

Tout être humain est guidé dans ses actes, de façon consciente ou inconsciente, par les valeurs qu'il porte en lui. Il en est de même des petits groupes ou des organisations qui ne peuvent faire une déclaration ou un congrès sans se référer à des valeurs dites supérieures. Il serait préférable d'être conscient de l'importance des valeurs dans notre vie de façon à choisir celles qui peuvent nous éclairer et surtout les approfondir pour ne pas en rester à un contenu figé.

Les valeurs sont situées

En effet, pour clarifier la démarche, il est nécessaire de préciser.

L'éthique désigne **l'analyse théorique des grands principes** (du grec *ethos*, mœurs). C'est la science des principes de la morale. Ces principes sont l'émanation de l'être qui se prend en charge dans l'appel vers son auto-réalisation pour humaniser le monde. Ces principes se traduisent dans des **valeurs** choisies, adoptées et approfondies par une personne ou une collectivité.

La morale caractérise **les obligations concrètes**, les règles de fonctionnement de la vie sociale, permettant à la personne de se situer comme membre d'une société insérée dans une culture. Ces règles deviennent des lois écrites ou non permettant l'insertion des **valeurs** choisies dans notre pratique quotidienne. La morale est aussi indissociablement la conscience du sens de sa conduite, le désir d'accomplir ce que l'on a choisi de faire.

La valeur c'est une pensée qui détermine **la manière d'être et d'agir** d'une personne, d'une organisation ou d'une société. L'équilibre de l'être et la cohésion d'une collectivité dépendront du degré de corrélation qu'il y aura entre cette pensée et les actes qu'elle est supposée déterminer.

Les valeurs impliquent donc la notion de dépassement de la situation actuelle pour atteindre une situation jugée plus en rapport avec notre conception de la personne et de la société. Elles nourrissent nos finalités.

La déontologie fait **la synthèse** de l'éthique, en choisissant ses **valeurs**, et de la morale qui les traduit en **règles de vie** pour l'appliquer soit à une profession à l'origine : médecins, travailleurs sociaux, infirmiers, etc. ; soit, à présent, à tout corps constitué qui agit dans la vie sociale : financiers, avocats, élus politiques, militants syndicaux, fonctionnaires, etc. Elle décrit l'ensemble des droits et des devoirs qui s'imposent dans l'exercice d'une fonction salariée ou bénévole.

Les valeurs influencent notre vie personnelle et de groupe

Les valeurs inspirent **les jugements**.

Le jugement de valeur est dépassé car il représente un jugement qui emprisonne les personnes dans des normes limitées : le bien et le mal, le bon et le mauvais, le beau et le laid, le juste et le faux. Or qui détermine ces normes ? Ceux qui détiennent le pouvoir. En outre quand on a porté un jugement de valeur : "Ce film est bien", on généralise et on se prive de toute analyse. Si je dis : "Ce film m'a plu", je suis obligé d'expliquer pourquoi.

---

(1) **Valeurs pour notre temps**, Charles Maccio, Chronique Sociale.

Le jugement de réalité est un progrès sensible dans la mesure où il s'en tient à un constat, qui peut être reconnu par tous. Au lieu de dire : "C'est mal d'être en retard", jugement de valeur, je dis : "Tu es en retard de 10 minutes, tout le groupe a été obligé de t'attendre". C'est un moyen de faire prendre conscience des répercussions de ses actes. C'est à partir de là que la référence aux valeurs peut se faire.

Le jugement de réalité en référence aux valeurs suppose une grande lucidité, pour commencer par un jugement de réalité et une connaissance des valeurs pour situer les conséquences de la réalité sur les personnes ou les groupes. Au lieu de dire : "Ce n'est pas bien de couper la parole", jugement de valeur, ou "Tu as coupé cinq fois la parole", jugement de réalité, complétez en ajoutant : "Cela empêche le dialogue de s'établir". On fonde sa réaction sur une valeur qui ne peut se réaliser.

Les valeurs inspirent la conduite

Ce jugement de réalité éclairé par des valeurs va déterminer nos actes. En effet, si pour nous le dialogue a été choisi comme valeur à incarner dans notre vie personnelle et d'équipe, il faudra veiller à ne pas couper la parole, mais aussi à apprendre à connaître les autres, à comprendre leurs réactions pour qu'un véritable dialogue s'établisse en profondeur.

Nous devrons donc avoir toujours présent à l'esprit les quelques valeurs de base pour servir de guide à nos actes personnels et à nos actions collectives.

Les valeurs ont une fonction sociale

Elles permettent l'unité de la personne. Pour forger notre conscience morale, il nous faut choisir nos valeurs guides. Cela nécessite de réfléchir à celles qui nous semblent les plus importantes pour notre vie dans la société actuelle. Cela entraîne de ne pas en rester à la surface des mots : amour, justice, dialogue, etc. mais de les approfondir pour préciser leur signification pour nous aujourd'hui, puisque nous avons vu que les valeurs étaient vivantes et qu'elles s'enrichissaient de la réflexion et de l'expérience des générations précédentes.

Elles favorisent la cohésion des groupes. Le seul fait de chercher ensemble les valeurs qui nous serviront de guide, de choisir les principales, à avoir présentes à l'esprit en permanence, va créer des liens nouveaux plus profonds entre les membres du groupe. Cela facilitera en outre le choix des décisions à prendre pour tenir compte de ces valeurs à incarner.

Elles influent sur l'évolution de la société. Chaque personne, en dialoguant avec d'autres, permet au groupe de choisir ses valeurs. Le dialogue entre groupes favorise le choix des valeurs de l'organisation. Le dialogue des organisations peut faciliter le choix des valeurs pour une institution. Le dialogue des institutions fait progresser une civilisation vers le choix des valeurs unificatrices des comportements sociaux de ses membres. Le dialogue des civilisations, en recherchant ce qu'il y a d'universel dans leur particularité, permet à la société dans son ensemble de construire un monde qui respecte les valeurs universelles choisies ensemble.

Ainsi les valeurs vont être le fondement de notre conception de la personne et de la société et vont nourrir nos finalités, nos politiques et nos objectifs.

La valeur fondatrice : l'amour [(1)]

L'amour, terme galvaudé s'il en est. La gamme des interprétations est large, du "faire l'amour" indiquant la relation sexuelle, au "Dieu est amour" des croyants, en passant par toutes les expressions intermédiaires. D'où la nécessité de préciser ce qui est entendu ici par amour.

L'amour fonde l'être en relation

L'amour est la découverte de soi et de l'autre dans un au-delà qui fonde à la fois la distinction et la liaison. C'est sortir de soi pour rencontrer l'autre et lui permettre d'être, par nos efforts de libération continue. Il faut d'abord s'appartenir, car comment permettre aux autres de développer leur être si nous sommes incapable de développer le nôtre ? Il faut se posséder pour se donner. L'amour comporte une volonté de promotion mutuelle. Pas seulement ma promotion individualiste ou seulement celle de l'autre, paternaliste, mais réciprocité pour être et faire ensemble, car la personne n'est jamais toute faite, elle a toujours à se faire et ne le peut que par les autres.

L'autre est une source et non une limite du moi. La personne cherche toujours à advenir et elle ne le peut qu'en faisant advenir d'autres moi.

L'amour unifie, sans confondre. Sa caractéristique propre est de vouloir toujours davantage l'autre comme autre, c'est-à-dire dans sa différence. La vocation humaine c'est la réciprocité des consciences ou la reconnaissance de l'homme par l'homme. Ce qui ne peut s'atteindre que par une participation toujours plus profonde, toujours plus effective et concrète, à ce courant d'amour qui est constitutif de l'être.

L'amour n'existe qu'avec la liberté

L'amour veut l'autre comme autre dans sa différence. Aussi doit-il être libre. L'amour est libre. Il provient d'une décision libre et particulière de la personne.

La jalousie est incompatible avec le véritable amour puisqu'elle tend à posséder autrui comme objet.

Aimer vraiment c'est permettre et se permettre de ne jamais employer à l'égard de l'être et des êtres aimés les moyens de la puissance. Aimer c'est s'exposer car l'amour peut ne pas être payé de retour. L'amour se propose sans s'imposer. On ne peut jamais imposer l'amour à l'humanité. Les hommes politiques qui ont voulu tout fonder sur l'amour ont été les pires tyrans.

Aimer c'est refuser les moyens de la puissance, c'est poser des actes gratuits. Les Grecs, surtout Platon, ont vu clairement que la fonction profonde de l'amour est de conférer à la vie sa dignité, qui est de se dépasser.

---

(1) **Le personnalisme**, Jean Lacroix, Chronique Sociale.

L'amour a besoin d'un médiateur : la justice

L'amour rencontre des obstacles, des résistances, parmi les hommes.
– L'amour est société c'est-à-dire paix.
– La nature jusque dans l'homme est guerre et lutte.
La contradiction est en chacun de nous. On ne peut traiter l'être humain uniquement comme un être d'amour sans tenir compte des résistances, car l'homme n'est pas un pur esprit. Nous ne nous connaissons pas plus entièrement nous-même que nous ne connaissons intégralement les autres. Ainsi l'homme est un milieu entre l'être et le non-être, un amour qui doit triompher de la lutte et de la haine.

Il nous faut prendre conscience de l'existence des forces biologiques, psychologiques, sociales, politiques, économiques, culturelles, qui alourdissent la marche vers **la finalité** et en retardent la réalisation. L'amour ne peut immédiatement transfigurer ces forces, il lui faut trouver un instrument, chercher un médiateur qui est précisément la justice.

L'amour engendre la justice quand celle ci se heurte aux forces de destruction qui dominent, aliènent, exploitent les personnes et les peuples. La justice est **une valeur** qui prépare l'avènement de l'amour. La justice ne vaut que par la présence en elle de l'amour.

La justice, par son caractère de médiation, est ambivalente. D'une part elle s'oppose à la lutte, à la guerre qui peuvent toujours renaître des égoïsmes individuels et collectifs, et, d'autre part, en tant qu'organe d'amour qui fonde toujours davantage la communauté humaine dans l'être, elle s'efforce sans cesse de le rapprocher de la communion dans l'amour.

L'amour permet de passer de la communication à la communion

La justice crée cet espace social entre les hommes où ils pourront s'entendre. Elle substitue la communication à la lutte, à la guerre, et prépare ainsi la communion. L'amour c'est ce qui donne à toutes les relations particulières, y compris l'amour de soi quand il est en même temps amour des autres comme c'est le cas dans la pensée de Rousseau, une perspective universelle. Cet amour est donc communion entre toutes les personnes : la sienne, celle des autres, pour s'étendre à l'humanité.

L'amour est la source de la réalisation plénière de la personne qui permettra la réalisation plénière de la société humaine construite sur la justice, base de la démocratie réelle.

Cette réalisation ne pourra avoir lieu sans **volonté**. La volonté est mue par l'amour. Si la personne est volonté, c'est d'abord parce qu'elle est amour. Car la volonté n'est que l'instrument dont se sert l'amour pour se réaliser dans la société. La volonté ne se meut pas dans l'indifférence et pour une fin indifférente. Elle a toujours un mobile qui la conduit vers une finalité qui se traduira en politique puis en objectif.

Les diverses manifestations de l'amour [1]

Pourquoi vouloir la liberté pour les autres si on ne les aime pas ? Pourquoi vouloir la justice pour tous si on n'aime pas les personnes ? Pourquoi vouloir l'égalité si on n'aime pas autrui ? Pourquoi rechercher la paix si l'on n'aime pas l'humanité ? Seul l'amour, à cause de la diversité de ses manifestations, justifie que l'on agisse pour instaurer toutes ces valeurs.

- **L'amour de Dieu** est au cœur d'un très grand nombre d'humains. Ils le considèrent comme l'essence de leur vie, les aidant à aimer leurs semblables comme eux-mêmes. Toutes les religions se retrouvent sur ce point. Il fonde **la créativité** pour dépasser la normalisation. Il nous **ouvre** à **la transcendance.**
- ***nous conduit à l'amour de l'esprit***. Pour les non-croyants, c'est la valeur suprême. Il affirme la primauté de l'esprit sur la matière, tout en assumant l'incarnation de nos pensées dans nos actes. Il fonde la recherche de **la vérité** et fuit le mensonge.
- **L'amour de soi** est l'aune à laquelle peut se mesurer tout notre système de relations, car comment pourrait-on aimer les autres si l'on ne s'aime pas soi-même ? S'aimer, c'est le contraire du repli sur soi, c'est développer ses potentialités pour les utiliser, en toute **liberté**, à construire un monde plus humain. Il est **ouverture permanente aux êtres** et aux choses.
- ***nous conduit à l'amour de la personne***. Il nous permet de dépasser notre individualisme pour nous faire découvrir que nous sommes des êtres de relation. Il fonde la promotion de **la justice** pour chasser l'injustice et, grâce à l'amour, chacun se verra reconnaître ses droits.
- **L'amour du couple** est la première manifestation du dépassement de soi pour rencontrer un autre différent, aimé et aimant. Cette relation fonde **l'égalité** des partenaires en présence, c'est un apprentissage à **l'ouverture aux autres**.
- ***conduit à l'amour des autres***. Il se caractérise par : 1) ne pas avoir de projet sur autrui pour l'accepter tel qu'il est, 2) disponibilité à ses attentes pour y répondre sans les devancer, 3) créativité stimulée par la différence de l'autre. Il fonde **la responsabilité** pour dépasser la soumission.
- **L'amour de la famille** fait éclater l'amour en de multiples directions : amour maternel, amour paternel, amour fraternel, amour filial, etc. Il fonde **le dialogue** pour dépasser l'obéissance. Il nous apporte **l'ouverture au monde**.
- ***conduit à l'amour de l'humanité***. Le monde est devenu un village. Grâce à l'information, nous sommes en contact avec toutes les personnes et tous les peuples. Cet amour fonde l'importance de **la paix** pour remplacer la violence.

Par l'amour pourra se construire un monde plus fraternel où les personnes et les peuples donneront aux valeurs une dimension nouvelle et un sens plus profond.

---

(1) **Valeurs pour notre temps**, op. cit., pp.141 et 145.

Les valeurs qui en découlent

Chaque type d'amour sécrète une série de valeurs. Nous allons préciser chacune d'elles de façon à avoir une vision d'ensemble des valeurs à promouvoir, à vivre dans notre vie personnelle et sociale.

La créativité est issue de l'amour de Dieu. Elle est ouverture à la transcendance. Elle permet à la personne de prendre conscience de ses virtualités propres, afin de pouvoir les utiliser avec les autres pour continuer la création du monde.

La vérité est l'émanation de l'esprit. C'est une recherche incessante. Car la vérité ne s'atteint pas, elle est une quête permanente, une marche constante qui nous permet d'avoir le sens du relatif et de nous mettre à l'écoute.

La liberté est le fondement de l'être, de la personne. Elle se construit chaque jour par nos pensées et nos actes, car une pensée vraie ne peut exister si elle ne se traduit pas en action. Nous passons successivement de la liberté caprice à la liberté choix, avant d'atteindre la vraie liberté qui est créatrice. Les trois cohabitent alternativement avec des intensités diverses.

La justice est l'aspiration profonde de la personne. Elle est fondée sur deux piliers : **le droit**, qui est le domaine de la raison, et **l'équité**, qui est le domaine des principes, des valeurs. Le droit fonde **la légalité**. L'équité fonde **la légitimité**, c'est-à-dire les valeurs qui favorisent la remise en cause des abus du droit. La transgression du droit par la légitimité permet de fonder un droit nouveau plus en rapport avec le sentiment de justice du moment.

L'égalité s'expérimente dans le couple. Elle est ouverture aux autres. Elle élargit sans cesse son champ d'exigence, passant de l'égalité juridique (mêmes droits), à l'égalité politique (accès de tous à la démocratie), à l'égalité sociale (réduction des inégalités de revenu, de situation), pour arriver à l'égalité morale (nous sommes tous frères).

La responsabilité correspond au désir profond, souvent inconscient, d'une grande partie de la population. Elle nécessite une remise en cause de nos mentalités pour accepter que chaque personne ait des responsabilités et elle suppose de nouvelles structures pour le réaliser.

Le dialogue est une aspiration à rencontrer les autres. C'est une ouverture au monde qui permet d'accepter l'autre différent, en respectant sa liberté et fondant la rencontre sur l'égalité des parties en présence. C'est l'acceptation réciproque de changer par l'autre.

La paix correspond au désir profond de l'humanité, mais ceux qui ont le pouvoir et en veulent toujours plus déchaînent la violence. A la liberté des personnes correspond la liberté des peuples à s'auto-déterminer. Cela n'est possible que par la négociation.

Ces valeurs éclairent notre conception de la personne et de la société.

Notre conception de la personne

La personne est un être de liberté

Lorsqu'on recherche une définition de la liberté, certains disent : "C'est la possibilité de faire ce qui nous plaît." C'est oublier rapidement les contraintes dont nous sommes obligés de tenir compte : code de la route, règlement intérieur, conventions collectives, droit civil, etc. Cette liberté-là n'existe pas. D'autres, franchissant une étape supplémentaire, disent : "La liberté c'est la capacité et la possibilité de choisir." Par rapport à l'attitude précédente, c'est un progrès très net, mais ce n'est pas encore la liberté, ce n'est qu'une étape, une démarche qui fait progresser vers la liberté. "Ma liberté s'arrête où commence celle de l'autre." C'est être lucide et conscient que nous sommes des êtres de relations.

La liberté n'est pas seulement choix. Choisir c'est hésiter entre plusieurs voies. La liberté est libérée de ces hésitations. L'acte libre est spontané et se fait de tout l'être sans choisir, car "la vraie liberté est créatrice [1]".

"L'homme libre, s'il est tempérant, ne délibère pas devant un litre d'alcool, il s'en sert librement ; celui qui n'est pas tempérant, hésite dans son choix, il bataille, il est divisé avec lui-même [2]".

La personne est un être social

Chacun de nous est en relation directe ou indirecte avec les personnes qui l'entourent. Relations d'interdépendance puisque aucune personne ne peut prétendre se suffire à elle-même dans aucun domaine.

Nous sommes tous marqués par l'époque, le milieu, l'entourage. Nous pouvons ne pas en être conscients, dans ce cas nous manquons de réalisme.

C'est cette inconscience qui fait que certaines personnes prétendent se suffire à elle-mêmes. Or, même Robinson Crusoé dans son île réagissait en fonction de ce qui l'avait marqué auparavant [3].

La personne est un être de culture

Cela signifie que la personne est un être complexe, corps, cœur et esprit, et que l'on ne peut dissocier ces trois éléments. Quelle que soit notre conception philosophique, nous ne pouvons ignorer que cet être est marqué par son immersion dans la nature, qu'il en est solidaire. La personne ne peut transcender la nature que si elle en est issue. Elle l'humanise par ses actes et par son travail.

La personne n'est donc pas prisonnière de la nature. Elle est en rapport de solidarité et d'affrontement avec elle, soubassement de la progression de la personne et de la société. De l'hominisation à l'humanisation, la personne a développé la culture.

---

(1) **Introduction à la lecture d'Emmanuel Mounier**, Pierre Gane, Centre Catholique Universitaire, Grenoble, pp.41-43.

(2) **Le personnalisme**, E.Mounier, Que sais-je ? N°395, PUF, p.44.

(3) **Signification humaine du travail**, Joseph Vialatoux, Ed. Ouvrières.

La personne est un être créateur

C'est-à-dire qu'elle est non-conformiste. Ce qu'elle fait ce n'est pas par tradition, habitude du milieu, parce qu'elle se ferait juger si elle faisait autrement. Ce qu'elle fait vient d'elle-même, de ce qu'elle ressent, de ce qu'elle connaît, de ce qu'elle a maîtrisé, de ses désirs.

Si un artiste fait une reproduction de la toile d'un autre, il ne fait que copier. Sa liberté ne joue pas, sa personnalité n'intervient pas.

Mieux vaut une œuvre, une action personnelle, même imparfaite, qu'une copie parfaite, car ce conformisme est risque d'aliénation de l'homme.

La création se situe dans un mouvement dialectique, car l'on ne recrée pas tout à chaque instant. La personne, être social, s'enrichit des idées des autres, les assimile ou les rejette, mais ce n'est qu'au moment où elles sont devenues personnelles, qu'elles deviennent créatrices. Car elles s'ajoutent aux autres éléments constitutifs des données de base de l'être profond de chacun.

Etre créateur, c'est savoir utiliser en permanence la totalité de ses ressources propres au moment où cela est nécessaire, pour assumer ses actes dans son insertion sociale.

La personne est un être d'action

La personne est ce qu'elle réalise. Une pensée qui ne s'incarne pas dans un acte est une pensée moribonde. Elle ne commence à vivre que dans l'acte, que dans le travail.

Celui qui ne fait rien n'est rien. Souvent nous n'agissons pas par peur de nous salir, nous sommes dans ce cas des idéalistes. Le réaliste sait que tout acte engage une transformation dans la cité et dans la personne. Il accepte de courir le risque de se tromper, de ne pas être compris, mais l'acte est facteur de progrès, il enrichit même en cas d'échec, car réfléchir sur l'échec est source de progrès. Le réaliste est conduit à une transformation enrichissante.

La personne ne peut se réaliser que par les actions qu'elle engendre et qu'elle assume en toute conscience. Mais il peut y avoir danger d'activisme, d'où nécessité de trouver un élément d'équilibre et de régulation dans le groupe.

Tous les rapports humains sont des rapports de forces

Depuis l'origine, le monde s'est fabriqué par les rapports de forces de l'homme affronté à l'homme et de l'homme affronté à la nature.

Un monde où les rapports de forces n'existeraient plus serait un monde mort, statique. Dès qu'une personne se met en mouvement, agit, elle libère une force qui va se développer d'autant plus que son effort de personnalisation sera plus grand.

Vouloir être, c'est vouloir sortir du conditionnement ambiant, c'est donc se mesurer à la nature et à d'autres personnes. C'est accepter l'affrontement et même le conflit. Refuser l'affrontement et le conflit, c'est refuser de progresser. Si chacun, au nom d'une harmonie factice, veut échapper à ce dilemme, il se condamne à l'immobilisme, il condamne du même mouvement son groupe à la stagnation et à la mort lente.

Mais affrontement et conflit ne sont pas à accepter inconditionnellement, sinon ce serait une démission de la personne. Il faut au contraire les assumer pour les humaniser. Et l'on ne peut humaniser les rapports de forces qu'à partir du moment où on les accepte comme une réalité et une nécessité. Les refuser ou les rejeter, c'est se condamner à les subir, à ne plus les maîtriser, et ainsi ne pouvoir les humaniser.

Notre conception de la société

Respect de la dignité de la personne humaine

Chacun doit considérer toute autre personne comme “un autre soi-même”, sans aucune exception et en commençant par les **plus défavorisés** : ce vieillard oublié de tous, ce travailleur étranger “méprisé”, cet exilé isolé, cet enfant illégitime rejeté, cet affamé oublié et discret, ces malades qui campent dans la nation, ces jeunes qui veulent participer à la résolution de leurs problèmes, ces exclus de toute nature qui aspirent au respect de leur dignité de personne humaine. Tous ceux-là doivent pouvoir compter sur notre compréhension et notre action non-paternaliste, permettant à chacun de contribuer à la prise en charge de ses problèmes propres.

En **s'élevant contre toute violation de l'intégrité de la personne**, tant au plan **physique**, comme toutes les sortes d'homicides, les génocides, les guerres, les viols, les mutilations, la torture, que **psychique**, comme le conditionnement psychologique, les manipulations morales, les conditions de vie infrahumaines, les emprisonnements arbitraires, les déportations, l'esclavage, le commerce des femmes et des jeunes, les conditions de travail dégradantes qui réduisent les travailleurs au rang de marchandises.

Toutes ces pratiques sont des dégradations qui déshonorent ceux qui s'y livrent autant et plus que ceux qui les subissent.

Couverture des besoins à promouvoir

La nature et la diversité des besoins (c'est-à-dire l'ensemble des conditions de vie sociale qui permettent, tant aux groupes qu'à tous leurs membres, d'atteindre leur propre accomplissement), s'universalisent et demandent qu'une réponse soit apportée.

Cette réponse engage des droits et des devoirs concernant toute l'humanité. Tout groupe doit tenir compte des besoins et des exigences légitimes des autres groupes.

La personne surpasse toutes choses, et ses droits et ses devoirs sont universels et inviolables. Il est donc nécessaire que soit rendu accessible à l'homme tout ce dont il a besoin pour mener une vie qui épanouisse la dignité humaine :
- besoins matériels et spirituels,
- besoins affectifs et relationnels,
- besoins d'accomplissement et de dépassement,
- besoins individuels et collectifs.

L'ordre des choses doit être subordonné à l'ordre des personnes et non l'inverse.

Pour cela, il faut mener la lutte sur deux fronts : développer le progrès moral (personnes) et la transformation des institutions (structures).

L'égalité fondement de la justice sociale

L'égalité de tous les hommes entre eux doit être reconnue et appliquée de plus en plus.

Certes, tous les hommes sont différents quant à leur capacité physique qui est variée, quant à leurs forces intellectuelles et morales qui sont diverses.

Ces diversités, l'originalité de chaque personne, permettent à chacun de contribuer, avec sa propre richesse, à la vie de la cité, car les différences rendent les hommes complémentaires.

Pour cela, toute forme de discrimination dans les droits fondamentaux de la personne, qu'elle soit sociale ou culturelle, pour des raisons de sexe, de race, de couleur, de conditions sociales, de langue ou de religion, doit être éliminée.

L'égale dignité des personnes exige qu'on instaure des conditions de vie plus humaines et plus justes. De trop grandes inégalités économiques et sociales entre les personnes et les peuples constituent un scandale et s'opposent à la justice sociale, à l'équité, à la dignité de la personne, ainsi qu'à la paix sociale et internationale.

La nature nous a faits différents. Les détenteurs du pouvoir en ont fait des inégalités. La véritable égalité ne peut se réaliser que dans **le respect des différences** qui nous rend complémentaires, puisque chacun peut s'enrichir de la différence des autres.

Accès de chacun aux responsabilités

Une personne ne peut être totalement elle-même que si elle participe à sa propre transformation qui s'opère par son action dans la transformation du monde.

Il faut pour cela le **vouloir**, développer chez chaque personne le désir de prendre des responsabilités dans la cité en se sentant responsable personnellement de l'environnement qui nous conditionne ou nous libère.

Ainsi la volonté de prendre des responsabilités ne suffit pas, il faut encore en avoir **la capacité**, développer sa compétence afin que la participation de chacun soit plus efficace. Développer la culture, c'est permettre le développement de la volonté et de la capacité de chacun.

Il est possible d'avoir la volonté et la capacité d'assumer des responsabilités, mais il faut encore en avoir **la possibilité**. La société où nous sommes le permet-elle ? Que faudrait-il faire pour que chacun ait la possibilité de prendre des responsabilités dans la cité ? Certainement des changements dans nos mentalités, mais aussi des changements dans nos structures sociales.

Caractère communautaire de la société

Parmi les principaux aspects du monde d'aujourd'hui, il faut compter la multiplication des **liens mutuels** entre les hommes, que les progrès techniques actuels contribuent grandement à développer.

Cependant, la société fraternelle des hommes trouve son accomplissement, non pas dans ces progrès, mais plus profondément dans la communauté des personnes qui exige le respect mutuel de **la dignité** de chaque personne.

Tous les hommes, quelles que soient leur race, leur religion, constituent une seule famille. C'est pour cela que chacun doit se comporter en frère avec les autres hommes et contribuer à mettre en place les structures communautaires qui permettent de **vivre cette fraternité**.

Interdépendance de la personne et de la société

Partant de ce caractère social de l'homme, on voit que l'essor de la personne humaine et le développement de la société elle-même, dépendent l'un de l'autre.

La personne est, et doit être, le principe, le sujet et la fin de toutes les institutions sociales, elle qui par sa nature a essentiellement besoin de l'épanouissement de l'être et de la vie sociale.

Puisque la vie sociale n'est pas pour l'homme une donnée accidentelle, c'est donc par ses relations avec les autres, par les services mutuels et par le dialogue avec ses frères, qu'il grandit et développe toutes ses possibilités, et peut ainsi répondre à sa vocation personnelle et sociale.

Vers une civilisation de la responsabilité

La personne ne peut s'épanouir pleinement qu'au travers de responsabilités qu'elle assume dans ses différents lieux d'insertion sociale. C'est par la responsabilité que pourra se réaliser l'autonomie et la socialisation de chaque personne.

L'autonomie [1]

C'est la capacité de poser des actes personnels par lesquels la personne assume sa propre activité, s'approprie son travail, est capable de réfléchir sur sa pratique pour l'orienter et la modifier en fonction des objectifs qu'elle s'est fixés. C'est une activité formatrice de la personne. Elle est née d'une double démarche.

- ***Une démarche personnelle*** où nous passons progressivement de la phase dépendance (identification à la mère), à la phase d'affirmation du moi isolé (identification à soi-même au stade du miroir), puis à la phase d'indépendance (identification à soi-même face aux autres grâce à l'œdipe), vient ensuite la phase d'interdépendance (moi en interaction avec les autres, avec enrichissement réciproque par nos différences). Chacun peut réfléchir à quelle phase il se trouve.
- ***Une démarche sociale*** due aux réactions du milieu à notre égard. Il a pu être coercitif ou libératoire, mais l'important c'est la façon dont je me suis situé. Il y a toujours un choix à faire face au coercitif : ou je me soumets ou je me révolte ; face au libératoire : je l'accepte ou je le rejette. De toute façon l'autonomie sera le résultat de nos choix tout au cours de notre vie.

L'autonomie n'est pas l'individualisme. Au contraire, la personne autonome œuvre pour favoriser l'accès à l'autonomie des autres. C'est l'aspect de la socialisation.

La socialisation

C'est la capacité pour chaque personne de vivre en société en tenant compte de l'existence des autres. La personne autonome qui prend conscience de ses problèmes devient socialisée quand sa conscience s'élargit et lui permet de découvrir que d'autres personnes sont concernées par les mêmes problèmes. L'individu est inséré dans un réseau d'interactions. Dès qu'il en prend conscience, il peut utiliser ces différentes influences qu'il subit pour en faire des moyens de relation lui permettant d'élargir le champ de ses actes. La société n'existe pas comme une entité absolue. Elle est construite par des personnes qui l'habitent et lui donnent ses significations, si elles sont conscientes et si elles agissent avec toutes les personnes concernées.

La civilisation est une création. Elle n'est pas seulement une combinaison d'éléments divers. Elle a été réalisée sur un territoire donné, à un moment donné de l'histoire, par des personnes qui ont créé des institutions en fonction de leur projet. Un individualiste non socialisé ne participera pas consciemment à la réalisation de cette civilisation. Il y participera cependant inconsciemment car le résultat de ses actes et de son travail sert à la collectivité.

C'est par la conscience de son autonomie et de la socialisation (qui est la promotion de l'autonomie des autres) que l'on accède à la responsabilité.

---

(1) **Autorité, pouvoir, responsabilité**, Charles Maccio, 3e éd., Chronique Sociale.

La responsabilité

Etymologiquement, être responsable c'est répondre de la parole donnée pour réaliser des actes promis. La responsabilité comporte de ce fait plusieurs éléments complémentaires : des actions concrètes à réaliser ; un sens donné à ces actions ; un engagement libre pour les réaliser ; un contrôle pour garantir le sens des actions ; une réciprocité exigeant la même démarche chez autrui et chez soi. Etre responsable c'est aussi devenir conscient des réactions provoquées chez autrui par la façon dont nous exerçons notre responsabilité (socialisation). Cela nous renvoie à notre personnalité, nos pensées, nos actes (autonomie), afin de canaliser voire de modifier la façon dont nous exerçons nos responsabilités. Les autres enrichissent notre façon d'assumer nos responsabilités.

La responsabilité se vit au sein d'une équipe. En effet, une équipe (de travail) appartient à une organisation (établissement) qui fait partie elle-même d'une institution (entreprise). Ma responsabilité est donc insérée dans une vie sociale où je côtoie d'autres personnes ayant la même insertion. Ma responsabilité est située à côté de la responsabilité des autres membres de l'équipe, d'où la nécessité de réfléchir ensemble à la façon dont nous l'exerçons, d'examiner notamment si elle contribue à faire progresser l'équipe vers ses objectifs compte tenu des politiques et des finalités choisies.

La citoyenneté

Le citoyen est le membre de la communauté sociale qui est la cité. C'est un membre actif qui connaît ses droits et ses devoirs et participe activement à la vie de la société. Le membre passif ne peut être considéré comme citoyen s'il se comporte comme un mouton, s'il ne prend pas part à la vie de la cité. Dans une démocratie où l'on demande au citoyen de participer seulement par son vote, en déléguant ses pouvoirs à ceux qu'il a élus, la démocratie devient formelle. Pour vivre la démocratie réelle, il faut repenser la citoyenneté, c'est-à-dire la participation consciente du citoyen à la vie des divers secteurs de la cité qui le concernent directement.

La citoyenneté c'est l'exercice de son pouvoir de personne responsable au niveau de l'Etat, mais il faut inventer un Etat qui favorise la participation des citoyens à tous les niveaux de la vie de la nation. Il faut inventer une entreprise citoyenne qui permette la participation des salariés aux décisions dans les domaines qui les concernent. Ce sera vrai aussi des associations, des syndicats, des organismes de loisirs, des établissements scolaires, hospitaliers, etc. afin que leurs membres puissent participer activement à la vie de leur organisation.

La citoyenneté c'est **la participation active de chacun** dans tous les domaines de la vie sociale, économique, politique, culturelle, etc. dans tous les domaines où il est concerné.

Les caractéristiques de la solidarité

La solidarité naît de la prise de conscience que les êtres humains sont interdépendants. De cette interdépendance entre les personnes, il résulte que le comportement de chacun a des répercussions sur l'existence des autres. Celui qui parle et agit doit tenir compte des effets de ses décisions sur les personnes et la société. La solidarité consiste à organiser les rapports des hommes entre eux, pour substituer aux rapports de subordination, qui réduisent la personne à être considérée comme une marchandise, des rapports fraternels de sujet à sujet, d'être à être.

Une triple prise de conscience

La solidarité se construit chaque jour à partir d'une triple constatation.

– ***Son sens*** lui est donné par trois sources différentes mais complémentaires.
  • *Des religions* qui, dans leur grande majorité, préconisent d'aimer son prochain comme soi-même.
  • *Des idéologies* qui prônent la justice sociale, la promotion de la personne et la construction d'une communauté humaine.
  • *Des philosophies* qui, depuis des siècles, procurent les matériaux de compréhension de la vie des hommes en société.

– ***Sa dimension*** lui est procurée par la prise de conscience que nous sommes des êtres de relation.
  • *Relation à nous-même* nous permettant de découvrir que seul nous ne pouvons rien, que nous sommes enrichi par les autres, par leur **différence**.
  • *Relation à nos proches* au sein de notre famille, dans notre travail, notre quartier, nos associations, pour découvrir que nous avons les mêmes problèmes.
  • *Relation à la société globale.* Nous voyons aujourd'hui que les frontières deviennent caduques, que les problèmes de notre groupe sont ceux de tous les peuples, que des inégalités profondes existent.

– ***Son dynamisme*** lui vient d'une double démarche :

1. De ceux qui luttent en étant solidaires dans l'action. Ce sont toujours les plus exploités qui luttent pour sortir de leur pauvreté et accéder à une vie qui respecte leur **dignité humaine**. Ce sont toujours les plus dominés qui luttent pour avoir part aux décisions dans les domaines qui les concernent afin qu'un partage du pouvoir se concrétise au travers de la répartition des **responsabilités** entre toutes les personnes concernées. Ce sont toujours les plus aliénés qui luttent pour accéder au savoir, à la connaissance, à la **compréhension** des problèmes auxquels ils sont affrontés.

2. De ceux qui sont solidaires de ces luttes alors qu'ils possèdent

– **l'avoir**, ils ont une fortune, des biens, et pourraient se désintéresser des plus démunis, mais leur choix éthique les conduit par solidarité à être aux côtés de ceux qui aspirent à plus d'égalité. Ils y contribuent une pratique sociale de rupture ;
– **le pouvoir**, ils ont des fonctions qui les placent à la tête des entreprises, de l'Etat, des associations. Ils pourraient s'en satisfaire, mais par solidarité ils expérimentent d'autres rapports de pouvoir en utilisant le principe de subsidiarité ;
– **le savoir**, ils ont les titres, les diplômes qui leur confèrent un statut de compétence ou d'expert, ils pourraient se laisser vivre. Ils acceptent par solidarité de partager leur savoir et contribuent à leur place à la promotion collective de la population.

Un changement de comportements et d'attitudes

– Etre en accord en théorie avec la solidarité et ne pas la pratiquer, ne pas la vivre ne sert à rien. Il est donc nécessaire de modifier nos comportements et nos attitudes.
  • ***Considérer tous les hommes comme nos frères***. Nous appartenons à la même famille humaine. Nous avons les mêmes origines. Dans une famille on devrait s'entraider presque inconditionnellement. Pour ceux que la fraternité pourrait gêner, accepter pour le moins de considérer les autres humains comme faisant partie de la même espèce que nous et que, pour continuer la création, il est indispensable d'œuvrer ensemble solidairement.
  • ***Considérer tous les hommes comme des égaux***, non pas une égalité pour que nous soyons tous identiques, ce serait l'enfermement dans des normes préétablies, ce qui est le contraire de l'égalité. Celle-ci suppose, puisque génétiquement nous sommes tous différents, d'accepter cette différence de sexe (égalité homme/femme), d'âge (égalité adulte/enfant), d'ethnie (égalité des Blancs et des Noirs), de santé (égalité malade, bien-portant), de religion (égalité entre religions et entre croyants et non-croyants), etc. afin de permettre à chacun d'être lui-même dans sa spécificité. C'est la seule façon de s'enrichir mutuellement et d'atteindre l'universel.
  • ***Considérer tous les hommes comme des êtres libres***, car sans liberté la solidarité ne peut exister. On ne peut obliger sous aucun prétexte quelqu'un à en aimer un autre. L'amour, comme les autres valeurs, ne peut naître que d'une prise de conscience, d'un choix, d'une volonté. Même pour libérer quelqu'un on ne peut le manipuler, car s'il n'a pu participer à sa libération, il retombera dans l'asservissement.
  • ***Considérer que tous les hommes ont droit à la justice***. La justice se fonde sur l'égalité, sur l'éminente dignité de la personne humaine. Elle est la reconnaissance chez toutes les autres personnes d'une personnalité égale à la nôtre. Cela entraîne de ne pas subordonner les fins d'autrui aux nôtres, mais de considérer la personne d'autrui comme semblable à la nôtre et possédant des fins propres que l'on doit respecter. Le paradoxe c'est, qu'en fait, la liberté de la personne a été plus souvent défendue par la justice que par la charité : il n'y a rien de tel que ceux qui veulent fonder la société sur l'amour pour employer la ruse et la force et tyranniser les individus qui ne sont plus protégés par aucun droit. La justice en général, et la justice sociale en particulier, nécessite des lois fondées sur la solidarité et le partage.
  • ***Considérer tous les hommes comme capables de partage***. Certes, l'individualisme, le sectarisme sont des freins puissants, surtout lorsqu'ils sont développés dans une société par des individus qui en tirent profit. Malgré cela, chaque être possède en lui cette aspiration au don de soi pour des causes qui le dépassent. Toute l'histoire est jalonnée de faits de dépassement, malheureusement peu valorisés par les historiens ou les médias. Apprenons à regarder autour de nous et nous découvrirons chaque jour, dans notre entourage, discrètement, des actes de générosité et de partage.

Si les mutations techniques sont très rapides, les changements de mentalité sont lents et les changements sociaux sont encore plus lents puisqu'ils résultent de l'ensemble des changements de mentalité. C'est une raison supplémentaire pour accepter de commencer **nous-même**, cela servira d'exemple mieux que tous les discours ; de commencer là où nous sommes, en famille, dans le quartier, dans les associations, au travers de nos **responsabilités concrètes**. C'est cette action exemplaire qui fera tache d'huile.

Les valeurs principales qui fondent notre finalité

Pour synthétiser notre démarche, à titre d'exemple, nous pouvons dire que nous sommes pour la réalisation d'**une société fondée sur la solidarité, expression de l'amour, sur la justice et sur le dialogue, favorisant le développement d'une personne libre, responsable et créatrice**.

Une société fondée sur :

Nous devons promouvoir le respect de la dignité humaine pour que, par la participation consciente et lucide de chaque personne, se construise et se développe sur des bases démocratiques, la communauté humaine.

La solidarité

Etre solidaire c'est organiser les rapports des personnes entre elles. C'est essayer de substituer des rapports fraternels à des rapports de domination. Car, pour qu'une société humaine fonctionne correctement, il est nécessaire de favoriser le plein épanouissement de toutes les personnes associées à une tâche commune dans toutes les activités de la vie individuelle et sociale.

La solidarité naît du constat de l'interdépendance entre les personnes. Il résulte que, le comportement de chacun ayant des répercussions sur l'existence des autres, celui qui réfléchit et agit doit tenir compte des effets personnels et sociaux de ses décisions. Cette démarche permet à chaque personne d'un groupe social d'avoir à cœur les intérêts de chacun des autres membres ainsi que ceux de la collectivité. La solidarité se construit chaque jour par la prise en compte de nos relations avec nos proches, mais aussi avec la société tout entière pour que la solidarité puisse devenir universelle.

La justice

Depuis la plus haute Antiquité, la justice a été considérée comme une valeur incontournable. Son exigence nécessite que chacun de nous découvre les injustices qu'il connaît pour les combattre ; les injustices de la société pour lutter, avec toutes les personnes concernées, pour instaurer une véritable justice sociale ; les forces adverses freinant tous nos efforts de libération ; l'exploitation qui ne permet pas à toute personne d'avoir un travail et un revenu pour vivre dignement sans assistance ; l'aliénation qui nous conditionne et nous empêche de prendre conscience des situations d'injustice en nous les faisant considérer comme normales et naturelles ; la domination de ceux qui détiennent le pouvoir, en usent et en abusent, sans accepter que les personnes concernées puissent participer aux décisions dans les domaines qui les concernent. C'est contre toutes ces injustices que nous devons agir pour établir le règne de la justice.

Le dialogue

C'est une valeur essentielle dans les relations avec d'autres personnes, comme entre organisations et institutions. Elle veut substituer la discussion, la négociation, à la violence. C'est ce qu'ont recherché en permanence des personnes comme Martin Luther King, Gandhi ou le Dalaï Lama. Le dialogue n'est possible que s'il y a respect de la liberté de l'autre. Toute relation de subordination transforme le dialogue en simple discussion sans efficacité. C'est la reconnaissance de l'égalité des partenaires (ce n'est pas être identique) pour que s'installe la possibilité de dialogue des cultures, des religions, des Etats, pour arriver à un accord sur des bases qui permettent de respecter la différence de chacun et d'accepter de s'enrichir de cette différence. Cette réciprocité fait du dialogue une démarche d'affrontement qui conduit à l'union.

Favorisant le développement d'une personne

Comme être unique et être de relation, la personne est créatrice de son devenir en transformant le monde par son travail et par ses activités. La personne, réfléchissant et agissant avec toutes les personnes concernées, donne un sens à l'histoire pour favoriser l'épanouissement de l'être, de tout l'être, de tous les êtres.

Libre

Cette valeur ancienne s'est enrichie au cours de l'histoire.

Nous sommes passés par **la liberté caprice** : "Je fais ce que je veux", étape nécessaire pour se libérer des tutelles qui nous aliènent, en affirmant notre personnalité. Mais rester à cette étape c'est vouloir rester infantile, en niant les contraintes dans lesquelles nous vivons.

Puis nous avons accédé à **la liberté choix** en étant conscients que nous vivions dans un monde de luttes, de violences, d'injustices. Cette conscience nous a obligés à nous poser la question : Faut-il être spectateur de notre propre devenir ? Nous avons à choisir entre deux contraintes : passivité ou activité. Ce choix est une étape importante vers la liberté, car **la liberté ne s'octroie pas, elle se conquiert**.

Pour atteindre la vraie liberté qui est la **liberté créatrice**, c'est-à-dire en étant conscient que ma liberté s'arrête où commence celle de l'autre, il me faut inventer les moyens de vivre de façon constructive avec les autres. Cette liberté nous permet de transcender les contraintes et de les intégrer comme moyen de notre liberté. La vraie liberté est celle qui jaillit de l'intérieur de tout être humain en union avec la liberté des autres.

Responsable

La personne responsable est celle qui répond de ses promesses. C'est tenir parole quand on a promis de faire quelque chose. La responsabilité nécessite la capacité d'observer pour prendre conscience des problèmes, de réfléchir pour déterminer nos choix, pour décider ce qu'il y a lieu de faire : une action concrète à réaliser, un sens à donner à cette action, un engagement libre pour la réaliser, faire le point pour s'assurer d'agir dans le sens choisi, une réciprocité nécessitant la même démarche des autres personnes de notre groupe. Cette démarche, qui favorise l'épanouissement de l'être, ne peut être réservée à une minorité, à une élite. Chaque personne, en fonction de ses capacités, de ses aptitudes, doit avoir une responsabilité à assumer dans le cadre d'une définition de fonction et en œuvrant pour accroître ses compétences.

Créative

La créativité fait partie de l'essence de l'être humain. Il est dommage que des minorités aient monopolisé cette valeur croyant les autres incapables d'avoir de l'imagination pour innover et inventer. Il est important de redonner confiance à chaque membre du groupe, car en créant un climat de confiance qui facilite l'expression libre des idées nouvelles, des expériences nouvelles à tenter, on enrichit l'ensemble des personnes du groupe. Celui-ci est plus à même de prendre en charge de façon novatrice les problèmes auxquels il est affronté. Il casse ainsi le mécanisme de reproduction sociale qui bloque toute amélioration de la vie sociale à tous les niveaux. Le groupe a donc la charge de faire reconquérir par chaque personne son identité pour qu'elle puisse trouver en elle les ressources nécessaires pour apporter sa contribution spécifique, originale, à la vie de l'équipe. Par ses solutions novatrices, la personne, comme le groupe, participe à la continuation de la création tant des personnes que de la société.

Les politiques

Les fonctions des politiques

Les politiques sont l'application des finalités à l'organisation et à la vie de la cité dans ses diverses manifestations, afin de donner un sens aux actions à réaliser.

Définition ou du moins approche du contenu

Politique du latin *politicus*, du grec *politikos*, de *polis*, cité. Le politique est donc relatif à l'organisation et au gouvernement de la cité. C'est l'organisation des pouvoirs nécessaires pour la mise en œuvre d'un choix de changements, d'améliorations dans la vie de la cité, dans son ensemble ou dans un de ses aspects particuliers. Le politique permet, en prenant en charge les problèmes de la cité, de favoriser la vie des hommes en communauté. Pour cela il a besoin d'organiser le pouvoir. Les choix politiques ont pour vocation de procurer une existence digne dans une liberté responsable pour la réalisation d'actions en commun.

Nature du politique

La relation politique est une relation sociale spécifique : elle est **le foyer de l'unité sociale**. Mais elle n'unifie qu'un groupe en s'opposant à d'autres. Son but c'est la concorde intérieure et l'amélioration de la société extérieure.

Le but final du politique est d'instaurer une amitié durable et définitive entre les peuples et les nations. Le rôle du politique est donc d'écrire de l'histoire, réalisant la sociabilité des humains organisés.

- Ses moyens sont : l'établissement de **dialogues** institutionnalisés entre les groupes, les organisations, les institutions, mais aussi entre les religions, les civilisations, les Etats, les unions d'Etats.
- Ce dialogue institué améliorera, favorisera les progrès du **droit** et son respect par les individus et les entités collectives.
- Ces deux moyens conjugués permettront de retourner **la violence** contre elle-même et de la soumettre à la raison pour supprimer tous les abus de la domination de l'homme sur l'homme.

Le politique permet d'élaborer un mode de vie en commun qui maintienne la paix à l'intérieur, pour que l'intérêt général passe avant les intérêts particuliers et favorise les relations avec l'extérieur, pour élargir la prise de conscience populaire et le développement de la collaboration avec d'autres organisations.

Les politiques nous font passer des finalités, qui peuvent être comprises comme des idéaux, des utopies, à la prise en charge de la réalité en décrivant comment atteindre une organisation de la vie de la cité qui incarne les valeurs choisies. Elles exigent de l'individu qu'il ajuste sa volonté particulière aux nécessités d'un Tout qui, en retour, lui permet son développement personnel grâce au développement social.

Le fondement du politique

Le rapport avec autrui n'est pas seulement un rapport avec ceux qui vivent autour de nous et en même temps que nous, mais avec l'humanité entière en pensant à la Terre que nous laisserons à nos enfants. Le sens du politique ce n'est pas la domination du monde par l'homme, mais la pleine réalisation de l'**habitat humain** par l'union de tous les hommes, en entendant par habitat le fait de s'unir à la fois aux hommes et à la nature dans une même attitude de vie.

Toute politique implique toujours une idée de l'homme et de l'esprit, une représentation du monde (finalité). Cette expression, habitat humain va loin. Elle signifie en définitive qu'en devenant une personne, l'homme comme espèce transforme l'évolution naturelle en histoire de la nature associée à l'homme.

Avec le développement de l'humanité, la nature est devenue historique, c'est-à-dire de plus en plus liée et soumise au développement de l'humanité. Là où les hommes abandonnent la nature, elle redevient elle-même.

L'humanisation qui suit l'hominisation nécessite cette aspiration qui doit conduire à une plus grande perfection et union de l'humanité. Elle exige la connaissance du présent pour la réalisation des moyens les mieux adaptés au temps dans lequel nous vivons, pour les utiliser en vue d'un avenir toujours meilleur.

Les politiques permettent à la personne de clarifier son engagement. Cet engagement est volonté de vivre et de penser avec les autres pour améliorer sans cesse la société : sa règle est de penser comme elle vit et de vivre comme elle pense.

Le perfectionnement général dépend de l'effort personnel de chacun, la personne étant la fin de la société. Les politiques devraient inspirer tout ce qui peut aider et favoriser le développement de la personne, de toutes les personnes. Ce développement de la personne est à la base, au fondement de la démocratie.

Les politiques gèrent le social

La cité des hommes est organisée en cellules diversifiées. En naissant, l'homme se tourne vers ses parents, non par raison et réflexion, mais instinct social, le même qui le conduira à des associations toujours plus étendues : famille, ville, Etat. Car l'homme ne se réalise pleinement que dans la cité comme le dit Aristote.

Cet instinct est transfiguré dès que l'homme accède à la raison. Il accède à la conscience du devoir envers autrui et envers la communauté humaine. Une morale peut naître (ensemble de droits et de devoirs pour vivre en commun) qui devrait se traduire au niveau des fonctions, des métiers, des engagements, par un code de déontologie spécifique à chaque catégorie et à chaque secteur.

La politique, science du pouvoir

Le politique concernant la vie de la cité, la politique recouvre l'ensemble des problèmes posés par l'organisation et l'exercice des pouvoirs au sein d'une collectivité, depuis la cellule de base qu'est la famille, en passant par les petits groupes, les organisations, les institutions, l'Etat, jusqu'au niveau international. L'exercice du pouvoir dans la cité a pour objectif d'assurer la satisfaction des besoins de chaque citoyen dans la cité en favorisant son autonomie et sa socialisation.

L'organisation des pouvoirs est au centre de la vie sociale. Chercher à savoir et à organiser clairement ce qu'est le pouvoir politique n'est donc pas seulement le souci et l'affaire des spécialistes : sociologues, philosophes, politologues, etc. C'est aussi, **pour tout citoyen** qui s'intéresse à la vie de la cité, le moyen de mieux comprendre ce qu'il vit, ce qu'il fait, s'il veut donner un sens à son action.

Les politiques nécessitent une organisation renouvelée

Toujours plus nombreux sont ceux qui ne se satisfont plus d'un sort qui ne leur laisse que le rôle de sujets soumis. Ces personnes cherchent leur salut dans tout ce qui les élève au-dessus de ce monde hiérarchisé.

D'où la nécessité de s'organiser comme structure ouverte à tous, sans conditions de race, de tradition, de richesse, de langue, etc. organisation universaliste qui n'exclut personne.

Seule une organisation solide peut donner à ses membres ce qu'ils considèrent comme leurs besoins. Pour cela, nécessité de groupes, d'organisations où règnent la confiance mutuelle et le respect de chaque membre.

L'organisation de la cité doit se construire sur la **dignité collective**, fondement de la dignité des citoyens. Elle nécessite au préalable d'étudier les facteurs qui nourrissent les forces déjà à l'œuvre, déjà constituées, qui agissent pour un changement social vers plus d'humanité (organisations, associations, etc.). Ces forces dynamiques seraient à mettre en parallèle avec les forces qui font fonctionner la société (économiques, politiques, sociales, culturelles, etc.), forces en interaction constante auxquelles il faut donner un sens. L'organisation a pour tâche principale de favoriser le plein développement intellectuel, physique, affectif et moral des personnes par leurs propres forces, jointes à la force de toutes les personnes concernées.

L'organisation interne devrait se compléter par une organisation de relations externes avec d'autres organismes ayant les mêmes politiques ou pouvant contribuer, par leurs politiques différentes, à être complémentaires des politiques élaborées par chaque organisme.

Les politiques éclairent la mise en œuvre des pouvoirs

Dans le rapport social, il y a partout conciliation et antagonisme, subordination et participation, attirance et tension, seule en varie la proportion.

Déterminer une politique c'est avoir une considération raisonnable de la réalité, pour autant que cette réalité permette aux citoyens organisés de la modifier selon des choix qui auraient été faits dans le domaine pris en charge (formation, développement, etc.). Elle conjugue science, éthique et méthode.

- ***Science*** parce que l'étude de la réalité conduite avec rigueur introduit de l'ordre dans les faits pris en compte et cherche ce qui les relie. Elle appelle à la surface des éléments cachés et procède au classement de l'ensemble, à la suite de multiples vérifications pour déterminer ce qu'est la réalité à prendre en compte.
- ***Ethique*** : C'est confronter les faits aux valeurs et choisir celles qui serviront de guides à l'action de changement. Elles serviront aussi de guides dans le choix des moyens à utiliser, car la fin ne peut jamais justifier les moyens. Que de crimes commis au nom de la charité !
- ***Méthode*** : Cela nécessite l'organisation des pouvoirs afin que chaque être humain puisse en posséder au travers de ses responsabilités, pour être partie prenante de son destin en participant aux décisions qui le concernent.

Les politiques gèrent les pouvoirs

Face à la multiplicité des formes que revêtent les pouvoirs, les politiques se mobilisent dans une direction donnée, en organisant ces pouvoirs de telle façon que chaque personne participe activement aux changements préconisés. C'est un choix entre monopoliser le pouvoir, le déléguer ou le partager. Si l'on veut conjuguer la double efficacité : la promotion des personnes et l'amélioration de l'habitat humain, le partage du pouvoir, à travers la répartition des responsabilités entre tous les membres de l'organisation, le permettra mieux que les autres formules.

A l'aube du 3e millénaire, les citoyens aspirent à participer à la vie de la cité, mais aux différents niveaux : conscience des problèmes, étude des problèmes, décision d'action, action sur le terrain, et réflexion sur les résultats. La participation à l'exécution seule est aujourd'hui source de démobilisation. Seule la décision est le critère de la véritable participation.

Les politiques se concrétisent par un contrat social

C'est la prise de conscience du fait que l'individu ne peut atteindre ses buts ni conserver les avantages acquis en l'absence d'une régulation sûre des rapports de tous avec tous. D'où nécessité d'un contrat conclu entre personnes qui mettent leurs avantages durables au-dessus des satisfactions immédiates de l'amour de soi. Contrat entre personnes égales conduites par les mêmes choix de valeurs pour construire un type de société plus humaine, plus solidaire.

Les politiques favorisent la citoyenneté

L'élaboration des politiques favorise l'accès à la citoyenneté.

Un constat

Le développement des sociétés semble de plus en plus échapper au contrôle des citoyens et des institutions démocratiques. Le potentiel fulgurant des sciences et des nouvelles technologies contribue davantage à accentuer les inégalités qu'à améliorer le bien-être des personnes et la qualité de la vie en société.

Le phénomène de l'exclusion qui s'élargit remet en cause les fondements même des démocraties libérales, à savoir l'existence de citoyennes et citoyens égaux ayant tous les mêmes droits et responsabilités. Certains citoyens ont tendance à baisser les bras devant cette situation. D'autres, au contraire, aspirant à être membres à part entière de la cité, se prennent en charge et s'organisent là où ils sont, pour développer une citoyenneté lucide fondée sur la recomposition des solidarités locales, de quartiers, d'usines, de même qu'à l'intérieur des mouvements associatifs, syndicaux, politiques, etc.

La citoyenneté ne peut se réduire au pouvoir de voter et de déléguer son pouvoir à l'élu. Vouloir développer la citoyenneté, c'est la concevoir comme un processus qui suppose la mise en place de moyens et de conditions pour permettre aux citoyens d'exercer réellement leurs droits et pour favoriser leur véritable participation. Cet effort demandera du temps.

Les assises de la vraie citoyenneté

La citoyenneté repose sur plusieurs éléments.

- Les citoyens doivent exiger le renouvellement du fonctionnement de toutes les institutions pour créer de nouveaux espaces de participation à l'exercice du pouvoir.
- Les citoyens doivent exiger que toute personne, ayant des responsabilités à quelque niveau que ce soit, participe à l'élaboration de règles organisant la consultation des citoyens sur les décisions qui ont un impact sur les communautés auxquelles ils appartiennent.
- Les citoyens doivent s'assurer que des règles claires garantissent leur participation au processus décisionnel.
- Les citoyens doivent exiger que, dans toute organisation, les moyens, les méthodes, les procédures soient élaborés par les personnes concernées par une action à entreprendre et qu'ils restent à leur place de moyens pour ne pas se substituer aux fins.

La recherche d'une nouvelle citoyenneté pour vivre la démocratie est manifestement le signe d'une remontée du social, en réponse à la crise d'un modèle de développement qui menace l'existence et le devenir de collectivités humaines à l'échelle de la planète. Désormais chacune et chacun d'entre nous devront assumer la citoyenneté dans sa double dimension : celle de la société locale où nous vivons et celle du monde. Penser globalement, agir localement, doit être complété aujourd'hui par penser socialement et agir globalement, les deux dimensions étant en interaction.

La citoyenneté ne peut se réduire à un statut légal

La citoyenneté commence quand des personnes refusent la fatalité, acceptent de prendre en charge leur vie, leur milieu, et désirent répondre de ce qui sera légué par nos générations aux générations qui montent.

- Est donc citoyen l'immigré qui n'a pas de carte de séjour, ni de statut légal du fait de la politique restrictive d'immigration d'un pays, mais qui se bat pour faire reconnaître sa **dignité** d'être humain et celle de ses camarades.
- Est citoyen l'exclu sans domicile fixe qui, de ce fait, ne peut prétendre à l'accès à de nombreux services et qui lutte avec ses collègues pour faire instaurer plus de **justice** dans la société.
- Est citoyen le salarié qui travaille dans une entreprise, où il subit le poids des hiérarchies du petit chef au patron, sans avoir droit à la parole sur son propre travail, et qui réagit avec les autres salariés pour être reconnu comme **être humain** et non considéré comme une marchandise.
- Est citoyen le croyant qui, dans son Eglise hiérarchisée où règnent l'intolérance interne et le dogmatisme externe, s'organise avec d'autres croyants pour faire prévaloir le message central de toutes les religions : "**Aimez-vous les uns les autres**."
- Est citoyen le militant d'une organisation où seule une minorité de dirigeants décident sans consulter les militants, encore moins l'ensemble des adhérents, et pas du tout la population, et qui se dépense avec d'autres pour modifier les structures afin que tous aient **droit à la parole** et aux décisions.
- Sont citoyens le professeur et l'élève qui, dans un établissement scolaire où l'enseigné est soumis au pouvoir de l'enseignant, recherchent ensemble, avec le personnel administratif et les parents, à mettre en place des équipes de travail pour que toutes les personnes concernées œuvrent à la mise en place d'un enseignement favorisant **autonomie et socialisation** de toutes les personnes.
- Est citoyen l'habitant d'une commune qui est au mieux informé des choix en matière de politique municipale et qui agit pour que la population concernée soit **consultée** sur la façon d'organiser la cité.
- Est citoyen le sportif qui devant les diktats des dirigeants de club ou de fédération qui ignorent les aspirations des joueurs, collabore avec ses collègues pour obtenir le **droit à l'expression** et à la participation aux décisions.
- Est citoyen le député qui prend conscience qu'il n'est trop souvent qu'un pion au nom de la discipline de parti et qui participe avec d'autres collègues pour faire évoluer la sclérose de son parti, afin de **coopérer** à l'élaboration des politiques à promouvoir dans l'intérêt des citoyens.

N'est donc pas citoyen toute personne passive qui a une mentalité d'assistée et attend tout de ses patron, évêque, dirigeant ou de l'Etat-Providence, et qui, par son inconscience, permet aux détenteurs du pouvoir de continuer à faire des choix en fonction de leurs intérêts de caste.

Le champ des politiques

Traduire les finalités en politique suppose d'avoir précisé les différents points où sera approfondi le contenu de la politique particulière afin d'en délimiter le territoire, mais aussi d'avoir défini quel sens donner aux changements à opérer sur ce territoire. Voici quelques territoires possibles. La liste n'est qu'indicative et non exhaustive. Chaque organisation aura à cœur de déterminer l'ensemble des territoires qu'elle veut prendre en charge et, pour décider une politique, de préciser sa spécificité (le développement), le sens du changement (référence aux valeurs, à la finalité), sa dynamique d'organisation (participative).

Les niveaux

Si nous partons du plus proche de la vie quotidienne, nous avons :

- ***Le groupe*** auquel nous appartenons : section syndicale, cellule d'un parti, commission de travail d'une association, équipe dans un club sportif, équipe particulière dans une paroisse, etc. Avoir une politique de groupe ou d'équipe, c'est préciser quel sens donner à cette vie de groupe.
- ***Le local***. Ce niveau est celui de la commune, de la paroisse, de l'établissement scolaire, hospitalier, industriel, du club sportif, etc. Une politique locale doit préciser comment faire fonctionner la démocratie entre les groupes qui se situent à ce niveau.
- ***Le régional***. Ce peut être la région qui décompose un Etat en ensembles de populations plus ou moins homogènes. Ce peut être un ensemble dépassant les frontières nationales au sein d'ensembles plus importants comme l'Europe, l'Asie du Sud-Est ou l'Amérique latine.
- ***Le national***. Une politique nationale se référera aux choix réalisés par un Etat pour affirmer son identité, promouvoir les valeurs qu'il défend, préciser sa participation aux différentes instances internationales. La politique d'un pays peut s'opposer ou favoriser la collaboration avec d'autres nations.
- ***L'international***. Une politique internationale aura une visée d'harmonisation des politiques particulières en vue de l'intérêt général de la planète. Cela pourra être en matière de paix, de coopération économique, de gestion de la planète, etc.

On perçoit dès lors que tous ces niveaux sont interdépendants.

Les domaines

Ils recouvrent aussi un champ très vaste, celui des sciences physiques comme celui des sciences humaines. Prenons quelques exemples.

- ***Le social***. Avoir une politique sociale exige au préalable de savoir ce que recouvre ce domaine très vaste. Comme les autres domaines, il comportera différents problèmes. Mais pour donner cohérence aux différents problèmes sociaux : logement, travail, famille, rémunération, etc. il est nécessaire de déterminer le sens à donner aux actions à entreprendre dans ce domaine.
- ***L'économique***. Avoir une politique économique c'est aussi rentrer dans la complexité des divers secteurs de l'économie, connaître les différents agents qui interviennent, etc. La politique économique d'un Etat donnera cohérence à sa politique industrielle, agricole, commerciale, internationale. La politique économique interviendra aussi aux différents niveaux, du local à l'international. Aussi chaque organisation devra-t-elle s'en préoccuper.

• ***Le culturel***. Une politique culturelle peut être restrictive si elle ne concerne que les loisirs, les arts et les lettres. Elle sera au contraire ouverte si elle englobe les activités de la vie des citoyens pour leur donner un sens.

• ***La science***. Une politique scientifique est ouverte à tous les problèmes de la recherche et de l'application des découvertes. Des choix sont toujours à faire : priorité entre recherche fondamentale et recherche appliquée, priorité à la science ou à la technologie, quel sens donner à la recherche, avoir une visée prospective ou une visée pour combler le retard par rapport aux autres, etc.

• ***L'écologie***. Une politique écologique doit-elle tendre à se préoccuper seulement de l'environnement ou est-elle ouverte à l'ensemble des rapports de l'homme à la nature et des hommes entre eux ? Doit-elle préserver les générations actuelles ou s'intéresser aussi aux générations futures ?

Les problèmes

Ils sont illimités. Ils naissent de la conscience des personnes.

• ***Santé***. Une politique de la santé pourra déterminer ce qu'elle entend réaliser face à la prévention, aux soins, aux maladies dangereuses comme le cancer, le sida, la peste, etc. Cette politique pourra être prise en charge à chacun des niveaux précédents.

• ***Scolarité***. Une politique scolaire suppose une réflexion sur des problèmes de fond comme la laïcité, la place des religions, les programmes, les diplômes, les institutions d'enseignement, etc. Toutes choses liées pour contribuer à préciser le sens à donner à l'action des institutions éducatives.

• ***Urbanisme***. Une politique urbaine ne peut d'une part se désintéresser du logement des catégories sociales défavorisées et, d'autre part, elle doit prévoir l'aménagement du territoire, pour favoriser les équilibres d'habitat, de circulation, d'équipement de toutes sortes : travail, loisirs, pratiques religieuses, commerces, etc.

• ***Energie***. Une politique énergétique devra avoir réfléchi sur les différentes sources d'énergie, leur impact sur la santé, leur coût économique, etc. et pensé aux économies d'énergie face à celle non renouvelables, aux dégâts de l'énergie nucléaire, etc. afin de faire des choix avec la participation des citoyens.

• ***Environnement***. Une politique de l'environnement devra étudier l'impact des humains sur la nature (pollution, destruction de la flore, de la faune, etc.) pour élaborer un projet de sauvegarde de la nature pour les générations futures.

On voit, à travers ces quelques exemples, qu'élaborer une politique est tâche complexe, mais que sans politique on agit au coup par coup sans être capable d'anticiper pour préparer l'avenir. Sans politique les êtres humains ne peuvent se rendre maîtres de leur destin. S'ils sont conduits par le déterminisme ou l'empirisme seul, ils réduisent leur efficacité. Seul l'homme a la capacité de prendre en main sa vie, encore faut-il qu'il veuille le faire.

Les secteurs à prendre en compte pour chaque politique

Une fois précisée la politique que l'on a choisi d'élaborer, il est nécessaire d'avoir présent à l'esprit que chaque politique doit prendre en compte, avec plus ou moins d'importance, les problèmes, suivant les différents secteurs.

Les secteurs du pouvoir

Ils prennent en compte trois aspects complémentaires.

- ***La gestion***. Elle consiste à assurer le fonctionnement des organisations (entreprises, associations, communes, etc.) afin d'en garantir la pérennité et d'en favoriser le développement grâce aux choix de décisions adéquates. La gestion correspond à l'organisation et à la recherche de la meilleure utilisation des ressources : gestion financière, gestion des ressources humaines, gestion matérielle, etc. Si la gestion a besoin de la comptabilité pour avoir des outils d'analyse, la comptabilité n'est pas la gestion, car celle-ci doit donner un sens, une direction aux actions à entreprendre. La comptabilité est un outil administratif au service de la gestion.
- ***L'administration*** a pour objet de procurer à la gestion les outils pour prendre les décisions nécessaires dans les différents secteurs de la vie de l'organisation. Administrer c'est :
  - *prévoir* les moyens nécessaires pour atteindre les objectifs,
  - *organiser* les programmes d'action et leur déroulement,
  - *réaliser* les documents pour faciliter la mise en œuvre des responsabilités,
  - *coordonner* en mettant en place les liaisons permettant la circulation de l'information,
  - *contrôler* l'exécution des documents, leur utilisation pour les améliorer.

Sans administration, la gestion et l'animation ne peuvent se réaliser correctement.

- ***L'animation***. Chaque personne, à partir de sa responsabilité, aura à animer par exemple la partie de réunion où seront abordés les problèmes de son domaine ou les réunions qui seront centrées sur son domaine de responsabilité. L'animation ne se limite pas à la réunion : avant, il convient de préparer la réunion, de voir les personnes pour qu'elles réfléchissent et préparent leurs interventions ; après la réunion, d'assurer le suivi des décisions et l'exécution des tâches pour chaque personne ayant pris une action à réaliser. L'animation sans la gestion et l'administration est inopérante.

Les secteurs du savoir

Ils prennent en compte tout ce qui concerne la connaissance.

- ***L'information***. C'est la clé du pouvoir. Celui qui détient l'information peut prendre les décisions adéquates. Si l'on souhaite une participation active de tous les membres d'une organisation, il est nécessaire d'avoir une politique d'information leur permettant d'y avoir accès. Elle sera :
  - *complète* pour que les décideurs possèdent tous les éléments nécessaires,
  - *claire* pour être comprise et donc utilisée par tous,
  - *pratique*, c'est-à-dire facile à utiliser et à exploiter,
  - *concise* afin d'aller à l'essentiel sans être noyée par les détails inutiles,
  - *accessible* à tous ceux qui en ont besoin parce que concernés.

Cette politique de l'information précisera en outre la façon de la rassembler, de la traiter, de l'enrichir, de l'utiliser.

- ***La formation***. C'est une dimension incontournable pour que chaque personne assume pleinement ses responsabilités. Elle doit permettre :
  - d'acquérir une pensée personnelle par une réflexion sur sa pratique,
  - de développer sa conscience pour être lucide et donner un sens à sa vie,
  - de favoriser le dialogue entre toutes les personnes concernées par un problème,
  - de promouvoir la créativité qui sommeille en chaque personne pour servir à tous.

Pour cela, la formation devra être :
- *permanente*, du berceau à la tombe,
- *totale* pour situer sa spécialisation dans le tout complexe,
- *participative* des formés à leur propre formation,
- *ouverte* aux changements pour en tenir compte et les utiliser.

- ***La recherche***. C'est projeter l'information et la formation vers l'avenir. L'OCDE la définit comme "Travaux de création entrepris de façon systématique en vue d'accroître la somme des connaissances, y compris la connaissance de l'homme, de la culture et de la société, ainsi que l'utilisation de cette somme de connaissances pour de nouvelles applications". Elle comprend :
  - *la recherche fondamentale*
  - *la recherche appliquée*
  - *l'utilisation des résultats de la recherche*
  - *la critique permanente des utilisations des diverses recherches.*

Les secteurs de l'avoir

Ils prennent en compte tout ce qui concerne le patrimoine.

- ***La compétence***. C'est le territoire personnel de chacun qui, aujourd'hui, s'est élargi.
  - *Compétence technique* avec ses deux aspects complémentaires : la spécialisation mais aussi la polyvalence grâce à l'ouverture pluridisciplinaire pour échanger avec d'autres spécialistes.
  - *Compétence humaine* avec ses aspects complémentaires : la psychologie pour connaître et comprendre les personnes, la sociologie pour connaître et comprendre la vie de groupe, la société.
  - *Compétence dynamique* pour être capable, à partir de sa spécialité, de transmettre ses compétences aux autres.
- ***La responsabilité***. Elle naît de notre compétence et nous convie à utiliser celle-ci au service des autres membres de l'organisation. Elle sera individuelle, car si nous ne l'assumons pas personne ne le fera. Elle sera collective, dans la mesure où nous permettrons aux autres d'accéder à notre champ de compétence et d'élargir le leur. Un trésorier assurera la trésorerie, mais en même temps apprendra aux autres à gérer leur propre trésorerie dans le champ de leur responsabilité.
- ***Les finances***. Aucune structure ne peut fonctionner sans argent. Tout ce que nous réalisons a un coût. La prise en charge d'une politique dans un domaine particulier, dans un secteur spécifique ou sur un problème, se traduira par un prix à payer. Une politique qui ne prendrait pas cet aspect en compte serait irréaliste. Il faudra ensuite choisir si l'on réduit les actions en fonction des moyens financiers ou si on recherche l'argent nécessaire pour réaliser les politiques choisies.

Une politique, pour s'élaborer, a donc besoin :
1. D'une finalité claire prenant en compte la spécificité de cette politique.
2. D'un contenu précis recensant tous les aspects à prendre en compte.
3. Des secteurs à clarifier pour chaque politique.

Mise en commun des politiques

De la pensée aux actes

- ***Les politiques clarifiées***. Chaque organisation (entreprise, association, parti, etc.), qui veut agir dans une direction qu'elle a choisie en fonction de ses finalités, a traduit ses actions sous forme de politique appliquée aux domaines, aux problèmes, aux niveaux auxquels elle est affrontée et située.

Les choix politiques évitent les décisions prises au jour le jour sans maîtrise, ni du présent, ni de l'avenir. Depuis plusieurs décennies la notion de projet se développe pour donner cohérence et planifier les actions. La finalité, les politiques traduits en objectifs vont permettre de nourrir ces projets et leur donner consistance. Chaque politique particulière venant compléter pour son secteur, son domaine, son niveau, les autres politiques pour faire un tout unifié pour progresser vers ses objectifs.

- ***Sans hiérarchie***. On avait tendance dans le passé à hiérarchiser les politiques. Il y avait confusion entre importance, priorité et hiérarchie, ce qui est toujours dangereux. Hiérarchiser c'est introduire des conflits au sein des organisations, car on situe une politique au-dessus des autres, ce qui n'a aucun sens dans la mesure où toutes sont utiles, indispensables. Si elles sont inutiles, il vaut mieux les supprimer. Toute politique a la même valeur que les autres et toutes doivent être prises en considération et prises en charge de la même façon.

Certes, certaines sont plus **urgentes** à prendre en charge à certains moments, compte tenu de l'actualité. Mais une priorité est située dans le temps et ne donne pas une valeur supérieure puisque à un autre moment ce sera une autre politique qui aura la priorité.

Il en est de même face à l'**importance**. Il y a des périodes aussi où un problème apparaît plus important qu'un autre. C'est aussi conjoncturel. C'est l'analyse qui doit déterminer l'urgence et l'importance sans établir de hiérarchie. A d'autres moments ce seront d'autres problèmes qui seront plus importants et plus urgents à prendre en compte.

- ***Pour donner une unité de vue*** aux membres des organisations. En effet, quand l'ensemble des politiques sera clarifié, il faudra les rédiger pour que chacun ait un texte qui lui serve de référentiel comme aux autres membres des équipes. Chacun possédant le même document, l'unité des groupes se réalisera plus facilement puisque chacun aura une vision claire des politiques, connaîtra leur contenu et pourra s'en inspirer et s'en servir de guide pour l'élaboration des objectifs d'action.

Les politiques, un tout cohérent

Ces quelques éléments ne peuvent suffire à donner un contenu solide à des politiques concrètes. Ils donnent seulement quelques indications, quelques orientations. Il est souhaitable de les élaborer en équipe.

- ***Déterminer les politiques***. Comme elles peuvent être très nombreuses, à nous de choisir celles qui nous semblent importantes à retenir. Nous pourrons ainsi les travailler en équipe, les approfondir, les clarifier et enfin les rédiger afin d'éviter toute équivoque quant à leur sens et leur signification. Elles serviront de référentiel pour l'action.
- ***Les politiques sont en interaction***. Aucune politique n'est indépendante d'une autre. Celles qui sont relatives aux niveaux agissent sur celles qui concernent les problèmes ou les domaines, et réciproquement. Il est donc important de percevoir la cohérence des différentes politiques entre elles. Cette cohérence sera donnée, d'une part, par les finalités, et, d'autre part, par les problèmes concrets auxquels nous sommes affrontés qui serviront en outre de tests de validité de nos politiques. C'est à travers nos pratiques sociales qu'apparaîtront les contradictions entre nos théories et nos pratiques. Nous pourrons ainsi rechercher les moyens de les surmonter.
- ***Les politiques sont élaborées en équipe*** et de préférence par toutes les personnes qui seront concernées par leur réalisation et leur application. Des équipes seront formées pour chaque politique particulière et, quand toutes les équipes auront terminé leur tâche, les matériaux seront communiqués aux autres équipes pour en débattre et les affiner. Enfin une synthèse sera faite et une mise en forme de l'ensemble sera réalisée. Ce sera une excellente préparation à la mise en place d'objectifs concrets, car on applique plus correctement ce que l'on a contribué à élaborer. Les débats nécessaires pour arriver à clarifier les positions de chacun, les affrontements qui surgiront pour arriver à un accord, seront autant d'éléments constructifs. Ils permettront à chacun de mieux connaître les autres à travers leurs réactions, et réciproquement car, dans le débat, chacun sera amené à se dévoiler. Enfin, il sera nécessaire de confronter les écarts entre nos prévisions et nos réalisations, par des contrôles réguliers et par des bilans.
- ***Les politiques sont vivantes***, c'est-à-dire non dogmatiques. Elles sont un point de départ pour éclairer la route de l'action. Les réalités auxquelles nous sommes affrontés peuvent nous conduire à les aménager. Il est donc indispensable de les revoir régulièrement afin que, dans la dialectique pratique/théorie, cette dernière soit toujours nourrie par le réel auquel nous sommes affrontés quotidiennement.

Un choix de politique : Les 5 D[1]

(à titre d'exemple)

Une politique globale permet plus facilement aux organisations et aux groupes de préciser leur politique particulière qui, dans de nombreux cas, correspondrait à une application des 5 D.

Démocratie participative

Elle s'applique entre autres aux Etats, mais aussi, en amont, aux institutions internationales comme, en aval, à toutes les institutions : famille, Etat, Eglise, entreprise, éducation, association, etc.

- ***Pour les personnes***, elle suppose le développement de la liberté d'opinion, de la liberté d'expression et de la liberté d'action. Ce sont ces trois libertés qui fondent la citoyenneté, c'est-à-dire la capacité de participer activement à la vie de la cité dans tous les secteurs où le citoyen est concerné tant comme travailleur, comme consommateur, comme croyant, que comme parent, etc. Cette citoyenneté nécessite que chacun fasse effort pour acquérir les compétences nécessaires pour assumer ses responsabilités. Cela nécessitera qu'il accepte de s'informer et de se former.
- ***Pour la société***, il en découle des exigences d'ouverture à la diversité. Si chaque être est différent, c'est encore plus vrai des groupes et des institutions. Aussi le pluralisme des organisations est-il un élément nécessaire. Cela permet le respect des minorités et, au-delà, la possibilité pour elles de s'exprimer et d'être entendues, au nom du respect des droits de l'homme, et la possibilité de voter pour être des citoyens à part entière. Ouverture aussi quant à l'organisation interne fondée sur le fédéralisme au plan politique, la coopération au plan économique, la vie associative et mutualiste au plan social, la laïcité au plan idéologique.

Dignité humaine

A l'autre extrémité, le respect de la dignité de la personne humaine permet d'enraciner la démocratie dans un terreau solide.

- ***Pour les personnes***, le droit à la parole et à la décision à toutes les personnes dans les domaines qui les concernent. Il en découle aussi une exigence de conscientisation pour permettre à chacun de percevoir les domaines qui le concernent, pour ne pas laisser à d'autres le soin de régler ses problèmes, sinon on finit par devenir des assistés. Du travail pour tous est une exigence fondamentale, car c'est par le travail que l'être devient autonome, il reçoit une rémunération qui lui permet de l'être. Le partage du travail devient donc une exigence incontournable, tout comme le partage des revenus, de façon à ce que les plus fortunés apportent leur contribution à la vie de la cité, au lieu de toujours faire payer davantage les plus pauvres qui sont les plus nombreux.
- ***Pour la société***, nécessité d'organiser l'économie sur des bases solidaires pour que chaque personne ait un travail à temps plein, un travail épanouissant, un travail correctement rémunéré, un travail qui permette la participation des salariés à la vie de l'entreprise ; d'organiser la vie politique pour faciliter la prise de responsabilité du citoyen dans les institutions où il vit ; d'organiser la vie sociale pour favoriser l'épanouissement des personnes tant au plan physique et affectif qu'au plan intellectuel.

Le respect de la dignité humaine facilite la participation active à la vie de la cité.

---

(1) **Les sciences humaines en mouvement**, Charles Maccio, Chronique Sociale, pp. 282 et 283.

Droit des peuples

C'est passer de l'Etat de droit, circonscrit à un territoire, la nation, à un état de droit qui englobe l'ensemble des personnes vivant dans le monde et constitué en peuple. C'est une étape importante à franchir pour passer des droits de l'homme (1789) aux droits sociaux (ONU, 1948), pour arriver aujourd'hui aux droits des peuples.

- ***Au plan des personnes*** cela nécessite de tendre à ce qu'un droit soit défini par les personnes concernées. Leur diversité permettra de cerner la complexité des problèmes à prendre en charge. Emanation de la population, cela se traduira par un contrat entre Etats et organisations internationales et exigera une discipline rigoureuse des personnes pour le respecter.
- ***Au plan de la société***, le droit des peuples reconnaît la souveraineté des Etats et exige d'eux, non seulement le respect des minorités, mais leur expression et leur participation à la vie de l'Etat. Ce droit est construit sur la justice sociale. Elle s'applique à tous les problèmes concernant des ensembles organisés : peuples au sein des Etats, minorités au sein des peuples, institutions diversifiées, afin que la justice ne soit pas appliquée individuellement mais à l'ensemble des personnes concernées par un même problème. Le droit au travail n'est pas un droit individuel, mais collectif, qui implique une justice sociale. Il en est de même de la rémunération, de la santé, de l'éducation, de l'alimentation, etc.

Le droit des peuples nécessite un élargissement du champ de conscience des personnes et de la société.

Dialogue des cultures, des religions, des Etats

C'est une démarche d'élargissement qui passe du dialogue des personnes et des groupes à celui, plus vaste, des ensembles organisés.

- ***Au plan des personnes***, c'est une attitude ouverte de chacun à l'égard de la différence de celui qui a une autre culture, une autre religion, qui appartient à un autre Etat. C'est la prise de conscience que la différence de l'autre, au lieu d'être un danger pour ma personnalité, est au contraire une source d'enrichissement. Cette acceptation, voire cette recherche de s'enrichir par la différence de l'autre et réciproquement, suppose de faire l'apprentissage de l'expression de chacun s'affrontant avec l'autre pour arriver à l'unité.
- ***Au plan de la société***, le dialogue suppose en priorité la tolérance qui est l'acceptation inconditionnelle de l'existence d'autres Etats, religions ou cultures. Cela nous entraîne à la mise en place d'institutions pluralistes qui permettent les rencontres, les échanges, la recherche commune. Cela ne pourra se réaliser sans l'acceptation réciproque de la laïcité qui seule permet la tolérance et la rencontre pour rechercher ensemble ce qu'il y a d'universel dans les particularités de chaque Etat, culture ou religion.

Développement durable

Le développement englobe le développement des personnes qui est leur plein épanouissement, comme le développement des groupes, des institutions, des civilisations, et de la société tout entière. Nous allons développer ce point particulier à titre d'exemple d'un contenu plus élaboré d'une politique.

Une politique de développement (exemple)

Parmi les 5 D, reprenons plus en détail le point développement, pour illustrer la démarche.

Le développement humain durable

Le développement c'est la mobilisation des ressources qui existent tant chez l'être humain que dans les différents pays ou secteurs de la société.
– *Ressources humaines*, sous-estimées, et qu'il s'agit de valoriser.
– *Ressources matérielles* sous forme de matières premières.
– *Ressources techniques* tenant compte des niveaux de progrès technique.
– *Ressources financières* avec l'argent comme moyen et non comme fin.
– *Ressources d'organisation* à mobiliser et à combiner de manière efficace.
– *Ressources politiques* pour organiser la cité sur des bases démocratiques.
– *Ressources éthiques* issues des valeurs émanant des diverses civilisations.

Le développement a plusieurs caractéristiques

Le développement c'est d'abord les efforts des personnes et des peuples.

- ***Il devrait être endogène***, c'est-à-dire pris en charge par la personne elle-même, par les peuples eux-mêmes. Si les personnes **concernées** ne se mobilisent pas, toute intervention extérieure sera marquée par la personnalité des intervenants qui, consciemment ou inconsciemment, imposeront leur culture.
- ***Il devrait être global*** pour satisfaire les **besoins** des personnes et des peuples.
  - *Priorité aux besoins de la personne* : les besoins physiques (nourriture, habillement, santé, logement, etc.), les besoins affectifs (de relation, de communication, par l'écoute, la compréhension, la considération, etc.), les besoins intellectuels (instruction, éducation, formation, afin d'acquérir les capacités à avoir une pensée personnelle).
  - *Répondre aux besoins des peuples* : satisfaire les besoins économiques (travail pour tous, rémunération venant du travail au lieu de l'assistance), les besoins politiques (extension de la citoyenneté par l'accès de tous à des responsabilités), les besoins éthiques (favoriser la participation au choix des valeurs qui serviront de guide aux activités professionnelles et sociales), les besoins sociaux (de protection sociale, de déplacement, de communication, etc.), les besoins culturels (l'art et les spectacles, mais surtout accès à la capacité d'être comme personne et comme peuple afin que l'identité de chacun soit reconnue).
- ***Il devrait être autocentré***, c'est-à-dire centré sur les **ressources** propres des personnes et des peuples.
  - *Valoriser les ressources humaines*, d'abord en croyant que toute personne a des potentialités à développer. Ces ressources pourront être utilisées grâce à la participation active de tout travailleur, citoyen, croyant, en tout lieu de vie sociale, dans le travail, le quartier, le village, les loisirs, etc.
  - *Valoriser les ressources locales*, car si l'on ne commence pas à utiliser les richesses, les ressources des lieux où se déroule notre vie quotidienne, nous ne pourrons pas participer aux changements nécessaires pour construire une société plus humaine. Tout commence où nous vivons au quotidien.
  - *Valoriser l'échange des ressources* par des rencontres régulières entre personnes, groupes, organisations, Etats, afin de mettre en commun les expériences et les pratiques.

- ***Il devrait être ascendant***. Il permettrait à la personne et aux populations d'être **actrices** de leur changement et de leur promotion.
  - L'être et l'avoir ne sont pas forcément antinomiques, mais l'avoir doit être subordonné à l'être. Pour cela le pouvoir doit être utilisé pour accroître cette capacité d'être en le partageant au travers de la répartition d'une responsabilité à chaque personne. Le savoir permettra alors d'acquérir les compétences nécessaires pour assumer ses responsabilités et accroître ses capacités d'être.
- ***Il devrait promouvoir la justice***. Celle-ci est fondée sur **l'éminente dignité de la personne humaine** et tout ce qui la dégrade est une injustice à l'égard de soi-même quand on se mésestime ou que l'on accepte des compromissions ; à l'égard des autres quand on les manipule, les exploite ou les dégrade ; à l'égard de la société quand s'instituent l'accroissement des inégalités, la primauté de l'argent, la spéculation, l'opportunisme, prêts à tout pour gagner davantage.
  - La justice à l'égard de la personne consiste à favoriser par le droit l'épanouissement de toutes ses virtualités.
  - La justice sociale concerne les conditions de production et de répartition des richesses au sein de chaque société comme au niveau international dans les relations entre pays riches et pays pauvres. La justice sociale est dynamique.
- ***Il devrait être fondé sur la solidarité***. C'est cette valeur qui donne sens à toutes les autres valeurs. Elle pourrait servir de guide à nos actes. Elle utilise comme moyen **le partage** pour réaliser un monde plus solidaire ?
  - Cette solidarité exige un changement de nos comportements pour arriver à considérer toute personne comme un frère, toute personne comme étant notre égale (par le respect de sa différence), toute personne comme un être libre de ses pensées et de ses actes, toute personne comme capable de partage.
- ***Il devrait favoriser la participation*** de chaque citoyen et de chaque peuple au **progrès**.
  - *Au progrès de sa communauté* afin qu'elle s'accomplisse dans le respect de l'autonomie et de la socialisation des personnes.
  - *Au progrès de la communication entre ses membres* en permettant à l'esprit d'initiative et de responsabilité de s'épanouir, en favorisant la réflexion critique et le dialogue source de toute progression.
  - *Au progrès de la coopération internationale* où les relations devraient être établies avec équilibre, réciprocité, tolérance et solidarité.
- ***Il devrait être coordinateur des différences***. Chaque personne, chaque peuple a ses particularités. En les développant, il peut les mettre au service des autres.
  - *Coordination intradisciplinaire* afin que les chercheurs, les travailleurs, les spécialistes, les techniciens de chaque discipline se retrouvent pour échanger.
  - *Coordination interdisciplinaire*, puisque, aujourd'hui, on est devenu conscient que chaque discipline a besoin des autres pour avancer.
  - *Coordination des actions diversifiées*, en respectant la prise en charge des problèmes qui tienne compte des différences des personnes et des peuples.
  - *Coordination des échanges internationaux* entre pays pauvres pour coopérer, entre pays riches pour rechercher les moyens de la solidarité collective ; entre les coordinations des pays pauvres et des pays riches.

Les moyens pour appliquer les politiques

Les finalités ont permis de choisir les valeurs qui allaient servir de guide à l'élaboration de nos politiques. Celles-ci, une fois précisés les secteurs à prendre charge, nécessitent de les traduire en programmes opérationnels pour pouvoir les mettre en œuvre. Pour cela nous disposons de trois moyens importants.

1. Les objectifs

C'est la possibilité de mettre en œuvre concrètement les **finalités et les politiques**. C'est pour cela qu'un objectif est centré sur les personnes concernées, non limité à l'organisation qui est un moyen, ni au programme qui est aussi un moyen : priorité à la personne. Un objectif dit ce que la personne fera pour réaliser une action sur un problème concret, en précisant les changements à opérer. Un objectif indique le résultat à atteindre. Pour cela il doit être **univoque**, c'est-à-dire ne pouvant être interprété de plusieurs façons ; **réalisable** sinon il n'y a pas de changement, on en reste au niveau des intentions ; obtenir l'accord des intéressés ou être élaboré par eux ; situé dans le temps pour se donner une butée de vérification.

Les politiques

- On distingue ***l'objectif général***. C'est un énoncé d'intention de réaliser un changement sur un point important. Il nécessite plusieurs éléments :
  1. l'action à réaliser (donc comporter un verbe d'action)
  2. les personnes et les groupes concernés (vivant le problème à régler)
  3. les changements à opérer (des résultats observables)
  4. les délais à respecter (sinon l'objectif ne sera pas atteint)

L'important c'est que ces quatre points soient présents, mais ils peuvent être dans le désordre. Exemple :
  1. réaliser l'ensemble des exercices contenus dans ce livre (action)
  2. je le ferai d'abord seul, puis avec les membres de mon équipe (personnes)
  3. pour comprendre le contenu de chaque chapitre (changement)
  4. ce sera fait dès la lecture du chapitre terminé (délai)

- ***Les objectifs opérationnels*** sont la décomposition de l'objectif général en autant d'objectifs intermédiaires nécessaires pour le réaliser. Exemple :
  1. réaliser le premier exercice de cet ouvrage (action)
  2. je le ferai d'abord seul (personnes)
  3. pour connaître mon réseau de relations (changement)
  4. dès la lecture du premier chapitre réalisée (délai)

2. Le projet

C'est lui qui va donner cohérence aux objectifs généraux pour leur donner une direction et un sens. Il se fera après analyse de la situation sociale dans laquelle se trouve l'organisation et face aux problèmes concrets auxquels se trouve confronté le groupe. Il est nécessaire, si l'on veut introduire des améliorations dans les situations qui dégradent les personnes, d'élaborer un projet qui précise les changements à réaliser, les actions qui en découlent et le sens à leur donner. Cela se traduira par la production d'un **programme**, indiquant de façon précise et détaillée ce qui est prévu comme changement. Comme un programme scolaire énumère les différentes matières à apprendre, le programme d'une organisation ou d'un groupe comportera la liste des actions, des opérations que l'on prévoit de faire, selon un sens, un ordre et des modalités déterminés.

Ce programme d'ensemble ne pourra se réaliser en une seule fois. Il sera donc nécessaire, pour en assurer le déroulement, de prévoir des réunions dont chacune d'elles prendra en charge l'organisation et le contrôle de chaque objectif. Pour cela, pour chaque réunion sera fait un **plan** qui permettra de faire l'analyse du problème à prendre en charge auquel on appliquera, par exemple, la méthode Voir Juger Agir, pour être certain de passer de l'analyse au jugement, pour préciser les actions à entreprendre dans le cadre de l'objectif fixé.

Afin de mettre de la cohérence dans l'ensemble des réunions qui vont se dérouler et de prendre en considération la préparation de ces réunions avant et les actions qui en découlent après, il sera nécessaire d'élaborer une stratégie, un itinéraire.

3. Les techniques

Pour réaliser les objectifs et élaborer des projets, des outils sont nécessaires. Ces outils techniques sont différenciés. Il nous faut donc distinguer :

- ***Les moyens***. Ce sont des éléments qui servent pour parvenir à un objectif. Ce sont des outils concrets. Ils peuvent être de nature diverse : moyens matériels comme un tableau ou un ordinateur ; moyens humains comme l'appel à un expert ou une personne compétente ; moyens financiers comme une enveloppe budgétaire par responsabilité : moyens psychologiques comme prendre des mesures énergiques pour faire respecter les décisions prises ; moyens intellectuels comme avoir la capacité de faire des synthèses, etc. Certains pensent que tous les moyens sont utilisables pour obtenir le résultat désiré. Il faut se rappeler que le choix des moyens n'est pas neutre, car la fin est déjà dans les moyens disait Gandhi.

- ***Les méthodes***. Ce sont les façons de se servir des moyens. Ce sont elles qui donnent un sens aux outils. Un ordinateur (moyen) peut être utilisé pour faire faire de la frappe au kilomètre à une secrétaire ou, au contraire, en lui faisant utiliser toutes les potentialités du matériel et des logiciels, pour lui permettre de réaliser des documents agréablement présentés et illustrés. Dans un cas on réduit la personne à un état de machine, dans l'autre on lui permet de développer sa créativité. Tout dépend comment on se sert de l'outil. C'est ça la méthode. Ce peut être un ensemble de procédés pour arriver à un résultat, rentabilité ou épanouissement des personnes qui décuple l'efficacité.

- ***Les procédures***. C'est l'agencement des moyens et des méthodes pour arriver à atteindre l'objectif de façon plus cohérente. C'est un ensemble de règles qu'il faut appliquer strictement dans une situation déterminée. Les procédures d'atterrissage d'un avion, quand elles sont exécutées correctement, garantissent la sécurité des passagers. Les procédures de réunions, quand elles sont suivies conformément aux règles établies, permettent d'atteindre plus facilement les objectifs fixés. Les procédures élaborées par les personnes concernées ont plus de chance d'être suivies car elles sont comprises dans leur signification.

Chacun de ces points est repris plus en détail dans les chapitres suivants.

Les objectifs

Pour élaborer des objectifs avec une conscience claire des situations

Nécessité de la prise de conscience

Il est difficile d'élaborer des objectifs avec seulement des finalités, car ce peut être de l'idéalisme, ou avec des politiques, car ce peut être une construction de l'esprit. Ce qui permettra de passer de la théorie à la pratique, de l'idéalisme au réalisme, de la construction de l'esprit à une prise en charge du milieu, c'est la prise de conscience de notre situation et de celle de notre milieu.

Cette prise de conscience doit se faire sur deux plans complémentaires. Certes, la conscience des problèmes auxquels nous sommes affrontés, nous et les personnes avec qui nous vivons, est la base nécessaire pour amorcer des changements, dont la direction nous sera donnée par nos finalités et nos politiques pour fixer des objectifs concrets. Mais aussi la conscience du degré de participation aux décisions dans les domaines qui nous concernent. C'est un repérage des responsabilités concrètes que nous avons dans la société, à travers notre groupe de vie : entreprise, école, Eglise, commune, quartier, société sportive, etc.

Ce deuxième aspect est aussi important que le premier car il va déterminer les bases sur lesquelles nous appuyer pour conduire une action de changement.

Les étapes possibles d'une prise de conscience (1)

Prendre conscience de nos besoins insatisfaits

C'est le point de départ incontournable car il sera plus facile de faire avec les autres ce que l'on veut pour soi-même.

- *Besoins matériels* : avoir du travail, un revenu correct avec un logement, la possibilité de se soigner, de se nourrir, etc.
- *Besoins intellectuels* : être informé, se former, pouvoir acquérir une pensée personnelle, pouvoir dialoguer, etc.
- *Besoins affectifs* : avoir des amis, des collègues, une famille avec qui l'on est en relation, etc., ne pas être marginalisé, rejeté.
- *Besoins sociaux* : participer à la vie de la cité, grâce à des responsabilités réparties entre tous les membres, etc.

Nous prenons ainsi en compte tous les aspects de la vie de la personne.

Prendre conscience des besoins des groupes de vie

En rester à une conscience de nos problèmes individuels est source d'inefficacité, car cela conduit à l'individualisme. Or, la complexité des problèmes auxquels nous

---

(1) **Construire des actions collectives, Développer les solidarités**, Bernard Dumas et Michel Séguier, Chronique Sociale.

sommes affronté ne peut être résolue seul, et encore moins dans l'intérêt d'un seul. Il nous faut donc découvrir dans nos groupes de vie les personnes qui sont affrontées aux mêmes problèmes que nous, qui ont les mêmes besoins que nous. Ainsi regroupés sur nos besoins communs, il nous sera possible d'agir ensemble.

Certes, il existe le danger de l'égoïsme de groupe où l'on peut créer sa niche pour défendre ses intérêts qui peuvent être corporatifs. Le danger est en partie écarté si l'on mène de front la prise de conscience des besoins matériels et des besoins de responsabilité pour chacun, cette dernière dimension faisant écarter le danger de repli sur soi collectif.

Prendre conscience des besoins de la population

Ayant brisé notre individualisme grâce au groupe, nous pouvons continuer à élargir notre champ de conscience. Nous faisons partie d'un peuple qui, lui aussi, a des besoins spécifiques, car les besoins des personnes et des groupes sont le reflet des besoins plus larges qui sont à régler au niveau du territoire national, continental.

Nous passons ainsi d'une conscience du social (logement, santé, etc.) à une conscience plus large qui englobe l'économique (travail, revenu). L'importance du chômage par exemple nous oblige à revoir notre place de travailleur, de producteur, de consommateur, etc. Nous accédons ainsi à la dimension politique, car les problèmes ne peuvent être réglés qu'au niveau de l'Etat qui est l'institution des institutions, qui élabore les lois, organise la société et pratique plus ou moins la justice sociale pour qu'il y ait partage du travail et partage des revenus.

Nous retrouvons ici notre double dimension d'action, pour répondre aux besoins matériels et aux besoins de responsabilité ce qui est la seule façon de vivre la citoyenneté.

Prendre conscience des besoins du monde

Notre pays est en relation permanente avec tous les autres pays du globe de façons multiples et variées. Non seulement à cause des multinationales, de la circulation financière qui permet la spéculation, mais aussi comme consommateur : nous achetons des appareils ménagers italiens ou allemands, des vêtements asiatiques, de la nourriture africaine, etc. En outre, les délocalisations des entreprises à l'étranger entraînent des pertes d'emplois chez nous. C'est cela la mondialisation.

En prendre conscience nous obligera à utiliser les deux dimensions de nos besoins à ce niveau aussi : besoins matériels, besoins de responsabilité, afin de pouvoir participer à la prise de décisions dans les domaines qui nous concernent. De nombreuses organisations aujourd'hui ont d'ailleurs un champ d'action international comme Médecins du monde, Handicap international, Amnesty international, etc.

Pour que nos objectifs soient situés dans un contexte plus large que notre petit horizon, il nous faut acquérir une autre dimension. Du local au global, et inversement, inventons l'avenir en étant tous citoyens à part entière.

Les objectifs

Un objectif est situé

Pour agir efficacement, il est nécessaire de déterminer un objectif clair et précis. Pour cela il est judicieux de distinguer :

Le contexte de l'objectif

L'objectif ne surgit pas du néant. S'il indique une direction à prendre, il est nécessaire de le situer par rapport à un sens, à une éthique.

- ***La finalité*** détermine le sens global à donner à nos actions. Elle précise notre conception de la personne et de la société.
- ***Les politiques***. C'est l'application de la finalité dans tous les champs de la vie sociale instituée : niveaux, problèmes, domaines, secteurs, etc.
- ***L'objectif***. C'est la concrétisation de la finalité et des politiques au niveau pratique de la réalité quotidienne.

Les aspects d'un objectif

Ne pas confondre le thème, qui situe l'aspect général d'un problème, et l'objectif qui indique concrètement ce que l'on doit atteindre. Car un objectif que l'on ne peut atteindre n'est pas un objectif. Il se décompose en deux aspects complémentaires :

- ***L'objectif pratique*** indique l'action de changement à réaliser.
- ***L'objectif de personnalisation*** fait de cette démarche un moyen pour les personnes de se prendre en charge et de se réaliser.

Les dimensions de l'objectif

Un objectif, pour être opérationnel, doit comporter dans sa rédaction quatre paramètres :

- ***l'action*** préconisée sous forme de verbe d'action ;
- ***les personnes et groupes concernés*** pour situer les acteurs ;
- ***les changements*** à opérer indiquant les situations à modifier ;
- ***les délais*** à respecter pour fixer une limite.

Les niveaux de mise en œuvre

La notion d'objectif s'inscrit dans une totalité allant de la personne à l'institution.

- ***Les objectifs individuels*** issus de nos désirs et de nos besoins personnels.
- ***Les objectifs de la réunion*** indiquent à quoi l'on doit être parvenu à la fin de la réunion. Il y a donc ajustement des objectifs à la durée des réunions. Une réunion de deux heures ne peut avoir le même objectif qu'une réunion de quatre heures.
- ***Les objectifs du groupe*** situent le sens de l'action pour une période déterminée, 6 mois, 2 ans. Ils permettent l'élaboration d'un projet. Ainsi chaque objectif de réunion peut se situer comme une étape vers les objectifs du groupe.
- ***Les objectifs de l'organisation*** : Notre groupe fait partie d'une organisation. Il est important d'en connaître les objectifs et de participer à leur élaboration. Cela permet de situer les objectifs du groupe et des réunions.

Interaction des niveaux

Chaque niveau n'est pas isolé des autres. Ils sont en interaction permanente et permettent ainsi un enrichissement réciproque de chaque niveau par les autres.

Caractéristiques d'un objectif

Traits particuliers

- Il doit être **réalisable**, car un objectif que l'on ne peut atteindre n'est pas un objectif. Et si l'on n'atteint pas cet objectif on ne réalisera pas la politique correspondante.
- Il doit être **univoque**. Un objectif qui donne lieu à plusieurs interprétations différentes, qui est équivoque, n'est pas non plus un objectif.
- Il doit recueillir **l'accord de tous** les membres d'une équipe, d'une organisation. Car un objectif qui ne serait pas accepté par tous ne pourrait être atteint. Le temps passé à régler les conflits internes empêcherait d'avancer vers l'objectif.
- Il doit être **cohérent** avec les autres objectifs de l'équipe et de l'organisation, afin que chaque membre agisse dans la même direction dont l'unité sera réalisée par les politiques et les finalités.
- Il doit **valoriser la prise de conscience des personnes** concernées à l'égard de l'importance d'un problème en leur permettant, à l'occasion du débat pour préciser l'objectif, de saisir l'ampleur du problème à régler.
- Il doit **conduire à un élargissement de la conscience du milieu** dans lequel on vit au travers des actions entreprises qui portent témoignage d'une pratique à l'égard du changement social.
- Il doit permettre de faire **un bilan**, pour que l'on prenne l'habitude de mesurer l'écart entre objectif et réalisation de façon à prendre les mesures complémentaires pour réduire ou annuler cet écart. Le bilan permet de prendre les moyens d'atteindre l'objectif au cas où celui-ci n'aurait pas tenu compte suffisamment de la réalité.
- Il doit être complété par **le choix des outils** nécessaires pour l'atteindre : moyens, méthodes, procédures. Un objectif sans outils c'est comme un repas sans nourriture. C'est se condamner à l'inefficacité.

Sa formulation prendra en compte les quatre paramètres

- Doit **préciser l'action à réaliser**. Tout objectif flou ne peut conduire à des changements, il entretient l'illusion de faire. Il doit utiliser un verbe d'action dans sa formulation.
- Doit **désigner les personnes concernées** par l'action de changement : personnes individuelles, groupes ou collectivités devant conduire l'action ou sur lesquels porte l'action.
- Doit **préciser le problème à régler** et les changements à réaliser, en précisant leur nature et les personnes ou les lieux où ils se réaliseront afin de pouvoir mesurer l'écart entre objectif et réalisation.
- Doit **déterminer les délais à respecter**. Cela permettra à tous les secteurs de connaître clairement le temps nécessaire à la réalisation de l'action de changement.

Elaborer un objectif

Essai de contenu

Un objectif c'est la détermination précise d'un but à atteindre en vue d'un changement personnel et social. Il peut donc s'appliquer à tous les domaines de la vie. Que ce soit dans l'ordre de l'évolution humaine : acquisition des connaissances (domaine intellectuel), développement des habiletés (domaine physique), évolution des attitudes profondes (domaine affectif) ; ou dans l'ordre d'un travail à réaliser, d'une responsabilité à remplir ou de la mise en œuvre d'un changement social.

Exemples d'objectifs possibles (les chiffres indiquent les quatre paramètres)

- ***Objectifs de formation*** : Organiser une formation à l'entretien (1) dans un mois (4) pour les agents de maîtrise (2) pour qu'ils puissent aider (3) les ouvriers (2) à se prendre en charge eux-mêmes (3).
- ***Objectifs de responsabilité*** : Apprendre (1) aux trésoriers (2) à transmettre leur savoir (1) afin d'arriver à ce que le groupe (2) soit capable d'ici un an (4) de prendre en charge les problèmes financiers (3).
- ***Objectifs d'information*** : Donner une information (1) à la population de X (2) en vue de mettre en place une manifestation antiraciste (3) la semaine prochaine (4).
  - La formulation d'un objectif est donc capitale pour l'efficacité du travail. Il est aussi utile de veiller au choix des verbes d'action pour le point (1). L'important c'est que les quatre points soient présents, peu importe l'ordre dans lequel ils se présentent dans la formulation.

Chaque objectif dépend des politiques et des finalités

- Si nous reprenons **l'objectif de formation** des agents de maîtrise, il correspond à **une politique** d'entreprise pour réaliser **une finalité** de solidarité favorisant l'accès de tous à l'autonomie et à la socialisation.
- Pour **l'objectif de responsabilité des trésoriers**, il correspond à **une politique** de responsabilité collective pour réaliser **une finalité** de partage du pouvoir.
- Pour **l'objectif d'information**, il correspond à **une politique** de promotion collective pour réaliser **une finalité** de liberté collective.

Ainsi nos objectifs dévoilent nos choix profonds pour les réaliser au travers de nos actions quotidiennes organisées.

Cohérence

Objectifs	Politique	Finalité
1. Action préconisée	Choix d'un secteur de vie	Valeurs à instaurer
2. Personnes concernées	– santé	– solidarité
3. Changements à opérer	– éducation	– justice
4. Délai à respecter	– emploi, etc.	– responsabilité, etc.
Court terme	*Moyen terme*	*Long terme*

Les cinq niveaux préalables (éventuellement)

Ces objectifs ne pourront être réalisés en une seule fois, des objectifs intermédiaires seront à prévoir. Ils se décomposent généralement en cinq niveaux souvent nécessaires quand ils ne sont pas indispensables. Pour illustrer la démarche, prenons nos trois objectifs précédents pour voir comment ils peuvent se décomposer.

Objectifs	Organiser, dans un mois, une formation à l'entretien pour les agents de maîtrise pour qu'ils puissent aider les ouvriers à se prendre en charge	Apprendre aux trésoriers à transmettre leur savoir afin d'arriver à ce que le groupe soit capable, d'ici un an, de prendre en charge les problèmes financiers	Donner une information à la population de X en vue de mettre en place une manifestation antiraciste, la semaine prochaine
1. Les bases préalables ou prérequis	Posséder ou acquérir les bases de l'expression orale	Posséder ou acquérir les bases de la comptabilité et de la gestion	Connaissance des problèmes des étrangers
2. Capacités générales	Typologie des entretiens • embauche • aide • psychothérapie etc.	Typologie des comptabilités • entreprise • association • coopérative etc.	Typologie des différents types d'étrangers
3. Capacités particulières à une catégorie	• entretien d'aide – directif – coopératif – permissif etc.	Trésorerie d'association Loi 1901	Problèmes posés par tel type de réaction particulière
4. Capacités spécifiques dans une catégorie	• entretien d'aide coopératif	Dans un Centre social	Problèmes posés par cette catégorie dans les quartiers
5. Capacité opérationnelle pour un cas	• entretien d'aide coopératif avec des ouvriers dans un atelier	Dans un Centre social au sein de l'activité enfance	Problèmes posés par cette catégorie dans le Centre social

Ainsi, pour être efficace, il ne suffit plus d'avoir un objectif clairement défini, il est aussi utile de penser aux préalables nécessaires. Trop souvent, on croit possible d'atteindre un objectif parce qu'on le perçoit clairement. Il est utile de ne pas oublier que, faute d'avoir fait le point de ces cinq étapes, on risque d'échouer. Si elles sont accomplies, nous avons plus de chances d'atteindre l'objectif final que nous avons prévu.

L'objectif en position charnière

Une fois l'objectif précisé, il ne va pas rester dans un dossier ou être encadré pour l'admirer. Il restera à le mettre en œuvre. Pour cela, nous allons découvrir que l'objectif est en position charnière. D'une part, il donne sens à l'action à entreprendre, d'autre part, il se situe comme une étape dans notre pratique sociale pour faire aboutir les changements décidés en groupe.

1. Il donne un sens à l'action

Nous avons vu que l'objectif était l'élément pratique pour réaliser une action qui sera éclairée par :

- ***La finalité*** : Elle est porteuse de sens. Elle dégage les valeurs communes à un groupe. Elle éclaire la mission que s'assigne le groupe. Elle favorise l'évolution constante des personnes et des groupes en leur permettant de prendre conscience du passage nécessaire de la matière à la vie, de la vie à la conscience, de la conscience à l'esprit et de l'esprit à l'acte.
- ***Les politiques*** sont les transpositions des finalités à des spécificités concrètes, territoriales : locale, régionale, nationale, etc. ; fonctionnelles : gestion, administration, animation, formation, etc. ; ou de problèmes : santé, logement, enseignement, éducation, etc. Elles permettent d'organiser les pouvoirs en les affectant à un territoire particulier en fonction de la finalité.
- ***Les objectifs*** sont l'application des finalités et des politiques à l'action quotidienne en fonction des problèmes auxquels le groupe est affronté.
- ***Les objectifs intermédiaires*** sont la décomposition des objectifs généraux en éléments simples, car il est souvent impossible d'atteindre l'objectif final en une fois et sans rencontrer d'obstacles en cours de route.
- ***Les niveaux préalables*** sont ce qu'il est nécessaire de posséder, soit individuellement, soit en groupe, avant de démarrer une action dans un domaine précis. C'est une des conditions de l'efficacité de l'action.

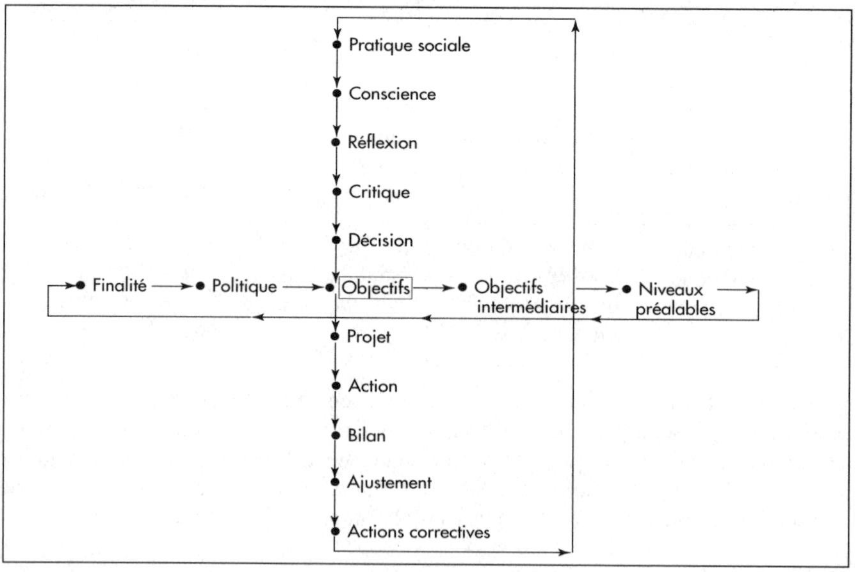

2. Etape indispensable dans notre pratique sociale

Si notre action veut aboutir à un changement réel, il est nécessaire de mettre au point une procédure permettant de ne pas oublier d'étapes importantes dans le choix d'une action.

– ***Pratique sociale*** : Je vis une réalité quotidienne en famille, dans le quartier, au travail, etc. Le groupe auquel j'appartiens prend en charge un secteur de cette réalité. Ce sera le point de départ.

– ***Conscience*** : Je vis un certain nombre de choses dont je ne suis pas conscient parce que je suis habitué et l'idéologie ambiante me fait trouver cette situation normale et naturelle. Sans prise de conscience, pas de changement possible.

– ***Réflexion*** sur ma pratique sociale avec les autres pour élargir mon champ de conscience. Réflexion personnelle et collective à partir de nos expériences et des valeurs que nous avons choisies. Attention au piège des idéologies que l'on nous inculque contre notre gré.

– ***Critique*** : Cette réflexion sur notre pratique peut être déformée par tous nos acquis culturels antérieurs inculqués par l'école, la famille, l'Eglise, etc. D'où la nécessité de rechercher les contradictions pouvant exister tant dans notre pratique que dans notre réflexion.

– ***Décision*** : Les étapes précédentes vont conduire à sélectionner les secteurs d'action les plus appropriés compte tenu de leur importance, de leur urgence, mais aussi de nos possibilités en tant que groupe.

– ***Objectifs*** : Le thème une fois choisi, pour éviter de partir dans tous les sens au cours de l'action, il convient à présent d'élaborer un objectif en tenant compte de ce que nous avons déjà vu.

– ***Projet*** : Pour mettre en œuvre l'objectif, il sera nécessaire de le concrétiser et de le détailler dans un programme précis, prenant en compte la totalité des aspects de la situation pour la transformer.

– ***Action*** : Elle découlera du travail du groupe réalisé au cours des différentes réunions successives. Réunions d'information pour cerner le problème, réunions de recherche pour faire des propositions, réunions de décision pour déterminer les actions à entreprendre par le groupe et par chacun de ses membres.

– ***Bilan*** : Il est toujours nécessaire de faire le point en cours d'action pour éviter de dévier, et à la fin de l'action pour mesurer les écarts entre objectifs et réalisations.

– ***Ajustement*** après avoir analysé les écarts pour trouver les solutions adéquates.

– ***Actions rectificatives*** : C'est l'application des solutions pour réduire l'écart et atteindre l'objectif fixé.

Leur raison d'être

Il serait paradoxal de vouloir changer la société, de fixer des objectifs pour l'améliorer, et de ne pas prendre en compte les acteurs du changement, dont nous sommes. **Le premier changement à opérer est en nous**, car si nous ne sommes pas capable de nous changer nous-même, serons-nous capable de participer aux changements dans la société ?

Les raisons de ce changement résident dans le désir de favoriser l'épanouissement de nos propres virtualités. Cela se traduira par la clarification de nos choix pour déterminer quel type de personne nous voulons devenir en précisant : notre finalité, par exemple épanouissement de notre être ; nos politiques : choix des domaines sur lesquels nous allons faire porter nos efforts, la famille, le travail, l'engagement, l'écologie, etc. ; nos objectifs : nous préciserons pour chaque domaine les actions de changement à entreprendre, pour favoriser le développement de notre être dans les différents domaines de notre vie, sur les différents problèmes qui nous sont posés.

Ainsi, en apprenant à nous changer nous-même, nous comprenons mieux pourquoi ne pas avoir de projet sur autrui. Nous n'apprécions guère les gens qui ont des projets sur nous. Nous préférons choisir nous-même. Cette démarche, appliquée à nous-même, peut nous servir de guide à l'égard des autres : ne pas avoir de projet sur autrui, pour qu'eux-mêmes aient des projets qui correspondent à leurs désirs personnels.

Les fondements du choix de nos objectifs

La personne a pour charge de favoriser l'épanouissement de l'être dans ses deux dimensions : autonomie et socialisation, pour assumer sa formation spécifique.

L'autonomie pourra se réaliser si chaque personne recherche quelle est sa **vocation personnelle**. La vocation correspond à des charismes, c'est-à-dire à des points forts particuliers que l'on peut utiliser pour réaliser son unité. Cela ressemble à un appel silencieux que chacun porte en lui, qu'il nous faut découvrir et écouter. Cette spécificité de chaque être unique naît de notre insertion dans le monde avec notre ressenti personnel, du choix réfléchi des valeurs qui nous serviront de guide pour nos actes, et du désir d'apporter notre contribution particulière au développement de notre être, de tous les êtres.

La socialisation aura lieu grâce à l'accomplissement de notre **mission**, c'est-à-dire à la réalisation de notre vocation dans la vie sociale pour apporter notre contribution à son amélioration. Notre mission naît d'une double prise de conscience : 1. Celle de l'interdépendance personne/société ; 2. Celle que la personne est affrontée à trois sociétés : la société de la matière qui est notre insertion dans la nature ; la société des humains qui nous met en relation avec tous les membres de l'humanité ; la société de l'esprit qui permet à la personne d'émerger de la nature pour s'insérer dans une culture, pour penser avec les autres au devenir de la planète. Cette conscience nous aide à assumer le fait que nous sommes en même temps personne unique et autonome et personne sociale, donc de relation et de communication.

La formation de la personne

Elle se réalise par la dialectique de l'autonomie et de la socialisation, de la réalisation de sa vocation et de sa mission. Cela se traduit au travers de trois fonctions essentielles, complémentaires et inséparables.

La méditation, ou réflexion, utilise l'esprit pour prendre conscience des problèmes de société auxquels nous sommes affronté et nous aider à déterminer les actes à poser en donnant un sens à notre vie personnelle et sociale.

L'engagement permet de traduire nos pensées en actes, personnels certes, mais aussi collectifs en agissant avec toutes les personnes conscientes et concernées par un problème et en favorisant par l'exemple de nos actes la prise de conscience des autres.

La gratuité qui permet de conduire des actions, d'assumer des responsabilités, sans rechercher la gloire, les honneurs ou les titres, et donne ainsi à l'action sa signification profonde de construction d'une société de personnes libres et solidaires.

Apprentissage d'une démarche

Finalité ; Si notre finalité, qui influe sur notre vocation et notre mission pour favoriser la formation de notre personne, est, par exemple, d'instaurer une société fondée sur l'amour, la justice et le dialogue (socialisation), pour favoriser le développement d'une personne libre, responsable et solidaire, nous aurons présentes à l'esprit ses exigences.

Politique : Si nous choisissons, par exemple, de développer notre équilibre personnel dans les domaines physique, affectif et intellectuel, cela nous conduira à déterminer une série d'objectifs dans chacun de ces domaines. L'ensemble de ces objectifs cohérents, grâce à notre finalité et à cet objectif, sera la base de notre projet personnel. Voyons, à titre d'exemple, quelques objectifs possibles.

Objectifs. Rappelons les quatre éléments à utiliser pour écrire un objectif : 1. Action préconisée ; 2. Personnes et groupes concernées ; 3. Problèmes choisis et changements à opérer ; 4. Délai à respecter.

- M'entendre (1) avec Pierre et André (2) pour aller (1) chaque mardi (4) à la piscine de Bron (1) pour entretenir ma forme physique (3).
  Ici les éléments sont dans le désordre et morcelés, mais cela n'a pas d'importance. Ce qui est nécessaire c'est que les quatre éléments soient présents.
- Faire la lecture d'un livre (1) seul (2) pour me tenir informé (3) tous les matins de 6 à 7 h (4).
  Cet objectif général sera très opérationnel si je précise le livre à lire : "L'état de la planète" de Lester R. Brown, par exemple. Quand celui-ci est fini, on le remplace par un autre titre. L'intérêt d'un projet est de planifier ses lectures sur une plus longue période.
- Téléphoner (1) à mes parents (2) pour entretenir nos relations (3) chaque dimanche matin (4).
  Après l'aspect physique et intellectuel, c'est l'aspect affectif et relationnel qui ici est pris en charge. Il peut concerner des amis, des collègues de travail, de l'association, du club sportif, etc.

Le choix des objectifs personnels peut se faire à partir de nos désirs profonds de répondre à notre vocation et à notre mission. Ils permettront, comme tous les autres objectifs, la réalisation d'un objectif matériel (se baigner, lire, téléphoner, etc.) entraînant un objectif de personnalisation (être) et de communication (en relation).

Les objectifs des réunions

Pourquoi se réunir

Lorsque nous avons donné notre adhésion à une organisation (syndicale, politique, culturelle, sportive, religieuse), nous nous engageons, sans en être très conscient au départ, à être solidaire des objectifs de notre groupe. La participation à des réunions va progressivement nous faire prendre conscience plus nettement, à travers notre participation active à la vie du groupe, que notre adhésion doit devenir raisonnée pour assumer en totalité les objectifs de l'organisation, même si nous sommes en désaccord partiel sur les méthodes ou les moyens.

Les réunions vont donc nous permettre :

- **d'échanger** avec les autres membres du groupe, nos idées, nos expériences, afin que cet échange permette de passer progressivement de la simple discussion à un dialogue profond avec chacun ;
- **de participer** activement à la vie de l'organisation par l'intermédiaire des groupes où nous sommes, participation active aux différents stades de l'information, de l'élaboration, de la décision et de l'action ;
- **de nous engager** personnellement, au-delà des paroles échangées, par des actes qui seront le résultat des décisions prises en équipe où chacun aura une tâche à accomplir ;
- **afin d'assumer le milieu** dans lequel nous vivons ; nous sommes inséré dans la société, nous ne pouvons l'ignorer, encore moins rester indifférent devant la réalité de notre monde ;
- **pour une promotion collective**. Nous engager personnellement dans notre milieu pourrait être une forme de paternalisme si nous agissons pour les autres, aussi conviendrait-il d'agir avec les autres, condition indispensable d'une promotion collective ;
- **par une vie démocratique** de nos groupes largement ouverts à tous, permettant l'expression de tous et la décision commune des membres du groupe pour conduire une action collective.

Le double objectif

Nous avons tendance, lorsque nous parlons objectif, à ne voir que l'**objectif précis** de la rencontre à laquelle nous participons.

C'est déjà un progrès car cela évite de subir une structure, mais il faut aller au-delà. Il faut tendre à ce que chaque réunion soit une **occasion de personnalisation** aussi bien pour l'animateur que pour les participants.

En réalité, l'objectif matériel et pratique et l'objectif d'épanouissement des personnes sont indissolublement liés. Ainsi tous problèmes abordés, toutes réunions tenues, toutes méthodes employées deviennent autant de contributions à une promotion des personnes et une prise en charge de la société.

L'objectif pratique

Tout groupe, comme toute personne, a une vocation à apporter sa contribution à l'amélioration de la société. Il le fait au travers du choix du domaine qu'il a choisi de prendre en compte : une association humanitaire (Handicap, Amnesty, etc.), un syndicat pour l'amélioration des conditions de vie et de travail des salariés, une paroisse pour soutenir la foi de ses fidèles pour mettre en corrélation théorie et pratique, une entreprise pour améliorer les conditions de travail, etc.

La vie du groupe se passe sur le terrain social, pour chacun de ses membres, et en réunion pour étudier les problèmes et décider des actions à entreprendre dans le secteur pris en charge. Les objectifs dépendront du type de réunions nécessaires pour cette prise en charge. Prenons comme exemple le thème du **chômage**.

– Pour une réunion d'**information** nécessaire pour élargir la prise de conscience on pourra avoir, par exemple : Chacun (2) apporte (1) les cas des chômeurs qu'il connaît et la documentation qu'il possède (2) pour étudier les problèmes posés aux chômeurs et à leur famille (3) à la réunion du 10 janvier (4).

  Pour une réunion de **décision** afin de choisir les actions à conduire : Déterminer les actions à réaliser (1) avec les chômeurs de la ville (2) pour obtenir de la municipalité la création d'une commission chargée de rechercher les emplois d'utilité collective pour donner du travail (3) aux chômeurs (2) d'ici 3 mois (4).

Cet exemple montre que peu importe la longueur de la transcription de l'objectif, l'important c'est qu'il soit clair, précis et sans équivoque.

– Pour une réunion de **recherche**, à stratégie ou de résolution de problème, la formulation de l'objectif fera apparaître clairement la nature de la réunion, sachant que plusieurs réunions peuvent se succéder pour régler un problème. On commence par une réunion d'information, puis de réflexion, ensuite de recherche, pour arriver à une réunion de décision qui prépare une réunion à stratégie avec les décideurs.

L'objectif d'épanouissement de la personne

Il est donné par surcroît. En effet, pour atteindre l'objectif pratique, il est nécessaire, pour chaque personne, de mobiliser son énergie pour s'informer, débattre, communiquer, entrer en relation avec les personnes concernées, décider, agir. C'est cet ensemble d'actes indispensables à la réalisation de l'objectif matériel qui concourt à la réalisation de l'objectif de personnalisation.

Nous pouvons résumer ainsi l'attitude permanente à avoir :

Utiliser chaque réunion pour favoriser
– le développement de la personnalité de chacun ;
– la prise de conscience de sa propre capacité ;
– la volonté d'agir pour transformer et améliorer la vie des personnes ;
– la possibilité de participer aux décisions ;
– la participation, au-delà des réunions, à la vie sociale.

Ces exigences doivent être clairement perçues, acceptées, dès le départ. Sinon, on risque d'utiliser les techniques de réunion dans le seul but d'être efficace pour atteindre l'objectif matériel fixé et on arrive à ne plus respecter les personnes.

Les objectifs du groupe

Après avoir vu le double objectif des réunions : pratique et de personnalisation, il nous faut voir à présent que les objectifs de chaque réunion s'inscrivent dans le cadre des objectifs du groupe, chacune des réunions étant le temps fort de rencontre pour préparer la progression du groupe vers ses objectifs.

De même que l'objectif de la réunion est situé en relation étroite avec les objectifs du groupe, ceux-ci doivent être en corrélation avec les objectifs de l'organisation à laquelle appartient le groupe.

Savoir où l'on va

Trop souvent, nous faisons des réunions de façon empirique, pour répondre aux problèmes immédiats qui sont posés au groupe. Nous pouvons ainsi passer un très grand nombre d'heures en réunion pour préparer des actions à court terme qui ne sont pas situées par rapport au long terme.

Aussi, quand, avec du recul, on regarde l'efficacité du groupe, on se rend compte que, par rapport à l'énergie dépensée, les résultats sont maigres. Or, c'est du simple bon sens, pour savoir comment aller quelque part, il faut d'abord savoir où l'on va.

Pour qu'une action devienne efficace, il est nécessaire de déterminer à l'avance et d'une façon précise les objectifs que l'on veut atteindre. C'est la seule façon de ne pas se laisser mener par l'événement mais, au contraire, de le maîtriser et de l'orienter dans le sens que nous aurons choisi.

La précision des objectifs crée ainsi, dans le groupe, une situation de clarté où chacun peut situer ses actes par rapport aux progrès réalisés dans la marche vers l'objectif.

Contenu de l'objectif

La notion d'objectif recouvre, en fait, deux dimensions.

- ***L'objectif final***, d'abord, qui détermine l'action sur une longue période. Cet objectif est à déterminer en fonction de la finalité de l'organisation et dans le respect des valeurs qu'elle veut promouvoir.
- ***Des objectifs intermédiaires***, ensuite, car on ne peut atteindre un objectif final en une seule fois. Il est judicieux, pour être efficace, de prévoir des objectifs intermédiaires qui seront autant de jalons permettant de progresser vers l'objectif final.

Cela nécessite de couvrir la totalité des activités du groupe par des objectifs qui seront déterminés après analyse et réflexion de la totalité des membres du groupe.

Pour que les objectifs soient présents en permanence à l'esprit des membres du groupe, l'animateur pourra les rappeler régulièrement en cours d'action mais, surtout, mettre en place une structure de contrôle permettant de faire régulièrement le point pour voir si, dans l'action, il n'y a pas trop de déviation par rapport à l'objectif fixé.

Les éléments constitutifs de l'objectif

Pour déterminer un objectif, plusieurs facteurs interviennent.

- ***La finalité*** : Un groupe qui déterminerait un objectif sans connaître la finalité de son organisation risquerait d'engager des actions qui pourraient aller à l'encontre de celles correspondant au respect de cette finalité. Il est donc indispensable qu'il y ait corrélation entre objectif du groupe et finalité de l'organisation.
- ***Les problèmes du milieu*** : Connaissant clairement où aller, il faut aussi être réaliste et la seule façon de l'être c'est de connaître la réalité dans laquelle va s'inscrire l'action du groupe. Il faut donc tenir les deux bouts de la chaîne : savoir où l'on va, mais aussi savoir d'où l'on part. Cela nécessitera une analyse minutieuse de la situation.
- ***L'urgence des problèmes*** : Connaître la situation de départ est encore trop vague. Face à l'ensemble des problèmes qui nous sollicitent, il faudra, comme on ne pourra tous les mener de front, être capable de dégager des priorités qui deviendront ainsi des objectifs intermédiaires.
- ***Le niveau de conscience du milieu*** : C'est un aspect trop souvent oublié dans la détermination des objectifs. Les responsables ont tendance à partir de leur propre niveau de conscience, résultat de leur analyse. Or, pour qu'une action soit efficace, elle doit toujours se situer au niveau de conscience du milieu avec lequel on doit agir, sinon le décalage entre les deux niveaux de conscience est souvent tel que l'on ne se comprend pas. L'important n'est pas d'avoir raison dans son analyse des problèmes. Il faut pousser l'analyse jusqu'à percevoir le degré de conscience du milieu.
- ***Les moyens*** : Si l'on se met en route, après avoir fixé des objectifs, mais sans avoir analysé les moyens dont on dispose, on risque, là encore, d'être inefficace. Il est souhaitable, pour fixer les objectifs, de tenir compte des moyens dont on dispose.

Enrichissement apporté

- Un groupe, capable de fixer des objectifs d'action à court, moyen et long terme, acquiert une **maîtrise** de son action qui lui permet d'être plus **démocratique**. Lorsqu'on agit au jour le jour, comme les actions pressent, on n'a pas le temps d'en débattre en groupe. On ne laisse pas chacun s'exprimer, on glisse ainsi progressivement, sans s'en rendre compte, vers l'autoritarisme.
- Se fixer des objectifs, c'est aussi être capable de s'**autodéterminer** : au lieu d'être conduit par l'événement on le maîtrise. Cela permet aussi à chacun de se situer plus clairement, de ne plus être un mouton, de savoir à l'avance quel sera le contenu des réunions, d'y réfléchir et ainsi de ne pas être prisonnier de la pensée des autres.
- Fixer des objectifs, c'est **devenir libre** de s'organiser et d'agir dans le respect des pensées de chacun pour transformer la société en fonction de notre conception de la personne et de la société.
- C'est aussi un apprentissage de l'**anticipation** nous permettant de donner une visée prospective à nos actions.

Les objectifs de l'organisation

Après avoir fait la distinction entre finalité, politique, objectifs, après avoir vu la différence entre objectif personnel, de la réunion et du groupe, il faut à présent préciser la notion d'objectifs pour les organisations.

Des objectifs clairs et précis

Les objectifs étant la concrétisation des politiques, essayons de voir comment cela se passe au niveau d'une organisation locale.

Une société sportive avec comme **finalité** : épanouissement des personnes par le sport ; avec comme **politique** : prise en charge de la population sans distinction de sexe, d'âge ou de santé ; peut avoir comme **objectif final** en tant qu'organisation : mettre en place (1) d'ici un an (4) les sections nécessaires (3) permettant à la population qui le désire (2) de pratiquer le sport de son choix (3).

Les objectifs intermédiaires en découleront. Par exemple, pour la création d'une section gymnastique ou football ou boxe ou tennis, etc. : Création (1) d'ici 3 mois (4) d'une équipe de basket (3) pour les jeunes filles (2).

L'objectif d'une première réunion pourrait alors être : Etude (1) du nombre de personnes de la ville susceptibles d'être intéressées (2) par la création d'une section basket (3) avant l'été (4).

Détermination

Ces objectifs sont déterminés en tenant compte des options faites à travers la finalité et les politiques. S'il y a contradiction, c'est la mort de l'organisation. Ils sont aussi élaborés à partir des réactions de la population, en fonction de la conjoncture. Ainsi, dans une période de chômage, se battre sur des objectifs de réduction d'horaire à 32 h, c'est conjuguer les orientations finales avec la pratique quotidienne.

Ce sont ces attitudes stratégiques qui favorisent la progression de l'organisation vers ses objectifs par la mobilisation de toutes ses sections, de tous ses groupes, sur les mêmes objectifs. Cette action collective coordonnée accroît l'efficacité. Mais on perçoit immédiatement le danger d'impérialisme des responsables qui sont au sommet si la structure mise en place est une structure pyramidale d'exécution des consignes. Cela peut sécuriser à court terme les adhérents de recevoir des ordres. Cela peut aujourd'hui provoquer plus souvent des réactions, voire des conflits, d'où la nécessité que les objectifs à tous les niveaux de l'organisation soient choisis, précisés et élaborés par tous les adhérents, et pas seulement par les militants ou les responsables.

C'est le drame des grands corps intermédiaires de ne pas avoir encore compris qu'aujourd'hui cette démarche de consignes lancées du sommet de l'appareil est périmée. Il est indispensable à présent que toutes les personnes concernées par un problème, tous les adhérents d'une organisation participent activement aux décisions dans les domaines qui les concernent.

Il ne s'agit pas d'imposer cette démarche, mais de mettre en place des structures qui la permettent. Les personnes sont ensuite libres de participer ou pas. Mais il faut que tous sachent quand et où se prennent les décisions, en rappelant qu'elles le sont par les personnes présentes. Les absents ont toujours tort, qu'ils prennent leurs responsabilités.

Facteur d'unité

La précision des objectifs, leur élaboration et leur choix fait collectivement par l'ensemble des adhérents à l'organisation, favorisent **la cohésion de l'organisation**.

Un autre aspect important existe, que l'on ne peut sous-estimer sur le plan inter-organisation. Il peut exister des divergences entre telle ou telle organisation au niveau des finalités, voire des politiques, alors qu'il est possible d'être d'accord sur des objectifs précis. Toute la pratique d'**unité d'action** repose sur ce phénomène, d'où la nécessité d'être conscient du champ d'accord, mais aussi des limites dans lesquelles il est possible de travailler.

Processus formateur

Des objectifs clairs obligent chaque organisation à **des études** approfondies du milieu, de l'environnement, des sensibilités. On ne peut fixer un objectif sans connaître le contexte social, économique et politique dans lequel il va se situer.

Cela oblige à de **la rigueur dans la réflexion**. On ne peut se permettre de se tromper à ce niveau car les répercussions dépassent le cadre de la personne ou de l'équipe qui a fait une erreur d'analyse.

Cela oblige à **tenir compte de ceux avec qui l'on travaille**, mais aussi de tous ceux qui vont être influencés par le choix, que ce soient les membres de l'organisation ou les personnes extérieures à l'organisation qui peuvent être touchées par l'exactitude de nos analyses et de nos positions.

Cela oblige à **changer car toute situation évolue** et les objectifs peuvent aussi évoluer. On ne peut agir aujourd'hui sur les mêmes objectifs qu'il y a 20 ans. Même si certains n'ont pas été atteints, la conjoncture, les mentalités, les aspirations sont différentes. Ce qui éclaire le changement d'objectifs, c'est le respect de la finalité dans son esprit et non dans sa lettre. On est passé, par exemple, en ce qui concerne la réduction du temps de travail, de 48 h il y a un siècle, à 40 h, à 32 h bientôt.

Cela oblige à **faire le point en permanence** car, dans une organisation, les modes d'action sur le même objectif sont différents. La perception même de l'objectif peut être ressentie différemment suivant les secteurs, les régions. Pour être efficace et maintenir la cohésion, il faut que l'information circule, que les actions entreprises soient connues par tous, que les résultats soient diffusés afin que la détermination de nouveaux objectifs, ou l'approfondissement de ceux qui existent, puisse être faite par tous en toute connaissance de cause.

Autocontrôle des objectifs

La formulation des objectifs

Nous avons vu qu'un objectif rédigé correctement doit comporter 4 paramètres : 1. L'action à réaliser ; 2. Les personnes et groupes concernés ; 3. Les changements à opérer sur le problème ; 4. Les délais à respecter.

1. L'action à réaliser. 1. Elle est généralement située dans un processus évolutif. 2. Elle comporte toujours un verbe d'action. Pour aider à situer l'action et donner des éléments pour choisir un verbe d'action correspondant à l'étape choisie, voici une liste non-exhaustive que chacun pourra utiliser, compléter, voire modifier.

1. Développer	**2. Réviser**	**3. Relier**	**4. Raisonner**	**5. Dialoguer**
• Construire	• Corriger	• Assembler	• Argumenter	• Discuter
• Organiser	• Réformer	• Coordonner	• Démontrer	• Débattre
• Promouvoir	• Redresser	• Collaborer	• Réfléchir	• Echanger
• Renouveler	• Réparer	• Coopérer	• Calculer	• Parler
• Reconstruire	• Restaurer	• Réunir	• Penser	• Négocier
• Etendre	• Régénérer	• Regrouper	• Echafauder	• Contacter
• Avancer	• Rétablir	• Rapprocher	• Analyser	• S'entretenir
• Expliquer	• Arranger	• Relier	• Etudier	• Interviewer
• Constituer	• Remanier	• Lier	• Discerner	• Parler
• Elaborer, etc.	• Réorganiser, etc.	• Adjoindre, etc.	• Développer, etc.	• Converser, etc.
6. Anticiper	**7. Expérimenter**	**8. Réaliser**	**9. Améliorer**	**10. Créer**
• Précéder	• Ebaucher	• Faire	• Enrichir	• Innover
• Devancer	• Initier	• Mettre en œuvre	• Perfectionner	• Inventer
• Dépasser	• Etrenner	• Exécuter	• Rectifier	• Engendrer
• Prévoir	• Observer	• Achever	• Embellir	• Edifier
• Préétablir	• Pratiquer	• Effectuer	• Bonifier	• Accoucher
• Prévenir	• Essayer	• Elaborer	• Renouveler	• Elaborer
• Distancer	• Tenter	• Instituer	• Progresser	• Enfanter
• Primer	• Eprouver	• Organiser	• Promouvoir	• Imaginer
• Préméditer	• Tester	• Procurer	• Parfaire	• Susciter
• Prioriser, etc.	• S'engager, etc.	• Aborder, etc.	• Restaurer, etc.	• Découvrir, etc.

2. Les personnes et groupes concernés. Dans la rédaction d'un objectif, on n'est jamais assez précis. Si l'on veut une formule univoque, il est indispensable de nommer les personnes et groupes concernés par l'action à entreprendre. Si l'on met les noms, il ne peut y avoir d'interprétation erronée. Suivant le niveau de l'action, l'objectif pourra concerner les personnes présentes à la réunion, les personnes du groupe dans son ensemble, voire celles de l'organisation. Ce doit être écrit clairement.

3. Les changements à opérer sur le problème pris en charge. Ils complètent le point 2 pour situer si le changement sera à opérer à la fin de la réunion, à la fin du projet ou à tout autre moment.

4. Les délais à respecter indiquent clairement quand doit se réaliser l'action.

Exemple : 1. Organiser au cours de la réunion ; 2. pour les membres du groupe ; 3. un voyage ; 4. pour une sortie le premier week-end de mai.

Démarche à suivre

- ***Prendre en charge un problème correspondant***
  - au niveau de conscience des personnes concernées
  - aux capacités d'action de ces personnes
  - aux moyens dont on dispose
  - en fonction de l'urgence ou de l'importance du problème.
- ***Délimiter le problème en le choisissant***
  - le plus petit possible
  - pour qu'il soit réalisable
  - il sera mobilisateur si les acteurs ont du plaisir à le prendre en charge
  - il doit être atteint, sinon on ne peut avancer plus loin.
- ***L'élaborer pour que l'objectif soit pertinent***
  - réalisé par les personnes concernées par le problème sur proposition de l'animateur
  - situé comme une étape vers la résolution du problème total
  - avoir une vision claire des autres étapes
  - vérifier qu'il corresponde aux valeurs à promouvoir.
- ***Repérer les difficultés et les obstacles possibles (anticiper)***
  - difficultés venant des personnes ou groupes internes ou externes
  - obstacles pratiques d'ordre matériel ou financier
  - gêne éventuelle due à la conjoncture
  - empêchement venant du niveau de conscience de la population.
- ***Vérifier la compréhension de l'objectif fixé***
  - sa clarté dans l'énonciation
  - son contenu cohérent
  - sa direction correspondant aux finalités et aux politiques
  - son impact à court terme et à long terme.

Vérification de la rigueur de formulation des objectifs

Le danger consisterait à croire que l'on peut rédiger un objectif sans vérifier de temps à autre s'il n'y a pas eu déviation dans sa formulation. Elle peut être due à l'habitude, à l'urgence ou toute autre cause, d'où la nécessité de faire le point régulièrement.

1. La fréquence. Au début, il serait judicieux de faire le point chaque mois. Ensuite, on peut passer au rythme du trimestre. Quand on est assuré d'une certaine maîtrise, le faire annuellement. ne pas se dire que la vérification est inutile, c'est ainsi qu'ont lieu toutes les déviations.

2. Le contenu de la vérification portera sur deux aspects : d'une part sur le respect des quatre paramètres, en reprenant chacun pour en vérifier l'utilisation judicieuse ; d'autre part sur la procédure d'élaboration proposée par l'animateur, débattue par les participants, tous étant concernés par le problème pris en charge.

3. L'utilisation. L'objectif est-il écrit clairement dans la convocation ? Est-il suivi scrupuleusement au cours de la réunion ?

Cette démarche rationnelle apprend à développer la conscience des problèmes, la maîtrise des étapes du changement, la cohérence des actions sur une longue période, le sens donné à nos actions.

Un régulateur : le code de déontologie

Sa raison d'être

Nos finalités, nos politiques, nos objectifs forment un tout cohérent qui est l'élaboration consciente d'une idéologie. Elle évite de subir les idéologies dominantes et permet de garder **la maîtrise du sens** que l'on veut donner à sa vie. Mais le danger de tomber dans le piège d'une idéologie aliénante nous guette.

Il est donc nécessaire qu'existe un moyen qui rappelle à la conscience tous ceux qui auraient tendance à tomber dans le dogmatisme, le fanatisme ou le totalitarisme. Pour cela il est nécessaire de posséder un code rappelant, à temps et à contretemps, les droits et les devoirs de chacun à l'égard de lui-même, des autres et de la société. Le code de déontologie, s'appliquant aux activités pratiquées par chacun, semble être le moyen le plus adéquat, car il renvoie aux actes quotidiens que nous posons comme individus, mais aussi comme membres d'un ensemble social ayant une fonction particulière dans la société.

Un code de déontologie, élaboré par les personnes concernées, permettra de faire la synthèse finalité, politique, objectif, intégrée dans un tout cohérent qui servira de guide coordinateur du sens que nous voulons donner à nos actes.

Définition, évolution et extension

- Déontologie vient du grec ***deon-ontos***, ce qu'il faut faire, et ***logos***, science. C'est donc la science des droits et des devoirs à remplir. Cette notion s'est limitée longtemps à l'application de règles de droits et devoirs moraux d'une profession, la médecine. En effet, le plus ancien code de déontologie que l'on connaisse est certainement le serment d'Hippocrate élaboré, vers 500 av. J.-C. dans la Grèce antique, par Hippocrate lui-même ou son école.
- Il a été ensuite mis à jour pour les médecins. Depuis le 27 juin 1947, le code de déontologie définit les dispositions imposées à tout médecin et précise les principes de l'exercice médical. Le nouveau code médical, institué le 28 novembre 1955, comprend six chapitres où sont développées les obligations actualisées des médecins.
- Depuis, il s'est étendu à de nombreuses autres professions (avocats, pharmaciens, sages-femmes). Quand on parle de déontologie, on pense toujours aux droits et devoirs qu'impose à des professionnels l'exercice même de leur métier. Ce sont les professions libérales, tournées, plus que les autres, vers l'humanisme, qui se préoccupent le plus de codifier leurs règles de déontologie.
- Aujourd'hui, il semblerait judicieux, et certains ont déjà commencé, d'étendre le principe d'un code de déontologie à tous ceux qui travaillent et agissent dans la cité, car tout acte posé a des répercussions sur celui qui le pose comme sur celui qui le subit ou en bénéficie. Pour limiter les tentations de dérapage, il semblerait souhaitable que tous ceux qui élaborent des projets de changement de société, par l'intermédiaire de leur organisation spécialisée sur un des aspects de la vie sociale, réalisent aussi un code de déontologie qui précise les droits et les devoirs de tous ceux qui participent à une action.

Caractéristique possible d'un code de déontologie

1. Il a un caractère démocratique légal

En effet :

- La profession se donne à elle-même sa loi, manifestation de son **autonomie**, et les pouvoirs publics la respectent quand la profession est organisée par des textes législatifs : avocats, médecins, architectes, etc.

- Depuis la loi du 21 mars 1884, incorporée aujourd'hui dans le Code du travail, chaque syndicat peut établir pour ses adhérents des règles déontologiques. Le droit admet donc **le pluralisme**.
- Avec la loi du 1er juillet 1901, toutes les personnes regroupées dans une association peuvent aussi élaborer un code de déontologie applicable à tous ses membres. Ainsi toutes les organisations sont concernées.

2. Situer l'organisation dans sa particularité

- La grande diversité des organisations pouvant élaborer un code de déontologie nécessite que chacune d'elles précise : le milieu où elle intervient, les problèmes spécifiques auxquels elle est affrontée, les aspects particuliers de ses problèmes à prendre en charge. Finances : spéculations ; banques : délit d'initiés ; politique : prévarication ; médecine : préserver la vie, etc.

3. Le choix de ses fondements éthiques et moraux

- Cela comporte de repréciser sa conception de l'homme et de la société.
- Les valeurs dominantes retenues par les membres de l'organisation :
  - avocats : probité, désintéressement, modération, exactitude, etc.
  - financiers : discrétion, diligence, loyauté, neutralité, etc.
  - personnel hospitalier : dignité, information, consentement libre du malade, etc.

4. Les principes de relations

- A l'égard de soi-même : être disponible, priorité aux intérêts de l'autre.
- A l'égard des autres : égalité de traitement envers tous, information claire de tous ceux qui le désirent, secret professionnel, etc.
- A l'égard de la société : formation permanente, documentation, etc..

5. Le fonctionnement interne

- *Les collaborations des personnes*
  - travail individuel : réflexion, actions
  - travail pluridisciplinaire : de tous ceux qui interviennent
  - travail avec les personnes concernées : parents, enfants, associations spécialisées.
- *Les collaborations institutionnelles*
  - les autres professions de même nature
  - les professions de nature différente
  - l'administration, les élus, etc.

6. Les sanctions

Pour que les membres respectent les devoirs correspondant aux buts poursuivis par l'organisation et qui ont été acceptés lors de l'adhésion :
- censure morale : blâme, réprimande, avertissement, etc.
- censure financière : amendes, etc.
- censure forte : suspension, exclusion, etc.

7. Le renouvellement

Instituer les moments et les procédures de changement pour tenir compte de la complexité croissante des problèmes à régler et l'arrivée de nouveaux problèmes qui n'existaient pas. Les mentalités changent, le milieu culturel environnant aussi. Il convient d'en tenir compte si l'on souhaite coller au réel.

Ce contenu pourra être réduit ou amplifié. Ce qui est important, c'est qu'il soit réalisé par les personnes concernées et remis à jour régulièrement, en tenant compte des nouvelles personnes qui arrivent dans l'organisation et de l'évolution des problèmes.

Cohérence de la démarche

Finalités	Politiques	Objectifs
	Caractéristiques	
• Porteuse de sens – éthique – morale • Créatrice de valeurs – valeurs fondatrices – valeurs qui en découlent • Nourrie de règles – conscience morale – déontologie	• Transposition des finalités – à des particularités – à des problèmes • Organisation des pouvoirs – décisions fonctionnelles – décisions politiques • Eclairage des objectifs – généraux – intermédiaires	• Univoque • Observable • Mesurable • Réalisable • Mobilisateur • Compréhensible
	Situations	
• Long terme • Institutions • Donne sens au projet	• Moyen terme • Organisation • Elaboration du projet	• Court terme • Groupes – personnes • Réalisation du projet
	Formulation	
1. Action à promouvoir 2. Valeurs à respecter 3. Changement à opérer 4. Délai à respecter	1. Action à réaliser 2. Domaine concerné 3. Changement à opérer 4. Délai à respecter	1. Action à faire 2. Personnes et groupes 3. Changement à opérer 4. Délai à respecter
	Exemples	
1. Promouvoir un service national de santé 2. Fondé sur la solidarité de tous les citoyens 3. En organisant l'accès aux soins de chaque personne 4. Dans un délai de 5 ans	1. Mettre en place 2. Un financement de la santé 3. Organisant le partage de tous les revenus, du travail comme du capital 4. Dans un délai de 3 ans	1. Déterminer 2. Les caractéristiques d'une CSG 3. Qui réglemente le prélèvement de tous les revenus, en exonérant les bas revenus en dessous du SMIG et en contrôlant plus strictement les revenus du capital sous toutes ses formes 4. Dans un délai de 1 an

De cet exemple on pourrait dire : "C'est un projet gouvernemental". Ce serait vrai si les partis politiques n'attendaient pas d'être en campagne électorale et au pouvoir pour élaborer des projets qui, de ce fait, n'ont pas eu le temps de mûrir et d'être débattus.

Mais la citoyenneté aujourd'hui nécessite que tout citoyen participe activement à la vie de la cité. Il est donc souhaitable qu'au sein des organisations politiques, syndicales, familiales, humanitaires, sportives, on réfléchisse à l'avance à un projet de changement social pour mener des actions qui aient un sens, une cohérence et une visée prospective. (Voir stratégie p.197.)

Cohérence du contenu

Finalités	Politiques	Objectifs
• Choix d'une valeur fondatrice exemple : l'amour • Valeurs collectives qui en découlent – solidarité – justice – dialogue • Valeurs individuelles qui en découlent – créativité – liberté – responsabilité • Conception de la personne – être de liberté – être social – être de culture – être de création – être d'action Tous les rapports humains sont des rapports de forces • Conception de la société – respect de la dignité – réponse aux besoins – égalité fondement de la justice sociale – accès de chacun aux responsabilités – caractère communautaire Interdépendance personne/société • Situé – dans le temps (histoire) – dans l'espace (géographie) – avec un sens (philo–religion)	• Les deux fondements – gestion des pouvoirs – promouvoir la citoyenneté • Niveaux – personnes – groupes – national – continental – international • Domaines – économique – politique – idéologique – social – culturel • Les secteurs du pouvoir – gestion – animation – administration • Les secteurs du savoir – information – documentation – formation • Les secteurs de l'avoir – compétence – responsabilité – finances • Un choix prioritaire : les 5D 1. Démocratie participative 2. Dignité humaine 3. Droits des peuples 4. Dialogue des cultures 5. Développement durable • Les moyens de réalisation – les objectifs – les projets – les techniques	• Prise de conscience – mes problèmes – ceux du groupe – ceux de l'organisation – ceux de la population – ceux internationaux • Tenir compte – des problèmes du milieu – du niveau de conscience – de l'urgence – de l'importance – de nos moyens • Situé dans le cadre – des finalités – des politiques – des objectifs généraux • Contenu – objectifs pratiques – objectifs de personnalisation • Corrélation des objectifs – personnels – de la réunion – du groupe – de l'organisation – de l'institution • Démarche – conscience – réflexion – décision – action – bilan • Auto-contrôle – les 4 paramètres . action à réaliser . par personnes et groupes concernés . changements à opérer . délais à respecter – l'élaboration

Pour que cette démarche ne puisse être un moyen de manipulation, nous avons à notre disposition deux régulateurs : notre **conscience morale** au plan individuel et **un code de déontologie** à élaborer au plan collectif.

Exercice n° 5

Apprendre à rédiger un objectif

Type Entraînement

Objectif Rédiger (1), seul (2), quatre objectifs (3) maintenant (4)

Déroulement

Les paramètres / Les niveaux	1. Action préconisée	2. Personnes et groupes concernés	3. Problèmes à régler changements à apporter	4. Délais de réalisation
1. Objectifs personnels				
1. Objectifs de réunion				
1. Objectifs du groupe				
1. Objectifs de votre organisation				

Analyse Quelles difficultés avez-vous rencontrées dans la rédaction de ces objectifs ?

Amélioration Que proposez-vous pour que, dans la rédaction de vos prochains objectifs, ne soient pas oubliés les 4 paramètres et que la formulation soit assez claire pour être comprise par tous ?

Eléments de réponse p.297

Exercice

Matériaux pour un code de déontologie

Type Préparation d'un document

Objectif Chaque membre de notre équipe de formation (2) rassemble des documents et son expérience (1) pour apporter des matériaux à l'élaboration d'un code de déontologie (3) pour la réunion du mois prochain (4)

Déroulement

1. Assimiler la structure d'un code de déontologie

1. Préambule • qui rédige • à qui le code s'adresse • les personnes concernées **2. Les valeurs qui fondent le code (choisir)** • solidarité • justice • sécurité • liberté • dignité • ou autres **3. Les fonctions** • définition • mode d'exercice • domaines d'intervention • compétence • rémunération – salariée – bénévole – libérale	**4. Devoirs** • indépendance • neutralité/implication • secret professionnel • incompatibilité • obligation à l'égard – de soi – des collègues – des personnes en présence • transparence financière • formation • information • expérimentation • utilisation de sa compétence – à l'extérieur de sa profession de son association . responsable de ses actes,de ses décisions	**5. Droits** • refus • remplacement • expression • proposition • reconnaissance • conflits : conciliation **6. Rapports internes et externes** • internes avec les confrères – assistance – discipline – contrôle de la profession • externes – disciplinaires – pluridisciplinaires – institutionnels

2. Ouvrir un dossier sur chacun des 6 points
3. Pour chacun des points rédiger une proposition de texte
4. L'animateur rassemble les propositions de chaque participant pour en faire un document envoyé à tous les membres de l'équipe
5. Chacun prépare la réunion en étudiant les propositions des autres et en faisant de nouvelles propositions qui tiennent compte des réactions des autres

Analyse Cette démarche vous a sans doute semblé lourde quant à sa procédure et courte quant à son déroulement.
Quels sont les points sur lesquels vous avez buté ?

Amélioration Quelles propositions faites-vous
pour améliorer la procédure
pour favoriser les échanges
pour réaliser une synthèse
pour rédiger un texte clair et précis
pour arriver à l'accord de tous sur ce texte
pour l'utilisation de ce texte

Eléments de réponse p.298

Le poète

Jamais jamais je ne pourrai dormir tranquille aussi longtemps
que d'autres n'auront pas le sommeil et l'abri
ni jamais vivre de bon cœur tant qu'il faudra que d'autres
meurent qui ne savent pas pourquoi
J'ai mal au cœur mal à la terre mal au présent
Le poète n'est pas celui qui dit Je n'y suis pour personne
Le poète dit J'y suis pour tout le monde
Ne frappez pas avant d'entrer
Vous êtes déjà là
Qui vous frappe me frappe
J'en vois de toutes les couleurs
J'y suis pour tout le monde...

Claude Roy

Poèmes pour les enfants,
textes recueillis et présentés
par Jacques Charpentreau,
Editions de l'Atelier

3. Le projet

"L'essentiel de notre action de transformation du monde au siècle passé portait sur la nature ; l'essentiel de nos nouvelles capacités d'action porte aujourd'hui... sur la culture, la personnalité, l'individualité, le corps et l'esprit des êtres humains."

Alain Touraine

Le projet

Le changement social [1]

Avoir un projet c'est vouloir participer consciemment au changement social. C'est coopérer au sein d'un groupe, d'une organisation, pour apporter sa contribution, pour donner un sens à l'histoire. Certes, le terme de changement social est interprété de diverses façons par les sociologues, les politologues, les anthropologues, etc. Nous proposons un sens, pour que chacun se sente libre de donner une autre signification au changement social.

Le changement social, un double mouvement

Le changement social peut être conçu comme un changement **de la société** dans son ensemble ou comme un changement à opérer **dans** la société.

- ***Le changement global*** veut s'attaquer aux grandes tendances lourdes qui bouleversent notre planète : la mondialisation de l'économie, les atteintes à l'environnement qui sont un risque pour les générations futures, les autoroutes de l'information qui vont bouleverser les communications entre les peuples et les personnes, la croissance des inégalités entre pays riches et pays pauvres, le chômage structurel comme problème social mondial, les atteintes aux droits de l'homme dans de nombreux pays du monde, l'instauration de la démocratie dans chaque Etat, etc. Des changements sont nécessaires et des organismes internationaux sont à mettre en place ou à soutenir pour essayer de contribuer à faire évoluer ces tendances lourdes vers une société plus fraternelle.

Cependant, le changement global n'entraîne pas nécessairement le changement local ou segmentaire.

- ***Le changement local*** est à comprendre en plusieurs sens complémentaires, comme les politiques dont il est l'application : changement territorial en favorisant la prise en charge de leurs problèmes spécifiques par chaque peuple, chaque institution, organisation ou groupe installé sur un territoire ; changement à différents niveaux : national, régional, local ; changement en différents domaines : formation, information, finances, relations extérieures, gestion, administration ; changement en prenant en charge des problèmes particuliers : santé, logement, immigration, chômage, exclusion, enseignement, famille, etc.

Il est des changements locaux ou segmentaires qui interagissent pour faire boule de neige et entraîner un changement global. Il est donc nécessaire de percevoir la diversité possible des changements, de repérer les forces discrètes à l'œuvre dans chaque segment de la société.

- ***Changement global et changement local*** sont tous deux nécessaires. Ils sont complémentaires. Ils permettent de distinguer l'évolution sociale, qui produit des transformations sur le long terme, et le changement social, résultat de phénomènes localisés, particuliers, observables à l'échelle réduite d'une décennie ou d'une génération. L'un nourrissant l'autre.

---

(1) **Culture et changement social**, Daniel Mandon, Chronique Sociale, 1990.

Le changement social, une dynamique

Guy Rocher en donne la définition suivante : "Toute transformation observable dans le temps qui affecte, d'une manière qui ne soit pas que provisoire ou éphémère, la structure ou le fonctionnement de l'organisation sociale, d'une collectivité donnée, et modifie le cours de son histoire." On peut ajouter que ces changements peuvent avoir deux origines.

- ***Des mutations techniques ou humaines***, résultat d'une longue série de transformations au cours des siècles et qui, brusquement, modifient les rapports sociaux. Comme l'avènement de la téléinformatique qui, avec les multimédias, modifie l'accès à l'information et, par là, aux décisions conduisant à transformer profondément les rapports de pouvoir dans la société.
- ***La prise de conscience*** par des minorités de la nécessité de prendre en charge des problèmes qui conditionnent leur vie sociale : droits de l'homme, environnement. Ces minorités qui, pour améliorer les relations sociales, agissent pour élargir le champ de conscience de leurs concitoyens et élaborent pour cela des projets entraînant la réalisation de plans, de programmes, d'itinéraires (stratégie) pour agir efficacement dans la direction choisie.
- ***Ces deux mouvements sont complémentaires***. *Le premier* mouvement venant des mutations est aussi le produit de l'action humaine mais individuelle, même si elle se réalise dans des entités collectives, entreprises, enseignement, et non programmée dans son ensemble. Cela montre à l'évidence que la conjugaison des actes individuels situés à une même époque contribue au changement social. En ce sens, l'individualisme est de l'inconscience. *Le second* mouvement, issu de la conscience et de la volonté d'améliorer le fonctionnement de la société, est aussi vieux que l'humanisation : la Lysistrata d'Aristophane organisait déjà la lutte des femmes pour la paix (411 av. J.-C.) et Spartacus la révolte des esclaves pour leur émancipation (73 av. J.-C.). La conjugaison de toutes ces luttes au cours de l'histoire n'a pas obtenu, hélas ! la disparition de la haine, de la violence, de la torture, mais aujourd'hui elles sont dénoncées, il est vrai sans toujours beaucoup d'efficacité. La prise en compte de ces deux mouvements doit nous permettre l'élaboration de projets plus réalistes prenant en compte la réalité mouvante pour orienter ces changements dans la direction que nous choisirons, afin que l'homme reste maître de son destin.

Le changement doit s'analyser dans son projet aperçu avant d'être construit, dans lequel interviennent la liberté et la volonté humaines. Il suppose des aspirations et un désir profond de prendre les moyens nécessaires et de les mettre en œuvre. Cela nécessite d'être conscient de ne pas viser seulement des changements d'équilibre, qui n'affectent pas la structure de l'organisation sociale et s'insèrent dans son fonctionnement. Il faut viser plus loin le changement de l'être, pour qu'il devienne autonome et solidaire, ce qui entraîne nécessairement des changements structurels pour que cela devienne possible.

Le projet à élaborer

Rôle du projet

La projection (1)

Projeter c'est jeter devant. C'est l'action de prendre quelque chose en soi et de le jeter devant soi, d'apporter dans la réalité de l'environnement une part plus ou moins large de son désir.

C'est le contraire de l'adaptation qui signifie l'intériorisation d'un système de valeurs. La projection est l'extériorisation de notre système de valeurs, valeurs que nous avons mûries, réfléchies, choisies. Elle consiste à donner chair à nos pensées et à nos actes. C'est la projection qui fonde l'autonomie (choix personnel) et la socialisation (choix avec d'autres), qui nous fait réaliser une démarche collective, dans l'ici et maintenant, dans le présent.

Le projet

C'est le produit de la projection. C'est le résultat d'une action qui prépare le futur. Il procure une identité sociale à ceux qui le réalisent ensemble et il contribue efficacement au changement social. Quand le projet est écrit, qu'il sert de référentiel à chaque membre de l'équipe, il contribue à forger une identité sociale. Il permet à chacun de se situer dans une démarche dynamique, de se repérer quant à sa place et à sa participation dans cette démarche, et d'être reconnu par les autres membres de l'équipe comme acteur, grâce aux responsabilités prises et reconnues aussi par les autres partenaires avec qui l'on va travailler, comme par les interlocuteurs (responsables politiques, administrateurs, etc.) avec qui l'on entrera en contact.

La démarche du projet

Projection et projet sont donc deux éléments complémentaires dans la démarche du changement social. La projection inscrit le projet dans une recherche d'authenticité, dans un processus d'autonomisation, dans un accomplissement de socialisation (rencontre de l'autonomie des autres). Le projet donne à la projection sa signification sociale, son inscription dans une société à transformer, en donnant du sens au changement que l'on veut opérer.

Ainsi la projection précède le projet. L'action précède son résultat. D'où la nécessité de réaliser des projets personnels, des projets de groupe, des projets d'organisation. C'est leur coordination et leur cohérence qui favoriseront, d'une part l'épanouissement des personnes au travers de leurs actions et, d'autre part, l'amélioration de la société grâce à ces actions collectives.

---

(1) **La pédagogie du projet en formation jeunes et adultes**, Jean Vassileff, Chronique Sociale, 3e éd.

Les personnes actrices du projet

1. ***Un coordinateur de projet***. Il a un rôle difficile à jouer :
- un rôle de compétences complémentaires pour pouvoir échanger avec les différentes équipes et les différentes responsabilités et pouvoir leur apporter l'aide nécessaire en cas de besoin ;
- un rôle polyvalent tant dans le domaine technique (entretien, réunion, planning) que dans le domaine humain (connaissance des personnes individuelles, des phénomènes de groupes) ;
- un rôle créatif, car il travaille toujours sur des problèmes nouveaux, avec des partenaires nouveaux ou des opposants qui ont des raisons différentes de freiner la réalisation du projet.

2. ***Des animateurs d'équipe***. Un animateur pour chacune des équipes fonctionnelles et politiques :
- équipes fonctionnelles : formation, documentation, finances, etc.
- équipes politiques, compte tenu de la particularité du problème pris en charge ; pour le problème du chômage, par exemple : une équipe emplois permanents, emplois précaires, chômage des jeunes, chômage des étrangers, chômage des cadres, exclusion, etc.

3. ***Une équipe de coordination*** composée du coordinateur et des responsables de chacune des équipes fonctionnelles et politiques. Cela permet d'avoir en permanence une vision d'ensemble du travail réalisé, de l'avancement des prévisions, des problèmes rencontrés, des freins imprévus, des aspects bénéfiques survenus, etc. de façon à réguler les tâches en fonction de la réalité vivante à laquelle on se trouve confronté.

4. ***Les membres de chaque équipe*** (ou petites équipes) qui ont été partie prenante du projet depuis son origine : perception des problèmes, réflexion, choix, décision, élaboration, réalisation. Deux critères sont déterminants pour que chaque membre se sente concerné et participe activement :
1. avoir une responsabilité concrète et précise ;
2. prendre part aux décisions dans les domaines qui le concerne.

5. ***Une assemblée générale*** de tous les acteurs du projet, pour qu'ils puissent :
1. s'informer mutuellement de l'avancée de leurs travaux ;
2. confronter leurs problèmes, leurs difficultés, leur réussite ;
3. débattre des aménagements éventuels au cas où des problèmes imprévus aient surgi, afin d'en tenir compte et de les intégrer dans la démarche.

Procédure de mise en œuvre d'un projet

Plusieurs phases sont nécessaires en vue d'élaborer un projet cohérent et solide.

Phase de préparation (sensibilisation)

1. ***Percevoir un problème***. Le déclic de départ sera la prise de conscience par les personnes d'un problème qui les touche ; une analyse de situation permettra un inventaire des problèmes.
2. ***Recueillir et traiter l'information*** nécessaire pour étudier sérieusement le problème ; pour cela il est indispensable de rassembler, traiter l'information pour prendre des décisions anticipatrices.

Phase d'orientation (rappel de sens)

3. ***Repréciser nos finalités et nos politiques***, c'est-à-dire notre conception de la personne et de la société, de façon à l'appliquer à nos diverses politiques dans chaque secteur de vie.
4. ***Choisir nos valeurs de référence***. Elles nous serviront de guide en permanence tout au cours de nos actions. Pour cela il faut énumérer nos valeurs, les choisir, les approfondir et les rédiger.

Phase de réflexion (affrontement des pensées personnelles)

5. ***Constituer une équipe projet*** chargée de faciliter la préparation, la réflexion, la participation de chaque membre de l'organisation, et prévoir le coordinateur de l'équipe.
6. ***Proposition d'un avant-projet***. Il servira à provoquer la réflexion pour faire gagner du temps à l'ensemble. Il sera le résultat d'un débat interne à l'équipe projet.

Phase d'élaboration (décision)

7. ***Rédaction du projet***.(voir détail à partir de la p. 137). Il conviendra de répondre aux questions : Vers Quoi ? Pourquoi ? Quoi ? Où ? Quand ? Comment ? Qui ? Avec Qui ? Contre qui ? Combien ?
8. ***Rédaction d'un contrat de projet***. Son objet est d'établir des relations claires entre les membres, chacun sachant quelle est sa place dans le tout, avec engagement réciproque des parties.

Phase d'appropriation par la structure (réalisation)

9. ***Bilan*** à faire pour mesurer l'écart entre prévision et réalisation sur chacun des aspects du projet et prendre les décisions correctives qui s'imposent pour amorcer la continuité.
10. ***Les exigences du suivi***. Nécessité de repérer les obstacles à surmonter pour réaliser un nouveau projet. Prévoir les éléments nécessaires à sa continuité compte tenu de l'expérience.

Tous ces éléments vont permettre la réalisation d'un projet, dont il sera nécessaire de vérifier la cohérence interne et son respect des objectifs de l'organisation dans laquelle il se situe.

1. Percevoir le problème

Chaque organisation ayant sa spécificité, il est important de partir des problèmes qui la concernent directement : pour un syndicat les problèmes du travail, pour une association familiale les problèmes de la famille, pour une association sportive les problèmes du sport dans sa spécialité, pour une entreprise les problèmes de son secteur d'activités.

Analyse de situation

C'est la perception du **contexte** dans lequel s'insèrent l'organisation et les groupes qui la constituent : contexte économique, politique, social, culturel. C'est aussi discerner **l'environnement** dans lequel vit l'organisation, c'est-à-dire toutes les personnes et organisations avec qui des relations sont établies ou sont à établir, partenaires ou adversaires. C'est faire **l'état des lieux** en clarifiant la situation de son organisation, ses forces, ses faiblesses, ses potentialités présentes, ses virtualités de développement.

Prise de conscience de nos désirs et des besoins du groupe

Repérer :

- comment je suis **aliéné**, pour ne plus être conditionné et pouvoir enfin acquérir une pensée personnelle, ceci pour chaque membre, et des positions originales pour le groupe fondées sur notre liberté ;
- comment je suis **exploité**, pour ne plus être assisté, ceci afin d'accéder à l'autonomie des personnes et à leur socialisation qui est le développement de l'autonomie des autres, grâce à l'égalité dans la diversité ;
- comment je suis **dominé**, pour ne plus être en état de soumission, afin de pouvoir prendre des responsabilités pour faciliter participation et coopération.

Inventaire des problèmes

Un problème, c'est une difficulté à résoudre à partir d'une prise de conscience individuelle et collective. Pour repérer les problèmes à prendre en charge :

- ***Déballage***. Rassembler les personnes concernées par le sujet. Les répartir en petits groupes : énumérer les problèmes que nous pose l'avenir, souligner ceux qui nous semblent inéluctables, à prendre en charge.
- ***Sélection***. Choisir dans la liste les 5 problèmes qui semblent les plus importants. Confronter les sélections faites par chaque groupe. Dégager les 5 problèmes considérés comme les plus importants par toutes les équipes.
- ***Regroupement***. Regrouper les problèmes de la première équipe autour des 5 sujets choisis, les insérer dans un tableau de 5 colonnes, faire de même pour les autres équipes.

1er problème important	2e problème important	3e problème important	4e problème important	5e problème important

Regroupement du déballage des problèmes.

2. Recueillir et traiter l'information

A présent que nous avons la liste des problèmes, il s'agit de rassembler l'information nécessaire pour pouvoir les prendre en charge en connaissance de cause, dans toutes leurs dimensions et dans leur complexité.

Connaissance du problème

Face à chacun des 5 problèmes choisis, ouvrir un dossier pour y rassembler l'information :
- claire, c'est-à-dire compréhensible par tous,
- importante pour recueillir le maximum de points de vue,
- précise afin d'éviter les équivoques et les à-peu-près,
- récente, tenue à jour en permanence,
- utile, centrée sur le sujet, ne pas alourdir.

Distinguer toujours les faits et opinions, les deux sont nécessaires, mais on ne doit pas les confondre. Rassembler les diverses formes existantes : écrite, orale, audiovisuelle, informatique, multimédias, etc.

Traiter l'information, c'est essayer de comprendre

Cela suppose :
- ***De regarder au-delà des apparences***. L'information est signe. Elle nous fait percevoir la partie visible du problème. C'est par la réflexion individuelle et collective que nous accéderons à la partie cachée qui a aussi besoin d'être prise en compte.
- ***De choisir*** les éléments caractéristiques et importants qui nous serviront tout au long de notre parcours. Si possible faire des fiches de synthèse, plus faciles à manipuler et à utiliser, elles éviteront de nous encombrer de lourds dossiers.
- ***D'argumenter*** à partir de ces éléments, car cette information va servir à construire le projet. Il faudra argumenter nos choix auprès des autres groupes de l'organisation, comme auprès de nos partenaires ou de nos adversaires.

Anticiper les prévisions pour décider

C'est le contraire de l'adaptation qui se coule dans le moule de ce qui est au nom du réalisme. L'anticipation c'est le mouvement de l'imagination, par lequel on se représente. On vit d'avance ce qui n'arrivera que plus tard, grâce à nos prévisions et à nos actions, et ceci au nom de la création. Cela suppose :
- d'avoir une hypothèse : aucun scientifique ne fait de recherche sans avoir une hypothèse de départ ; c'est une démarche de l'esprit qui n'est possible que lorsqu'on est devenu compétent sur un sujet ;
- de se procurer une information permanente, tant pour la prévision qu'en cours de réalisation, car certaines expériences, certaines actions peuvent modifier la réalité existant à un moment donné ;
- d'expérimenter nos hypothèses afin que nous puissions les confirmer ou les infirmer et ainsi donner naissance à de nouvelles informations qui viendront compléter nos informations de base.

Organiser la diffusion de l'information

Sous plusieurs formes :
- notes aux personnes concernées,
- réunions d'information pour le groupe et les autres groupes,
- campagne d'information de la population.

3. Repréciser nos finalités et nos politiques

Le concept de finalité

Il s'applique à toute organisation qui comporte ou paraît comporter un rapport entre des moyens et un résultat. La finalité du marteau est de frapper, la finalité de l'instruction est d'inculquer des connaissances. La finalité suppose l'orientation vers un but final qui serait la cause des moyens mis en œuvre pour l'atteindre. C'est anticiper l'avenir.

C'est un principe régulateur de la connaissance qui donne sens à nos pensées et à nos actes pour continuer la création du monde. Cela conduit chaque organisation à déterminer sa conception de la personne et de la société, afin d'avoir des bases claires pour déterminer ses politiques dans les domaines qu'elle a pris en charge.

Il faudra toujours faire attention, une fois rédigé le texte de nos finalités, de distinguer la lettre et l'esprit. La lettre enferme et fait ergoter sur les mots, sur les virgules. L'esprit libère, mais il est exigeant car il nous convie sans cesse à aller au cœur du sens pour l'appliquer à notre vie. Les mentalités changent, nos finalités doivent en tenir compte, non pour s'adapter, mais pour anticiper dans le sens que nous aurons choisi.

Les politiques

Le politique c'est la gestion de la cité. Les politiques c'est l'application de cette gestion à des domaines particuliers : politique de la santé, politique monétaire, politique de l'emploi, etc. Il en est de même pour les organisations qui pourront préciser les grandes orientations dans les domaines qu'elles ont choisi de prendre en charge.

- Pour une entreprise : politique commerciale, politique de gestion du personnel, politique d'investissement, politique de recherche, etc.
- Pour une association familiale : politique d'éducation des enfants, politique des services familiaux, politique du droit de la famille, etc.

Les politiques peuvent concerner les orientations d'amélioration interne : organisation, fonctionnement, communication, formation, liaisons internes, financement ; tout comme les orientations d'action sur le milieu qui seraient propres à la spécificité de chaque organisation.

Les politiques peuvent concerner les domaines du pouvoir : gestion, administration, animation ; les domaines de l'avoir : les compétences, les responsabilités, les activités ; les domaines du savoir : la formation, l'information, la recherche, etc.

Rédiger une procédure

Pour préciser finalités et politiques, il est souhaitable de mettre en place une procédure participative :

1. Proposition faite par l'animateur, le coordinateur, à partir des statuts.
2. Réflexion personnelle de chaque membre avec proposition écrite.
3. Débat en équipe pour faire des synthèses de l'ensemble.
4. Accord de tous sur les éléments retenus.
5. Rédaction d'un texte qui servira de référentiel.
6. Résumé du texte des finalités et des politiques sur une page.
7. Remise du texte à chaque membre.
8. Distribution du texte autour de nous pour faire connaître nos positions.

4. Choisir nos valeurs de référence

Pour choisir des valeurs de référence, il est nécessaire de procéder par étapes successives.

Distinguer les différents types de valeurs

***Des valeurs anciennes sont permanentes* :**
- la justice réclamée et organisée depuis la plus haute Antiquité,
- l'amour qui fonde toutes les religions et de nombreuses philosophies,
- la sagesse considérée comme le résultat de la maturité et de l'expérience,
- l'hospitalité correspondant à l'accueil de l'étranger dans tous les peuples.

***Des valeurs anciennes se sont enrichies* :**
- la liberté individuelle s'élargit à la liberté sociale (économique, politique),
- l'égalité, être identique, se complète par l'égalité dans la différence,
- la fraternité des citoyens s'élargit à la solidarité entre les peuples,
- la vérité absolue se modère par la recherche permanente de la vérité.

***De nouvelles valeurs apparaissent* :**
- la responsabilité attribuée à chaque personne,
- la créativité reconnue comme faisant partie de l'essence de chaque être,
- la dignité de la personne humaine affectée à chaque humain,
- la laïcité comme base de la liberté d'expression du pluralisme.

***De nouvelles valeurs se substituent à d'anciennes* :**
- le dialogue remplace l'obéissance, mais c'est plus difficile,
- la tolérance remplace les dogmatismes, les fanatismes, les racismes, etc.
- la participation remplace la subordination,
- la coopération remplace la compétition.

Ces quelques exemples peuvent amorcer une réflexion plus complète.

Choisir

Celles qui nous serviront de guide pour ce projet, le réservoir des valeurs est immense. Chacune peut être utile suivant les problèmes, les circonstances ou les personnes. Il conviendrait donc de repérer, d'une part, les valeurs de base permanentes pour notre organisation, comme : la justice, la solidarité, le dialogue ; d'autre part, les valeurs à appliquer pour chacune des politiques choisies et des objectifs à atteindre.

Approfondir

Une fois ces choix faits, il conviendra de reprendre chacune des valeurs choisies et de les approfondir. C'est une démarche indispensable dans le mesure où chaque personne, chaque organisation peut mettre des contenus et des sens différents à chacune des valeurs. Pour cela, procéder par étapes :

1. Ecrire les valeurs choisies.
2. Demander que chaque personne note par écrit le contenu.
3. En équipe, confrontation des écrits pour en débattre.
4. Faire une synthèse en distinguant les points d'accord et ceux de désaccord.
5. Rédiger un texte cohérent sur les points d'accord. Faire la liste des désaccords pour continuer la réflexion sur ces points.
6. Distribuer à chaque personne le texte d'accord qui servira de référentiel.

Inclure le texte dans le projet, comme celui sur les finalités et les politiques, pour que l'on puisse s'y référer en permanence en cas de nécessité, en cas de désaccord ou en cas de doute.

5. Constituer une équipe projet

Dans les grandes entreprises, dans les grandes organisations, il est essentiel de mettre en place une équipe projet.

Composition de l'équipe

Pour être certain que l'ensemble des problèmes sera perçu, traité et mis en œuvre, il est souhaitable que l'équipe projet soit composée de l'animateur de chacune des équipes de travail dans une entreprise, de l'animateur de chaque groupe dans une organisation ou une association. Ainsi une liaison permanente sera établie entre l'équipe projet et les groupes de travail, en outre la circulation de l'information des groupes à l'équipe et de l'équipe aux groupes aura lieu en permanence.

Fonction de l'équipe

Elle veillera de façon continue à :

- ***L'efficacité***. C'est-à-dire à la clarté des objectifs pour chaque personne, chaque groupe et l'ensemble de l'organisation, au respect des valeurs dans le choix des moyens et au respect des objectifs dans la réalisation de l'action.
- ***La facilitation*** du travail en veillant : au choix des moyens, des méthodes et des procédures ; au respect du planning de progression ; à l'élaboration de synthèses régulières en cours d'avancement.
- ***La régulation***, en facilitant la circulation de l'information, la communication entre les membres des groupes et entre les groupes, en permettant les débats pour clarifier les problèmes quand il y a blocage ou incompréhension.
- ***La cohérence*** entre les fins et les moyens, entre les objectifs et la réalisation, entre les personnes et les groupes, entre les étapes du projet.

Fonctionnement de l'équipe

- Elle bâtira son propre projet d'accompagnement :
  - répondre à toute démarche de clarification ou de soutien,
  - écouter attentivement avec effort de compréhension,
  - faciliter la liberté de parole pour prendre en compte les réactions,
  - se fonder sur l'expérience et la valoriser,
  - prendre le temps de clarifier les problèmes qui surgissent,
  - proposer des solutions ou les faire surgir chez les intéressés,
  - soutenir les décisions par les personnes concernées.
- Elle suivra les décisions prises.
- Elle harmonisera le suivi de l'ensemble du projet et celui des régulations.

Réaliser une charte des équipes

- Préciser les droits et les devoirs de chacun.
- Elaborer des règles du jeu précisant la façon dont
  - chaque personne assume ses responsabilités,
  - chaque groupe respecte ses engagements collectifs.
- Rappeler les bases de relations
  - participation des personnes, avec ses modalités,
  - coopération entre groupes, avec ses procédures.

6. Elaboration d'un avant-projet

L'avant-projet peut servir de brouillon pour que toutes les personnes aient les matériaux nécessaires pour participer à l'élaboration du projet définitif.

Rappeler que les différences enrichissent et nous rendent complémentaires

- ***Complémentarité des compétences***. L'ensemble des personnes concernées doit pouvoir couvrir la totalité des responsabilités diverses nécessaires à la réalisation du projet (techniques et humaines).
- ***Complémentarité des personnalités***. Comme dans toute société humaine, nous avons besoin de personnes logiques comme de personnes affectives, de personnes réfléchies comme de personnes rationnelles, de personnes directes comme de personnes diplomates, etc.
- ***Complémentarité des expériences***. Les unes ont des expériences dans la vie d'entreprise, d'autres dans la vie d'organisation, d'autres dans la vie publique, d'autres dans la vie syndicale, d'autres dans le secteur humanitaire, etc.

La démarche

1. Préciser les problèmes choisis en rédigeant leurs caractéristiques avec leurs différentes facettes.
2. Affecter à chaque problème un critère pour le qualifier :
   - estimé le plus efficace
   - estimé le plus réalisable
   - estimé le plus contrôlable
   - estimé le plus mesurable
   - estimé le plus important
   - estimé le plus urgent.
3. Pour chaque problème, proposer des actions à entreprendre.
4. Pour commencer, choisir la plus facile à réaliser. Cela permettra aux équipes de se rôder, de se connaître, de mettre au point tous les rouages du déroulement du projet.
5. Préciser les modalités de réalisation pour chaque problème.
   - Préciser l'objectif à atteindre.
   - Etablir les priorités à réaliser, définir un ordre de mise en œuvre.
   - Fixer les échéances, date de début et de fin pour chaque élément.
   - Répartir les responsabilités à chaque membre.
   - Prévoir les moyens à utiliser, techniques et en personnel.
   - Calculer les finances nécessaires à la réalisation.
   - Préciser les étapes de contrôle en cours de réalisation.

Rappeler les exigences nécessaires pour chaque personne

- Confiance réciproque, sinon blocage.
- Disponibilité aux personnes et aux problèmes qui vont surgir.
- Acceptation du partage, des outils, des expériences, grâce à la communication.
- Persévérance, car un long chemin est à parcourir et il ne serait pas souhaitable de baisser les bras à la première difficulté.

7. Rédaction du projet

L'avant-projet terminé, il conviendra de le tester pour percevoir les points forts à conserver, les points faibles à aménager, les oublis à combler, les éléments nouveaux à ajouter. Le projet définitif pourra alors s'élaborer en répondant aux questions suivantes :

1. Vers quoi ?

Description synthétique du projet. Donner un nom au projet pour qu'il puisse être signifié par une appellation particulière. Formulation du problème et des changements à opérer.

2. Pourquoi ?

Indiquer les raisons qui justifient les changements à apporter. Rappeler les valeurs qui vont servir de guide à l'action et formuler l'objectif final à atteindre et les objectifs intermédiaires. Pour se situer par rapport à un sens.

3. Quoi ?

Décrire par le détail le programme que l'on a élaboré avec ses différents secteurs d'intervention, pour que chacun ait une vision d'ensemble du projet et y situe ses responsabilités.

4. Où ?

Déterminer les lieux, les territoires où se pose le problème et où vont intervenir les actions de chaque groupe et de chaque personne, pour se situer clairement dans l'espace.

5. Quand ?

Le moment où chacun doit intervenir. Ce qui va nécessiter la mise au point d'un planning précisant les étapes, et le début et la fin de chaque étape, pour se situer dans le temps.

6. Comment ?

Penser les moyens qui vont être utilisés pour réaliser le projet : les outils techniques, les personnes nécessaires, les stratégies d'intervention, les spécialistes ou conseillers à consulter, etc.

7. Qui ?

Les acteurs du projet, en précisant les tâches affectées à chaque groupe et, à l'intérieur des groupes, à chaque personne, traduisant ces tâches en responsabilités clairement définies.

8. Avec qui ?

Repérage des partenaires avec qui il sera possible de travailler et de collaborer. Rechercher les intérêts communs et la façon dont le travail sera réparti.

9. Contre qui ? Contre quoi ?

Repérage des adversaires qui risquent de freiner la réalisation du projet. Rechercher les raisons de ces oppositions afin d'argumenter. Les rencontrer pour négocier.

10. Combien ?

Tout projet a un coût et ne pas le calculer au départ c'est risquer de ne rien réaliser. Nous aurons alors le choix entre réduire notre projet à nos moyens ou rechercher les fonds nécessaires pour le réaliser.

Chacune de ces étapes est détaillée à partir de la p. 137.

8. Réalisation d'un contrat de projet

C'est un pacte par lequel les personnes acceptent de réaliser ensemble une œuvre, une tâche, en s'engageant à respecter les éléments du projet auquel ils ont participé, (tant à son élaboration qu'au choix du contenu et de ses étapes), pour atteindre un objectif clairement défini. Le contenu du contrat pourrait être :

1. Rappel des objectifs généraux de l'organisation

Que ce soit une entreprise ou une association, on pourra se référer aux statuts qui indiquent l'objet de sa création.

2. Rappel des objectifs du projet

Afin que tout le monde perçoive le lien entre les objectifs ponctuels à atteindre en se situant par rapport aux objectifs généraux de l'organisation.

3. Résumé du projet

Il rappelle les grandes orientations et les principales étapes du déroulement. Le projet complet sera joint au contrat pour qu'il serve de référentiel au cours de sa réalisation.

4. La démarche adoptée

Ce sera, mise en clair, la stratégie adoptée afin que chacun puisse vérifier que la fin ne justifie pas les moyens, mais au contraire que la fin est déjà dans les moyens choisis.

5. Le planning de travail personnel

Pour que chacun sache ce qu'il a à faire, quand il doit le faire, avec qui et de quelle façon, et les moyens dont il dispose pour le faire.

6. La définition de fonction

Précisant le champ de responsabilité de chacun, délimitant les tâches à réaliser et indiquant les décisions personnelles qu'il faut prendre et les décisions collectives auxquelles il participe.

7. Les exigences de la démarche

Il sera précisé les droits et les devoirs de l'organisation à l'égard des groupes et des personnes. Mais aussi les droits et les devoirs des personnes et groupes à l'égard de l'organisation.

8. Le budget

Une fiche de synthèse sur le budget global de l'organisation, la part du projet dans ce budget et, surtout, le budget affecté à la responsabilité de chacun des membres.

9. Le soutien que chacun peut attendre

De la part de l'organisation, par exemple information, formation. De la part du groupe, par exemple des réunions, les échanges personnels entre membres.

10. Le bilan

Une fiche technique de bilan sera jointe pour que chaque personne connaisse la façon dont ce bilan sera fait et les caractéristiques sur lesquelles il portera.

9. Bilan participatif

Le bilan est un outil de gestion. Il permet l'analyse, non seulement des résultats, mais aussi de tous les éléments qui ont permis de les atteindre. Il pourrait comporter les éléments suivants :

1. Les résultats

Par rapport à l'objectif fixé. Mesure des écarts constatés, analyse des raisons de ce décalage, étude de sa nature : retard, déviance, ou, au contraire, objectif dépassé...

2. L'animation

Examen de la façon dont le coordinateur d'ensemble du projet a réalisé sa tâche. Critique de la manière dont chaque animateur de groupe s'est conduit.

3. La participation

De chaque membre : comment elle s'est réalisée, en repérant les attitudes individualistes ou, au contraire, les comportements coopératifs à l'égard des autres personnes et groupes

4. Les responsabilités

En reprenant les définitions de fonction, étudier la façon dont chacun a assumé ses responsabilités, tant au niveau de la tâche que des relations avec les autres.

5. Le climat des échanges

Examen sérieux des relations entre les groupes, de la communication au sein des groupes et de l'organisation. Les raisons de la cohésion ou des tensions.

6. Le fonctionnement de l'ensemble

En repérant : les difficultés rencontrées au plan technique, au plan relationnel, les satisfactions enregistrées, enrichissement mutuel, conscientisation du milieu, etc.

7. Les méthodes de travail

Critiquer les outils utilisés : les moyens pratiques, les méthodes choisies, les procédures utilisées, de façon à repérer les améliorations souhaitables et possibles.

8. Le cadre de travail

Les lieux étaient-ils favorables ou non : surface, décoration, ambiance, pratique, etc. Les distances et moyens pour se rendre aux réunions, aux contacts, etc.

9. Les rétroactions

Ont-elles existé : au sein du groupe, entre les membres, avec les autres groupes de l'organisation, avec les partenaires ou adversaires, etc.

10. Les décisions correctives à prendre

Pour chacun des points précédents, en précisant celles qui seraient souhaitables et pour, après analyse, retenir celles qui seront possibles.

Avec le bilan, on a ainsi les matériaux pour préparer le projet suivant, en utilisant l'expérience vécue, les analyses faites, et repartir avec un regard neuf pour amorcer la suite.

10. Les exigences du suivi

Par rapport aux objectifs de l'organisation, les objectifs du projet, quand ils sont atteints, ne sont qu'une étape. Il convient donc de prévoir la suite à donner, compte tenu des résultats obtenus.

1. Objectif

Assurer la pérennité (continuité) de l'action dans son déroulement pour atteindre l'objectif final de l'organisation par étapes. D'où la nécessité de l'emboîtement des projets.

2. Résister à trois tentations

- *La réussite* qui peut donner l'illusion de la facilité, au risque de démobiliser ou de décourager face à une difficulté. Danger d'éliminer la rigueur, la ponctualité et les contraintes.
- *La récupération* par l'un ou l'autre des partenaires, voire des adversaires : avec le risque de créer la frustation chez certains et de les démobiliser pour la suite.
- *L'anti-intellectualisme* : au nom du concret, éliminer les connaissances théoriques nécessaires, minimiser l'investissement culturel et oublier de choisir les valeurs qui donnent sens à l'action.

3. Prévoir les éléments nécessaires pour assumer la continuité

- *Mettre en place une structure d'équipe*, avec un animateur par équipe, une équipe centrale de coordination composée des animateurs de chaque équipe qui choisissent un coordinateur.
- *Prévoir des réunions régulières* : des équipes de travail (hebdomadaire), de l'équipe de coordination (mensuelle), des équipes spécialisées quand cela sera nécessaire. Un planning régulera l'ensemble.
- *Développer la formation*, certes des animateurs, mais aussi de chaque membre des groupes, afin que chaque personne possède les mêmes matériaux pour travailler efficacement.

4. Acquérir un mode de pensée nouveau fondé sur trois éléments

- *La complexité*. Si la méthode cartésienne reste valable, aujourd'hui nous percevons que les choses sont plus complexes que leur apparence et, surtout, qu'elles évoluent sans cesse. Il faut assumer cette complexité.
- *La systémique* peut nous aider à maîtriser les éléments de la complexité. Elle peut nous aider à situer chaque problème au sein d'un système dont les éléments sont en interaction permanente.
- *La dialectique* nous permet de ne plus nous effrayer des contradictions, mais au contraire de les rechercher pour les surmonter grâce au mouvement thèse, antithèse, synthèse.

5. Etre en situation d'apprentissage permanent

Notre formation n'est jamais terminée. Notre culture n'est jamais assez large. Des problèmes nouveaux surgissent sans cesse. La société est en mutation permanente dans chacun de ses secteurs. Nous sommes donc convié à assumer constamment et à poursuivre sans arrêt notre apprentissage.

Contenu d'un projet

Après avoir vu la procédure pour réaliser un projet, nous pouvons à présent voir le contenu possible d'un projet qui développe les points de la procédure : rédaction du projet (p. 133) ; avoir en préalable sous la main le texte résumé des finalités et des politiques comme référentiel.

1. **Formulation du problème**. Le point de départ est la perception d'un malaise ressenti et d'un désir de promouvoir un changement. On peut alors décrire le problème qui nous concerne ainsi que d'autres personnes, en décrivant les caractéristiques pour que tout soit clair au départ.
2. **Mise au clair des objectifs**. Ils devront correspondre à nos finalités (conception de la personne et de la société), à nos politiques (valeurs appliquées au secteur où se pose le problème) et comporter : 1. l'action préconisée, 2. les personnes et groupes concernées, 3. les changements à opérer, 4. les délais à respecter.
3. **Préciser le programme**. C'est décomposer le problème à prendre en charge en ses éléments et leur donner un sens, c'est-à-dire un objectif précis. Comme les programmes scolaires décrivent les tâches à réaliser liées aux objectifs, nous ferons de même pour notre projet.
4. **Planifier**. Avoir un programme ne sera pas efficace si nous ne prévoyons pas les étapes de sa réalisation. Cela nous permettra de gérer les activités des équipes, de gérer le système de relations et, surtout, de gérer les temps pour respecter les délais fixés.
5. **Les outils techniques nécessaires à la réalisation**. Ce sera le choix des moyens : organigramme, calendrier, planning, diagramme, tableau de bord, etc. mais aussi les méthodes, c'est-à-dire la façon de nous servir des moyens en respectant les fins, enfin les procédures de travail.
6. **Répartir les responsabilités entre chaque membre**. C'est un choix stratégique important car c'est la seule façon de réaliser dans la pratique une véritable participation. C'est à partir des responsabilités que chacun pourra participer aux décisions dans les domaines qui le concernent.
7. **Travailler avec des partenaires**. Nous ne sommes pas seuls affrontés à tel problème. En recherchant d'autres personnes, d'autres organisations travaillant sur le même sujet, nous pourrons avoir des alliés qui nous permettront de décupler notre action.
8. **Négocier avec des adversaires**. Notre façon d'aborder un problème ne plaira certainement pas à tout le monde. Des adversaires essaieront de nous empêcher de progresser vers nos objectifs. Il nous faudra d'abord les repérer, découvrir les raisons de leur opposition pour argumenter.
9. **La maîtrise des coûts**. Toute action génère des coûts. Prévoir le financement du projet est une nécessité absolue. Nous serons alors affrontés au choix suivant : ou réduire nos actions à notre budget ou trouver l'argent nécessaire pour les réaliser.
10. **Vérifier la cohérence**. C'est la liaison étroite existant entre tous les éléments : fins et moyens, objectifs et réalisation, relations internes et externes, etc. De façon à ce que tous les éléments d'un ensemble soient liés entre eux et s'accordent entre eux.

Un projet est un ensemble d'éléments qui forment un tout, union solidaire des membres dans une visée commune mise au point ensemble.

1. Formulation du problème

Plusieurs étapes sont nécessaires pour arriver à une formulation claire du problème qui ait l'accord de tous les intéressés.

Perception du problème

Le plus simple est de partir du ressenti immédiat des personnes concernées. Elles ont éprouvé un malaise. Elles aspirent à une amélioration dans tel domaine. Elles sentent en elles un désir profond à satisfaire, etc. On peut aussi partir de l'observation de situations insatisfaisantes qui provoquent une aspiration au changement. Tout cela pourra être exprimé et noté pour amorcer une analyse plus détaillée.

Description du problème

Plusieurs méthodes existent. La plus simple consiste à préciser 6 aspects importants.

1. ***Les personnes concernées***. Suivant l'âge : enfants, adultes, personnes âgées. Suivant le sexe : hommes, femmes. Suivant les fonctions occupées dans l'entreprise ou l'organisation. Suivant le statut social : ouvriers, employés, techniciens, cadres, etc. Suivant leur origine : autochtones, étrangers, etc.
2. ***Les lieux où se pose le problème*** : Lieux de travail, lieux de loisirs, lieux d'engagement, lieux d'habitation, lieux de circulation, lieux au-delà des frontières, etc.
3. ***Les moments*** où se produit le problème : tous les jours, toutes les semaines, tous les mois, tous les ans, toutes les saisons.
4. ***Les activités*** : professionnelles, domestiques, de détente, de repos, de culture, d'engagement, etc.
5. ***Les besoins*** : santé, hygiène, sécurité, calme, information, formation, documentation, revenus, repos, relations, etc.
6. ***Le nombre***. Combien de personnes sont touchées par le problème : une seule personne, une famille, une entreprise, une association, des milliers, des millions ?

Exemple d'un problème de précarité : 1. Une femme de quarante ans avec un enfant ; 2. travaille avec un contrat à durée déterminée (CDD) ; 3. tous les jours de l'année ; 4. avec répercussion sur l'ensemble des activités de sa vie : travail, loisirs, tâches domestiques, culture, etc. ; 5. son besoin : un emploi stable avec un revenu correct ; 6. 10 % de la population est dans ce cas.

Formulation du problème

Pour qu'il soit possible de prendre en charge le problème, il est important de rédiger un texte qui ait l'accord de tous. Pour cela :

1. Faire une fiche par personne concernée que l'on connaît.
2. Réaliser une synthèse pour faire apparaître : les points communs, les points différents qui s'ajoutent, les points divergents.
3. Montrer l'ampleur du problème avec le nombre de personnes concernées directement ou indirectement.
4. Décrire les conséquences puisque c'est à partir d'elles que l'on a pris conscience du problème.

Ainsi chacun, au départ, aura les éléments de connaissance du problème.

2. Mise au clair des objectifs

Passer du problème aux objectifs de changement

Cela suppose :
- De préciser l'objectif de façon univoque.
- De le formuler en respectant les quatre paramètres
  - l'action préconisée (incluant un verbe d'action)
  - les personnes et groupes concernés
  - les changements à opérer
  - les délais à respecter.
- De prévoir les objectifs intermédiaires ou étapes.
- De décrire les résultats attendus.

Formulation de l'objectif final

Gardons notre problème de précarité comme exemple, mais la même démarche est valable pour tous les autres problèmes.
- *L'action préconisée* : prendre en charge le problème de la précarité pour arriver à le faire disparaître.
- *Les personnes et groupes concernés* : la précarité touche 20 % de la population de notre ville et 10 % de la population active nationale. Les syndicats et les partis pourraient être des partenaires actifs.
- *Changements à opérer* : faire prendre conscience de l'ampleur du problème à l'ensemble de la population pour qu'elle le prenne en charge.
- *Délai à respecter* : par une mobilisation intense pendant un an.

Décomposition en objectifs intermédiaires

L'ampleur du problème à régler nécessitera une action de longue haleine sur une durée importante. Par exemple, pour la précarité il faudra prendre en charge successivement :
- Le problème des contrats à durée déterminée (CDD) renouvelés illégalement pendant plusieurs années.
- Le problème des intérimaires : leur utilisation tend à devenir un mode de gestion du personnel (300 sur 900 dans une entreprise).
- Le problème du temps partiel, rarement volontaire, qui touche surtout les femmes.
- Le problème des contrats prévus par l'Etat qui servent trop souvent aux entreprises à avoir une main d'œuvre bon marché.
- Le problème des non-titulaires de la fonction publique qui peuvent rester dans une administration pendant des années sans jamais en obtenir le statut.

La liste peut encore s'allonger. Nous avons ici l'exemple d'une injustice instituée où, à travail égal, il y a salaire inégal.

Inscrit dans une politique d'ensemble

Cela pour arriver à ce que tout membre de la population active ait :
- Un travail à temps plein (vers la semaine de 32 h).
- Rémunéré correctement (salaire minimum + 50 %).
- Avec un statut (pour qu'il n'y ait plus de petits boulots).
- Créatif (de façon à ce que chacun puisse prendre des initiatives).
- Participatif (pour accéder aux décisions dans son travail).

Cette **politique** est inscrite elle-même par rapport à une **finalité** qui tend à promouvoir une conception de l'homme et de la société : libre, responsable et démocratique.

3. Préciser le programme

Un programme clair et précis

Un programme est un écrit destiné à faire connaître les détails d'un spectacle, d'une journée d'étude. C'est aussi un exposé général des intentions d'une personne, d'une organisation. C'est enfin l'ensemble des informations nécessaires à l'exécution d'une opération déterminée. Le programme du projet conjugue ces trois aspects complémentaires pour que chaque membre ait une perception claire des tâches à réaliser. Les programmes scolaires donnent un aperçu des matières à enseigner ou à apprendre. Le programme sert à toutes les personnes concernées. Programmer c'est donc décomposer le problème à résoudre en ses éléments, pour pouvoir les prendre en charge en toute connaissance de cause.

La démarche souhaitable

- ***Ouvrir un dossier sur le problème choisi***. Rassembler l'information comme nous l'avons vu de façon à saisir l'ampleur du problème, ses caractéristiques, les positions en présence. Distinguer l'information générale de l'information particulière à notre lieu géographique d'implantation. Cette dernière est précieuse dans la mesure où elle donnera les premiers éléments de l'action à entreprendre.

- ***Ouvrir un dossier sur chacun des objectifs intermédiaires***. De façon à avoir une vision claire des caractéristiques de l'aspect du problème à prendre en charge. Pour la précarité par exemple, ouvrir un dossier sur : les contrats de l'Etat, les intérimaires, le travail à temps partiel, les stagiaires, les non-titulaires de la fonction publique, etc. Cela permet d'avoir les matériaux nécessaires pour préparer l'action.

- ***Analyser les éléments recueillis***. Puisque la perception du problème s'est faite à partir de conséquences, il est indispensable de remonter aux causes, en distinguant clairement, derrière les causes techniques, celles qui sont d'origine idéologique. Par exemple, il faut baisser les prix de revient, donc réduire les charges de main d'œuvre. C'est un argument technique dû à l'idéologie libérale prônant les lois du marché, la concurrence, la maximalisation des profits, alors que l'on pourrait utiliser les gains de productivité pour les affecter à la baisse des coûts et pas seulement au profit.

- ***Rédiger sur chaque point*** un texte qui indique :
  1. l'état des lieux pour préciser la situation ;
  2. nos réactions argumentées pour indiquer nos raisons qui donnent un sens à nos propositions ;
  3. nos suggestions pour chaque élément.

En vérifiant la cohérence du tout, à présent, nous possédons un document qui indique clairement le programme qui sera suivi. Nous avons les éléments pour planifier tout cela.

4. Planifier

La fonction de la planification

C'est de concevoir et mettre en place les dispositifs d'organisation et de déroulement des actions. Elle permet de gérer le temps, de façon coordonnée, pour optimiser la gestion des ressources techniques et humaines, pour respecter les objectifs, pour tenir les délais, pour négocier les ajustements qui s'avéreraient nécessaires. Elle consiste à :

1. découper le programme en étapes autour des objectifs intermédiaires,
2. faire l'inventaire des actions à réaliser,
3. déterminer leur ordre et leur enchaînement par ordre de priorité,
4. élaborer un calendrier pour la réalisation des étapes (dates de début et de fin), marges possibles, dates butoirs (planning),
5. établir les points de contrôle d'avancement du projet (tableau de bord),
6. prévoir les réunions fréquentes mais courtes pour s'auto-informer,
7. définir les responsabilités des personnes avec définition de fonction,
8. préciser les moyens mis à la disposition de chacun,
9. organiser les temps de rencontre avec les partenaires et les adversaires,
10. contrôler la maîtrise des coûts tout au long des opérations.

La planification, un outil de gestion permanent et diversifié

Gestion du temps. Le problème du temps disponible est au cœur des préoccupations de toutes les équipes réalisant des projets. Il est offert à cette occasion d'apprendre à chaque personne à utiliser un agenda sur lequel seront notées, dès que le projet sera réalisé, toutes les dates auxquelles on est sollicité.

Gestion des activités des équipes. Chacune ayant des tâches à réaliser, il est indispensable que les équipes réalisent un plan de travail, pour inscrire la part d'activités qui leur a été affectée, avec les éléments nécessaires pour les réaliser : dates, responsabilités, moyens, etc.

Gestion des problèmes des équipes. L'accumulation de petits problèmes peut provoquer des incidents de parcours. Il est préférable de les régler à mesure qu'ils se présentent, car loin que le temps arrange les choses, au contraire, il les envenime car on finit par ne plus savoir pourquoi des blocages existent.

Gestion du système de relation. Quand des tâches ont été affectées pour atteindre des objectifs, le danger pour les personnes et les groupes est de rester repliés sur ce qu'ils ont à faire. Or la communication permanente est une nécessité vitale, afin que l'information circule et que des décisions correctives puissent être prises.

Gestion financière, certes, mais en se rappelant que la gestion n'est pas que la comptabilité. L'argent est au service du projet, non l'inverse. C'est le choix politique, le choix des objectifs qui déterminent les coûts et la recherche nécessaire d'argent pour les atteindre. Sinon on réduit son action à ses moyens, au lieu de rechercher les moyens pour atteindre ses fins.

Mais, pour réaliser cela, il nous faut des outils.

5. Les outils techniques nécessaires

La caisse à outils est indispensable. Il n'est pas possible ici de les recenser tous. Voyons les principaux.

Le programme général du projet

C'est le document qui synthétise l'ensemble des éléments du projet : objectif final, objectifs intermédiaires, programme, moyens, responsabilités, finances, etc. Chacun des membres devra le posséder et l'avoir avec lui lors des différentes rencontres.

L'organigramme du projet

C'est la structure de l'organisation d'ensemble. Elle représente les divers éléments du projet et leurs rapports respectifs. Il précise la place de chacun, ses responsabilités. En le présentant en tableau, on évite la hiérarchisation des responsabilités. Mettre sur la ligne horizontale la liste des tâches à réaliser, des objectifs à atteindre, et sur le plan vertical le détail des activités à réaliser avec le nom de leur responsable.

Le calendrier général de réalisation

Il jalonne le temps du déroulement de l'ensemble du projet. Il précise les étapes successives de la mise en œuvre. Il indique la durée affectée à chaque étape. Il cadre les délais au-delà desquels un retard perturbe l'avance générale du projet (dates butoirs, marges).

Le planning de déroulement

Il rentre dans le détail pour chaque équipe, pour chaque étape, pour chaque aspect d'un problème. On indique sur la ligne horizontale le temps, en mois, en semaines, suivant les nécessités, et sur la ligne verticale les différentes tâches à réaliser.

Le diagramme de répartition des responsabilités

Il permet de se rendre compte que toutes les activités sont prises en charge, qu'il n'y a pas de chevauchement, de double emploi. Il peut être représenté dans un tableau à double entrée, au plan vertical le nom des personnes, au plan horizontal les responsabilités assumées. On sait ainsi qui fait quoi.

Le tableau de bord

C'est un véritable outil de pilotage. Il permet de suivre l'avancement de projet, d'identifier les écarts afin de pouvoir prendre les décisions correctives nécessaires. Il peut se réaliser sous forme de tableau. Sur le plan horizontal on indique les points qui nous semblent importants pour servir de repères. Par exemple, on peut mettre :

Objectifs	Dates précises de réalisation	Etat d'avancement	Cause des retards	Responsabilités

Le contrat de projet

Il servira de référentiel à chacun des acteurs du projet. Il serait souhaitable de l'avoir toujours sous la main, soit pour une utilisation personnelle, soit pour travailler en groupe, afin d'avoir les mêmes matériaux.

Ces principaux outils peuvent être complétés par d'autres qui permettent d'affiner la réalisation du projet, grâce à l'exigence de précision, de rigueur et de cohérence entre les objectifs et la démarche de leur réalisation.

6. Répartir les responsabilités entre tous les membres

Etre responsable c'est répondre de la parole donnée par ses actes. C'est s'engager dans une démarche avec d'autres personnes en participant activement à la réalisation du projet et en coopérant avec les autres. Voyons comment procéder.

Procédure pour définir les fonctions

1. Enumération des responsabilités découlant du projet.
2. Répartition des responsabilités entre tous les membres.
3. La personne responsable propose une définition de sa fonction.
4. L'équipe étudie cette proposition.
5. L'équipe fait éventuellement des contre-propositions.
6. Négociation tenant compte des désirs de la personne et des besoins du groupe.
7. Rédaction définitive de la définition de fonction.
8. Mise en œuvre de la responsabilité dans sa pratique.
9. Ajustement en équipe au fil de l'expérience.
10. Bilan annuel pour aménager si nécessaire la responsabilité.

Cette démarche permet de mieux cerner chaque responsabilité, car elle permet à chaque personne d'exprimer ses désirs en tenant compte de son expérience personnelle. Le groupe sert de régulateur pour rappeler les besoins collectifs.

Contenu d'une définition de fonction

Après avoir vu la démarche, voyons le contenu possible et souhaitable.

1. Préciser l'objectif de la fonction.
2. Décrire les tâches à effectuer.
3. Déterminer les compétences nécessaires (et la formation indispensable).
4. Spécifier le champ des décisions individuelles.
5. Définir la participation aux décisions collectives.
6. Fixer les moyens nécessaires pour assumer la responsabilité.
7. Régler la durée de la fonction.
8. Compléter la responsabilité personnelle en l'étendant à la dimension collective.
9. Prévoir un bilan annuel d'ajustement de la responsabilité.
10. Engager le développement de la fonction à la lumière de l'expérience.

La fonction du coordinateur du projet

- Coordonner les différentes responsabilités entre elles pour voir les recoupements nécessaires, les empiétements de territoire, les aides mutuelles à s'apporter en respectant le territoire de chacun.
- Gérer les relations entre les groupes, entre les personnes, faciliter la circulation de l'information et la communication dans les différents sens.
- Organiser les réunions nécessaires pour préparer les tâches, prendre les décisions, et vérifier que celles prises précédemment ont été réalisées.
- Suivre de près l'évolution des dépenses engagées en fonction des prévisions faites. Faire attention aux dépassements, aux non-rentrées prévues pour programmer les éléments de compensation.
- Faire rendre compte à chacun de l'état de réalisation de ses responsabilités, en donnant l'exemple de comptes rendus réguliers de son mandat.

7. Travailler avec des partenaires

Repérage

Les partenaires sont des personnes, des groupes ou des organisations, avec lesquels il est possible de travailler pour s'associer à la réalisation d'une tâche.

Les partenaires peuvent être des spécialistes dans un domaine donné

– des experts en gestion de la communication
– des experts en organisation et méthode
– des experts en informatique, etc.

en fonction des besoins issus de la réalisation du projet.

Les partenaires peuvent être des groupes internes à l'organisation

– l'équipe administrative pour les démarches
– l'équipe des relations extérieures pour établir des contacts
– l'équipe animation pour dynamiser les groupes internes, etc.

Il s'agit de repérer les compétences internes pour les utiliser judicieusement.

Les partenaires peuvent être d'autres organisations

– des organisations syndicales
– des associations familiales
– des sociétés sportives, etc.

en fonction des objectifs choisis pour réaliser le projet.

Les partenaires peuvent être les personnes concernées, organisées ou non

– les populations organisées en équipes
– les populations d'un quartier, d'une ville
– les populations d'un département, d'une région

en fonction des problèmes pris en charge.

Liens à établir

Définir la contribution que nous pouvons attendre de chacun de ces acteurs.

Les alliés inconditionnels

– ils se réfèrent à la même idéologie
– ils ont les mêmes positions sur le problème
– ils ont déjà travaillé le problème ou un de ses aspects.

Les alliés conditionnels

– ils sont d'accord seulement sur certains aspects du problème
– ils sont sensibles à nos méthodes de travail et acceptent de nous aider
– ils mettent des conditions sur la forme de nos actions.

Tableau des contacts à établir

Personnes à contacter	Intérêts	Nos attentes	Quand les rencontrer	Nos arguments

Etablir un réseau de relations

Pour cela voir avec chaque membre de l'organisation les adresses des personnes qui pourraient apporter leur aide, leur soutien, leurs actions, et qu'il connaît suffisamment pour demander un service. Il ne s'agit pas d'obliger les personnes à donner des noms. Il ne faut établir un réseau qu'avec les personnes qui acceptent librement d'en faire partie. Il faut toujours être clair.

8. Négocier avec les adversaires

Repérage

Un adversaire est une personne, un groupe, une organisation avec qui on est en opposition, de notre fait ou du sien. Il y a cependant des nuances parmi nos adversaires :
- les antagonistes, dont les actions, les positions s'opposent aux nôtres
- les concurrents ont souvent des rivalités d'intérêt avec nous
- les contradicteurs sont en désaccord avec nos positions
- les ennemis nous sont opposés et cherchent souvent à nous nuire
- les opposants ont des positions différentes et les défendent
- les rivaux sont sur les mêmes positions, mais préfèrent agir seuls.

Analyser les causes des positions adverses

Elles peuvent être d'origines très différentes, mais il est utile de les connaître, si l'on veut en tenir compte pour conduire notre action. Il faut savoir qu'il existe des forces adverses qui vont essayer de freiner nos actions, voire de les combattre. Nous ne pouvons faire comme si elles n'existaient pas, ce serait irréaliste.

- ***L'idéologie*** est la cause la plus fréquente. Quand il y a désaccord profond c'est que nos choix éthiques divergent sérieusement. Reprenons notre exemple de la précarité.
  - Ceux qui luttent contre la précarité le font au nom de la justice sociale, car il est difficile de vivre avec des revenus très bas. Ils peuvent le faire au nom de la dignité de la personne humaine, car vivre dans la précarité c'est vivre dans l'angoise permanente du lendemain.
  - Ceux qui instaurent la précarité le font au nom d'une autre idéologie, celle du libéralisme économique, avec ses lois du marché, sa concurrence, sa recherche du profit maximum. La personne humaine leur importe peu, sinon dans leurs discours.
  - Seul un rapport de forces peut permettre un peu plus d'humanité.
- ***L'argent*** a une influence prépondérante dans les positions.
  - Ceux qui en possèdent en veulent toujours plus. Il n'y a, semble-t-il, aucune limite à ce désir. Même avec de très grosses fortunes, on organise son entreprise ou ses placements pour en avoir toujours plus.
  - Ceux qui n'en possèdent pas ou peu aspirent à avoir un revenu qui respecte leur dignité. Certes, l'assistance les dépanne mais ils ne peuvent s'en satisfaire. Ils préfèrent gagner leur vie par un travail avec un contrat à durée indéterminée (CDI).
- ***Le territoire*** est une autre cause importante d'opposition.
  - Ceux qui possèdent un territoire (propriété privée) le défendent avec acharnement, même quand il n'est pas attaqué. Ils mettent des barrières pour le délimiter.
  - Ceux qui ne possèdent rien aspirent à avoir aussi un territoire. Ils estiment que, par leur travail, ils ont produit des richesses et qu'il serait juste qu'ils en reçoivent leur part.

Les outils nécessaires

Il y en a deux essentiellement :
- la négociation pour se mettre d'accord sur une position
- l'action, quand la négociation échoue ; mais après la lutte il faudra quand même revenir à la négociation.

9. La maîtrise des coûts

Tout projet, nous l'avons vu, a un coût. Il est donc non seulement indispensable de faire un budget, mais aussi de faire une fiche de gestion financière du projet pour en suivre le déroulement budgétaire.

Le budget de réalisation

Les budgets particuliers. Ils sont de deux ordres :
– les budgets par équipe
– les budgets par responsabilité.

Il s'agit de préciser chaque fois :
– combien coûte chaque composant constitutif du projet
– à combien reviennent les tâches qui constituent le prix des composants
– mesurer et répartir les risques dus aux aléas et aux imprévus.

Le budget général
C'est le regroupement de l'ensemble des budgets particuliers :
– avec les dépenses de main d'œuvre
– les dépenses d'achat de matériel et d'équipement
– les dépenses de frais généraux : fournitures diverses
– les dépenses de fonctionnement des services, etc.

Mais aussi les recettes pour voir si l'on atteint l'équilibre :
– les cotisations des membres
– les subventions éventuelles
– les ventes de produits
– les paiements d'interventions comme experts, etc.

Sans oublier l'évaluation des risques nécessitant de faire des provisions.

La fiche de gestion du projet

C'est un tableau à double entrée dont les éléments peuvent être :

Sur le plan vertical les grands postes, par exemple :

– Etudes	– Gestion	– Matériel	– Formation	– Fonctionnement
. internes	. responsabilités	. services	. interne	. administratif
. sous-traitées	. activités	. équipement	. externe	. animation

Sur le plan horizontal, par exemple :
a. Budget prévu
b. Cumul des dépenses engagées
c. Reste à engager a - b = c
d. Nouvelle prévision du total des dépenses
e. Ecart de reprévision a - d = e

L'argent, un moyen non une fin

Sans argent, on ne peut pas faire grand-chose. L'argent seul ne peut rien réaliser. C'est le travail humain qui permet de continuer la création. C'est l'activité des humains qui transforme le monde. L'argent doit rester à son service.

10. Vérifier la cohérence

La cohérence

C'est la liaison, l'union harmonieuse, d'un ensemble d'idées, de faits. C'est l'adhésion réciproque de personnes à une même orientation liée aux actions qui en découlent. C'est un ensemble qui se compose de parties unies et présentant entre elles des rapports logiques.

Comme dans toute vie, dans tout mouvement, dans tout projet, il y a des contradictions. Loin de les nier, il convient de les rechercher pour que, de la thèse et de l'antithèse, naisse une cohérence dans une synthèse créant une dynamique.

Repérer les cohérences dans les différents domaines

1. Perception
– Cohérence entre nos désirs, nos besoins et les problèmes perçus.
2. Orientation
– Cohérence entre valeurs, conscience morale et les objectifs d'action.
3. Réflexion
– Cohérence entre les objectifs d'action et les décisions.
4. Décision
– Cohérence entre finalité, politique, objectifs et chaque élément du programme.
5. Relation
– Cohérence entre les relations internes et les relations externes.
6. Compréhension
– Cohérence entre connaissance, information et compréhension.
7. Participation
– Cohérence entre les participations de chaque membre.
8. Coopération
– Cohérence entre participation interne et coopération externe.
9. Réalisation
– Cohérence entre chaque étape de déroulement du projet.
10. Diffusion
– Cohérence entre le projet et la conscientisation de la population.

Les pôles complémentaires de la cohérence

Ces dix éléments sont circonstanciels. Ils peuvent être modifiés suivant les problèmes traités ou les actions à entreprendre. Ce qui fait la base de la cohérence, c'est :

– La cohérence entre le projet et le changement social
entre le changement social et le projet.

– La cohérence entre les personnes et le groupe
entre le groupe et les personnes.

– La cohérence entre le tout et les parties
entre les parties et le tout.

– La cohérence entre l'orientation et l'action
entre l'action et l'orientation.

En se rappelant que la totalité est dans chaque élément comme chaque élément est dans la totalité.

Conditions pour avoir un projet efficace

Réaliser et appliquer un projet est une démarche complexe, quelques remarques générales pourront sans doute éclairer le chemin.

Apprendre à anticiper

C'est une rupture radicale avec l'adaptation qui est de se couler dans le moule de ce qui est. Certes, il faut en tenir compte, mais comme d'un tremplin, pour donner un sens au changement que l'on veut instaurer, comme contribution au changement social.

Ne pas choisir les personnes avec qui on travaille

Certes, certaines seront difficiles à mettre dans le coup. Mais c'est notre fonction d'apprendre à travailler avec les gens tels qu'ils sont, en les accompagnant dans leur évolution, facilitée grâce à leur participation active.

La personne qu'il faut à la place qu'il faut

C'est la répartition des responsabilités entre tous les membres du groupe, en essayant de tenir compte des désirs des personnes et des besoins du groupe, grâce à un débat au sein des équipes.

Mettre en place une structure de communication permanente

Elle utilisera deux méthodes : les contacts personnels et les réunions programmées. Cela permettra : de faire circuler l'information pour nourrir le débat ; de faciliter l'affrontement pour arriver à des décisions collectives.

Développer et privilégier les réseaux informels

Ils compléteront les communications formelles. Utiliser toutes les occasions pour informer, débattre, réfléchir, réagir, etc. Cela pourra se faire lors de rencontres impromptues, après les réunions, lors d'arrosages d'anniversaires ou autres.

Ne rien imposer

Donner des ordres est facile quand on a le pouvoir. Mais faire preuve d'autorité est plus difficile, car c'est fonder ses relations sur sa capacité d'être, ses compétences, ses possibilités d'explications, en faisant appel à toutes les virtualités des personnes.

Favoriser l'initiative

Quand le projet est fait, les définitions de fonction établies, les budgets octroyés, chaque responsable peut négocier, par exemple, une rallonge avec un autre qui n'a pas besoin de tous ses crédits ou tout autre élément. C'est de l'auto-régulation.

Faciliter l'autonomie

En faisant confiance à chaque responsable, en étant disponible aux demandes sans chercher à les provoquer ; valoriser les différences comme facteurs de complémentarité ; et, surtout, reconnaître le droit à l'erreur, sinon pas d'autonomie possible.

Adopter la souplesse

En trouvant l'équilibre entre le souci de rigueur et l'exigence de créativité. Il s'agit d'optimiser les moyens en tenant compte des aléas, des imprévus qu'il s'agit de prendre en compte sans déséquilibrer l'ensemble.

Valoriser les résultats

Chacun de nous apprécie d'être reconnu comme personne unique, surtout quand les responsabilités ont été assumées et que les résultats attestent l'efficacité du système mis en place. Savoir reconnaître les résultats individuels et collectifs est très important.

Chacun peut aménager ces recommandations en fonction de son expérience, car, en dernière analyse, c'est elle qui est la plus pertinente.

Diffusion du projet

Diffusion

C'est l'action exercée pour faire connaître nos positions, nos idées, nos actions, à l'intérieur et à l'extérieur de l'organisation. C'est l'ensemble des moyens utilisés pour faire comprendre le sens de notre projet et, éventuellement, mobiliser des personnes pour venir nous rejoindre dans l'action. Plusieurs aspects sont à considérer.

Formalisation. C'est-à-dire donner une forme présentable et accessible aux différents publics que nous souhaitons toucher.

1. Découpage du projet en éléments simples
   – le problème, le décrire, avec son importance, ses conséquences,
   – les valeurs qui guident le choix des objectifs,
   – les actions à conduire pour amorcer le changement.
2. Distribution du projet à l'intérieur de l'organisation
   – l'ensemble de ceux qui ont des responsabilités
   – l'ensemble des personnes faisant partie du réseau des responsables.

Information. C'est la diffusion, en dehors de l'organisation, des éléments du projet susceptibles d'intéresser une partie de la population.

3. Le texte complet du projet à tous ceux qui nous ont aidés
   – les personnes compétentes, les administrations concernées, etc.
   – les responsables d'organisations qui nous sont proches.
4. Le résumé du projet à tous ceux qui pourront nous rejoindre
   – les amis avec qui nous sommes en relation
   – les personnes qui nous semblent concernées par le problème.

Explications. C'est le travail sur les arguments, qui permet de faire appel à la conscience plutôt que de jouer sur l'inconscient.

5. Arguments à fournir à nos amis, à nos alliés potentiels
   – arguments sur le fond appuyés sur nos valeurs (opinion)
   – arguments sur la forme fondés sur des statistiques, des chiffres (faits).
6. Arguments pour nous distinguer de nos adversaires
   – mettre en évidence leurs contradictions entre discours et actes
   – faire ressortir les conséquences de leurs choix sur la population.

Conscientisation. C'est s'ouvrir à la population pour lui permettre de connaître et de comprendre le problème pris en charge.

7. Expliquer les valeurs choisies, leur contenu
   – montrer la liaison des valeurs avec le problème traité
   – expliquer le sens de chacune des valeurs avec le contenu particulier.
8. Utiliser des moyens de grande diffusion
   – contacts avec des journalistes pour les sensibiliser
   – conférences de presse, communiqués de presse courts, clairs, réguliers.

Mobilisation. C'est aider les membres de la population qui désireraient agir avec nous à nous rejoindre.

9. Faire des réunions régulières
   – réunions de travail par groupe, par quartier
   – meeting pour sensibiliser l'opinion publique.
10. Trouver des slogans mobilisateurs (reprenons notre exemple de la précarité)
   – solidarité par le partage du travail et des revenus
   – solidarité pour agir contre la précarité, etc.

Le programme des réunions pour assumer le projet

Pas de projet sans réunions

Dans le langage courant, on dit : “je vais à une réunion”. Il ne vient pas encore à l’esprit de dire : “je vais à une réunion d’information” ou “à une réunion de décision” ou “à une réunion de recherche”. Le mot réunion englobe, hélas ! pour l’instant, une multitude de rencontres de nature différente entre des personnes.

Il semble important aujourd’hui, pour une efficacité plus grande des réunions, de faire les distinctions nécessaires.

Les réunions ne sont qu’un moment de la vie du groupe

Tout groupe formel (organisé) ou informel (spontané) a des moments de rencontre d’une partie ou de la totalité de ses membres. La tentation c’est de croire que la vie du groupe n’est que le moment passé en réunion. Or M. de Lapalisse dirait qu’il y a pour tout groupe le temps passé en réunion et le temps passé hors réunion, lequel peut encore se décomposer en temps avant la réunion et temps après la réunion, et chacun de ces moments a un objet différent.

- Avant la réunion, chacun prépare ce qu’il va apporter : les problèmes découverts, ses interrogations, ce qu’il a réalisé.
- Pendant la réunion c’est la mise en commun de toutes ces préparations pour que le groupe assume la totalité des problèmes de chacun et détermine ce qu’il y a lieu de faire pour le groupe et pour chacun de ses membres.
- Après la réunion c’est le temps de l’action, c’est-à-dire de réaliser ce qui a été décidé au cours de la réunion.

Les réunions se sont pas toutes de même nature

Lorsqu’on se réunit, ce peut être pour des choses très diverses :

- pour **se distraire**, la réunion est alors l’occasion de détente ;
- pour mieux **se connaître**, la réunion est alors plus amicale et va porter sur l’échange de ce que chacun apporte ;
- pour **s’informer** car on a un problème important à régler pour lequel on ne possède pas suffisamment de données, la réunion est alors centrée sur le contenu et la clarté de l’information ;
- pour **chercher ensemble** une solution à un problème de groupe, la réunion sera plus structurée pour aboutir à des propositions concrètes ;
- pour **agir** dans la vie sociale, la réunion sera organisée de façon à déboucher sur des décisions précises et concrètes en vue de l’action.

A travers ces quelques exemples, on s’aperçoit qu’avant de participer à une réunion, il serait utile de savoir à quel type de réunion on va. Cela permettrait de réfléchir pour poser des questions si l'on va à une réunion d'information, ou de préparer ses interventions pour une réunion décision ou de recherche.

Toutes les réunions ne sont pas de même niveau

Une organisation coordonne l'action de nombreux groupes, tant au niveau local qu'au niveau régional ou national. Il y aura donc des réunions à chacun de ces niveaux. Il serait souhaitable que chaque niveau ne répète pas ce qui a déjà été fait au niveau précédent, mais serve de niveau de coordination.

Le niveau régional a pour fonction de faire remonter les problèmes du niveau local, de les étudier pour les prendre en charge sur un territoire plus large. De même, au plan national remontent les problèmes de toutes les régions pour élaborer une politique sur chaque problème et le situer dans un projet de changement social.

Ce fonctionnement par niveau se réalise tant pour les problèmes "politiques", qui correspondent à ceux que l'organisation prend en charge : famille, santé, travail, solidarité, etc. que pour les problèmes fonctionnels qui correspondent au fonctionnement de l'organisation : formation, documentation, gestion, administration, animation, finances, etc.

Tous les types de réunions sont nécessaires

Il arrive parfois que l'on pense que telle forme de réunion est meilleure que telle autre qu'il faut proscrire. Dans toute vie de groupe, les réalités sont complexes et il est nécessaire de se rendre compte qu'un seul type de réunion ne peut répondre à l'ensemble des besoins du groupe.

Il faut donc savoir utiliser les différentes formes de réunions, en alternant suivant les besoins :

- ***réunion amicale***, mais alors on ne fait que cela, les réunions bâtardes où l'on veut travailler et se distraire ne satisfont ni l'un ni l'autre des objectifs ;
- ***réunion d'information*** de façon à acquérir les matériaux de connaissance pour décider valablement d'une action ;
- ***réunion de recherche*** où, collectivement, on va creuser un problème de façon à mieux le connaître ;
- ***réunion de décision*** permettant au groupe de progresser vers ses objectifs ;
- ***réunion à stratégie*** pour débattre du problème avec d'autres organisations, etc.

Chacun de ces types de réunion est nécessaire. Ils sont complémentaires car ils concourent tous à atteindre un double objectif : permettre à chacun de mieux être lui-même et, par là même, permettre au groupe d'être plus efficace face aux objectifs qu'il s'est assignés.

Cela revient à considérer que l'ensemble des formes de réunion converge vers le but d'être des outils de travail, pour que le groupe soit efficace dans son action, en permettant aux personnes, à travers l'action, d'être pleinement elles-mêmes.

Conditions pour avoir des réunions efficaces

Le travail en groupe est un moyen efficace à la condition d'avoir un minimum de méthode, accepté par tous, d'éviter la routine et les habitudes, d'accepter la critique et l'innovation en permanence.

Ne se réunir que sur un objectif clair et précis

Chacun d'entre nous a une multitude d'activités et ne peut se permettre de perdre du temps en réunions stériles. La réunionnite, qui a tendance à sévir un peu partout, doit être pourchassée sans répit.

Indiquer à l'avance : 1. le problème à résoudre ; 2. l'information qui s'y rattache, théorique (documents), pratique (expérience) ; 3. les solutions proposées, de façon à ce que, chacun réfléchissant à l'avance, le jour de la réunion ne sera plus que la mise en commun des préparations préalables.

Ne se réunir que si c'est le moyen le plus efficace

Avant de convoquer une réunion, faire le tour des autres moyens : téléphone, note écrite, contacts individuels, etc. et choisir le plus efficace.

Les critères de choix pour se réunir pourraient être :
- la meilleure compréhension,
- avoir des réactions immédiates,
- par l'affrontement, susciter des réactions et des initiatives,
- consulter ensemble les gens concernés,
- développer l'esprit de compréhension réciproque.

Ne réunir que les gens concernés

Ne pas tenir compte du rang, du titre, des habitudes. Le seul critère pour être participant est d'être concerné. Lorsqu'une personne est concernée, elle **parlera** de son problème, elle sera **compétente**. On pourra ainsi cerner sérieusement le problème à régler.

Les gens concernés risquent cependant de rester bloqués sur les aspects particuliers de leur compétence due soit à leur connaissance du problème, soit à la place qu'ils occupent dans le problème à régler. Il faudra veiller à **l'écoute** des différents points de vue pour intégrer ce que chacun peut avoir de valable à dire et permettre l'évolution de chacun vers une solution acceptable pour tous.

Fixer l'objectif à l'avance avec l'accord des participants

Remettre à chacun une convocation précise et détaillée avec note explicative et demande de suggestions afin que chacun prépare les arguments nécessaires pour défendre son point de vue.

Prévoir, pour chaque point à examiner, la fourchette de temps qui y sera consacrée pour que tout le monde puisse s'expliquer, accepter les points de vue opposés et arriver à se mettre d'accord par l'évolution des parties en présence.

Eliminer tout contact avec l'extérieur

Le temps de réunion est trop précieux pour le dilapider avec des interruptions dues à des appels extérieurs. Le monde ne s'est jamais écroulé parce qu'une personne ne pouvait être atteinte. Une fois la règle admise, chacun s'en porte mieux et surtout le groupe peut travailler en toute tranquillité.

On ne se rend pas assez compte qu'une personne, répondant au téléphone ou acceptant des interruptions, gêne l'ensemble du groupe qui n'ose poursuivre ses débats. On se voit obligé de rappeler ce qui a été dit pendant l'absence. C'est ainsi que l'on casse l'évolution d'un groupe.

Conscience d'un minimum de rigueur

L'exactitude est un facteur important d'efficacité. Lorsque l'animateur est en retard, on ne peut commencer sans lui. Lorsque ce sont des participants, les personnes exactes sont pénalisées. Elles perdent leur temps à attendre les retardataires. Ce qui est vrai au début est tout aussi vrai pour la fin de la réunion. Une réunion d'une heure ne doit pas durer deux heures. C'est ainsi que l'on crée la lassitude chez les participants.

Le centrage : faire aussi la chasse aux apartés. Ce qui est dit hors du groupe à son voisin pourrait intéresser l'ensemble. Pourquoi ne pas le faire immédiatement ? Si c'est hors du sujet, cela perturbe et freine le travail du groupe.

Participation active de tous

Chaque participant doit apporter sa contribution au travail de l'ensemble. Cela suppose une préparation minimum. Ne pas s'exprimer, c'est priver le groupe d'un apport intéressant et unique.

Chacun doit faire effort pour écouter celui qui parle. C'est le seul moyen pour le groupe de progresser. Parler et écouter sont les deux éléments de base de l'efficacité collective.

L'apport de chacun doit être original, c'est-à-dire issu d'une réflexion et d'une expérience personnelles que l'on communique aux autres.

Choisir une méthode appropriée

Chaque réunion pouvant être différente, on ne peut utiliser la même méthode pour une réunion d'information, de recherche ou de décision. Chacune nécessite des outils différents, soit en utilisant ceux qui existent, soit en inventant d'autres méthodes plus efficaces compte tenu du groupe ou du problème.

Démasquer les obstacles cachés

Certaines réunions piétinent alors que toutes les conditions requises ont été réunies. C'est le moment d'en rechercher les causes :

– antagonisme de personnes, conflits d'autorité, conformisme ;
– sujets choisis délicats, gênants, inopportuns ;
– perturbation due à l'horaire, à la durée, à la méthode, etc.

Une amélioration est toujours possible lorsque chacun des membres du groupe assume ses responsabilités d'animateur, de participant, de secrétaire, de rapporteur, etc. Aucune de ces fonctions n'étant supérieure aux autres, l'harmonie naîtra quand celui qui a accepté une tâche l'accomplira en respectant la définition des fonctions faite ensemble, seul élément régulateur.

Les facteurs des réunions [1]

La notion de réunion renvoie, comme nous venons de le voir, à une multitude de formules : réunions fonctionnelles (Assemblée générale, Conseil, Bureau, etc.), réunions politiques (information, recherche, décision, etc.), centrées sur des problèmes précis et concrets. Derrière la diversité des types de réunions, il est nécessaire de percevoir les facteurs qui interviennent chaque fois qu'une réunion a lieu. Ils sont de deux ordres : les facteurs humains et les facteurs techniques. Chaque facteur humain utilise les facteurs techniques adaptés à chaque type de réunion.

Les facteurs humains (voir **Animer et participer à la vie de groupe**)

L'animateur est une fonction nécessaire à toute réunion, sans distinction de forme. Sans animateur, c'est l'inefficacité totale, le règne du désordre, le manque de clarté, l'absence de rigueur et, surtout, l'impossibilité pour une réunion d'atteindre l'objectif fixé au départ. Sans animateur, ce sera l'émergence de leaders ou de chefs qui conduisent le groupe vers leurs objectifs personnels. (cf. pp. 156 et 157)

Les participants. Une réunion comporte un certain nombre de participants. Il peut varier, d'une réunion de décision (petit nombre, une dizaine environ) à une réunion d'information (grand nombre, plusieurs centaines). Mais, chaque fois, c'est un facteur à prendre en compte tant pour la préparation que pour l'expression de tous, le déroulement ou le suivi. (cf. pp.158 et 159)

Le groupe. L'ensemble animateur/participants forme un groupe ayant une vie propre, qui naît, évolue, se développe. Un certain nombre de phénomènes s'y passe, en connaître les lois en favorise la maîtrise, donc l'efficacité. (cf. pp. 160 et 161)

Les facteurs techniques (voir Chapitre 4, p. 203)

Les moyens. Qui peut prétendre pouvoir travailler sans outils : convocation, compte rendu, tableau, etc. ? Une réunion ne se fait pas n'importe comment sans un minimum de moyens.

Les méthodes. Ces outils ne s'utilisent pas n'importe comment. Il existe plusieurs façons de procéder. Le choix de notre méthode sera révélateur de notre orientation, du sens que nous donnons à notre action. Avoir des moyens modernes (magnétoscope) et s'en servir avec la même méthode que les anciens (l'outil réservé à l'animateur) montre que nous n'avons pas changé fondamentalement notre façon de faire.

Les procédures. C'est la liaison des moyens et des méthodes dans un cadre organisé indiquant la façon dont on va procéder. Elles varient pour chaque type de réunion. Une fois élaborées, adoptées par le groupe et utilisées, elles décuplent l'efficacité des réunions.

Interaction personnes et techniques

Si toutes les réunions, malgré leur diversité, contiennent tous ces facteurs, leur interaction est différente chaque fois. Si l'animateur a la charge principale de favoriser l'interaction tout en maintenant la cohérence, cela ne dispense pas chaque participant de se sentir responsable aussi de l'ensemble, ce qui permettra à l'animateur, s'il est soulagé de certaines parties, de se consacrer plus spécialement à d'autres. C'est ainsi que se construit aussi la cohésion du groupe.

---

(1) **Des réunions plus efficaces**, Charles Maccio, Chronique Sociale, 2e éd.

Assurer la cohérence entre tous les facteurs

La tâche de l'animateur est complexe. Outre la maîtrise de chacun des facteurs, il doit en outre assurer la cohérence entre tous ces facteurs.

Les facteurs humains

Favoriser **l'expression** de chaque membre du groupe : elle sera d'autant plus facile que les participants invités seront et se sentiront concernés par le problème abordé.

Faciliter **l'écoute** : lorsque quelqu'un parle, tous les autres écoutent, pour pouvoir répondre et réagir.

Permettre **l'affrontement** des expériences et des opinions de façon à analyser la diversité des facettes du problème.

Faire avancer vers **la compréhension** pour que les accords puissent se faire sur du solide et les désaccords s'exprimer clairement, car comprendre ce n'est pas forcément être d'accord mais cela permet de réagir correctement.

Arriver à **l'unité** qui n'est pas uniformité. Faire accepter l'unité dans la diversité. Elle peut aboutir à des décisions unanimes (tous d'accord), non uniformes (avoir des pratiques différentes) (cf. p. 256). Si l'on est d'accord sur les objectifs, on peut diverger sur les moyens de les atteindre à condition de se rencontrer pour confronter les pratiques différentes, pour analyser celles qui permettent d'avancer plus judicieusement ves l'objectif.

Les facteurs techniques

Préparation des réunions par l'animateur dans le cadre du plan de travail élaboré par le groupe et du projet de l'organisation ; prévoir en fin de réunion ce qui sera abordé à la prochaine, pour atténuer la directivité de l'animateur.

Favoriser la préparation de la réunion par les participants par l'envoi d'une convocation et, éventuellement, en téléphonant ou rencontrant chaque membre.

Faciliter le déroulement en proposant une procédure dans laquelle moyens et méthodes seront clairement présentés. Faire respecter l'objectif, suivre le plan, assurer le déroulement dans le cadre du minutage des parties et de l'horaire établi. Savoir utiliser le tableau pour aider les participants à suivre le déroulement de la réunion.

Assurer le suivi en s'appuyant sur le compte rendu qui rappellera qui fait quoi, à quel moment et de quelle façon. Utiliser régulièrement les bilans pour gérer correctement le groupe.

Une dialectique tâches/personnes

Chaque réunion doit favoriser l'épanouissement des personnes. Pour cela, les techniques utilisées sont à leur service. Leur choix judicieux, leur utilisation régulière, permettront à chacun d'avoir les éléments de sa propre évolution tout en progressant avec les autres vers les objectifs définis ensemble (exemple d'outil d'analyse).

Les fonctions de l'animateur

La fonction de production

Elle vise à rendre les réunions et le travail de groupe efficaces.

Faire fixer les objectifs. Veiller à ce que l'objectif comporte les quatre critères : 1. l'action à réaliser ; 2. les personnes concernées ; 3. les changements à opérer ; 4. les délais à respecter. Qu'il soit perçu et accepté par tous.

Elaborer un plan correspondant à l'objectif et préciser les différents éléments à aborder pour cerner le problème.

Proposer une procédure déterminant les moyens et les méthodes de travail du groupe.

Favoriser la circulation de l'information pour que chaque membre dispose des éléments nécessaires pour réfléchir et décider.

Permettre la prise de décision collective en distinguant les décisions de fonctionnement des décisions politiques.

Organiser l'action en déterminant les objectifs, les priorités, les responsabilités, les échéances, les moyens et les finances.

Dans le cadre d'une stratégie situant chaque action particulière dans un processus cohérent de changement.

La fonction de facilitation

Elle vise à élaborer ou procurer les outils de travail nécessaires.

Situer chaque réunion dans la vie d'un groupe afin qu'il y ait continuité dans le travail à réaliser individuellement et collectivement.

Utiliser les différents types de réunions en fonction des besoins et des problèmes : information, précédant la recherche puis la décision.

Déterminer les moyens nécessaires pour travailler : convocation avec objectif clair, plan détaillé, compte rendu, salle confortable, tableau, etc.

Choisir les méthodes appropriées favorisant l'expression de tous et l'approfondissement des problèmes : méthodes de pensée, d'analyse, de synthèse.

Elaborer des définitions de fonctions claires et précises pour chaque responsabilité, délimitant les territoires personnels et collectifs.

Créer un climat où chacun se sente à l'aise pour être lui-même et apporter sa contribution en fonction de ses capacités.

La fonction de régulation

Elle vise à permettre l'expression individuelle et les affrontements collectifs.

Croire aux virtualités de chaque membre.

Eviter tout jugement de valeur pour apprendre à porter des jugements de réalité.

Favoriser l'expression de chacun par des questions, des silences, la spontanéité.

Favoriser l'implication contre la neutralité en s'impliquant soi-même.

Passer du "Je" au "Nous" par l'apprentissage de la synthèse.

Apprendre à écouter en étant disponible au message des autres.

Essayer de comprendre en profondeur la pensée de l'autre, même en cas de désaccord.

S'entraîner à l'affrontement car on ne règle pas les problèmes sans en parler.

Rechercher les conditions d'une participation efficace, en partant du désir, de la compétence et de la conscience de chacun.

L'animateur : son attitude profonde [1]

La non-directivité

Distinguer la directivité **sur la forme** qui touche aux méthodes, aux modalités, de la directivité **sur le fond** qui oriente en fonction de la pensée de l'animateur.
Si l'on décide d'être non-directif, on est directif.
Si le groupe nous demande d'être directif, nous sommes non-directif.

Les orientations profondes

Congruence. Liaison intime qu'il y a entre la conscience que l'on a des autres ou des choses et l'expérience réelle, telle qu'elle est vécue et perçue par l'entourage. Mais, pour que la congruence soit réelle, il convient de communiquer ce que l'on perçoit, en faisant attention à la façon de le dire, au moment de le dire, et au contenu de ce que l'on dit, et surtout à la personne à qui on le dit.
Considération objective inconditionnelle. Face à chaque personne, si nous avons de la considération, nos relations s'amélioreront, car il y aura chaleur, intérêt. Si cette considération est objective, elle nous incitera à chercher ce qu'il y a de richesse particulière en toute personne. Nous pourrons ainsi plus facilement l'accepter de façon inconditionnelle, telle qu'elle est.
Compréhension empathique (en profondeur). Comprendre le message ne suffit pas, il faut encore essayer de comprendre pourquoi il est exprimé ainsi. Cela nous conduit à chercher à comprendre au-delà des mots, en profondeur, et ensuite communiquer ce que nous avons compris.
Apprentissage authentique. Dans l'apprentissage courant, on se contente de devenir habile dans le domaine choisi. Pour Rogers, il faut aller au-delà, de façon à ne pas en rester à l'extérieur de l'être, mais arriver à une connaissance pénétrante qui transforme l'être. Cet apprentissage est continu.
Vie pleine. C'est une véritable ascèse permanente qui nécessite la capacité de mobiliser en nous toutes les virtualités de notre être, dans tous les domaines, physique, affectif, intellectuel, relationnel, etc. C'est un processus, non un état.
Unité de l'être. L'ensemble du message de Rogers est un message d'unité. Unité de l'être, de soi-même, mais aussi des autres, unité des différentes démarches de l'esprit qui est une unité vivante en marche, en mouvement continuel.

Etre soi-même

En surmontant les obstacles du conformisme de façade, des attentes des autres à notre égard, des devoirs que l'on se fait d'agir de façon "traditionnelle".
En choisissant une direction
- s'entourer d'avis divers, pour décider soi-même en dernière analyse ;
- accepter la mobilité, le changement, pour s'enrichir de l'apport des autres et de l'évolution de la société ;
- maîtriser la complexité en évitant de croire de façon simpliste que tout est facile ;
- accepter ce que nous sommes pour travailler avec, c'est la condition nécessaire pour accepter les autres et travailler avec ce qu'ils sont.

En construisant sa sociabilité. Chaque personne est différente. On accède à l'égalité en permettant à chacun d'être lui-même et ainsi d'utiliser la différence comme fondement de la complémentarité.

---

(1) **Le développement de la personne**, Carl R. Rogers, Dunod, 1966.

Les participants : personnalité

Chaque personne, pour avoir une personnalité solide, doit trouver un équilibre permanent entre deux pôles complémentaires à développer.

L'autonomie

Nature. L'autonomie personnelle est le fait d'assumer individuellement ses actes et de s'approprier son travail. Toute activité est formatrice de la personne. Elle est vécue en solitude et en relation. Elle permet de ce fait le développement des virtualités de chacun.

Fonction. L'autonomie a pour fonction de construire la personnalité en rendant capable d'autodiscipline et de responsabilité à part entière.

Manifestation. L'autonomie se manifeste par une prise en charge de soi-même passant par différentes phases : définir un projet sur soi au lieu de le faire sur les autres, organiser son travail individuellement, prendre des initiatives et faire des bilans réguliers.

Conditions d'accès : avoir un territoire personnel clairement délimité ; avoir la capacité de prendre les décisions individuelles concernant sa vie et ses responsabilités ; ne pas avoir de projet sur autrui (en avoir est souvent une fuite par rapport à ses propres problèmes).

Les étapes conduisant à l'autonomie. Tout commence par l'obéissance dans le tout jeune âge. Puis viennent les premières manifestations d'autonomie sous forme de contestation, passage nécessaire pour être capable, par le dialogue, de passer à la phase d'affirmation de soi.

Les éléments de base : équilibre physique en assumant son corps, équilibre affectif en développant la capacité à avoir des relations, équilibre intellectuel permettant l'acquisition d'une pensée personnelle.

La socialisation

Nature. La socialisation est un acte personnel permettant d'apporter sa contribution à la réalisation collective d'actions, en s'appropriant, avec les autres, son activité. C'est une démarche formatrice de la vie personnelle et sociale quand elle est vécue avec les personnes concernées, en remplaçant la compétition par la coopération.

Fonction. Elle favorise l'épanouissement des personnes individuelles, le dépassement de l'individualisme en apprenant à partager les tâches et en utilisant les différences comme facteurs de progrès.

Manifestation. Les personnes concernées prennent en charge leurs problèmes en affrontant leurs projets personnels différents, pour arriver à avoir un projet collectif cohérent. Cela entraîne une organisation (ne bloquant pas les initiatives personnelles) dans le cadre des responsabilités définies et réparties en groupe.

Conditions d'accès : être concernés collectivement par un problème, en être conscients et vouloir ensemble le prendre en charge.

Les étapes conduisant à la sociabilité

- Au départ, dépendance par rapport aux personnes et au milieu ;
- réaction d'indépendance pour s'affirmer collectivement
- accès à l'interdépendance et à la complémentarité des personnes et des groupes.

Les éléments de base : accepter de travailler, donc de participer activement, aux différentes tâches ; participer aux décisions collectives qui vous concernent ; aimer les personnes avec qui on travaille.

Les participants : la relation aux autres

Si chacun désire être lui-même, il est normal qu'il en soit de même pour tous les autres. Etant un être de relation, il serait souhaitable que mon expression personnelle ne se fasse pas au détriment des autres. Si l'autonomie c'est l'accès à l'épanouissement de mon être, la socialisation c'est l'acceptation de l'accès des autres à leur autonomie.

S'exprimer pour être compris

A quoi servirait un beau message si les autres ne le comprenaient pas ? Ce que je dis doit donc tenir compte, de façon impérative, de celui qui m'écoute. C'est lui qui détermine mon comportement et la forme de mon expression.

Ecouter. La réciprocité est vraie. Si l'autre s'exprime, il souhaite être entendu. Est-ce que je fais l'effort nécessaire pour entendre ce qu'il me dit ou l'ai-je écouté de façon distraite ? Si je ne l'écoute pas, il va le sentir et nos relations seront détériorées.

Comprendre. Mais écouter n'est pas suffisant, il faut pénétrer le message, l'intention et en saisir le sens. Pour cela il faut distinguer :

- *Le message manifeste*, c'est-à-dire ce qui est dit, et cela peut être facile si l'on écoute avec attention. Pour montrer que l'on a compris le message, on peut répéter dans les mêmes termes ce qui a été dit, ou le reformuler en d'autres termes.
- *Le sens latent* : Il arrive souvent que ce qui est dit camoufle le non-dit. Il nous faudra apprendre à dépasser le dit du message pour en découvrir le sens profond. Que l'on n'entende plus dire à quelqu'un qui se défend contre une interprétation erronée : "Oui, mais tu as dit cela tout à l'heure". Ne pas rendre l'autre prisonnier de ce qu'il a dit, sinon on ne le comprend pas.

S'affronter

Comme nous sommes tous différents, l'expression de chacun sera forcément différente de celle des autres. Cela nous conduit inévitablement à l'affrontement.

Comprendre ce n'est pas être d'accord, mais, ayant compris l'autre, on peut alors expliquer sa propre position. L'affrontement c'est l'expression de deux pensées personnelles qui cherchent à se comprendre, sans cela c'est le conflit qui s'instaure.

S'affronter le plus tôt possible. Lorsque, dans un groupe, il y a un problème, on ne peut le régler sans en parler. Plus on tarde à le régler, plus il s'envenime. Plus tôt on en parlera simplement, plus il sera facile de trouver une solution.

Chercher la part de vérité qu'il y a dans l'autre, c'est cela le sens profond de l'affrontement. C'est croire que l'on ne possède pas à soi seul la vérité, que l'autre, malgré la divergence, détient une part de vérité. L'effort réciproque pour trouver dans l'autre ce qui peut nous unir est facteur de progrès pour les deux parties en présence.

Vers l'unité

L'unité n'est pas l'uniformité. Chacun doit rester ce qu'il est, car l'unité, pour être riche, doit se faire dans la complémentarité des différences acceptées réciproquement par toutes les personnes en présence.

Les phénomènes de groupe [1]

Toute vie en groupe déclenche des phénomènes. En les connaissant, nous ne serons pas surpris de découvrir et de vivre des moments de tension ou de fusion, car tout phénomène est ambivalent. Les comprendre permet de mieux les utiliser pour construire l'unité du groupe.

Orientation

Tout groupe est en **quête de sens**. Chaque personne arrive avec des objectifs personnels, des valeurs, une éthique, etc. Il est donc nécessaire de confronter ces différents apports individuels pour arriver à dégager ensemble une orientation commune. Quand nous entrons dans un groupe qui a déjà fixé ses orientations, il est nécessaire de vérifier qu'il y a adéquation entre les finalités du groupe et celles de chaque nouvel arrivant. Au cours de la vie de groupe, les débats internes peuvent faire évoluer les orientations pour arriver à fixer ensemble finalité, politique et objectif.

Progression du groupe vers ses objectifs

Pour que le travail du groupe ait un sens, une direction, il lui faut élaborer **un projet** qui mettra en cohérence les objectifs individuels, du groupe et de l'organisation au sein d'une institution. Cela se traduira par un programme détaillant avec précision le problème pris en charge, ses différentes facettes et les étapes de progression. Si cette rationalisation par le projet ne se réalisait pas, le groupe, vivant de façon désordonnée au gré de la fantaisie de chacun ou des tendances internes, serait conduit à l'éclatement.

Cohésion du groupe

Celle-ci sera d'autant plus forte que le groupe répondra à une double exigence : **réponse du groupe aux besoins individuels**, par exemple d'affiliation, de prestige, de reconnaissance, de pouvoir, de relation, de valorisation, etc. ; mais aussi **réponse des personnes aux besoins du groupe**. Pour agir dans le sens choisi, le groupe a besoin d'être conscient des problèmes posés à ses membres ou à la population. Pour cela il lui faut faudra de l'information, de la documentation, mais aussi de la formation pour répartir les responsabilités entre tous les membres.

Communication

Un certain nombre de facteurs interviennent dans les relations : émetteur, messages, récepteur, réseau, déviance, feed-back, etc. Parmi ces facteurs, le plus important est **le récepteur**. Si l'on tient compte de lui, s'il est prioritaire, alors la communication passera, car l'émetteur se mettra à sa portée. Il délivrera un message qui puisse être compris par celui qui le reçoit. Il fera attention aux déviances et utilisera le réseau le plus approprié. Enfin, il vérifiera, par le feed-back, que le récepteur a reçu correctement le message et peut réagir.

Interaction

Comme dans tout système, chaque élément est en interaction avec les autres : interaction entre participants, interaction entre fonctions, interaction animateur/participants, etc. Ce qui est vrai des personnes l'est aussi par rapport à l'environnement : interaction personnes/groupe, personnes/milieu, personnes/procédures, etc. Pour les canaliser, il est nécessaire d'élaborer ensemble des normes, des règles qui seront revues régulièrement. Mais le grand régulateur c'est **la définition de fonction**.

---

(1) **Animer et participer à la vie des groupes**, (Tome 1), Charles Maccio, Chronique Sociale.

Socialisation

La vie de groupe est un lieu d'apprentissage incontournable de socialisation. Il a fallu beaucoup d'individus autour d'une personne pour la construire. Il en faut encore beaucoup aujourd'hui pour que chacun construise sa personnalité, car nous nous faisons par l'autre. C'est la raison pour laquelle quand des leaders émergent, au lieu de les éliminer, il est préférable de rechercher ensemble sur quoi ou en quoi chaque membre du groupe peut être leader. **Tous leaders**, en fonction de nos points forts reconnus et acceptés par les autres, cela complète la responsabilité.

Organisation

Tout groupe est organisé de façon formelle ou informelle. Cela lui sert de colonne vertébrale. Dans la majorité des cas, cette structure est pyramidale. Il en résulte très souvent des conflits entre niveaux hiérarchiques ou des jalousies entre fonctions de même niveau. Les liaisons sont difficiles et la compétition est souvent la règle. Rechercher à mettre en place des structures cellulaires de petite taille où **chaque membre a une responsabilité précise**, avec une définition de fonction claire déterminant son champ de décision individuelle et collective, peut conduire à une vie plus coopérative, plus communautaire.

Tensions

Dans tout groupe, il existe des tensions. Elles se traduisent sous des formes diverses : conflits interpersonnels, sachant que 80 % des conflits sont des conflits de pouvoir ; personnes difficiles par leur caractère, leurs réactions, etc. minorités qui forment des clans, etc. Pour faire face à ces difficultés, il convient de mettre en place des mécanismes d'**affrontement**, quand l'origine est dans les personnes : expression libre de chacun pour dégager une synthèse de la thèse et de l'antithèse. Quand les problèmes viennent d'organisations, cela peut se résoudre par **la négociation**.

Evolution

Un groupe est vivant. Comme les personnes il évolue : vers son **autonomie** en passant par des étapes diverses dont le signe de maturité est l'œdipe collectif permettant à chaque membre d'être écouté et entendu grâce à l'animateur qui est catalyseur ; vers sa **socialisation** en prenant conscience que d'autres groupes existent au sein de son organisation, avec lesquels il faut collaborer ; que d'autres groupes agissent à l'extérieur de l'organisation : groupes centrés sur le même problème (exclusion, santé, éducation), groupes centrés sur d'autres problèmes mais toujours complémentaires (économie, politique, syndical, familial, etc.)

Innovation

Ce groupe vivant évolue s'il est capable d'innover. C'est le moteur véritable du changement. Cela permet de remettre en cause ses habitudes, son conformisme, ses certitudes, pour être ouvert aux mutations du monde qui nous entoure. Cela conduit les membres du groupe à apprendre à **anticiper** dans leur décision, résultat de la conscience qu'ils ont des répercussions de leurs actions d'aujourd'hui sur les générations futures. C'est un signe de santé pour un groupe.

Sachons nous servir de tous ces éléments pour œuvrer efficacement à la construction de la cité.

Le programme d'une réunion [1]

Si nos réunions ne sont pas insérées dans un projet de groupe, elles seront rarement efficaces. Travailler au coup par coup permet certes de régler un certain nombre de problèmes urgents, mais, généralement, cela conduit davantage à traiter des effets que des causes, donc à pallier certaines difficultés mais non les régler. Pour être efficace, le programme des réunions comporte plusieurs conditions[2].

Situer chaque réunion dans un projet d'année

Un groupe qui a élaboré un projet évite à l'animateur d'être directif, puisque celui-ci est seulement chargé de veiller à son application. Il permet à chaque membre du groupe de situer chaque réunion dans une progression d'ensemble pour prendre en charge les problèmes décidés en commun. Il favorise l'efficacité du groupe en évitant la dispersion.

Distinguer le TOP (Thème – Objectif – Plan)

Le plan de travail indique les différents thèmes qui seront abordés au cours des différentes réunions. Il convient donc, avant chaque réunion, que l'animateur en précise le contenu, afin que chacun puisse y réfléchir à l'avance en préparant son apport et sa participation.

Il rappellera **le thème** qui a été retenu, par exemple : les salaires.

Sur ce thème général, il conviendra de préciser **l'objectif** de la réunion. Par exemple : rechercher les solutions pour réduire les écarts de salaires au sein de l'atelier X d'ici un mois. Se rappeler qu'un objectif efficace doit comporter : 1. le problème à régler ; 2. les personnes ou groupes concernés ; 3. les changements à opérer ; 4. les délais à respecter. Compte tenu de sa formulation, nous voyons que nous avons affaire à une réunion de recherche qui précède une réunion de décision pour agir.

Pour atteindre cet objectif de réunion, il est indispensable de faire un **plan** (qui sera le programme de la réunion). Par exemple :

1. Les coefficients de la Convention collective par catégories :
   - Ouvriers
   - Professionnels
   - Techniciens
2. Les salaires
   - de la Convention collective par coefficient
   - des autres professions
3. Les écarts
   - entre salariés réels et conventionnels
   - entre catégories
   - au sein d'une même catégorie

D'autres objectifs ou d'autres plans sont possibles sur le même thème. Il est important, pour travailler efficacement, qu'ils soient précis et détaillés.

---

(1) **Des réunions plus efficaces**, Charles Maccio, Chronique Sociale, 2e éd.

(2) **La conduite de réunions**, Séminaire Roger Mucchielli, ESF.

Tendre à ne régler qu'un problème à la fois

C'est une condition difficile à tenir car nous avons tellement de problèmes à régler que l'ordre du jour des réunions est souvent très chargé. C'est l'une des causes d'une maladie des groupes, la réunionnite, et d'une inefficacité du travail en réunion.

Si nous essayons de raisonner : en faisant une réunion par mois pendant 10 mois, si nous avons 4 problèmes à l'ordre du jour, il faudrait donc régler 40 problèmes par an... Or, combien en réglons-nous ? Si nous avions un seul problème à traiter par réunion, nous pourrions le prendre en charge et le régler. Nous aborderions certes moins de problèmes, mais nous en réglerions davantage.

Ce qui nous fait hésiter, c'est le nombre de problèmes à régler. Cela provient en partie du fait que nous mettons sur le même plan des problèmes fonctionnels et des problèmes politiques. Ces derniers peuvent se déterminer à partir de trois critères :

1. Les problèmes qui concernent tous les membres (politique)
2. Tout ce qui touche au sens, à l'orientation (idéologique)
3. Ce qui détermine l'équilibre financier (économique)

Si nous prenions l'habitude de n'aborder en réunion que les problèmes politiques, laissant aux divers responsables le soin de régler les problèmes fonctionnels, nous serions plus efficaces parce que nos réunions seraient moins encombrées. Elles seraient moins nombreuses et nous mettrions en place des relations plus démocratiques de partage de pouvoir en laissant un champ d'initiatives plus grand (défini en équipe) à chaque personne ayant une responsabilité.

L'animateur propose sa préparation par une convocation

Certains pensent que le programme de la réunion doit être le plus sommaire possible pour ne pas influencer les membres du groupe et ainsi éviter à l'animateur d'être directif. En fait, c'est le contraire qui se passe.

En effet, si l'animateur a préparé sa réunion, il a réuni de l'information, il a réfléchi. Il possède de ce fait un avantage sur les autres membres.

- S'il ne dévoile pas sa préparation, sa façon d'aborder le problème en réunion, les autres ignorent comment il va le présenter. Il les prive donc des moyens de préparer la réunion sérieusement, de concevoir leur argumentation.
- S'il dévoile sa pensée, en envoyant une convocation précise et détaillée, l'efficacité de la réunion est décuplée. Si les membres ne sont pas d'accord avec sa façon d'aborder le problème, la connaissant d'avance ils peuvent préparer leurs réactions et leurs contre-propositions. En ce sens, l'animateur est moins directif. Si les membres sont d'accord avec son approche, ils peuvent élaborer sérieusement leur participation et la réunion devient alors le moment où l'on met en commun tout ce travail de préparation individuelle, où l'on débat des apports de chacun et où l'on peut faire des synthèses riches.

C'est le rôle du programme des réunions, quand il est précis et détaillé, de favoriser l'apport de chacun, le débat et la synthèse pour l'action.

Procédure générale pour tout type de réunion

Préparation

• ***L'animateur***. Sur **le thème** choisi par le groupe, il dégage un objectif adapté à la durée de la réunion, prépare **un plan** pour favoriser l'analyse et choisit **une procédure** adaptée au type de réunion. Il envoie sa préparation sous forme de convocation.
• ***Les participants***. A la réception de la convocation, chacun réfléchit aux problèmes en dégageant sa **pensée personnelle**, à partir de son expérience et des informations qu'il reçoit, afin de pouvoir intervenir de façon originale au cours de la réunion.

Déroulement

1. ***Introduction***. L'animateur rappelle la proposition de la convocation : le thème, l'objectif, le plan, la procédure (TOP).
2. ***Discussion pour accord***. Démarrer une réunion sans s'être assuré que tout le monde est d'accord sur le TOP (Thème – Objectif – Plan), c'est courir le risque de déviance. D'autre part, si des participants ayant préparé la réunion veulent apporter quelques modifications, il vaut mieux le faire au début pour avoir l'accord du groupe.
3. ***Travail de la réunion***
• *Analyse*
Suivant la nature de la réunion, le déroulement se fera en tenant compte de sa particularité :
– réunion d'information
– réunion de recherche
– réunion de décision
– réunion de stratégie
| avec une procédure particulière [1]

Mais quelle que soit sa nature, une réunion doit toujours favoriser :
– l'expression de chacun
– l'écoute de celui qui parle
– la compréhension de ce qui est dit
– l'affrontement en cas de différence ou de divergence
– la recherche de l'unité dans la diversité
• *Synthèse*
Une conclusion risquerait d'être un point final. Or, une réunion n'étant qu'un moment de la vie du groupe, il est peut-être préférable de s'habituer à faire des synthèses reprenant les points communs, les points différents, les points divergents. De cette façon, chaque membre du groupe apprend à vivre avec les points d'accord et les désaccords. C'est un apprentissage pour vivre au quotidien l'acceptation de la différence.
Cette différence est facteur d'efficacité puisque c'est d'elle que l'on partira pour progresser : thèse, antithèse, synthèse.

Suivi

Quelle que soit la nature de la réunion, **le bilan** fait le point de la réalisation à un moment donné, détermine les orientations et parfois les modalités d'action dans le cadre d'une stratégie. Si l'on ne fait pas le point régulièrement de ce qui se passe dans la vie du groupe et de l'impact d'une réunion sur le comportement de chacun, on risque d'être inefficace.

---

(1) Voir **Des réunions plus efficaces**, op. cit., pp. 86/87.

Procédure particulière : réunion de décision
Exemple

Préparation
Préparation de l'animateur

Il réfléchit au thème qui est vaste, pour en dégager un objectif adapté à la durée de la réunion et prépare un plan qui favorise l'analyse.

Il rédige ensuite une convocation sur laquelle il indique le TOP ainsi que les coordonnées.

Préparation des participants

A la réception de la convocation, chacun prend le temps de réfléchir et de dégager sa pensée personnelle à partir de son expérience et de ses informations.

Déroulement
1. Introduction

L'animateur rappelle ce qui est porté sur la convocation : le thème, l'objectif, le plan "proposé" (TOP).

2. Discussion pour centrer le sujet

Chacun apporte les résultats de sa préparation. Il y a donc débat pour se mettre d'accord sur l'objectif, et éventuellement aménager le plan. Quand le groupe est d'accord sur le TOP, on peut passer à la phase suivante.

3. Analyse / synthèse

Le plan à suivre ne comportant que du Voir, pour l'analyse du sujet.

La méthode à appliquer,voir, juger, agir, permet de creuser chaque partie du plan.

La grille à utiliser est constituée verticalement par le plan et horizontalement par la méthode choisie.

La synthèse à faire régulièrement : des synthèses partielles après chaque point du plan. Elles marquent les étapes du travail du groupe, avant de déboucher sur une synthèse globale.

4. Décision

La synthèse globale permet la prise de décision :
- en vérifiant l'accord de tous sur l'objectif à atteindre ;
- en acceptant les divergences éventuelles sur les moyens à utiliser.

On peut ainsi avoir des décisions unanimes (tous d'accord), non uniformes (pour accepter des différences de pratiques), à condition d'accepter de s'affronter ensuite sur le résultat de ces pratiques différentes.

5. Organisation de l'action

Après la décision, prévoir qui fait quoi...
- *Les objectifs* d'action à atteindre,
- *les priorités* indiquant l'ordre de déroulement,
- *les responsabilités*, pour que chacun ait quelque chose à faire,
- *les échéances* à partir d'une date et dans un délai prévu,
- *les moyens* à utiliser,
- *les finances* pour couvrir les frais engagés.

Suivi
Contrôle en cours d'action au cas où il y aurait des imprévus.

Bilan en fin d'action : mesure de l'écart objectif/réalisation et décisions correctives.

Comment faire une convocation

Une convocation, qui veut faciliter le travail de préparation de chacun des membres, doit comporter un certain nombre de renseignements pour éviter les équivoques.

Préciser le type de réunion

Cela permet à chacun de savoir à l'avance s'il participe à une réunion d'information, de recherche, de décision, etc.

Préciser le TOP

- Rappeler le Thème
- Préciser l'Objectif
- Proposer un Plan

Si un plan n'est pas proposé, on passe du temps en réunion à rechercher le contenu du problème. Si le plan est précis, au lieu de rechercher les éléments du problème, on utilise le temps pour creuser celui-ci. Dans le premier cas, on reste à la surface des choses ; dans le second, on approfondit.

Un plan ne peut être fait que par une personne compétente sur le sujet. Cela exclut ceux qui ne connaissent pas le problème. Sans compétences, il est difficile de saisir l'importance respective des points les uns par rapport aux autres et donc de pouvoir faire des synthèses valables.

Nommer les participants

- Le nom de l'animateur
- Le nom du secrétaire de séance
- Le nom des participants
- Le nom de ceux qui recevront la convocation pour information.

Ce point est important. Dans certaines organisations très pyramidales, un nombre de hiérarchiques se croient obligés de participer à toute réunion où se trouvent leurs subordonnés. Or, d'une part, dans la plupart des cas, un hiérarchique gêne l'expression des participants, même s'il veut être "copain" ; d'autre part, s'il est présent partout, c'est qu'il ne sait pas établir un ordre d'importance à ses activités, car nombre de réunions de fonctionnement ne nécessitent pas sa présence. Le hiérarchique doit être présent aux réunions politiques, pas forcément aux réunions fonctionnelles.

Indiquer les dossiers joints

Cela peut faire gagner énormément de temps si, au moment de la préparation, l'animateur se rend compte qu'un document permettra à chacun d'avoir la même information, ainsi éviter un long débat sur des éléments simplement informatifs (ex. : les classifications d'une Convention collective).

Donner les coordonnées précises

Date, lieu, heure, etc. Encore nombre de convocations commencent par les renseignements pratiques. Or, on ne va pas à une réunion à cause du lieu ou de l'heure, mais à cause de l'objectif. Si la convocation a été capable de susciter l'intérêt, alors pour venir à la réunion on cherchera les renseignements pratiques nécessaires.

Convocation

Type	Information	Recherche	Décision	Autres

Thème

Objectif

Durée

Plan

Participants

Pour information

Responsabilités	Animateur	Secrétaire	Autres

Dossier préparatoire

Coordonnées

Date
Lieu
Heure de début   Heure de fin

Comment faire un plan

Introduction

Réaliser un plan n'est pas facile. Cependant ceux qui font l'effort d'en réaliser un pour leurs exposés, leurs réunions ou leurs rapports auront la joie de voir leur pensée se clarifier, mais aussi, ils faciliteront la communication et seront ainsi compris plus facilement.

Préparation

Préciser l'objectif visé pour que le plan soit le moyen permettant de l'atteindre.
Ensuite, rechercher et rassembler les documents, les faits formant la base de l'information ayant trait au problème, situer chaque élément dans son contexte, dégagez l'essentiel de l'accessoire.
Avoir un souci d'objectivité d'autant plus exigeant qu'elle est difficile à atteindre. Pour cela éviter la tentation de sélectionner en fonction de nos seules idées, nous aurons plus de poids si nous sommes à même de dégager pour chaque point les avantages et les inconvénients.
Contrôler toujours l'exactitude de nos documents, de nos renseignements, de nos faits. Même si nous n'utilisons pas tous les détails, ils pourront nous servir en cas d'opposition, de contestation, ou simplement pour répondre à des demandes de précision.
Classer méthodiquement cette information pour en dégager les différents aspects possibles.
Cela nécessite de la part de celui qui prépare :
– souplesse intellectuelle pour accueillir toute information et la traiter,
– réceptivité à toute idée nouvelle afin de s'enrichir,
– impartialité permettant un apport plus substantiel aux autres.

Choisir un type de plan

Il existe plusieurs catégories de plan :

Le plan chronologique qui situe le déroulement de l'exposé où de la réunion dans le temps. La structure peut en être : avant, pendant, après.

Le plan méthodologique, c'est celui qui a pour base une méthode d'analyse telle que : 1. Voir, 2. Juger, 3. Agir (VJA), ou encore : 1. Quoi, 2. Qui, 3. Où, 4. Quand, 5. Comment (QQOQC).

Le plan psychologique qui dégage les points principaux qui font problème, sans se soucier de la logique d'une analyse. En général, il part du niveau de sensibilité du public, de façon à mieux accrocher.

Le plan logique, c'est le type de plan le plus difficile à faire, mais le plus utile et efficace, car il permet de ne rien laisser dans l'ombre. Pour cela, il convient de lui donner une double dimension : d'abord permettre de cerner la totalité d'un problème en fonction de l'objectif à atteindre ; ensuite, organiser cette totalité dans un ordre permettant de découvrir progressivement et de façon logique la complexité du problème.

Structure d'une démarche

Introduction. Elle permet de rappeler l'objectif et de dégager le déroulement qui sera suivi au cours du développement.

Développement. C'est ici que se situe le plan et que s'applique la notion de plan méthodologique, chronologique ou logique. De toute façon, il conviendra de faire apparaître en titre les idées principales et, en sous-titres, les idées secondaires.

Synthèse. Elle reprend les idées principales dans une synthèse claire pour démontrer que l'objectif a été atteint.

Ayant ainsi répété trois fois la même chose, sous des formes diverses, il y a beaucoup plus de chance d'être compris.

Construction d'un plan

Maintenant, il est possible de construire. Cela peut se faire en plusieurs temps.

Déballage spontané. On écrit dans l'ordre où cela vient à l'esprit tous les éléments que l'on veut retenir, sans trop de réflexion, pour avoir le maximum de choses (type brain storming).

Esquisse d'un plan : organiser le déballage en dégageant les idées principales autour desquelles pourront se rassembler les idées secondaires.

Critique. C'est la partie la plus difficile. Il s'agit à présent de savoir mettre de l'ordre dans tous ces éléments de façon à établir un ordre logique d'abord entre les idées principales. Lorsque cela est fait, organiser les idées secondaires de chaque idée principale dans un ordre qui sera lui aussi logique.

Contrôler la cohérence de l'ensemble. Il faudra, dans ce cas, accepter de modifier l'ordre de présentation si cela s'avère nécessaire pour arriver à une rédaction définitive.

Présentation du plan

Les titres doivent être écrits en caractères plus gros.

Les sous-titres : les mettre en retrait pour laisser apparaître la structure.

Chiffrage. Il est préférable d'utiliser des chiffres plutôt que des lettres, cela permet plus de souplesse et plus de clarté.

A ———————	B ———————	1 ———————	2 ———————
a	a	11	21
b	b	12	22
c	c	13	23

– car il est difficile, lorsqu'on détaillera, de savoir si le b de B n'est pas le b de A ; ils ont la même caractéristique ;

– alors que le correspondant numérique situe immédiatement où l'on est :
le 12 signifie : deuxième paragraphe du premier chapitre,
le 22 signifie : deuxième paragraphe du deuxième chapitre.

Au travail

Avoir la volonté de rédiger un plan, c'est vouloir s'enrichir dans des domaines différents mais complémentaires :

– cela clarifie les idées,
– cela incite à s'informer sérieusement,
– cela fait acquérir l'esprit de synthèse.

Il ne faut pas croire que c'est facile et vite fait, même avec l'habitude cela prend du temps. Et aussi beaucoup de volonté. Un auteur célèbre disait : pour faire toute chose, il faut en général 95 % de sueur et 5 % de génie.

Comment avoir une grille d'analyse (1)

Un choix idéologique conscient. Choisir une méthode d'analyse c'est se donner les outils nécessaires pour aller dans une direction.

Si cette direction est choisie par une hiérarchie, par une organisation qui en a fait sa base de travail, nous sommes contraints de l'utiliser.

Si cette direction est choisie par une équipe, il faut que celle-ci s'interroge sur ses objectifs, sur sa démarche, sur le sens à donner à son action.

- ***Ici nous proposons une méthode***, le Voir / Juger / Agir car elle est utilisée par de très nombreuses personnes et organisations, mais aussi parce que beaucoup d'autres, ne voulant pas utiliser ces termes, leur ont substitué d'autres qui ont la même signification et suivent la même démarche. Par exemple, Situation, Observation, Réflexion, Action (SORA) ou encore : Choisir, Observer, Réfléchir, Décider, Agir (CORDA) ou encore Constater, Comprendre, Construire (les 3 C), etc. Cette démarche semble correspondre à une dynamique de vie.
- ***Le voir*** signifie savoir observer ce qui nous entoure afin de rompre avec l'accoutumance des habitudes, ce qui n'est pas très facile. Ce qui nous entoure nous semble naturel. Nous finissons par ne plus voir la réalité dans laquelle nous sommes plongés et les problèmes qu'elle soulève. C'est **prendre conscience**.
- ***Le juger*** nous impose de **réfléchir** sur cette réalité, afin de donner un sens à l'action que nous allons décider de faire, pour participer au changement social, à partir du problème à régler. Le danger serait de porter des jugements de valeur "c'est bien", "c'est mal", qui ne nous donnent pas de direction. S'entraîner à porter des jugements de réalité éclairés par des valeurs serait plus judicieux. Au lieu de dire : "C'est mal de faire un travail avilissant", jugement de valeur, il serait préférable de dire : "Le travail est créateur de la nature et, dans le même mouvement, de la personne (jugement de réalité). Tout travail avilissant dégrade la dignité humaine" (éclairé par une valeur).
- ***L'agir*** quant à lui nous guide pour qu'après une prise de conscience des problèmes (voir), une réflexion fondée sur des valeurs (juger), nous ne restions pas passifs, inactifs (agir). Nous sommes contraints de choisir des actions qui nous permettent d'**œuvrer** à l'amélioration du monde dans le sens que nous avons choisi.

Un danger nous guette puisque, hélas ! plusieurs générations d'utilisateurs ne l'ont pas évité. C'est d'utiliser la méthode comme un plan. Or les deux choses ne sont pas de même nature. **Un plan** nous aide à étudier, analyser un problème, il nous sert à voir. **La méthode** nous oblige à avoir une démarche qui, utilisant le voir, nous permet de réfléchir pour pouvoir agir. Chacun de ces termes recouvrant une réalité complexe, la simplification d'utiliser le Voir / Juger / Agir comme plan de réflexion a trop souvent conduit à l'inefficacité.

Le remède, s'il est simple à comprendre, est plus difficile à utiliser car, pour gérer la complexité, il nous faut des outils complexes. Le Voir c'est l'analyse avec un plan. Le Juger c'est la réflexion à partir de valeurs que nous avons choisies et approfondies. L'Agir c'est la mobilisation d'énergies, et ceci pour chacun des points du plan.

---

(1) **Les sciences humaines en mouvement**, Charles Maccio, Chronique Sociale, pp. 302/303.

Thème La vie de travail (exemple)

Objectif Proposer une nouvelle politique du travail (1) aux collègues de l'entreprise (2)
pour améliorer les conditions dc travail (3) avant la fin de l'année (4)

Grille d'analyse

Méthode / Plan	Voir	Juger	Agir
1. Caractéristique du travail • Signification • Répercussion	Analyse / Synthèse	Analyse / Synthèse	Analyse / Synthèse
2. Dimension du travail • L'organisation du travail • Mondialisation	Analyse / Synthèse	Analyse / Synthèse	Analyse / Synthèse
3. Orientation donnée • Inspiration humaniste • Gestion des ressources humaines	Analyse / Synthèse	Analyse / Synthèse	Analyse / Synthèse
4. Amélioration de la vie de travail • Politique économique • Politique sociale	Analyse / Synthèse	Analyse / Synthèse	Analyse / Synthèse

Application de la méthode

- Cette grille n'est pas faite pour être remplie, car le peu de place disponible ne permet pas un travail sérieux. Elle sert seulement de guide de travail.
- Il est donc souhaitable de prendre chaque point séparément pour l'étudier, le développer, l'approfondir.
- Appliquer à chaque point le Voir Juger Agir, c'est-à-dire travailler horizontalement, ligne par ligne, et non verticalement tout le Voir, tout le Juger, tout l'Agir.
- Dans la démarche, opter pour une perception dialectique des choses, c'est-à-dire inscrire les thèses et les antithèses pour que les contradictions apparaissent dans les trois colonnes.
- Après l'analyse (A) de chaque point, faire une synthèse (S) qui dégage les points d'accord et les points de désaccord, car il est urgent d'apprendre à vivre en acceptant cette réalité que tout le monde ne peut être d'accord sur tout.

Comment faire un compte rendu

Au préalable, il est nécessaire de distinguer clairement trois termes pouvant parfois être confondus.

Le procès-verbal est le compte rendu **in extenso** d'une réunion. Il se pratique surtout dans les réunions à stratégie, comportant des partenaires ayant des positions opposées : réunions d'un Comité d'Entreprise, d'un Conseil municipal, de l'Assemblée nationale. Il est fait pour éviter les controverses sur les interprétations des interventions. C'est un outil lourd et volumineux à n'utiliser que dans ces circonstances.

Le rapport est un document de synthèse, rédigé par un rapporteur chargé d'étudier un problème avec une équipe. Comme cette étude a demandé de nombreux contacts, plusieurs réunions, la compilation de multiples documents, le rapport ne sera pas un compte rendu de tout ce travail, mais sa synthèse.

- Le résultat des travaux ne sera pas repris dans l'ordre chronologique du travail, mais dans l'**ordre logique**, permettant à tous ceux qui n'ont pas participé aux travaux de recherche et de réflexion de comprendre le problème et d'avoir les données nécessaires pour décider. Toutes les commissions de travail sur des problèmes particuliers dans une organisation, au lieu de faire des comptes rendus chronologiques de leurs réunions, seraient plus efficaces si elles avaient l'habitude de faire des rapports de synthèse à la fin de leurs travaux.

Le compte rendu est un document fait pour les présents (pour les absents, il faut faire un rapport). Il sert d'aide mémoire pour l'action. Ce doit être :

- ***un outil pratique***, donc peu volumineux, maximum recto verso, voire un seul recto ;

- ***un outil précis*** comportant certes la synthèse de ce qui a été dit au cours de la réunion, mais surtout les propositions faites ou les décisions prises et l'organisation de l'action ;

- ***un document de référence***, ainsi nous pourrions avoir au recto la synthèse des débats et, au verso, les décisions ou propositions et l'organisation de l'action. De cette façon, chacun connaîtra ses tâches et celles des autres facilitant le déroulement de l'action. L'animateur chargé du suivi a un document de référence pour aider chacun à assumer ses responsabilités.

La tâche du secrétaire de séance se concrétise à travers cet outil, en sachant qu'un document synthétique de deux pages ou d'une page peut parfois demander plus de temps de travail qu'un compte rendu détaillé qui reprendrait les notes prises dans l'ordre chronologique.

Structure d'un compte-rendu

Contenu (Recto)

Objectif de la réunion		
Points traités	Points d'accord Points de désaccord	Décisions ou propositions

Organisation de l'action (Verso)

Objectifs d'actions	Priorités	Échéances	Responsabilités	Moyens	Finances

Problèmes en suspens

Avoir une stratégie (itinéraire) pour réaliser le projet

En préalable, un esprit d'ouverture

Quelques schémas culturels subsistent qui bloquent toute évolution, tout changement. C'est la croyance en l'objectivité. C'est penser que la vérité existe, alors qu'on est seulement en marche vers elle.

Objectivité / Subjectivité

Trop de personnes croient en l'objectivité : des journalistes, des écrivains, des témoins d'un drame, des spectateurs, etc. Ils se fondent sur ce qu'ils ont vu. Justement, puisque d'autres témoins ont vu la même chose autrement, c'est donc un point de vue subjectif. On peut donc dire :

1. La subjectivité, c'est la seule objectivité. Quand j'affirme, au cours d'une réunion de parents d'élèves, que mon enfant a des problèmes de compréhension, j'ai raison. C'est donc ma subjectivité qui est objective. Aussi, au cours d'une réunion, je ne peux m'exprimer qu'en disant "Je", affirmant ma subjectivité, dans laquelle je m'enfermerais, si je généralisais à partir de mon cas, sans permettre aux autres "Je" de s'exprimer aussi.

2. La somme de subjectivités conduit à l'objectivité. En acceptant qu'au cours d'une réunion de parents d'élèves, par exemple, chacun puisse dire "Je" en parlant de son enfant, nous prenons le chemin de l'objectivité. Cela exigera que nous soyons capables de faire la synthèse des "Je" pour arriver au "Nous".

3. Cette objectivité est relative à notre groupe. Ce "Nous" n'est valable qu'au sein de notre équipe. D'autres équipes faisant la même démarche aboutiront certainement à un "Nous" différent. Il conviendra alors de faire la synthèse de ces "Nous" pour avoir une vision plus objective des problèmes de nos enfants.

Implication / Neutralité

Autre débat qui a certes évolué, mais dont il reste encore des séquelles.

1. La neutralité c'est l'illusion. Chacun de nous est marqué par son histoire, par son insertion sociale dans un milieu. Ces réactions sont marquées inconsciemment par nos choix idéologiques, notre culture, notre éducation. C'est pour cela que personne ne peut être neutre.

2. L'implication c'est le reflet conscient de nos choix. Je m'implique toutes les fois que je dis "Je", que j'exprime mon expérience, ma pensée, mes orientations. Les autres n'ont pas à se méfier de mes arrière-pensées puisque j'ai exprimé ma pensée. C'est cette démarche qui nous fait exprimer notre vérité.

3. L'implication suscite l'implication des autres. Ce courage de dévoiler ma pensée, ma vérité, permettra aux autres de faire de même. On vivra ainsi dans un climat de recherche de la vérité nourri par la part de vérité de chacun. L'implication semble donc être un mode de relation à établir car il entraîne la confiance réciproque et facilite les échanges sur des bases claires et solides.

Ces réflexions nous permettent de comprendre qu'il est difficile de dissocier le fond et la forme. Souvent, la forme devient fond et le fond peut devenir forme.

Directivité / Non-directivité

Vieux débat, non encore totalement élucidé.

1. Quand je choisis d'être non-directif, je suis directif. En effet, c'est moi seul qui ai décidé d'être non-directif. Or il se peut que cela ne corresponde pas au désir du groupe. Il en est peut-être encore dans une phase de mûrissement et attend d'être materné. Alors que si je suis directif, à la demande du groupe, mon comportement est directif, mais mon attitude est non-directive.

2. L'œdipe est le signe du passage possible de la directivité à la non-directivité. Le meurtre du père (réaction à l'égard de l'animateur symbolisant l'autorité) et le mariage avec la mère (tendance à la fusion au sein du groupe symbolisant l'amour) sont le passage obligé pour un groupe qui veut devenir autonome. Non pour rejeter l'animateur, mais pour travailler avec lui sur des bases de convivialité où chacun peut s'impliquer en disant "Je", sans que cela semble être un désir d'imposer sa volonté.

3. La non-directivité pour l'animateur ce n'est pas d'être neutre ou de ne pas intervenir, mais d'être à égalité avec les autres membres, en disant "Je" et en facilitant aux autres la possibilité de dire "Je" pour arriver ensemble à un "Nous" de groupe. Directivité sur la forme pour faire respecter les décisions prises, les procédures choisies, non-directivité sur le fond, pour ne pas imposer sa pensée.

Certitude / Doute

La vérité ne s'atteint pas. On est toujours en marche vers elle.

1. Toute certitude est située. Elle est donc forcément relative. La certitude est située dans le temps (elle a une histoire), dans l'espace (elle est vécue sur un territoire), elle a un sens (généralement choisi par l'intéressé ou son équipe). D'autre part, la certitude est relative aux problèmes abordés. On nous dit deux et deux font quatre. Quatre quoi ? Quatre pommes, oui. Quatre idées, non, car cela peut en faire beaucoup plus.

2. La certitude empêche la recherche. Quand on croit détenir la vérité, on ne cherche plus, on a déjà trouvé. C'est la mort, car la vie c'est l'enrichissement permanent, la création continue qui ne peut se faire que grâce au doute. C'est lui qui guide le chercheur, le savant, le scientifique. Cette recherche, née du doute, est toujours fructueuse.

3. Le doute est donc le moteur du changement. Il correspond à une attitude scientifique. Un savant qui a trouvé et qui ne réintroduit pas le doute bloque sa recherche. Il se stérilise. C'est vrai pour nous. Acquérir cette attitude de doute permanent qui nous fait chercher et progresser constamment vers la vérité est une nécessité.

La leçon à tirer, c'est que, quand on s'est fabriqué un outil de travail, quand on a mis au point une méthode de travail, élaboré une procédure pour faciliter son action, il convient d'être **ferme** sur le processus pendant le déroulement de l'action (on pourra l'améliorer par la suite), mais **souple** sur le contenu pour favoriser l'expression des "Je", le passage du "Je" au "Nous" et, ensuite, la synthèse des "Nous". C'est ce que l'on appelle une stratégie au grand jour.

Elargir son champ culturel

Devant la complexité des problèmes, il devient incontournable pour les personnes d'élargir leur champ culturel. C'est indispensable pour prendre conscience des différentes facettes de la vie en société, pour en connaître les interactions, pour en comprendre la complexité. Sans une vision large et profonde du contexte dans lequel sont situés un problème personnel ou un problème social, il est difficile de les prendre en charge de façon efficace.

Ce que peut être la culture

Les définitions en sont nombreuses et variées. Nous en proposons une : La culture c'est la somme des activités créatrices d'un peuple, qui se concrétise par l'ensemble organisé des expressions matérielles, relationnelles et spirituelles des humains avec la nature, avec leurs semblables, avec la communauté humaine.

La culture exprime au sein de la société les réactions des personnes, à travers leur manière de vivre leur quotidien, avec toutes ses contraintes, en lui donnant un sens.

La culture permet à l'homme de connaître le monde, de le comprendre, afin d'agir sur lui pour continuer la création de lui-même comme personne, de la nature, de la société. Toutes les cultures dans leurs particularités font partie sans exception du patrimoine de l'humanité. C'est par notre culture spécifique que nous accédons à plus d'humanité. C'est en recherchant dans chaque culture singulière la part d'universel qu'elle contient que nous établissons les bases du dialogue des cultures.

C'est par le dialogue des cultures que pourra se réaliser l'épanouissement des personnes et la promotion collective des peuples instaurant un climat de paix.

Les moyens de se cultiver

C'est tous les moyens grâce auxquels :

- Chaque personne développe et utilise ses dons corporels, affectifs et spirituels.
- Chaque personne s'applique à utiliser son savoir, son travail, ses valeurs pour continuer la création de l'univers entier.
- Chaque personne agit pour rendre plus humaine la vie sociale tant personnelle, familiale, que la vie politique et économique, à la faveur d'un progrès de la conscience morale et d'une évolution des institutions.
- Chaque personne, à travers la suite des âges, exprime, communique et conserve dans ses œuvres, ses coutumes et les actes de la vie quotidienne, les expériences et les désirs majeurs de l'humanité, afin qu'ils puissent servir au plus grand nombre, voire à l'humanité entière.

Elargir notre horizon

Le XXIe siècle sera culturel ou ne sera pas pourrait-on dire en parodiant Malraux. Face à la mondialisation, à l'urbanisation, à l'industrialisation, à la multimédiatisation, si l'homme ne veut pas être écrasé par ces phénomènes, il ne lui reste qu'une ressource pour essayer de maîtriser ces mutations, c'est d'élargir sa culture. Cela lui permettra d'acquérir la capacité de prendre en charge sa vie personnelle et de contribuer à continuer la création du monde.

La forêt des connaissances

Les sciences				
De base	Physique	Chimie	Mathématiques	Epistémologie
De la matière	Géologie	Océanographie	Astronomie	Cosmologie
De la vie	Botanique	Zoologie	Ethnologie	Biologie
Appiquées	Technique	Techonologie	Technosciences	Recherche

Les sciences de l'humain				
Humaines	Biologie humaine	Psychologie	Philosophie	Anthropologie
Sociales	Economie	Politique	Idéologie	Sociologie
De situations	Géographie	Histoire	Religions	Ecologie
Artistiques	Arts et métiers	Beaux-arts	Esthétique	Arts

Les sciences de relation				
Communication	Orale	Ecrite	Audiovisuelle	Multimédias
Enseignement	Pédagogie	Instruction	Education	Formation
Action	Conscience	Praxis	Stratégie	Projet
Culture	Nature	Humanité	Valeurs	Univers

Démarche possible pour connaître le milieu

La démarche que nous avons déjà proposée : Voir, Juger, Agir, peut sembler trop succincte. On peut la compléter par une autre qui lui est semblable mais plus étoffée. A chacun de choisir.

1re étape : Observation

C'est l'étape de la connaissance concrète. C'est le point de départ de toute réflexion, de toute action. Page suivante vous est proposée une grille pour faciliter cette étape. Cette étape exige : la lucidité de l'observateur qui doit savoir que toute perception est subjective, que le réel apparent cache un réel plus profond, que la raison peut nous aider à atténuer les déformations de nos perceptions.

2e étape : Formulation du problème

C'est l'étape du choix. Devant la multitude des problèmes rencontrés, comme on ne peut tous les prendre en charge en même temps, il faut délimiter le problème que l'on veut assumer et le formuler de façon assez claire pour qu'il soit compris par toutes les personnes concernées.

3e étape : Collecte des données

C'est la collecte d'informations sur le problème choisi. Déterminer le choix des matériaux à rassembler : observation directe par les membres du groupe ; observation indirecte en rassemblant de la documentation écrite, orale, audiovisuelle, téléinformatique ; observation expérimentale sur un échantillon de population.

4e étape : Traitement de l'information

C'est l'organisation de l'information rassemblée. C'est la mise en ordre des éléments regroupés par idées forces. Elle fait émerger une hypothèse de travail pour la connaissance et la prise en charge du problème. Cela se traduit par un plan clair, organisé, structuré.

5e étape : Synthèse

C'est l'introduction d'une attitude critique. Distinguer dans l'information les faits et les opinions. Ceux qui ont rassemblé l'information font leur autocritique pour découvrir le point d'induction dans les rassemblements, dans le choix de l'hypothèse et dans le traitement de l'information. Après la critique et l'autocritique peut se réaliser la synthèse qui fait ressortir les contradictions, les idées-forces et leur cohérence.

6e étape : Conceptualisation

C'est l'instrument de la connaissance pour arriver à la compréhension. La conceptualisation est une création. Elle donne naissance à un sens pour une notion qui se situe dans un ensemble significatif. Le conçu est le point d'arrivée du perçu. Il nécessite une activité intellectuelle. C'est la théorisation de sa pratique.

7e étape : Transmission des résultats de l'étude

C'est la communication du travail réalisé. C'est à partir de là que pourra s'élaborer un projet avec sa démarche méthodologique et, à partir du projet, la construction d'une stratégie de réalisation. Sans les matériaux rassemblés, traités, projet et stratégie ne peuvent être pertinents et donc sont voués à l'inefficacité.

Connaissance du milieu (exemple d'observation)

Connaissance des personnes	Connaissance de la société	Situation des personnes dans la société
Physique (Biologie) • Aptitudes (inné) • Capacités (acquis) • Comportement (rôle) • Santé (personnes, équipement) • Sport (population, élite)	**Economie** • Industrialisation • Travail (chômage) • Revenus (niveau) • Catégorie socioprofessionnelle • Niveau science-technique (informatique)	**Géographie** (Espace) • Physique : espace, ressources • Humaine : densité, mobilité • Démographie : évolution • Urbanisation • Rapport Nord/Sud
Affectif (Psychologie) • Sentiments (inné) • Volonté (acquis) • Attitude (être soi-même) • Niveau de conscience • Personnalité (équilibre)	**Politique** • Autorité, Pouvoir, Responsabilité • Electorat (tendances) • Décisions (individuelles, collectives) • Droit (légalité, légitimité) • Structures (pyramidales, cellulaires)	**Histoire** (Temps) • Origine (métissage) • Evolution (rythme) • Actualité • Prospective • Sens donné par l'homme
Intellectuel (Philosophie) • Connaissance (savoirs) • Compréhension • Pensée personnelle • Mode de pensée (dialectique) • Compétence	**Idéologies** • Education/formation • Médias • Etat • Type de conditionnement • Valeurs véhiculées	**Religions** (Sens) • Nombres (importance respective) • Caractéristiques dominantes • Rapport Foi/Pratique • Liberté religieuse • Dialogue des religions
Anthropologie (Synthèse) • Population (densité) • Niveau de vie • Niveau de conscience • Niveau de participation • Niveau d'anticipation	**Social** (Synthèse) • Population active • Confort : logement, santé, équipement • Dysfonctionnement : drogue, délinquance • Niveau d'exclusion • Niveau de citoyenneté	**Ecologie** (Synthèse) • Dégradation de la nature (flore, faune) • Dégradation humaine (inégalités) • Energie (renouvelable, non-renouvelable) • Démocratisation (dans la vie des associations) • Mondialisation

Ce ne sont que quelques éléments pour mettre sur la piste. A chacun de compléter le tableau – soit en allongeant la liste – soit en approfondissant chaque ligne – soit en simplifiant pour faciliter l'appropriation	• La démarche à suivre serait : – connaissance (tableau ci-dessus) – compréhension (à débattre) – jugement de réalité éclairé par des valeurs – action de changement à réaliser – projet avec itinéraire des actions	• Pour approfondir – les rapports de l'homme à la nature, prendre : physique, économie, géographie – les rapports de l'homme aux autres : affectif, politique, histoire – les rapports de l'homme à l'esprit : intellectuel, idéologies, religions

Prendre conscience de l'environnement

Une prise de conscience

L'importance et la puissance des outils dont l'homme s'est doté depuis l'hominisation, accrues et multipliées depuis l'avènement de la société industrielle, lui ont fait croire à la possibilité de sa domination de la matière, de la nature, et de ses rapports humains. Depuis quelques années, nous avons pris conscience des risques d'une remise en cause des équilibres fondamentaux régissant notre planète. L'homme réalise qu'il fait partie d'un système écologique dont il ne peut transformer les règles sans mettre en cause, à terme, sa propre survie.

Cette conscience de l'existence d'une limite aux ressources naturelles, des déséquilibres provoqués par les pollutions, des perturbations apportées par l'utilisation de certains produits industriels, des répercussions des accidents considérés naguère comme secondaires (marée noire, déforestation), jointe à la constatation alarmante de l'explosion démographique, a provoqué un réel sursaut chez les décideurs comme dans la population.

Les effets cumulés des interventions humaines

L'impact des humains sur la nature

- *Epuisement des ressources énergétiques* non renouvelables : le charbon, le pétrole, l'eau.
- *Destruction de la flore* : déforestation accélérée en Afrique, en Amérique latine, impact des herbicides et des pesticides sur les nappes phréatiques, pollution chimique des cours d'eau.
- *Destruction de la faune* : disparition de certaines espèces par l'exploitation des fourrures, des plumes, de l'ivoire, mort massive de poissons due à la pollution.
- *Transformation des climats* par réchauffement de l'atmosphère dû au cumul de plusieurs phénomènes : rejets industriels, rejet de gaz carbonique par les pots d'échappement des voitures, etc.
- *Altération des eaux continentales* : par polluants chimiques (nitrates, pesticides, etc.), polluants biologiques (bacilles, virus, bactéries venant des abattoirs, des usines pharmaceutiques, etc.)

L'impact des humains sur la société

- Les inégalités s'accentuent entre les individus riches et les pauvres.
- Les injustices s'accroissent entre les pays développés et les autres.
- Les manipulations des besoins par la publicité se multiplient.
- Le choix énergétique du tout nucléaire pose des questions.
- La croissance démographique accélérée pose des problèmes à tous.

L'impact de la société sur les humains

- Industrialisation
- Urbanisation
- Mondialisation
- Médiatisation
- Démocratisation

L'inventaire peut être poursuivi par chacun, car, chaque jour, nous découvrons de nouvelles atteintes à notre environnement.

Etat des disparités entre pays

Sur 170 pays que compte notre planète, 140 sont en état de sous-développement : 4 milliards de personnes disposent de 1/5 des biens, pendant que 1 milliard dispose de 4/5. Les répercussions en sont nombreuses.

Sous-alimentation et malnutrition où le manque de nourriture compromet l'équilibre physique, psychique et intellectuel.

Faible espérance de vie due à la malnutrition, à l'insalubrité, au manque de soins, aux maladies nombreuses.

Forte mortalité infantile : sur 1 000 enfants nés, 140 meurent dans la première année, soit 20 fois plus qu'en Occident.

Analphabétisme : il ne se réduit pas, malgré les efforts des pays, maintenant les populations dans un état de dépendance.

Sous-équipement en écoles, en hôpitaux, en voies de communication, en eau potable.

Soumission aux pays créanciers : certains pays utilisent tout l'argent de l'aide au remboursement de leurs dettes, à cause des taux élevés des intérêts demandés.

Urbanisation galopante : l'exode rural est considérable provoquant l'accroissement rapide des villes avec des chômeurs.

Travail des enfants : plus de 50 millions d'enfants sont actuellement au travail dans le monde pour aider leurs familles.

Inégalité interne où de 5 à 20 % de riches accaparent les biens dont ne peuvent disposer les 80 % de pauvres.

Faible industrialisation : 40 à 80 % de la population est rurale, le secteur industriel est aux mains des multinationales.

Faible taux du PIB : celui des pays riches varie de 40 000 à 100 000 F par habitant, celui des pays pauvres se situe entre 3 000 et 10 000 F.

Ce constat superficiel mais accablant suffit pour justifier qu'on tente de réaliser une société plus juste et solidaire. Ces chiffres évoluent chaque année, mais leur rapport reste, hélas ! le même.

Pourquoi cette prise de conscience est importante

Nous avons vu que la mondialisation nous met en contact avec tous les continents et tous les peuples. Nos problèmes sont très souvent la conséquence de cette mondialisation : délocalisation des entreprises, concurrence des pays du sud avec leurs salaires et charges sociales très bas, etc. Il nous faut apprendre à situer nos problèmes locaux sur le plan plus global de la mondialisation, car tous les problèmes sont en interaction.

La stratégie ou itinéraire pour réaliser le projet

Sens du terme

Au sens militaire la stratégie, c'est l'"art de combiner l'action des forces militaires en vue d'atteindre un but de guerre déterminé par le pouvoir politique." (Larousse)

Par extension, on a appliqué le terme à toute situation nécessitant une connaissance des lois des conflits, des oppositions, des divergences, afin de les utiliser, avec les moyens appropriés, pour coordonner des actions et manœuvrer pour atteindre le but que l'on s'est fixé, soit personnellement, soit collectivement au sein d'une organisation. La stratégie nécessite donc la mise en œuvre de tous les moyens nécessaires pour atteindre un objectif déterminé en fonction de certains impératifs politiques, économiques ou idéologiques.

La stratégie se distingue de la tactique qui, elle, en cours d'action, utilise le terrain, les points faibles de l'adversaire, les moyens disponibles et les résultats déjà obtenus. La stratégie prévoit l'ensemble du déroulement des opérations et leur enchaînement. La tactique se réalise en tenant compte de la conjoncture dans laquelle se déroule l'action.

Souplesse nécessaire

Une stratégie sans tactique est inopérante. Une tactique sans stratégie est inefficace. Ceci nous fait découvrir que, s'il est souhaitable d'avoir une vision stratégique, il faut éviter tout dogmatisme, car la tactique sur le terrain peut, éventuellement, faire apporter des modifications à l'ensemble si l'on est allé plus vite ou moins rapidement que prévu. Il faut donc, dans toute action, faire des analyses permanentes de situation et avoir assez de souplesse pour modifier les prévisions si cela s'avère nécessaire.

Les principes qui guident la recherche stratégique

Le principe de puissance. C'est tout l'équipement des organisations en hommes et en techniques, dans toutes les circonstances il en est de même. Dans la lutte syndicale, si le nombre d'adhérents est faible, la marge de manœuvre est réduite. Au sein d'une organisation, la minorité, si elle ne représente que 2 % des adhérents, n'aura pas les mêmes chances d'être entendue que si elle en représente 20 %. Le nombre compte donc incontestablement, mais d'autres facteurs peuvent donner la puissance, c'est la connaissance des lois des conflits, c'est l'analyse de situation qui permet à David de vaincre Goliath.

Le principe de sûreté. Pour atteindre l'objectif, il faut avancer en mobilisant toutes les énergies disponibles. Pour cela, **les outils d'analyse** sont précieux, qui permettent d'agir avec plus de sécurité et, en particulier, la recherche de nos **contradictions** internes et celles de nos partenaires pour les surmonter. Mais, surtout, **la connaissance** de nos alliés et de nos adversaires évitera d'amorcer des actions qui risqueraient de se retourner contre ceux qui auront fait des analyses insuffisantes.

Le principe d'économie de ses propres forces permet de trouver le point optimum où l'on obtient le maximum de puissance avec le maximum de sécurité afin d'éviter de gaspiller son énergie, de dilapider ses moyens, pour avoir le maximum de réserve disponible au moment opportun. Il s'agira donc de répartir nos moyens de façon à ce que les objectifs secondaires viennent soutenir la progression vers l'objectif final.

Les raisons de la nécessité d'une stratégie pour l'action

L'analyse de la réalité nous montre que tout au cours de l'histoire le progrès n'a pu surgir que des luttes de la population, des faibles, contre la minorité au pouvoir. Lutte des esclaves contre les maîtres, des serfs contre les seigneurs, les jacqueries paysannes contre le pouvoir royal, lutte de la bourgeoisie contre la noblesse (1789), lutte du peuple contre la bourgeoisie (1830, 1848, 1870, 1936, 1968, 1988, etc.).

Mais ces luttes ont été souvent inefficaces parce que non préparées, non réfléchies. Des outils d'analyse de la réalité sociale peuvent nous aider aujourd'hui à comprendre les mécanismes d'aliénation (idéologique), d'exploitation (économique), de domination (politique).

Les sciences sociales constatent une série de situations de rupture. La stratégie devient l'adaptation à cette réalité du caractère inéluctable de la lutte qui a pour objet de substituer à une démocratie formelle une démocratie participative.

Ainsi une stratégie est l'outil de la conscience afin de ne plus agir de façon inconsidérée. C'est la canalisation de la prise de conscience en tenant compte des contraintes auxquelles on va se trouver affronté.

Toute vie sociale est affrontée à la stratégie

Toute organisation a des objectifs. Consciemment ou inconsciemment, elle utilise des moyens pour les atteindre. Si elle n'est pas consciente de l'ensemble de sa démarche, sa réussite ne peut être due qu'au hasard conjoncturel. Si elle en est consciente, elle met en œuvre une stratégie.

Finalement, on distingue trois types de stratégies.

1. La stratégie conservatrice qui manœuvre pour conserver les situations acquises. Elle prévoit les réactions des partisans du changement et met en place des structures qui ne peuvent changer facilement. Elle crée des obstacles nombreux et importants à toute possibilité de changement.

2. La stratégie réformiste est pour le changement progressif, continu, sans heurt. Pour cela, elle donne la priorité aux débats, aux actions de représentation au sein de commissions diverses et variées qui, sur de très longues périodes, arrivent à des accords formels, pas toujours suivis d'effets sur le terrain. Elle est respectueuse de la légalité, refuse la violence, ne veut faire de peine à personne et accepte pour cela des compromis permanents.

3. La stratégie révolutionnaire fait peur très souvent car le mot est porteur d'une charge affective. Trop de personnes ont l'impression que la révolution ne peut se faire que dans le sang, ce qui est faux. Une stratégie révolutionnaire désacralise les institutions en place, non pour les supprimer mais pour en mettre d'autres à la place qui favorisent le changement social et permettent à chacun de vivre pleinement sa vie personnelle et sociale. Elle se bat contre les lois mises en place pour maintenir la pérennité (durée des institutions en place, des monopoles du pouvoir, du savoir et de l'avoir). Elle le fait au nom de la légitimité de ses revendications pour remplacer ces lois par d'autres qui instaurent la justice sociale. Elle accepte ses propres contradictions pour les dépasser, ne refuse pas les remises en cause permanentes. Mais le danger de récupération guette à chaque instant car, lorsqu'on accède à la possession du pouvoir, on trouve toujours des raisons pour ne plus le partager, reproduisant ainsi ce que l'on a voulu éliminer.

Elaboration d'une stratégie

Il convient à présent de voir comment déterminer le point du projet qui sera pris en charge par l'organisation et qui servira de support à nombre de réunions du groupe de base.

Un projet n'est pas un catalogue

Nous avons généralement tendance à énumérer les différents problèmes qui nous sollicitent ainsi que les solutions préconisées pour les résoudre.

Une énumération ne peut être mobilisatrice car elle ne permet pas de savoir ce que recouvre chacun des points du catalogue. Il convient donc de nous orienter vers une étude plus poussée de chaque point du projet débouchant sur une rédaction précise.

La participation aux décisions est mobilisatrice

Une organisation ou un groupe ne peuvent entraîner leurs membres à l'action que lorsque l'objectif est compris clairement par tout le monde. En d'autres termes, il est plus efficace de faire appel à la conscience de chacun plutôt que de donner des consignes qui développent la passivité des participants et ne leur permettent pas de s'orienter vers l'autonomie de leur décision.

Mais faire appel à la conscience n'est possible que si chacun se sent concerné. Il est donc préférable de ne pas se contenter des consignes, mais de faire participer chaque membre du groupe et de l'organisation à l'élaboration de la stratégie et à la décision de ce qui est retenu par le groupe ou l'organisation.

Les étapes de l'élaboration

Pour élaborer une stratégie, il faut reprendre les matériaux du projet.

1. Une analyse générale de la situation, économique, politique, sociale, culturelle, internationale, etc. Pour cela il faudra rassembler les informations – toutes les informations possibles. Plus elles seront nombreuses et variées, plus l'analyse sera précise. Cette information touchera tous les domaines souhaitables : le milieu, les forces en présence, les influences réciproques, etc. Cette analyse ne sera pas statique, c'est-à-dire qu'on ne saurait se satisfaire d'une analyse de situation du moment et qu'il serait souhaitable d'avoir une **vision prospective** des données de chaque problème. Cette information sera traitée c'est-à-dire rassemblée, aménagée, suivant les critères déterminés par le groupe et la nature de l'information.

2. Choix de l'objectif final. Il sera fait en tenant compte de la finalité de l'organisation, mais en outre il faudrait :

- qu'il ne soit pas en contradiction avec les autres points du projet, c'est-à-dire qu'il entre dans une perspective unifiante ;
- qu'il mette en œuvre l'ensemble des données d'une situation (économique, politique, sociale, culturelle, internationale, etc.) ;
- qu'il élève le niveau de conscience de l'ensemble de ceux qu'il va concerner ; aider à la prise de conscience est un facteur déterminant ;
- qu'il puisse être atteint, sinon ce serait de l'idéalisme et nous pourrions nous faire traiter d'utopistes ; le réalisme doit prévaloir à tout prix ;
- qu'il entraîne une réaction en chaîne permettant de poursuivre l'action ;
- qu'il soit une progression très nette par rapport à la situation présente.

3. Choix des objectifs intermédiaires

Ils se situeront dans le cadre de l'objectif final pour le soutenir.

Ils seront déterminés en fonction de l'analyse immédiate de la situation.

Ils miseront sur le point où les personnes en cause sont le plus sensibles, même si ce point est secondaire, car il est important pour l'efficacité que ce point mobilise immédiatement les participants.

Ils devront donc être réalisables à court terme afin que tous les membres du groupe ou de l'organisation se sentent capables de les atteindre. Si l'on n'atteint pas le premier objectif intermédiaire, on n'atteindra jamais l'objectif final.

Il devra être suffisamment clair et précis pour être compris par tous.

Ce qui sera le plus mobilisateur c'est la participation de l'ensemble du groupe, ou de l'organisation, à la recherche, à l'élaboration des objectifs intermédiaires et à la décision.

4. Analyse permanente

Si nous restons enfermés dans l'analyse générale qui a été faite au début de la recherche, nous nous condamnons à l'inefficacité du fait que toute situation évolue et que nous ne sommes pas à même de saisir cette mutation.

La seule façon de rester en contact avec la réalité mouvante, c'est de mettre en place une équipe de recherche qui s'efforce de faire une analyse permanente de la réalité. C'est notre seule chance d'efficacité, le seul moyen pour que les personnes restent maîtresses de la conjoncture mouvante.

5. Point de non-retour. Après avoir réalisé plusieurs objectifs intermédiaires, le point de non-retour est atteint quand les changements effectués ont été assez importants (nombre) et assez profonds (sens) pour que l'on ne puisse plus revenir en arrière. Le signe qui le caractérise c'est lorsque le niveau de conscience collective d'une population est assez important pour être mobilisateur.

6. Exécution. La réalisation de l'action, c'est-à-dire l'exécution des décisions concernant la mise en œuvre des projets ou d'un point du projet, va dépendre :

- *des moyens* mis en œuvre en matériel et en personnel, en qualité et en quantité ;
- *des méthodes de travail* adaptées à l'objectif et aux personnes en cause ;
- *du choix des moments* décisifs à chaque étape ;
- *des degrés de mobilisation* des personnes, groupes et organisations ;
- *de la conscience de chacun* face à l'importance de l'enjeu ;
- *de la taille* du premier objectif intermédiaire ; plus il sera petit, plus il pourra être atteint facilement par tous, donc être mobilisateur.

La condition de toute efficacité réside en fin de compte :

- *au niveau des personnes*, dans le degré de conscience et de participation des personnes concernées ;
- *au niveau des structures*, dans la capacité à élaborer un projet suffisamment précis et détaillé pour être conçu, compris et accepté par tous.

L'élaboration d'une stratégie et d'une tactique doit permettre de déterminer des objectifs suffisamment précis pour être mobilisateurs et suffisamment petits pour être atteints, remobilisant de cette façon pour l'objectif suivant qui sera aussi accessible que le précédent, pour qu'au bout du processus l'objectif final soit atteint.

Stratégie pour atteindre un objectif

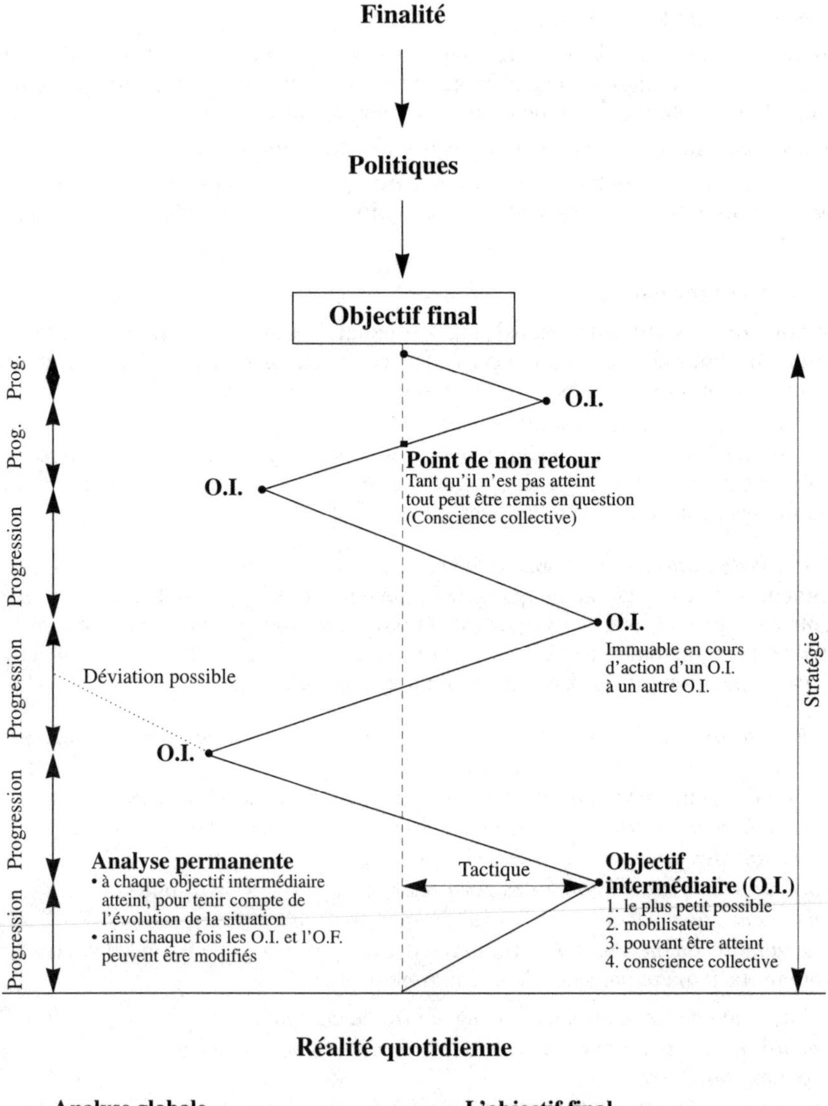

Analyse globale

- pour déterminer la stratégie en fonction de l'objectif final

L'objectif final

- ne peut s'atteindre en une fois
- on ne peut y aller en ligne droite

Stratégie pour réaliser un projet

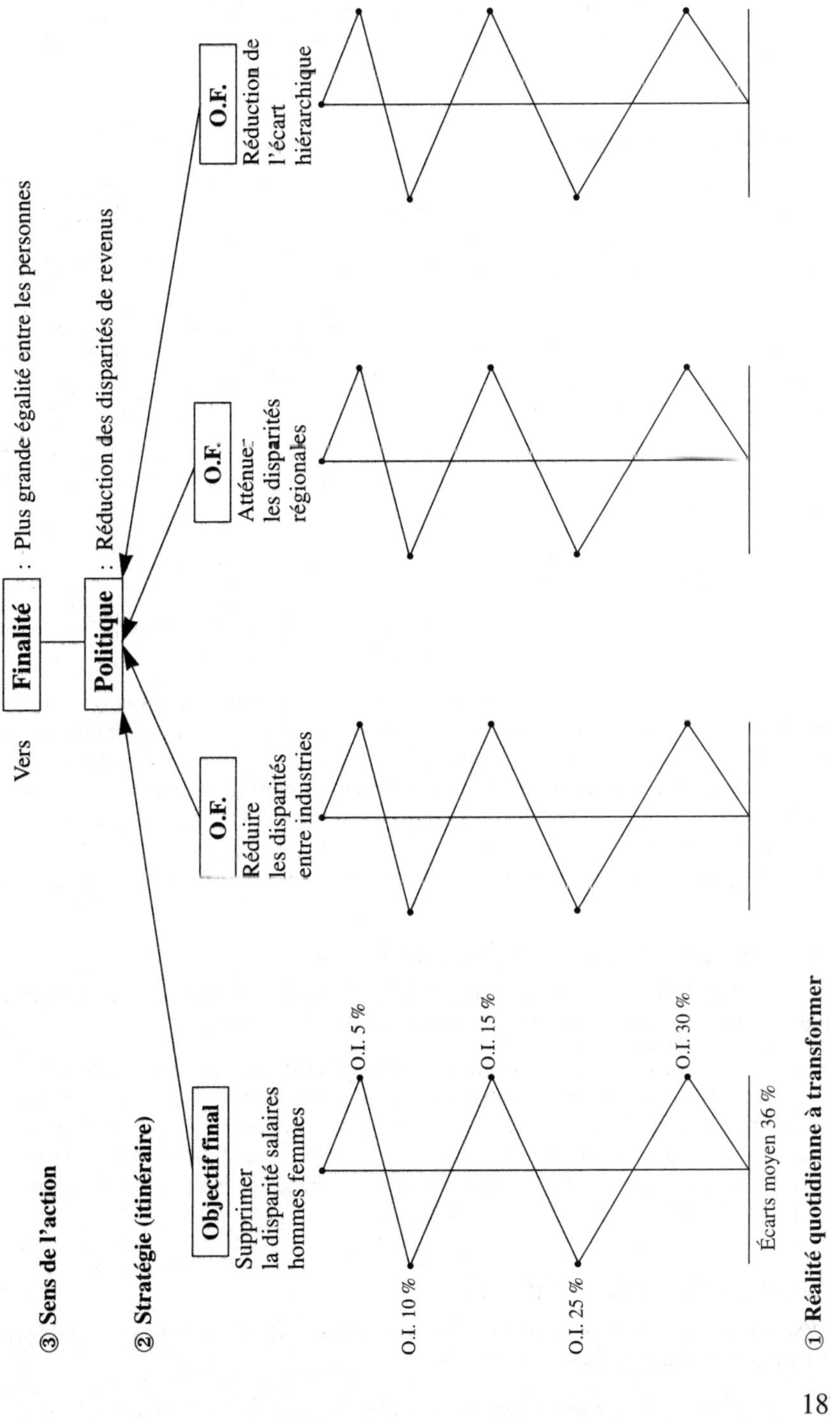

Mise en œuvre d'une stratégie

Il convient, dès le départ, de comprendre le schéma afin de pouvoir nous y reporter. Il faut donc essayer de se le graver dans la mémoire. Pour cela, nous allons prendre un exemple simple : nous allons partir des besoins de santé.

Situation de départ

Comment, aujourd'hui, sont couverts nos besoins de santé ? En règle générale, il y a là des organismes de Sécurité Sociale, Caisse complémentaire de retraite, Caisse de chômage, etc. Est-ce que cela correspond à la couverture de tous les besoins de santé, dans les meilleures conditions ?

Pour porter un jugement, il nous faut nous référer à notre conception de la personne et de la société (finalité). Ceci nous permet de constater qu'il n'y a pas unité dans la prise en charge des besoins et il n'y a pas participation suffisante des intéressés à la gestion d'un organisme dont ils sont les membres.

Cela nous amène à poser le problème : que serait-il souhaitable, pour satisfaire cette double exigence, couverture des besoins et participation aux responsabilités des intéressés ?

Objectif final

En fonction de notre conception de la personne et de la société, nous allons élaborer un projet qui précisera ce que nous voulons.

Nous allons rechercher la structure à mettre en place, qui réponde à la double exigence que nous avons précisée. Supposons que nous options pour un **service national de santé** qui prenne en charge tout citoyen vivant sur le territoire et réponde à ses besoins. L'objectif déterminé, il restera à préciser comment nous pourrions l'atteindre car, de la situation actuelle à la situation désirée, il y a une marge importante que nous ne comblerons pas en une seule fois par une seule action. C'est pour cela qu'il faudra élaborer une stratégie qui nous permette d'atteindre l'objectif fixé.

La stratégie : atteindre l'objectif final

Ainsi, pour aller de la situation de départ à l'objectif final (itinéraire), il faut déterminer les moyens qui vont nous permettre de combler cet écart.

Cependant, nous avons vu qu'il est impossible de les atteindre en une seule fois, par suite d'un certain nombre de contraintes qui nous sont imposées par la réalité : manque de prise de conscience des intéressés, divergences entre responsables, promotion de la capitalisation (individualisation) contre la répartition (solidarité) qui réduit les inégalités, etc. Il faudra donc prévoir des étapes et c'est ce que nous appellerons les objectifs intermédiaires.

Les objectifs intermédiaires

Il nous faudra donc prévoir des objectifs à court terme, qui nous permettront de progresser vers l'objectif final.

Ces objectifs devront être modestes ou, du moins, devront être accessibles dans une période courte, afin que la prise de conscience des intéressés soit effective et, qu'ayant un objectif simple, ils soient mobilisés pour atteindre les suivants.

Il est très important de distinguer objectif final et objectifs intermédiaires, car tout le reste de l'action et de l'efficacité en dépend.

Ainsi, pour l'exemple que nous avons pris, il y a quelques décennies, un objectif intermédiaire avait été prévu : **mise en place de Caisses complémentaires de retraites**. Du fait que n'avait pas été expliquée aux salariés la nature de cet objectif :

- certains l'ont pris pour objectif final, ainsi, l'ayant atteint, ils se sont désintéressés de ce problème pour passer à autre chose ;
- d'autres, au contraire, l'ont perçu comme objectif intermédiaire et, pour eux, avoir atteint ce point n'est qu'une étape qui nécessite, pour progresser vers l'objectif final, de passer à d'autres objectifs intermédiaires, par exemples **unifier les caisses complémentaires**.

Les déviations possibles

Pris dans le feu de l'action, on peut continuer à avancer sans se rendre compte que l'on a dévié de l'objectif final. Ce qui compte, ce n'est pas seulement l'action, mais le sens que l'on donne à l'action. Pour éviter cela deux conditions : avoir toujours présent à l'esprit l'objectif final, avoir une tactique qui permette de redresser la situation.

La tactique

La tactique va donc consister à réduire le plus possible l'écart entre la perspective de l'objectif intermédiaire, influencée par la réalité, et ce qu'il serait souhaitable de faire, s'il n'y avait pas de contrainte.

La tactique nécessite donc d'avoir une vision de l'objectif final, et d'être conscient des contraintes imposées par le milieu, afin de réduire l'écart que provoqueront ces contraintes pour atteindre l'objectif intermédiaire.

Le point de non-retour

Chaque étape intermédiaire nous rapproche du but final, en surmontant les contraintes du milieu. Celles-ci peuvent être telles qu'elles remettent en cause l'objectif lui-même. Ainsi, actuellement, la Sécurité Sociale est sous la tutelle de l'Etat et non sous celle des salariés, ce qui est un obstacle supplémentaire pour atteindre l'objectif final.

Dans l'analyse de la stratégie à mettre en place, il est capital de déterminer un point de non-retour, c'est-à-dire un objectif intermédiaire qui, lorsqu'il sera atteint, ne permettra plus, quelles que soient les contraintes, de revenir en arrière. Tant que ce point n'est pas atteint, toute la progression peut être remise en cause. Il est donc capital, pour élaborer une stratégie, de déterminer à partir de quel moment le point de non-retour peut être atteint et quelle en est la nature, qui sera généralement le niveau de conscience populaire et son intégration culturelle.

La stratégie au grand jour

Une stratégie, quand elle a été élaborée par les personnes concernées, ne peut être déstabilisée quand elle est connue par les adversaires et la population. Au contraire, elle est facteur d'efficacité.

La population peut s'approprier la démarche

Trop souvent, par peur des réactions de l'adversaire, la stratégie devient un secret partagé par une minorité de responsables. C'est une des raisons de l'inefficacité de l'action, car l'important dans l'action c'est quelle soit mobilisatrice de la population. La meilleure façon pour cela c'est encore de diffuser largement la stratégie élaborée par le groupe ou l'organisation. Et si l'on a pu, en prenant le temps de le faire, élaborer la stratégie avec la population, en la faisant participer à toutes les étapes du processus, depuis le choix du problème jusqu'à l'itinéraire à suivre, alors on peut être certain que le projet se réalisera contre vents et marées et la stratégie du grand jour aura un effet mobilisateur.

Le changement est d'abord ce que les personnes concernées croient qu'il est

Chaque personne a dans l'organisation un pouvoir de négociation et une zone d'incertitude qu'il maîtrise plus ou moins. Il est nécessaire que le changement souhaité prenne en compte cette dimension. C'est cette perception des intéressés qui structurera tous leurs comportements d'adhésion ou de rejet. On ne peut pas ne pas en tenir compte.

L'improvisation conduit inévitablement à l'échec

Le changement réussi se passe pour 80 % dans la tête des personnes : dans leur conscience des problèmes, dans leur désir d'amélioration, dans leur volonté de réalisation, et seulement pour 20 % sur le terrain : information, formation, négociation, expérimentation, etc.

Dans tous les cas la volonté de prendre en charge les problèmes de société auxquels on est affronté nécessite l'élaboration d'un projet avec les personnes concernées, la mise au point avec elles d'une stratégie de réalisation et des bilans réguliers en cours de réalisation, pour apporter les modifications nécessaires si les données se modifient, si la conjoncture change ou si le changement prévu est plus lent ou plus rapide que le rythme envisagé. C'est toujours la réalité qui prime les constructions théoriques. Celles-ci sont nécessaires pour servir de guide afin d'avoir une direction claire, mais on ne doit pas en être esclave. Nous devons rester maîtres de la situation et, pour cela, être capables de modifier le projet prévu, la stratégie élaborée, pour prendre en charge les réalités du terrain.

Une stratégie de changement porte sur deux aspects complémentaires

La personne vit dans une société qui a ses structures propres. Elle est influencée par elles et elle les influence à son tour.

L'action avec les personnes est : la conscientisation du milieu par le groupe, la réflexion sur les désirs et les besoins des personnes du groupe et de la population dans laquelle il est inséré, la formation pour développer les compétences, la répartition des responsabilités entre toutes les personnes concernées la circulation de l'information pour prendre les décisions correspondantes, l'organisation par le groupe d'équipes de travail au sein de la population, etc.

L'action sur les structures. Elle concerne la perception des structures pyramidales de la société, le désir de rechercher une autre structure cellulaire plus communautaire, l'organisation des relations internes aux groupes et les relations entre groupes, les méthodes de gestion et d'administration, etc.

C'est la conjugaison de ces deux actes indissociables qui correspond au projet et que la stratégie prend en charge. Si l'on prend en compte seulement les personnes, en ne voyant que les aspects psychologiques des relations et des communications, on court le risque de ne pas prendre en charge les problèmes de société. C'est pourtant en les prenant en mains que les personnes peuvent assumer leurs problèmes personnels ou d'équipes.

Si l'on ne prenait en compte que les structures, le danger serait de devenir des techniciens très pertinents, mais d'oublier que les structures sont faites pour les personnes et non les personnes pour les structures.

Une stratégie de changement prend en compte la totalité des aspects du projet

Au départ il existe une volonté de changement née de la prise de conscience des problèmes du milieu. Cette conscience aura à s'élargir d'une minorité à l'ensemble du groupe, puis à toute la population concernée.

Ce changement a une direction, un sens. Il est déterminé par les finalités (valeurs, conception de la personne, de la société, etc.), les politiques (correspondant au secteur particulier où l'on intervient : santé, travail, logement, éducation, etc.), les objectifs généraux décomposés en objectifs intermédiaires, que l'organisation aura choisis.

Il nécessite un réseau de communications. A l'ère de la communication interactive, on ne peut plus imposer une volonté venue du haut, mais il faut organiser la discussion qui enrichit le projet et la stratégie à chaque étape, de l'élaboration à la réalisation. Le résultat final sera plus important que la somme de tous les apports.

Et l'utilisation de techniques diversifiées sous forme de moyens, méthodes et procédures dont les réunions seront les temps forts de régulation.

Il n'existe ni loi, ni recette, ni potion magique, ni trucs garantissant la réussite du projet et de la stratégie. Il n'y a que des personnes conscientes, agissant et coopérant avec d'autres personnes pour améliorer leur situation.

Le contrat clair [1]

Signification

Un contrat, c'est l'engagement réciproque de parties en présence qui sont à égalité de statut. Le contrat de travail vit sur la fiction juridique de l'égalité des parties en présence. Comme si un salarié qui recherche un emploi était à égalité avec un patron dont les pouvoirs ne sont limités que par le droit du travail, fruit de longues luttes collectives depuis presque deux siècles. Il serait souhaitable que dans le groupe il n'en soit pas ainsi et que le projet qui servira de cadre au contrat se réalise en toute liberté des parties en présence. Si ce n'était pas le cas du fait des structures pyramidales de l'organisation, le contrat n'aurait aucune efficacité.

Clair, signifie qu'il est élaboré par les personnes concernées directement et non un contrat qui sert de façon impersonnelle (comme certains règlements intérieurs) depuis plusieurs générations. Le contenu est le résultat d'un débat libre entre les parties en présence qui se mettent d'accord sur chacun de ses éléments et sur la durée de sa validité pour prévoir son aménagement régulier.

Contenu : la responsabilité

Un contrat clair favorise la collaboration des membres entre eux dans la mesure où le contenu est précis et limité et prévoit les responsabilités de chacun.

Contenu précis. Il portera sur deux aspects pour chaque membre du groupe.

- *Secteur politique*, c'est-à-dire le domaine de responsabilité qui concerne l'action de l'organisation pour changer la vie sociale. Ainsi, dans une association familiale, chaque membre pourra choisir une responsabilité touchant aux problèmes concrets des familles : contraception, budget, divorce, éducation des enfants, etc. ; dans une organisation syndicale, ce pourra être : les conditions de travail, les rémunérations, la Sécurité Sociale, etc.
- *Secteur fonctionnel*, c'est-à-dire un domaine de responsabilité concernant la vie de l'organisation, si elle veut être solide pour prendre en charge les problèmes politiques. Ce pourra être : trésorier, secrétaire, information, relations extérieures, etc.

Pourquoi est-il si important que chaque personne ait une double responsabilité ?

1. Parce que trop souvent les responsabilités fonctionnelles seules envahissent et finissent par donner la priorité à l'organisation plutôt qu'aux buts, avec le risque de tomber dans le phénomène bureaucratique.

2. Les responsabilités politiques sont davantage prises en charge par des commissions particulières les déconnectant des groupes de base. Or, c'est dans les groupes de base que les responsabilités politiques et fonctionnelles doivent être partagées entre tous les membres. Il sera alors facile de mettre en place des commissions spécialisées, puisque l'organisation pourra rassembler sur un certain territoire toutes les personnes ayant la même responsabilité : les trésoriers ensemble (cela se fait d'ailleurs souvent), les responsables conditions de travail ou éducation des enfants ou contraception, etc. pour avoir des commissions enracinées dans les équipes de base.

---

(1) **Le manifeste éducatif**, Gérard Mendel, Christian Vogt, Petite Bibliothèque Payot.

Contenu limité car ces deux secteurs représentent déjà une charge de travail importante, si on veut les assumer correctement. Ceux qui acceptent de trop nombreuses responsabilités dans de multiples organisations empêchent, par leur paternalisme, les personnes concernées par un problème de se prendre en charge. Ils entretiennent le phénomène d'assistance dont souffre notre vie sociale. Le seul cumul possible est à l'intérieur d'une même organisation, pour que ceux qui ont des responsabilités nationales conservent des responsabilités locales, afin de garder le contact avec la vie quotidienne. S'il est souhaitable d'adhérer à plusieurs organisations, il est aussi souhaitable de choisir celle à laquelle on consacre son temps car, à tout vouloir faire, on retrouve 10 ans, 20 ans, parfois 30 ans après, les mêmes responsables. Que deviennent le renouvellement et l'efficacité dans ce cas ?

Méthode : organiser la participation

Une organisation, un groupe, qui utilisent le secret, la rétention de l'information, préservent certes le pouvoir des dirigeants, mais leur efficacité est limitée. La participation suppose deux conditions.

L'information diffusée ou à la disposition de chaque membre du groupe. Il existe encore trop d'organismes où les salaires sont individualisés et camouflés, où la gestion financière est un domaine réservé, où le texte des Conventions collectives de la profession n'est pas divulgué. Il en est de même, hélas ! dans beaucoup d'autres domaines. Or, faire circuler le maximum d'informations, c'est avoir confiance dans chaque membre, mais surtout c'est favoriser des débats profitables à l'ensemble du groupe. On évite en outre la circulation de rumeurs toujours préjudiciables à la cohésion d'un groupe.

L'affrontement des expériences. Si j'ai réfléchi à ma pratique, à mes problèmes, j'apporte aux autres des matériaux nouveaux et uniques. Si les autres font de même, je m'enrichis de leur réflexion sur leur expérience qui est différente de la mienne. La confrontation de nos expériences et de nos réflexions, en étant source d'enrichissement personnel, permet en outre l'élaboration :

1. de projets favorisant la prise en charge des problèmes politiques auxquels s'attache l'organisation ;

2. *de contrats clairs* permettant une régulation de la vie interne du groupe en clarifiant les rapports des membres entre eux.

3. *de définitions de fonctions* précisant les tâches à accomplir, les décisions individuelles à prendre, la participation aux décisions collectives, les compétences à acquérir, les bilans annuels pour enrichir la fonction grâce à l'expérience.

C'est de cette façon que se construit la solidarité.

Les capacités de l'animateur à développer

L'élaboration d'un projet est généralement complexe et la stratégie qui en découle nécessite que l'animateur fasse attention à un certain nombre d'éléments.

Résister à une demande de solution ou de prise en charge

Souvent, face à un problème, les participants, membres du groupe, peuvent être tentés par le désir de solliciter l'animateur pour qu'il prenne en charge la plupart des responsabilités. La tentation de répondre à cette demande est grande. Elle valorise l'animateur et lui laisse croire qu'il est indispensable. Cette façon de procéder risque d'enfermer l'animateur dans une attitude paternaliste le conduisant à agir pour les autres. Elle enferme aussi les participants dans une attitude de dépendance qui infantilise. Dans la mesure où l'attitude souhaitable est de s'impliquer, l'animateur peut expliquer sa position en montrant tout l'intérêt à travailler avec les membres du groupe pour se répartir les tâches à réaliser, de façon à progresser vers plus d'autonomie de chaque membre. Cette attitude peut faire mûrir l'œdipe, en donnant confiance aux membres du groupe pour s'affronter au symbole d'autorité qu'est l'animateur et en facilitant l'aspect fusionnel du groupe qui symbolise l'amour des membres entre eux et envers l'animateur.

Etre le garant du déroulement de l'itinéraire

Faire preuve de suffisamment de constance pour faire régulièrement le point avec chaque participant : sur les objectifs réalisés, les tâches exécutées, les responsabilités assumées, les délais respectés, etc. Il arrive que, sous les pressions de l'environnement ou des enjeux et contraintes intérieures ou extérieures, l'objectif évolue, se déplace, voire même se modifie, alors que le processus pour l'atteindre est toujours en cours. Il convient alors, ensemble, avec tous les membres du groupe, de faire les aménagements nécessaires.

Utiliser tous les possibles

Etre assez ouvert pour explorer ensemble tous les leviers de changement propres aux systèmes, à savoir : l'objectif, le processus, le réseau, la structure, les règles, la régulation, le temps, etc. Ainsi pourra-t-on apporter toutes les corrections nécessaires pour tenir compte des imprévus survenus en cours de réalisation.

Eviter les partenaires privilégiés

Il est fréquent, dans une vie de groupe, que des attirances et des rejets se présentent. L'animateur devra veiller à ne pas tomber dans le piège de privilégier les personnes vers qui il a le plus d'attirance. Il fera prendre conscience aussi aux participants du danger qu'il y aurait à rejeter des personnes. Cela conduirait à la création de clans, toujours préjudiciables à l'unité du groupe. Apprendre à travailler avec tous, qu'ils nous plaisent ou pas, c'est faire preuve de maturité.

S'intéresser plus au "faire" qu'au "dire"

Accorder moins d'attention aux discours, pour éviter de se laisser piéger par des impressions, des sentiments, des intentions, des théories, parfois des fantasmes. Certes, il ne faut pas éliminer les discours. Il est nécessaire de les entendre pour les comprendre, car ce sont des signes, des appels à décoder, pour aller au-delà des apparences et en saisir la signification profonde.

Mais ce qui est le plus important ce sont les actes, le faire, car les faits sont les éléments sur lesquels il est possible de s'appuyer de façon plus certaine que sur les discours. Un acte révèle l'acteur. Il contredit parfois le discours. Il révèle les véritables intentions de la personne.

Veiller à l'efficacité des régulations

Réguler c'est mettre en adéquation les prévisions, les réalisations, les modifications de l'environnement et de l'organisation. Mettre en place des espaces et des moments de régulation ne suffit pas. Il est nécessaire de s'assurer que ces régulations sont effectivement réalisées. La fonction de contrôle et de bilan intermédiaire doit être suivie d'actions correctrices élaborées par les personnes concernées. Sinon elle risque de devenir une fin en soi et de perdre sa raison d'être : réguler le couple processus/objectif.

Maintenir la cohérence du processus par rapport à l'objectif

La résistance aux changements est souvent forte. De nombreuses personnes préfèrent utiliser des outils traditionnels (on a toujours fait comme ça), comme si les résultats obtenus avaient été satisfaisants, alors que très souvent le bilan de l'action est très faible. D'autres préfèrent la démagogie en ne prenant en compte les problèmes qu'au niveau de conscience viscéral de la population, ne se sentant pas responsables d'un travail d'élargissement de la conscientisation pour aider à percevoir les problèmes réels auxquels les gens sont confrontés.

Il est nécessaire de rester vigilant pour éviter ces deux pièges et de mettre en œuvre les moyens nécessaires pour prendre conscience des problèmes dans toutes leurs dimensions, les étudier, élaborer un projet, organiser des réunions, adopter une stratégie, prévoir les régulations, programmer des bilans. Il faut rester attentif pour suivre les évolutions de l'organisation, de l'environnement du processus et maintenir le cap sur les objectifs fixés, pour assurer la cohérence du tout malgré les pressions.

Etre ferme sur le processus et souple sur le contenu

Le processus c'est la colonne vertébrale de la stratégie ou du projet. Il est donc indispensable de le préserver de toute modification. Le contenu c'est la chair, c'est la vie. Il peut subir des modifications dues à la conjoncture ou à de multiples autres causes. Il est nécessaire de conserver la souplesse pour modifier le contenu en fonction des changements qui surviennent.

Stratégie d'action de changement [1]

La prise de conscience de plus en plus importante, par la population, des changements à promouvoir pour construire une société plus humaine, conduit à l'engagement. L'histoire nous montre que tous les changements venus du sommet, s'ils ont apporté des améliorations, ont vite été atténués, car ceux qui accèdent au pouvoir ont tendance à vouloir consolider et pérenniser celui-ci. Il semble donc que le seul changement qui soit irrécupérable, c'est lorsque la population prend le pouvoir dans ses différents milieux de vie au quotidien et lorsqu'elle utilise des moyens diversifiés et complémentaires. Essayons de préciser.

L'action quotidienne, là où nous sommes

Dans notre vie personnelle, comme conjoint, parent, travailleur, enseignant, soignant, éducateur, cadre, etc. que notre vie soit une application de ce que nous désirons pour demain.
Dans notre vie sociale, comme militant d'associations, de syndicats, de partis, de mouvements familiaux, culturels, sportifs, etc. mettre en pratique, dans nos responsabilités personnelles, les changements que nous voulons introduire dans la société.

L'action dans nos organisations

Trop d'organisations agissent en vue d'un "grand soir" qui serait le commencement d'une vie sociale nouvelle. Cette démarche a montré ses limites dans tous les pays qui l'ont expérimentée.
Il est plus judicieux que tous ceux qui veulent changer la société commencent à le faire dans leurs propres structures, que toutes les propositions de transformation sociale commencent à se réaliser au sein des structures et des mentalités de ceux qui les préconisent. En commençant à changer sa propre organisation, on prouve, en agissant, que cela est possible et peut servir d'exemple aux autres, car une théorie peut être contestée, une pratique interpelle toujours.

L'action dans les organisations à vocation éducative

Il existe un certain nombre d'organisations dont la vocation théorique est de favoriser l'accès à l'autonomie et à la socialisation des personnes qu'elles ont en charge : centres sociaux, maisons de la culture, écoles, hôpitaux, Eglises, etc.
Il semble que cela puisse être des lieux où l'expérimentation d'un autre mode de relations soit possible, en particulier en mettant en place des structures où les personnes concernées puissent prendre les décisions nécessaires pour répondre à leurs problèmes. Si dans ces lieux à vocation de promotion humaine on ne commence pas à le faire, où pourra-t-on commencer ?

L'action dans les organismes à vocation de socialisation

Les luttes ouvrières ont conduit à la mise en place de structures de solidarité : comités d'entreprises, entreprises nationalisées, Sécurité sociale, coopératives, mutuelles, etc. Au lieu de les faire fonctionner comme des entreprises capitalistes, on pourrait expérimenter un autre mode de gestion qui, tout en assurant la rentabilité, permette la participation de tous.

---

(1) **Valeurs pour notre temps**, Charles Maccio, Chronique Sociale, 1991.

L'action dans tout le domaine public

La vocation du secteur public est d'être au service de la population. L'accueil, l'écoute, la compréhension pourraient être à la base du contact des usagers avec les travailleurs de ce secteur.
En particulier dans l'enseignement, dont la vocation spécifique pourrait montrer comment, à travers une relation éducative, on arrive à permettre à chacun d'être lui-même, en tenant compte de son rythme et à faire l'apprentissage de la vie en société. Comme tout citoyen passe une partie importante de sa vie dans cette institution, c'est toute la société qui en serait transformée [1]. La notion de service public doit être approfondie par tous ceux qui y travaillent et par toutes les personnes concernées.

Choisir des méthodes d'action innovantes

Les luttes jalonnent la vie sociale. Chaque catégorie sociale agit pour améliorer ses conditions de travail et de vie. Il est urgent de penser des actions (moyens) qui soient conformes à nos fins. Trois aspects importants peuvent être retenus : *viser les vrais détenteurs du pouvoir*, sinon les usagers risquent de devenir des otages quand ils sont touchés dans leur travail et leur vie ; *mettre le peuple avec soi* et non contre soi, en choisissant des actions qui ne pénalisent pas la population (péage gratuit) ou qui lui rendent service, et en l'informant des causes de l'action et du contenu des revendications ; *toucher le pouvoir par l'argent*, par exemple transports gratuits en assurant le service public (il faut payer les salaires car les agents travaillent, mais les finances ne rentrent pas à cause de la gratuité). Les actions, dans ce cas, déboucheront rapidement sur des négociations. Nous sommes conduits, pour être efficaces, à inventer des actions originales, qui fassent participer aux décisions tous les salariés concernés, et qui mettent la population du côté de ceux qui agissent.

Situer l'action dans un projet précis et cohérent

Ce projet, élaboré par les personnes concernées, préciserait :
- les objectifs à atteindre à court terme, rappelant les politiques et les finalités qui leur donnent un sens ;
- le projet de changement proposé ;
- la stratégie prévoyant les étapes et les moyens d'y arriver.

Le projet, une fois écrit, sert de référentiel à tous ceux qui participent à l'action car il leur a été remis.

Savoir utiliser les temps fort des mouvements sociaux

Depuis 1789, un grand nombre d'actions populaires spontanées ont eu lieu : 1830, 1848, 1919, 1936, 1945, 1953, 1963, 1968, 1971, 1986, 1990, 1996, etc. Il est toujours difficile de provoquer ce type de réactions, aussi, quand elles ont lieu, il serait souhaitable de savoir profiter des circonstances pour faire avancer les changements prévus dans notre programme, dans nos projets.
Cela ne sera possible que si chaque organisation a un projet de société à substituer à la réalité que nous vivons, que si ce projet de société est assez précis, dans le domaine qui est celui de chaque organisation, pour qu'il soit mobilisateur du peuple en mouvement. Pour cela, il est nécessaire de toujours avoir un projet, mis à jour régulièrement pour tenir compte des changements de mentalités et de société, afin qu'il soit prêt à servir. (exemple : le projet Langevin-Wallon en 1945)

---

(1) **Le groupe éducatif : une réalité politique**, Michel Barlow, Chronique Sociale.

L'engagement

Une politique de l'homme social

Notre conception de la personne et de la société doit nous aider à élaborer des finalités, des politiques et des objectifs clairs, pour indiquer dans quel sens nous souhaitons poursuivre la création du monde et vers quel type d'homme et de société nous voulons aller.

Ensuite, ces orientations devront se traduire dans un projet cohérent et précis, afin que chacun sache clairement quelles sont les actions à entreprendre.

Ces objectifs et ces projets devront être revus régulièrement, car nous sommes dans un monde en pleine mutation où les transformations sont rapides. Il faudra être capable de faire des analyses permanentes nous permettant de nourrir le changement par nos propres projets.

La constitution d'une politique de l'homme en devenir dans le monde pourra se faire autour de trois axes.

1. Constituer une politique multidimensionnelle de l'homme en tenant compte de sa dimension anthropologique : biologique, psychologique, philosophique ; de sa dimension sociale : économique, politique, idéologique, et de sa dimension écologique : histoire, géographie, religion.

2. Constituer une politique de développement. Les prodigieuses avancées de la science et de la technique ont transformé notre environnement de façon importante et rapide. Elles nous incitent à introduire la dimension de l'avenir dans nos pensées, à concevoir l'humanité dans son mouvement d'un passé à un avenir, à insérer l'humanité dans un tout planétaire. C'est sur ce terreau que se construira une politique du développement.

3. Constituer une politique de l'homme dans le monde. Nul n'est une île. Avec les progrès des moyens de communication, chaque pays est un village du monde. Les politiques nationales devront être complétées par des politiques internationales et mondiales, en recherchant les moyens pour chaque personne et pour chaque peuple de ne pas perdre son identité.

La praxis

Notre conception de la pensée et de l'action débouche sur une praxis, c'est-à-dire un mouvement dialectique de la pensée et de l'action. La praxis, c'est l'ensemble des activités visant à transformer le monde dans une direction donnée.

Liaison pensée / action. Refuser de séparer pensée et action pour être acteur et non spectateur. La pensée doit surgir de l'action, de l'engagement, de la solidarité active. Par cette démarche, la pensée s'enracine dans le réel et non dans des spéculations idéalistes qui conduisent trop souvent à l'échec de l'action. Cela pose une double exigence : de communication et d'engagement.

Equilibre pensée / action. Penser sa vie, c'est-à-dire pas de pensée toute faite, préétablie, mais une pensée qui se nourrit en permanence des expériences de notre vie personnelle et sociale. Pas de pensée non plus sans valeurs que l'on a choisies, approfondies, nourries, à partir du sens que l'on veut donner à sa vie. Pas de pensée qui ne devienne personnelle après s'être affrontée à la pensée des autres.

Agir pour changer notre vie est le complément, l'aboutissement de la pensée. L'action sans pensée est perte de la liberté, car nous devenons des moutons. La recherche de la vérité se fait dans l'engagement, car le résultat de l'action indique en même temps une direction. Enfin, pas d'action sans solidarité, car agir seul est peu efficace pour le changement social.

Pensée et action, expérience libératrice. Passer de la pensée à l'acte libère, de même que penser ses actes est libérateur. Cela procure assurance par la vision claire et solide de ce que nous allons faire. L'acte nourrit la pensée intérieure et l'enrichit par la méditation. C'est un moyen de ressourcement irremplaçable. L'action, guidée par la pensée, crée une expérience permanente de libération.

Etre lucide face à la déformation possible de la pensée et de l'action. Agir sans penser, penser sans agir provoquent des déformations inévitables. Il convient de se méfier tout autant de la générosité sans pensée que de l'amour sans acte. Le paternalisme ne respecte pas la dignité, pas plus que l'autoritarisme. Ils dégradent ceux qui les pratiquent comme ceux qui les subissent.

Nous devons donc acquérir un esprit critique et une pratique de la critique, sans jugement de valeur, qui nous permettent d'éviter les déviations et, éventuellement, de faire les rectifications nécessaires.

L'engagement

Qui n'agit pas n'est pas, car l'existence est action. L'action cependant ne peut se faire seul. Elle doit être le résultat d'un effort collectif. Mais le nombre ne signifie pas forcément efficacité. Il convient donc de déterminer ce que nous attendons de l'action. Généralement quatre exigences en découlent.

- *Modifier la réalité extérieure*. C'est l'action de l'homme sur les choses et sur les autres hommes. Mais l'efficacité ne peut lui suffire s'il ne trouve aussi sa dignité, la fraternité et quelque élévation au-dessus de l'utilité.
- *Nous former* en édifiant une œuvre extérieure ; développer notre unité personnelle, à travers nos actes, nos habiletés, notre réflexion, nos valeurs, pour atteindre à l'authenticité.
- *Nous rapprocher des autres*. L'action collective nous permet de réfléchir avec les autres, de décider ensemble de nos actes et de leur signification. C'est au travers de ces démarches que se forme la communauté humaine.
- *Enrichir notre univers de valeurs*. Si les moyens que nous utilisons dans l'action avilissent les personnes, ils compromettent à terme l'efficacité même des résultats. L'éthique est, du point de vue même des résultats, aussi importante que les calculs des forces en présence. Cependant l'efficacité est nécessaire. C'est pour cela que technique et éthique sont les deux pôles inséparables de l'action.

Exercice n° 7

Apprendre à faire un plan

Type Entraînement

Objectif Vous (2) répartissez (1) les mots ci-dessous mis en désordre en les mettant par ordre d'importance : idées-forces, idées secondaires, idées tertiaires (3), en prenant le temps nécessaire, l'important étant de comprendre la démarche (4).

Déroulement

1. Liste des mots : consommation, types, juvénile, mère génétique, économique, composition, autonomie, mairie, père adoptif, enfant, socialisation, mariage, enfant symbolique, logement différent, éducative, monoparentale, veuvage, mère adoptive, fonctions, procréation, enfant génétique, divorcés, production, sexuelle, père symbolique, annoncé à l'entourage, homme, instruction, enfant adoptif, cohabitation, mère symbolique, distribution, mairie + église, contraception, père génétique, célibataires, même logement, plaisir, femme.

2. Réalisation : Ces mots n'ont pas le même caractère de généralité. Classez-les en utilisant le tableau ci-dessous. Dans un arbre, il y a un tronc, des branches, des branchettes, faites de même ici.

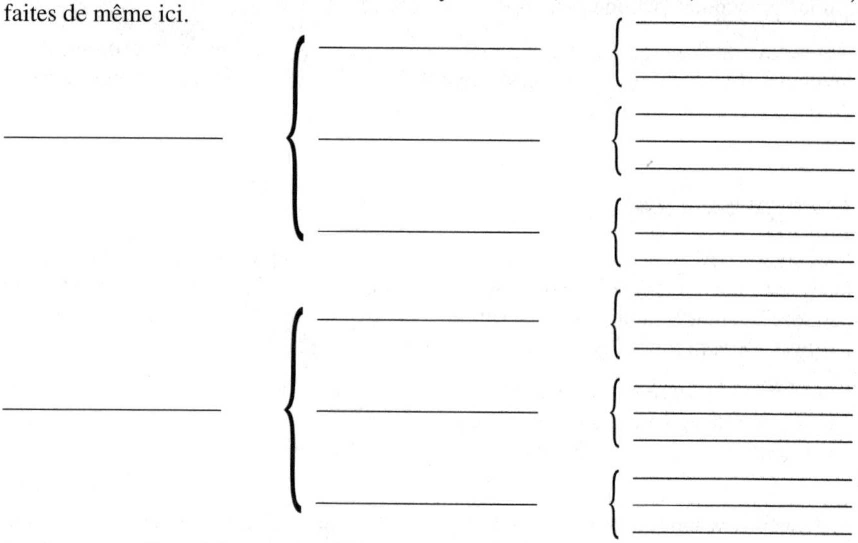

Analyse Pour faire un plan, il faut une procédure en 6 étapes.

1. *Objectif clair* comportant les quatre éléments : action à engager, problème à régler, personnes et groupes concernés, délai à respecter.
2. *Déballage* : en fonction de l'objectif, jeter sur le papier tous les mots clés, les idées se rattachant à l'objectif.
3. *Organisation* : en mettant des numéros pour distinguer les idées-forces, les idées secondaires, les idées tertiaires.
4. *Présentation* : les mettre dans un ordre logique.
5. *Compléments* : ajouter les éléments importants qui manquent.
6. *Cohérence* : quand tout cela est écrit, vérifier la cohérence du tout.

Par cet exercice vous avez réalisé les étapes 2, 3 et 4.

Amélioration Pour vous entraîner, complétez l'exercice en y ajoutant les points : 1. Objectif, 5. Compléments, 6. Cohérence.

Vous pouvez faire la même démarche, mais cette fois-ci en partant de vos objectifs personnels ou de groupe.

Eléments de réponse p. 299

Réaliser un projet de groupe

Type Maîtrise d'une activité

Objectif Préciser (1) le contenu du projet (3) de votre équipe de travail (association, loisirs, paroissiale, à vous de choisir) (2) dans les 8 jours (4)

Déroulement Les cadres sont indicatifs. Il est préférable de prendre une ou plusieurs feuilles pour chaque point

1. Formulation du problème

2. Mise au clair des objectifs

3. Préciser le programme

4. Planifier

5. Les outils nécessaires

6. Répartir les responsabilités

7. Travailler avec des partenaires

8. Négocier avec les adversaires

9. La maîtrise des coûts

10. Vérifier la cohérence

Analyse Quelles sont les difficultés rencontrées dans la **réalisation du projet** ? En faire la liste et, face à chacune, proposer des solutions. Vous ferez de même au moment du bilan, mais en vous centrant sur l'exécution du projet, son déroulement, en reprenant chacun des points prévus.

Amélioration Avec les critiques précédentes vous pouvez être conduit à modifier les 10 points proposés, soit les réduire à 5 ou 6, soit y ajouter 1 ou 2 points supplémentaires, soit remplacer tel point par un autre. C'est à ce moment-là que vous aurez une véritable mouture du projet

Eléments de réponse p.300

Bonne justice

C'est la chaude loi des hommes
Du raisin ils font du vin
Du charbon ils font du feu
Des baisers ils font des hommes

C'est la douce loi des hommes
Se garder intact malgré
Les guerres et la misère
Malgré les dangers de mort

C'est la douce loi des hommes
De changer l'eau en lumière
Le rêve en réalité
Et les ennemis en frères

Une loi vieille et nouvelle
Qui va se perfectionnant
Du fond du cœur de l'enfant
Jusqu'à la raison suprême

Paul Eluard
Poèmes

4. Les techniques ou la caisse à outils

"La fin est dans les moyens comme l'arbre dans la semence."

Gandhi, 1869-1948

La nécessité des techniques

Nécessité des techniques

Quand nous voulons réaliser un **travail**, il est indispensable d'avoir des outils : pour le travail manuel, des outils matériels, pour le travail intellectuel, des outils de pensée. Pour le travail de groupe il en est de même, il nous faut des outils matériels et des outils de pensée. Cela nous amène à distinguer trois approches complémentaires : les moyens, les méthodes et les procédures.

- La personne a **besoin d'outils**. Les premiers sont apparus avec l'hominisation. Depuis, nous avons fait du chemin grâce à la créativité humaine qui a sans cesse perfectionné les outils précédents et inventé les outils nouveaux, nécessaires à ses besoins de connaissance et de compréhension des personnes et du monde dans lequel nous vivons.
- Aujourd'hui, nous sommes entourés de techniques de toute nature pour faciliter nos relations et nos communications interpersonnelles ou sociales. Outils pour la parole : téléphone, radio, conférences, entretiens, etc. Outils pour l'écrit : courrier, tracts, dossiers, livres, revues, presse, comptes rendus, etc. Outils audiovisuels : télévision, cinéma, montages diapos, expositions, cassettes vidéo, etc. Outils informatiques : ordinateurs, périphériques, logiciels, multimédia, autoroutes de l'information, etc. Chacun de nous peut allonger la liste à partir de ses besoins ou de son expérience.
- Devant cette énumération à la Prévert, nous sommes tentés de diviser le monde en deux domaines distincts : celui des personnes et celui des choses, celui des objets et celui des sujets. Cette distinction utile ne doit pas nous conduire à les opposer car ils sont en interaction constante. Ce sont les personnes qui créent le monde des objets. Ces objets facilitent le travail des personnes. Cette interaction nous aide à comprendre qu'une personne n'est pas neutre dans le choix de ses outils, qu'aucun outil n'est neutre, car, comme le disait Gandhi, la fin est déjà dans le choix des moyens.

Utilité des techniques

Les techniques étant le produit de la créativité humaine, chacune a un rôle, une fonction dans les relations que nous établissons avec nos semblables.

- ***Les relations avec les autres deviennent plus faciles***. Avec un coup de téléphone on conserve le contact malgré les distances. Avec du courrier, des revues, on apprend à mieux se connaître et, par là, à avoir les moyens de mieux se comprendre.
- ***Les relations avec les autres nous aident à nous remettre en cause***. Les informations reçues viennent s'ajouter à nos connaissances, à notre culture. Les débats qui s'instaurent nous interpellent et nous obligent à réfléchir à nos positions, ébranlent parfois nos convictions, introduisent le doute dans nos certitudes. Ces interpellations sont toujours bénéfiques au progrès humain, quand nous sommes ouverts, pour écouter et comprendre la différence de l'autre pour nous enrichir.
- ***Les relations avec les autres nous poussent à la créativité***. En effet, quand nos positions sont remises en cause, il est nécessaire d'en rechercher de nouvelles. Quand nous avons des idées nouvelles, des outils nouveaux, que nous les proposons pour que d'autres puissent se les approprier, cela nous incite à toujours trouver de nouvelles idées, de nouveaux outils, correspondant davantage à nos besoins en évolution constante.

Il n'y a pas de relations sans technique

- *L'usage des techniques se rencontre dans toute la vie quotidienne*

– Dans le domaine de la vie personnelle avec la nécessité de lire, écrire, parler, écouter, débattre, s'organiser, etc. sans quoi, les contacts ne pouvant avoir lieu, nous ne pourrions nous épanouir dans la réflexion, l'échange, la négociation, etc.

– Dans le domaine de la vie sociale avec nos réunions amicales ou d'associations, avec le travail en équipe, avec la presse, l'informatique qui brisent non seulement notre isolement, mais nous mettent en contact avec nos concitoyens.

- ***L'usage des techniques est à la base de notre formation.*** Certes, le conditionnement est possible pour l'utilisation des techniques à notre seul profit. Certains ne s'en privent pas. Mais les techniques sont comme les langues d'Esope, elles peuvent être la meilleure comme la pire des choses, cela dépendra de nos choix.
- ***Nous sommes donc interpellé en permanence dans le choix de nos outils***. Constamment notre conscience morale est interpellée, même à partir d'outils très simples et courants comme un tableau. Je peux m'en servir au cours d'une réunion pour garder le pouvoir en monopolisant son utilisation. Je peux faciliter la participation de tous en le mettant à la disposition de tous les membres du groupe qui peuvent l'utiliser quand ils ont quelque chose à dire ou à décrire. Ce qui est vrai du tableau est vrai pour chaque outil. Plus nos choix seront éthiques, guidés par les valeurs que nous aurons choisies, plus les outils utilisés deviendront des moyens de promotion personnelle et collective des personnes avec qui nous travaillons.

Fécondité des techniques de relations

- *Au plan des personnes*. **Réfléchir** sur les techniques que nous utilisons couramment pour déceler la part inconsciente de manipulation que nous pouvons induire. **S'interroger** sur la façon dont nous les utilisons et dans quelle intention : pour conditionner, pour faciliter un apprentissage, pour aider à la connaissance, pour favoriser la compréhension, pour conduire à l'autonomie, etc. Autant de questions qu'il est difficile d'évacuer si nous voulons mûrir.
- *Au plan social*. La maîtrise des techniques nous aide à évacuer la peur d'entrer en relation. Quand on a appris à animer une réunion, on a moins peur d'en organiser ou d'y participer, cela nous aide à être **efficace**. Quand on a fait l'apprentissage de la discussion, du dialogue, de la compréhension, outre l'efficacité nous avançons aussi vers plus de **solidarité** grâce à l'utilisation de ces échanges pour que toutes les personnes concernées prennent en charge leur problème pour y apporter les réponses nécessaires par leurs actions.

Savoir être, savoir faire et savoir vivre sont intimement liés. La fidélité aux exigences de notre conscience morale nous aidera à respecter toute personne dans l'utilisation des techniques que nous avons à notre disposition. Il faut aussi connaître les limites des techniques. La personne est au-delà de toutes les techniques pour atteindre son épanouissement personnel et pour apporter sa contribution à la construction d'une société plus juste et plus fraternelle. Les outils sont au service de la personne et non l'inverse. Cela doit nous rester en mémoire.

Essayons de voir à présent les trois catégories de techniques nécessaires : les moyens, les méthodes, les procédures.

Le rôle des moyens [1]

Caractéristiques

Un moyen c'est ce qui sert pour parvenir à une fin. La gamme des moyens est infinie dans la mesure où elle concerne : la possibilité de faire une chose, la façon d'utiliser les moyens choisis, la mise au point de moyens adaptés à des situations particulières, l'indication à l'aide de quoi une action s'accomplit, les facultés d'une personne dans l'ordre physique, intellectuel ou moral, les objets employés dans la réalisation d'une action ou d'un produit, les instruments utilisés pour faire un travail, les mesures de contrainte pour faire respecter un processus établi, l'entremise qui sert d'intermédiaire pour ce qui est à faire, le pouvoir, la faculté de faire quelque chose, la situation pécuniaire permettant de réaliser ses projets. Montaigne disait : "Nous ne pouvons être tenus au-delà de nos forces et de nos moyens". Le moyen sous-entend toujours l'idée d'intermédiaire.

La diversité des moyens

Ils ressortent le plus souvent du monde des objets au service du monde des personnes. C'est ce dont nous avons besoin pour accomplir une action, ce qui nous permet de poser des actes pour parvenir à une fin. Les moyens sont d'ordre statique. Seuls ils sont inopérants, mais sans eux nous ne pouvons rien faire. Une voiture est un moyen pour nous déplacer, sans une personne pour la conduire elle est immobile. Elle ne devient efficace que lorsqu'elle est utilisée en fonction d'un objectif : voyager, transporter, etc.

Mais un moyen, s'il est statique sans une personne pour s'en servir, n'est pas neutre pour autant. De par sa nature, il va induire un type de comportement. On ne réagit pas de la même façon avec une voiture à cheval ou avec une voiture automobile, devant un journal écrit ou un journal télévisé, avec une calculatrice ou un ordinateur. Certes, la personne intervient dans la façon d'utiliser ces moyens, mais elle est marquée par les outils (moyens) dont elle dispose... Une relation dialectique s'établit entre le moyen et la personne.

Les moyens concernent tous les domaines de la vie. Ce peuvent être des ressources pécuniaires (moyens financiers), des objets et machines employés dans la production (moyens de production), des véhicules divers (moyens de transport), des mesures de contraintes (moyens coercitifs), des facultés physiques, intellectuelles ou morales d'une personne (moyens humains), etc.

Ces divers moyens, s'ils provoquent en nous des réactions par leur existence, leur nature, demeurent cependant tributaires de la façon dont nous allons les utiliser. Il existe toujours plusieurs façons de nous servir d'un moyen. Ces différentes façons sont des méthodes qui sont issues de la pensée de l'homme. Et, en conjuguant moyens et méthodes, nous élaborons et utilisons des procédures qui sont **au service de nos objectifs et révèlent nos choix éthiques**.

---

(1) **Pratique de l'expression**, Charles Maccio, Chronique Sociale, 5e éd.

La réflexion sur les moyens et les fins

Dans la mesure où le moyen c'est ce qui rend possible l'accomplissement d'une fin, nous avons à nous interroger sans cesse sur la préséance des moyens ou des fins. Aux deux extrêmes, nous avons d'un côté : "La fin justifie les moyens", de l'autre : "La fin est déjà dans les moyens". Cela pose la question de leur éventuelle dénaturation réciproque.

Il est dans la démarche de la volonté humaine d'agencer des moyens en vue d'une fin. **Le moyen** devrait rester l'instrument de la réalisation de la fin et demeurer dans sa fonction d'intermédiaire. Mais, de ce fait même, étant instrument de médiation, il exerce une action transitoire dans une démarche orientée. **Les fins** peuvent être proches et constituer elles-mêmes des étapes, c'est-à-dire être des moyens, ou être lointaines avec les risques de déviation, dus à l'impatience ou l'impétuosité, qui feront rechercher les moyens les plus efficaces pour les atteindre – la fin justifiant les moyens – si une conscience morale ou des exigences éthiques ne viennent fixer les limites à ne pas franchir dans le choix des moyens, mais aussi dans leur utilisation.

Platon et Kant

Platon oppose les techniques multiples, comme sciences des moyens, à la morale, comme science unique des fins, qui décide de l'usage et donc du sens des moyens.

Kant distingue les moyens comme ce qui est utile et la fin comme ce qui est absolument fondamental. Le principe de la moralité kantienne est le suivant : "Agir de manière à traiter la personne d'autrui jamais seulement comme moyen, mais toujours en même temps comme une fin". La dignité de l'autre exige que l'on n'en fasse ni un esclave, ni un simple instrument.

Lucidité indispensable. L'adage "qui veut la fin veut les moyens" peut être interprété de deux façons opposées, nous affrontant à notre liberté de choix, révélant en fait nos idéologies sous-jacentes.

- La morale, comme science des fins, assigne aux moyens leur juste place et en fait les moyens appropriés à une fin. Qui veut actualiser une fin, réaliser un projet ou faire vivre une valeur doit faire ce qu'il faut pour cela, c'est-à-dire prendre les moyens nécessaires et des moyens dignes de cette fin qui ne soient pas en contradiction avec elle.
- Au nom du principe de réalité, on peut aussi trouver des justifications en s'interrogeant. Peut-on mettre la torture au service de la liberté ? Emprisonner ceux qui commettent des délits d'opinion politique, philosophique ou religieuse, pour leur bien ? User de corruption afin de parvenir au pouvoir et de mettre en œuvre ensuite un programme de justice ? Beaucoup trancheront dans le sens que la fin (la valeur soulignée) justifie les moyens ? Hélas !

Un choix impératif. A partir du moment où l'on commence à glisser dans la justification, il est difficile de s'arrêter en chemin. Il n'y a jamais eu tant de morts qu'au nom de l'amour. Notre choix doit être impératif : la fin prime les moyens et les moyens ne peuvent être en contradiction avec les fins. Ce choix de vie adopté n'admettra aucune exception à la règle, sinon la dérive commence et on ne sait jamais où elle s'arrête, trop d'exemples le démontrent dans l'actualité.

Préparer une enquête

1. Préalable

Avant de choisir de faire une enquête, il est nécessaire de préciser un certain nombre de points :

L'objectif de l'enquête. Cela permettra de définir ce que l'on souhaite obtenir comme information sur un problème important et les raisons qui motivent cette recherche.

Les points forts qui devront apparaître serviront à déterminer la structure et le plan du questionnaire et le milieu sur lequel travailler.

Les personnes concernées par l'enquête, en ayant soin de faire apparaître clairement celles qui déclenchent l'enquête avec leurs motivations, la population sur qui portera l'enquête, et les raisons de ce choix.

Les échéances, c'est-à-dire à quel moment l'enquête doit être réalisée, ainsi que la durée de l'opération avec ses différentes étapes.

2. Réalisation

Faire une introduction qui indique les objectifs, le plan et le public concerné.

Elaborer le questionnaire

- *Préciser la nature des questions*
  - celles portant sur des faits, celles faisant apparaître les opinions
  - celles qui situeront les problèmes dans le temps (avant – maintenant), dans l'espace (ici – ailleurs), au niveau du sens (valeurs véhiculées, prônées)
  - celles qui permettront de décrire les aspects du problème : dimension économique (travail, argent), dimension politique (rapports de pouvoir), dimension idéologique (champ culturel).

- *Préciser la forme des questions*
  - Questions fermées dont la réponse est seulement OUI ou NON. Elles facilitent le dépouillement, mais ne donnent qu'une information limitée.
  - Question à choix limité. Elles donnent plusieurs possibilités de réponse tout en réduisant le choix.
  - Questions ouvertes. Elles permettent une réponse libre, mais, par leur richesse et leur particularité, elles rendent le dépouillement plus difficile. Cependant, sans elles, on ne peut avoir une vision exacte de la réalité.

- *Déterminer le nombre* approximatif de questions. Le questionnaire ne doit être ni trop long, les réponses risqueraient d'être moins nombreuses, ni trop court, il ne couvrirait pas le sujet.
  - Les questions les plus simples possible en utilisant un langage compréhensible par ceux qui vont aller interroger.
  - Les questions les plus courtes possible pour que chacun saisisse la totalité du sens de la question.

On estime, pour équilibrer richesse de la collecte d'informations et facilitation du dépouillement, qu'un questionnaire efficace pourrait comporter une centaine de questions réparties en une dizaine de chapitres avec, pour chacun d'eux, 6 ou 7 questions fermées, 2 ou 3 à choix limité et 1 ouverte.

• *Fixer l'ordre des questions*
Il sera plus psychologique que logique. Une personne irritée par une question sera influencée pour répondre aux suivantes. Une réponse logique à une question entraîne une réponse logique même à une question plus affective. Pour cela, disperser les questions jugées délicates. Prévoir de structurer le questionnaire en chapitres avec, pour chacun, un point fort à faire ressortir autour duquel s'articuleront les questions.

• *Penser à la présentation*
La typographie sera de préférence agréable et la présentation suffisamment claire et aérée pour que ceux qui interrogent et ceux qui répondent repèrent facilement l'objectif et les points clés du plan. Ils percevront plus facilement la distinction et l'enchaînement des parties. L'introduction doit être assez claire pour que l'objectif apparaisse ainsi que les points forts.

• *Penser au dépouillement*
Attribuer un numéro à chaque question, cela facilitera le regroupement des réponses et leur ventilation dans les fiches de dépouillement.
Réaliser une grille de dépouillement où les réponses pourront être reportées à mesure de leur lecture. Cette grille est à élaborer en même temps que le questionnaire pour qu'elle soit en correspondance avec le contenu de celui-ci et facilite ainsi un travail souvent fastidieux.
Si cela est possible, affecter une feuille à chaque chapitre ou point fort. Elles pourront ainsi être regroupées dans des chemises différentes. Cela aidera grandement au dépouillement et à l'analyse en répartissant les chemises entre plusieurs personnes.

• *Préciser qui va faire le questionnaire*
On peut demander à un spécialiste de le faire ou de nous aider. Mais faire un questionnaire cela s'apprend. De cette façon, les personnes concernées apprennent à fabriquer les outils d'analyse leur permettant de prendre conscience des problèmes auxquels elles sont affrontées pour les prendre en charge.

Tester avant de faire l'enquête

Pour éviter les déboires d'un questionnaire inadapté aux problèmes ou aux personnes, quand il est rédigé, le tester auprès d'un échantillonnage de personnes. On verra leurs réactions aux questions, tant sur la forme que sur le contenu. On pourra ainsi le modifier et l'améliorer.

Du même coup sera testée la fiche de dépouillement et on aura ainsi des outils efficaces prêts à fonctionner.

Faire une fiche de travail

Sa raison d'être

Nous sommes quotidiennement affrontés à de multiples problèmes.
Réaliser une fiche de travail peut être une aide précieuse :
- elle permet, sous un faible volume, d'avoir le maximum d'informations,
- elle développe l'esprit de synthèse chez celui qui la réalise,
- elle aide à désencombrer des dossiers volumineux,
- elle sert d'aide-mémoire à celui qui la réalise,
- elle facilite les recherches en cas d'utilisation courante,
- elle peut servir de document pour préparer une réunion,
- mais elle ne peut être faite que par une personne compétente sur le sujet.

Contenu possible

Il n'y a pas de domaine ne pouvant être mis en fiche recto-verso. Tout ce qui fait partie de la culture humaine, tout ce qui est dit ou écrit, peut être mis en fiche.

On peut faire arbitrairement le classement suivant, pour reprendre le classement du livre **L'humanité face au changement** (Chronique Sociale) :

– Les sciences	biologie	économie	géographie	valeurs
– Les techniques	psychologie	politique	histoire	éthique
– La téléinformatique	philosophie	idéologie	religion	morale
– Les nouvelles technologies	anthropologie	sociologie	écologie	déontologie

On peut aussi, avec le même thème, varier le niveau du contenu :
- premier degré : vulgarisation ou résumé de cours,
- deuxième degré : fiche, résumé de travail pour gens compétents,
- troisième degré : fiche technique pour spécialiste de certaines questions.

On peut aussi varier la présentation, ce peut être :
- une fiche isolée sur un problème restreint (fiche de lecture),
- une série de fiches sur un thème de travail, qui se complètent pour faire un dossier,
- une série de dossiers constituant un document complet.

Présentation

Pour une fiche :
- *le titre* de la fiche doit être écrit en caractères plus grands et en gras ; s'il est de la même taille, il est noyé, il ne saute pas à l'œil,
- *les sous-titres* doivent nettement apparaître avec une présentation en caractères gras,
- *les intertitres* en retrait doivent se voir au premier coup d'œil, en caractères italiques par exemple,
- *le texte* doit être court, pas plus de 8 à 10 lignes, composé de phrases courtes et directes,
- *la lecture* des titres et sous-titres donne la synthèse du contenu.

Pour un dossier :
- chaque fiche s'inspire des propositions précédentes,
- pour permettre une découverte visuelle des chapitres, les réaliser éventuellement sur des feuilles de couleur différente,
- si le dossier est court et homogène, réserver les couleurs pour le classement (une couleur par thème : science, économie, etc.).

Contenu

La méthode pour réaliser une fiche est facile à comprendre, mais assez difficile à réaliser. Cependant, avec de la persévérance et de l'expérience, on y arrive. Cette pratique est un excellent apprentissage pour faire des synthèses.

*1. **Connaître*** l'information qui existe sur le sujet. C'est en ce sens qu'une notice documentaire sera très précieuse pour savoir à l'avance ce que l'on possède, ce que l'on peut trouver facilement, ce qu'il faudra rechercher.

*2. **Rassembler*** la documentation nécessaire. Ne pas commencer le travail de mise en fiche avant de tout avoir à sa disposition, car il peut se produire qu'un document arrivant avec du retard remette en cause de que l'on a déjà fait.

*3. **Regrouper*** les documents autour des points forts. Ce premier travail de classification va permettre une maîtrise globale du contenu de l'information rassemblée et donner déjà une indication sur la structure possible de la démarche de recherche.

*4. **Consulter*** : avant d'aller plus loin, prendre le temps de lire très rapidement tous les documents écrits et de visionner les documents audiovisuels. Cela permet d'avoir une perception plus fine du contenu qui facilitera l'utilisation des documents et permettra de ne pas laisser échapper la richesse de détails qui ont leur importance.

*5. **Sélectionner*** : cette approche du contenu va permettre d'éliminer les documents inutiles, de regrouper ceux qui se répètent, de mettre un ordre dans l'importance des documents.

*6. **Ordonner*** : maintenant, vous avez une vision claire de l'ensemble de vos informations. Vous pouvez faire un plan structuré autour des idées principales, vous regroupez les idées secondaires, vous choisissez les exemples, vous êtes alors prêt à écrire.

*7. **Rédiger*** : vous pouvez à présent commencer la rédaction de votre fiche. Cela peut se faire en deux temps : 1. brouillon rapide permettant de voir si tout rentrera dans une fiche et si la présentation permet, d'un seul coup d'œil, de cerner le contenu ; 2. rédaction définitive avec des phrases courtes et des mots simples.

Utilisation

Il semble que la meilleure méthode pour une utilisation rationnelle consiste à rassembler ses fiches dans un classeur, afin qu'en cas de modification d'une fiche le reste garde son homogénéité. D'autre part, pour utiliser une fiche pour un travail régulier, il semblerait souhaitable d'inclure la fiche dans une chemise plastique de protection, transparente et perforée.

Une fiche seule ou un dossier de fiches ne peut être utilisé par une personne qui ne connaît pas le problème ou n'a pas suivi la réunion.

Du fait de leur caractère synthétique, il serait dangereux de tomber dans le simplisme par une diffusion trop massive de fiches à caractère technique.

Seules quelques fiches de vulgarisation ou dossiers conçus dans ce sens pourront éventuellement se prêter à une diffusion, sans connaissance préalable du sujet.

C'est plus un outil de travail personnel, ou d'équipe, qu'un outil de diffusion massive.

L'utilisation d'une fiche devra permettre une étude approfondie d'un problème lorsque ce sera nécessaire. Une fiche ne peut remplacer des livres, des revues, des documents, mais peut aider à les lire, à les comprendre pour les maîtriser.

Mettre en place un centre-ressource [1]

Les raisons d'être d'un centre-ressource

La société vit une période de mutations accélérées. Il n'est pas de position acquise qui ne soit rendue vulnérable par ces changements. Il nous faut apprendre à vivre avec l'innovation, la rapidité de réaction et l'anticipation.

L'information devient la base incontournable de toute connaissance, de toute décision anticipatrice, pour que la personne conserve la maîtrise de tous ces changements. L'informatique devient l'outil courant du travail sur l'information pour conduire efficacement le changement. Pour faciliter la prise de conscience des citoyens pour qu'ils perçoivent l'importance des enjeux, il devient urgent d'optimiser les ressources des groupes, organisations, institutions. Ressources traditionnelles que sont les dossiers, les documents, etc. mais aussi ressources immatérielles fournies par la recherche, l'information, l'innovation. Le centre-ressource peut être une réponse pertinente aux besoins des personnes et des groupes.

Le centre-ressource, un outil au service de l'auto-information

Une information investissement. Du fait de l'absence de clarification des besoins d'information par rapport aux objectifs fondamentaux du groupe ou de l'organisation, c'est trop souvent la prise en compte d'objectifs à court terme qui prévaut. Il devient indispensable de se poser la question pertinente en matière de compétences attendues des membres du groupe, pour leur procurer les éléments nécessaires. On favorise ainsi le développement de la personne et celui de l'organisation.

Un outil favorisant l'implication des personnes et des structures. Par sa souplesse, le centre-ressource est l'espace de tous les possibles. Il doit devenir l'affaire de tous les membres du groupe, ce qui nécessite une adaptation des structures à cette démarche. Chacun indique ce dont il a besoin, ce dont il dispose, ce qu'il lui est possible d'obtenir d'autres personnes, ce qu'il peut se procurer comme autres outils utiles à tous, etc. C'est se situer comme acteur dans sa démarche de partage de l'information.

Un outil favorisant l'apprentissage par l'action. Le partage de l'information en centre-ressource permet de faire évoluer les personnes en les mettant en situation active, ce qui favorise par surcroît l'acquisition de nouveaux modes d'agir et de penser. La souplesse de fonctionnement leur permet de s'ajuster à l'évolution des besoins et des préoccupations de chaque groupe. L'auto-information est une action de transformation à long terme qui implique toutes les personnes concernées. Elle permet la création de réseaux relationnels, le renforcement de la cohésion et de la motivation des équipes. C'est la mobilisation collective qui donne sa force à l'acte d'information.

Un outil de valorisation des personnes et des groupes. Par la richesse et la souplesse de sa démarche, le centre ressource dépasse souvent le cadre strict de ses attributions. Il permet une réponse variée aux besoins d'information mais sert aussi de moyen de formation, permet un enrichissement de l'offre et de la demande documentaire, le développement des activités de communication interne et externe, est un lieu d'échanges permanents d'expériences, de préparation aux changements, d'apprentissage de l'anticipation des besoins, mais aussi de l'évolution des outils.

---

(1) **Le centre ressource. Pourquoi ? Comment ?**, Ariane Kepler, Chronique Sociale, 1992.

Les différents types de ressources

Réunir et classer toutes les formes d'informations.

Choisir les supports d'information

- magnétophone avec casques
- projecteur diapos couplé avec magnétophone
- magnétoscopes avec écouteur et poste TV et CDI
- téléphone avec fax – minitel – camescope
- micro-ordinateur avec modem et imprimante et CD-Rom
- scanner pour numériser l'information écrite et l'image

S'équiper en logistique

- photocopieuse
- planning
- matériel de bureau
- fichier
- bibliothèques : rayonnages, tables, chaises, meubles
- logiciels : traitement de texte, tableur, base de données, fichier

Dossiers d'information

- supports oraux : disques, cassettes, CD, etc.
- supports écrits : livres, revues, journaux, manuels de base
- supports audiovisuels : montages, films, cassettes vidéo, disques compacts
- supports informatiques : CD, logiciels
- documentation par dossiers (revue de presse, thématique, alphabétique)
- dictionnaires par thèmes (philo, informatique), encyclopédies, etc.
- jeux éducatifs, études de cas : documents sur les formations proposées
- banques de données – accès aux réseaux

Aires de travail

- aire d'échange et de débat
- aire de lecture, de travail personnel
- aire téléinformatique, minitel, multimédia
- aire des personnes ressources à disposition

Les étapes de création d'un centre-ressource

1. ***Etude*** de l'environnement, des objectifs du groupe, de l'organisation des besoins des utilisateurs, des contraintes.

2. ***Détermination*** de la finalité, des politiques, des objectifs du centre-ressource, après consultation de toutes les personnes concernées.

3. ***Fixation*** des objectifs intermédiaires à court terme, public concerné, type d'informations à recueillir, à traiter, à stocker.

4. ***Inventaire*** des activités couvertes par le centre-ressource et des moyens mis à la disposition des personnes et des groupes.

5. ***Choix*** du système d'accès au centre-ressource, à son mode de fonctionnement, à la demande en évolution.

6. ***Sélection*** des moyens humains (concepteur, réalisateur, utilisateur), matériels (locaux, équipement), financiers (investissement, fonctionnement).

7. ***Conception*** du centre, choix du lieu d'installation, surface nécessaire, organisations des différentes aires, facilité d'utilisation, etc.

8. ***Réalisation***, choix des personnes qui réaliseront la mise en place et assureront le suivi jusqu'à son terme.

9. ***Bilan*** en cours de réalisation et après trois mois de fonctionnement pour faire les aménagements nécessaires en cas de problème.

Organiser ses archives

Contrairement à l'image périmée, les archives ne sont pas de vieux papiers poussiéreux, mais englobent l'ensemble des produits de l'activité d'une personne, d'un groupe, d'une association. C'est la mémoire de leur vie[1].

Les fonctions nécessitant la mise en place d'un processus d'archivage

1. Fonction légale. La loi oblige la conservation de certains documents. Il y a donc des obligations légales et administratives.

2. Fonction administrative. On s'y réfère quand il s'agit de retracer l'évolution d'une problématique : gérer les contrats d'emploi, justifier une situation présente, éclaircir une question financière, introduire une demande de subvention auprès des pouvoirs publics, etc.

3. Fonction de mémoire. Alors que les personnes passent, les écrits ou autres supports restent. L'action présente s'inscrit dans un projet global et le passé en est une composante fondatrice. Au cours de son histoire, l'organisation a engrangé des expériences. Elle a accumulé un savoir, un savoir-faire, une réflexion, la mise en place de politiques dont les archives gardent la trace.

4. Fonction d'image de marque. Quand il s'agit de promouvoir l'identité d'une association, de son projet, de ses valeurs, de ses luttes, de ses revendications, les archives permettent d'enraciner son image de marque dans son patrimoine de vie, dans son passé, dans son histoire, donnant un argument d'autorité.

5. Fonction de contribution à l'histoire. A sa propre histoire certes qui permet de lui assurer son identité dans sa tradition. Mais surtout à l'histoire de la société pour illustrer sa contribution au changement social en inscrivant son action dans un mouvement d'émancipation plus global des populations, sa participation à la mise en œuvre d'une société plus juste, plus libre, plus humaine. Qui pourra dégager le sens de cette action si toutes traces ont été effacées ?

Définir une politique de traitement des documents

C'est préciser l'ensemble de règles et de moyens dont l'application doit permettre de gérer efficacement l'accès aux documents et leur conservation. Cela suppose de contrôler la production des documents ; de prévoir leur tri, leur classement et leur inventaire ; d'assurer leur conservation matérielle ; d'en permettre l'exploitation par les membres de l'organisation d'abord, par les chercheurs ensuite. Il s'agit de mettre en place une personne responsable des archives. Chaque fond d'archives est unique. Cela suppose que chaque organisation prend le temps d'analyser ses besoins et de définir ses priorités.

Il faut définir une méthode de travail et préciser les critères à suivre. Il s'agit de mettre au point un système de traitement global, conjuguant classement des documents, conservation optimale et repérage rapide des dossiers. On ne peut se reposer sur la seule personne responsable des archives. Tous les membres de l'association participent à son développement, donc le problème du classement concerne tout le monde. Les archives courantes vont un jour devenir archives intermédiaires, puis archives historiques, et la transition doit se faire en toute harmonie.

(1) **Archives et documentation**, CARHOP, direction Annette Hendrick, Chronique Sociale, 1993.

Se familiariser avec le jargon, comme avec toutes les autres spécialités

- ***Les archives*** sont l'ensemble des documents produits ou reçus par une personne, un service ou un organisme pendant l'exercice de son activité.
- ***Le document d'archive.*** C'est la plus petite unité individuelle, généralement constituée d'un ou plusieurs feuillets, d'un cahier ou d'un volume. Cette unité est également appelée pièce.
- ***L'article.*** C'est l'unité matérielle pour la cotation, le rangement et l'inventaire des documents d'archives. Ce peut être une boîte, une liasse, un registre, un rouleau ou éventuellement une cassette, une bande magnétique, un microfilm, une disquette, etc.
- ***L'archivage.*** Ce n'est pas le classement des documents mais l'envoi dans un local ou un service spécialisé pour la conservation d'archives n'ayant plus d'utilité courante.
- ***Le fond d'archives.*** C'est l'ensemble des documents de toute nature qu'une personne, un groupe, une association, une organisation, a automatiquement et organiquement réunis en raison même de ses fonctions ou de son activité.

Les principes directeurs à observer

- ***Le respect des fonds*** (ou principe de provenance). C'est un principe fondamental selon lequel les archives d'une même provenance ne doivent pas être mélangées à celles d'une autre provenance.
- ***Le respect de l'ordre des fonds*** (respect de l'intégrité). Principe selon lequel les archives doivent être conservées suivant le classement établi par l'organisme d'origine. Une pièce éclaire l'autre et le fait qu'un document soit conservé dans une liasse n'est pas le fruit du hasard. Il faut conserver l'intégrité des archives sinon elles perdent leur valeur.
- ***Le respect de la démarche particulière de chacun*** (principe de probité). Le classement comprend deux opérations : 1. une intellectuelle (identification, description des documents et classement théorique) ; 2. une manuelle (rangement, étiquetage). Le classement intellectuel doit respecter des principes de provenance et d'intégrité. Le classement matériel peut placer séparément les documents de nature différente pour tenir compte des exigences de conservation inhérentes aux différents supports.

La gestion des archives

- ***Elaboration d'un système de classement rigoureux.*** Il n'y a pas de système type, chaque organisation ayant sa spécificité. Les systèmes fermés sont à bannir : le système alphabétique à 26 lettres, le numérique décimal, 10 chiffres. Les systèmes ouverts sont : le système séquentiel continu du 1 à l'infini, le système de blocs séquentiels continus de 1 à l'infini. On peut conjuguer deux méthodes, alphabétique et numérique, ou des groupes de lettres, les 4 ou 6 premières du mot indicatif : compte, format, etc.
- ***Traitement courant des documents.*** Cela suppose : 1.d'avoir un équipement adéquat : fichiers, classeurs, etc. 2. d'identifier les différents contenants, 3. de classer régulièrement les documents, chaque jour si possible, avec révision annuelle des dossiers pour commencer l'archivage.
- ***Organisation de l'archivage.*** Réunir ce qui est dispersé dans les services.
  1. Isoler et élaguer les documents. Ne garder que l'important.
  2. Numérotation provisoire et identification des documents.
  3. Classement et numérotation continue.
  4. Rangement et localisation des documents.
  5. Mise en forme de l'inventaire pour faciliter la consultation.

La connaissance du passé permet de mieux le comprendre pour prendre les décisions du présent afin de préparer l'avenir.

Travailler en grand groupe

Dans la vie de toute organisation, nous sommes appelés à réaliser du travail avec un nombre important de personnes, soit pour étudier un problème que l'on doit prendre en charge, soit pour repérer les problèmes urgents et importants perçus par une population, de façon à prévoir et organiser l'action nécessaire pour les assumer. Un minimum de technique peut faciliter ce travail difficile si l'on veut, d'une part que chaque personne puisse s'exprimer et, d'autre part, pouvoir faire des synthèses qui permettent, face à chaque problème, de saisir les points de vue différents et les contradictions, pour les utiliser comme moteur du changement.

Une méthode rapide, le 6/6

Quand nous disposons de peu de temps, le 6/6 est une façon simple de recueillir les interrogations et les avis des participants.

1. Signification du 6/6. Cela veut dire regrouper **6 personnes**, pendant **6 minutes**, pour qu'elles posent soit une question, soit plusieurs, à condition de préciser leur nombre. Certains proposent de faire poser 6 questions. Nous avons alors un 6/6/6.

2. Raison d'être. **6 personnes**, c'est un petit groupe, donc la certitude que chaque personne pourra s'exprimer. A 10 ou 12 personnes, la moitié ne parle pas. **6 minutes** pour rester centré sur l'objectif : faire remonter les questions. Si le temps est plus long, c'est un débat qui s'engage et nous n'aurons pas de questions. **6 questions** ou un nombre inférieur, c'est pour donner une limite, car, dans certains cas, on pourrait recevoir une multitude de questions, ce qui ne permettrait pas de répondre à toutes, mais surtout les réponses seraient forcément superficielles.

3. Fonctionnement.1. Le travail se fait sur place. Il suffit que 3 personnes se retournent vers les 3 qui sont derrière elles. 2. Choisir rapidement une personne qui accepte de noter les questions. 3. Déballage sous forme de brainstorming (c'est-à-dire spontané) de toutes les questions qui viennent à l'esprit de chacun. 4. Le rapporteur les note sur une feuille de papier. 5. Quand 5 minutes se sont écoulées, on conserve une minute pour sélectionner les 6 questions qui semblent les plus importantes.

4. Mise en commun. La façon la plus simple est de faire lire les 6 questions de chaque équipe, pour que tous les entendent. Les animateurs recueillent les papiers où ont été inscrites les questions. Une personne fait une synthèse en regroupant les questions de même nature. On demande enfin aux personnes compétentes de répondre aux questions posées.

5. Débat. Quand toutes les réponses ont été faites, on ouvre le débat avec la salle. Ne pas oublier de s'équiper d'un micro baladeur pour que tout le monde entende les personnes qui s'expriment.

Une méthode plus lourde : le travail en petits groupes

(50 personnes)

Tout n'est pas possible. Ce que l'on peut faire à 50, on ne peut le faire à 100, sinon on vit dans l'illusion d'une expression de chaque personne, alors que l'on a obtenu les réactions des plus spontanés, pas toujours des plus réfléchis.

1. Former des groupes de 7 personnes. Il est possible de faire environ 7 à 8 groupes, au-delà le travail de mise en commun devient lourd, difficile et fastidieux. Chaque groupe choisit un animateur. Il sollicite un secrétaire de séance qui servira de rapporteur lors de la mise en commun. La durée du travail peut être de 1 h à 1 h 30 au maximum.

2. Les moyens nécessaires. Chaque groupe dispose d'une salle (petite). Plusieurs groupes dans une grande salle provoquent de la gêne. Le groupe dispose de tables, de sièges et d'un tableau de papier. Il est remis à chaque équipe une feuille comportant au maximum 3 questions. Cela peut être les mêmes questions pour tous les groupes. Il serait préférable qu'elles soient différentes, car on étudie ainsi un champ plus large de problèmes et la mise en commun est moins fastidieuse en évitant les répétitions.

3. Le travail dans l'équipe. L'animateur lit les questions, vérifie que chaque personne en a compris le sens et la portée, puis ouvre le débat. Il régule la parole pour que chacun puisse parler. Le secrétaire note au tableau les réactions de chacun. Un quart d'heure avant la fin du temps imparti, l'animateur fait faire une synthèse au groupe et la fait noter par le rapporteur sur une feuille du tableau de papier. Il demande si tout le monde est d'accord avec la synthèse faite.

4. La mise en commun. L'animateur général bat le rappel à la fin du temps imparti. Chacun reprend sa place. Chaque rapporteur va afficher sa feuille de synthèse à côté de celle des autres. A tour de rôle chacun des rapporteurs commente sa feuille de synthèse. Avant de passer au suivant, l'animateur général demande aux membres de l'équipe s'ils ont des aspects à ajouter, puis on passe au rapporteur suivant.

5. Synthèse. Les feuilles de compte rendu étant sous les yeux de tous les présents, on fait le regroupement nécessaire ensemble. 1. Rassembler les points convergents. 2. Repérer les différences (les points que certains ont abordés et pas les autres), pour engager le débat ensuite. 3. Faire apparaître l'opposition, les contradictions, pour en discuter.

6. Débat. Inutile de perdre du temps sur les points convergents. Aborder d'abord les points différents pour savoir s'il y a accord ou désaccord sur chacun des points. On les classe alors soit avec les convergents, soit avec les divergents. On aborde ensuite les points divergents, chacun devant faire effort pour argumenter sa position. Comme il est impossible d'arriver à ce que tout le monde soit d'accord sur tout, il faut apprendre à vivre dans les groupes en connaissant et en acceptant nos divergences, car c'est elles qui deviennent le moteur de notre réflexion et de notre progression.

Travailler collectivement dans une organisation (grand nombre)

Si nous voulons développer la citoyenneté, il est nécessaire de mettre en place des moyens qui facilitent la participation du plus grand nombre de personnes. Cela serait souhaitable pour traiter de tous les grands problèmes ou pour élaborer des documents concernant l'ensemble des membres : sur les sujets importants comme le travail, de réflexion sur les problèmes en pleine mutation auxquels l'organisation est affrontée, sur l'élaboration d'un projet, sur la réalisation d'un code de déontologie, etc.

Travail préparatoire

*1. **Choisir une personne*** chargée de la conduite des opérations. Elle rassemblera des matériaux de travail, consultera ses collègues, provoquera des rencontres si nécessaire pour clarifier le sujet, servira de coordinateur.

*2. **Rédiger un document*** qui servira d'avant-projet. Il proposera une première approche du problème avec un contenu clair et précis, compte tenu des objectifs qui ont été fixés en équipe au préalable. Envoyer le document à tous les groupes.

*3. **Etudier le document*** dans chaque équipe. Le confronter aux faits locaux, aux réactions des membres du groupe, rassembler des informations complémentaires et proposer des améliorations.

*4. **Envoyer les contre-propositions de l'équipe*** au coordinateur de façon à ce qu'il puisse faire une synthèse des réactions reçues et rédiger un nouveau texte qui tienne compte des contre propositions.

*5. **Travailler en équipe*** le nouveau document. Intégrer les nouvelles propositions faites par d'autres, vérifier que l'on a tenu compte des nôtres. Préparer les réactions à faire parvenir lors de la rencontre.

Déroulement de la rencontre

*1. **Lire et commenter*** la dernière mouture du texte pour centrer le travail et les débats.

*2. **Répartir les présents en groupes*** d'une dizaine de personnes avec un animateur, un secrétaire, un tableau. Durée de la rencontre 2 h pour avoir le temps nécessaire à l'étude et au débat.

*3. **Faire un compte rendu*** du travail de chaque équipe à partir de la synthèse écrite faite par les rapporteurs.

*4. **Réaliser une synthèse des travaux*** en distinguant les points d'accord, les nouveaux points amenés et les points divergents.

*5. **Ouvrir le débat*** sur les points nouveaux et les points divergents et faire une synthèse qui fasse apparaître les points de convergence et les points de divergence.

Mise en œuvre après la rencontre

*1. **Rédiger un texte définitif*** incluant tous les éléments apportés.

*2. **Envoyer le document*** à toutes les équipes de l'organisation.

*3. **Appliquer les décisions prises*** : les textes sont alors des référentiels.

*4. **Charger une personne du contrôle*** du déroulement permanent.

*5. **Faire un bilan*** pour améliorer le texte suite à l'expérience.

Le travail de recherche ouvert sur l'extérieur (le colloque)

1. Préalable

1. Choix d'un sujet important d'actualité
2. Avant-projet de plan du contenu du sujet
3. Repérage des personnes compétentes susceptibles d'intervenir
4. Sélection des organisations avec lesquelles travailler
5. Choix des personnes susceptibles d'animer les équipes de travail
   - elles participeront à la préparation des travaux de leur groupe
   - elles animeront les groupes
   - elles feront le compte rendu des travaux de leur groupe

2. Constitution d'une équipe de préparation

1. Un coordinateur général
2. Un responsable des contacts avec les intervenants (groupes, organisations)
3. Un responsable coordinateur des rapports avec les animateurs
4. Un responsable administratif pour les formalités (courrier, contacts)
5. Un responsable de l'intendance, locaux, décoration, transports

3. Réalisation d'un document de travail

1. Rédiger les objectifs du colloque
2. Préciser le plan et contenu du colloque
3. Réaliser un planning de déroulement des opérations
4. Faire la liste des différents responsables avec leurs tâches
5. Choisir un responsable de la publication des actes du colloque

4. Elaboration d'un dossier pour les participants, comprenant

1. Les objectifs et le programme général
2. Les méthodes de travail
3. Le plan des interventions des spécialistes
4. Les questions pour le travail en commission
5. Les positions de l'organisation sur le sujet

5. Déroulement du colloque

1. Réaliser la décoration des salles
2. Faire accueillir les participants et les intervenants par les coordinateurs
3. Placarder le programme avec les horaires et les intervenants
4. Afficher les renseignements pratiques : repas, librairie, boisson, etc.
5. Faire le plan pour situer les salles de travail
6. Coordonner les animateurs de carrefours, de commissions (compte rendu)
7. Veiller à ce que chacun ait les documents nécessaires
8. Penser à récupérer les textes des intervenants (les leur demander avant)
9. Noter les points à conserver et les améliorations éventuelles
10. Créer l'ambiance en instaurant de la convivialité entre les personnes

6. Après le colloque

1. Rencontre de tous ceux qui ont assumé une responsabilité
2. Bilan du contenu, du déroulement, administratif
3. Faire le point sur l'état des actes du colloque
4. Prévoir les changements à opérer pour améliorer le prochain
5. Lancer des pistes possibles pour le suivant

Réaliser des visuels statiques

Avoir un objectif

Un vieil adage chinois nous rappelle qu' "une image vaut 10 000 mots". L'aide visuelle statique est une image fixe qui illustre un exposé, une intervention, en cours de réunion, et que commente l'animateur ou celui qui donne une information sur un sujet. Ce support permet d'obtenir la perception la plus rapide, dans le délai le plus court. Il a pour fonction de favoriser la compréhension, d'augmenter la mémorisation, de synthétiser l'information. Cela suppose d'avoir un objectif clair à atteindre, le support étant à son service.

Les supports possibles

Ils sont peu nombreux. Allons du simple au complexe.

- ***Le tableau de papier*** que l'on prépare à l'avance. Il permet de suivre un plan précis. Il suffit alors de tourner les pages. Pour sa réalisation, on peut écrire et dessiner aux feutres de couleur. Il est cependant nécessaire d'avoir un deuxième tableau pour recueillir les remarques et les questions ou pour compléter une explication.
- ***L'affiche*** permet soit une décoration de la salle sur le thème abordé, soit une utilisation comme le tableau de papier, l'ensemble du sujet étant présenté. On peut s'y référer au cours d'une réunion ou d'un exposé.
- ***Le rétroprojecteur*** permet l'utilisation de transparents. Cela donne une très grande souplesse d'utilisation, mais demande un temps de préparation plus long.
- ***Les diapositives*** peuvent être les photographies de nos tableaux, schémas, etc. quand on a un auditoire très important. On peut y insérer des photos illustrant la réalité vécue. Leur réalisation est plus onéreuse que les autres supports.

Adopter une démarche cohérente

Elle suppose quatre étapes.

- Une préparation minutieuse, c'est-à-dire déterminer l'objectif, maîtriser l'information, faire un plan.
- Un message sans équivoque suppose une implication de l'émetteur, un vocabulaire simple, un style agréable, un document construit.
- Un choix des médias. Au lieu d'utiliser seulement la parole ou l'écrit, ajouter, pour illustrer, des visuels qui viennent soutenir le message.
- Une présentation efficace. Veiller à ce que le document ait un aspect agréable, un contenu en évidence, une structure apparente.

Choisir des supports spécifiques au sujet

- Définir l'idée maîtresse en fonction de l'objectif
- Décomposer en idées secondaires
- Préparer le déroulement de façon minutieuse
- Estimer le nombre d'illustrations et prévoir leur forme
- Effectuer le découpage du contenu
- Rédiger des textes très courts et concis
- Réaliser des visuels dépouillés
- Ne mettre qu'une seule idée par visuel
- Réaliser une maquette
- Expérimenter les enchaînements

Se rappeler quelques règles simples

- Penser à écrire gros, grand, gras. Tout le monde doit voir, de près comme de loin. Etre lisible, donc pas de petits caractères.
- Exprimer une seule idée par transparent. C'est plus facile à retenir, donc éliminer les pages de texte ou les tableaux de chiffres trop nombreux.
- Varier chaque support par une présentation différente, en jouant sur les couleurs, les illustrations, l'alternance sujet sérieux et humour.
- Synthétiser les idées-forces par des mots, des schémas, des images, éviter les phrases longues.
- Superposer pour démontrer, en décomposant une figure en plusieurs transparents qui, en s'empilant l'un sur l'autre, donnent une forme complète.

Concevoir

- Les représentations visuelles "inventaires", comme cartes, tableaux de chiffres. Leur défaut : la densité, y remédier en simplifiant, supprimant, en démultipliant.
- Les représentations visuelles "messages", comme une idée choc, un conseil, un fait, permettent de focaliser l'attention sur une information particulière.
- Les représentations visuelles "traitées" permettent de donner des informations et les relations qui les lient, comme les graphes, les schémas, les "camemberts".

Réaliser

- ***Les critères de choix***. Plusieurs informations sont nécessaires au préalable pour en tenir compte : 1. La salle, sa taille, sa clarté, sa possibilité d'obscurcissement, etc. 2. Le nombre de personnes. 3. La nature des participants, leur niveau de connaissance et de compétence sur le sujet. 4. Le matériel disponible, sa compatibilité avec les supports, le courant, etc.
- ***L'exécution***. Plusieurs éléments complémentaires sont à prendre en compte :
  1. Utiliser la couleur en veillant au contraste pour faciliter la lecture et susciter l'intérêt : noir sur fond blanc ou jaune, ou l'inverse jaune ou blanc sur fond noir ;
  2. Mélanger photos et dessins sur des surfaces colorées avec des trames contrastées.
  3. Choisir les lettres sans empattements. Elles se lisent plus facilement. Leur taille devra être assez grande pour être lisible du fond de la salle. Eviter les fioritures.
  4. Attention à la date de mise à jour des documents et à leur référence.

Utiliser

- La mobilisation par l'image est supérieure à celle obtenue par la parole seule. Pour renforcer notre discours, il faut cacher l'image et la découvrir progressivement.
- Compléter le contenu de l'image par nos commentaires en évitant de répéter ce que l'on peut lire.
- Connaître à l'avance les enchaînements que nous avons préparés pour éviter de faire passer une idée avant une autre qui l'éclaire.

Critiquer

Après l'utilisation de nos supports, il est indispensable de faire un bilan de la réalisation. Susciter les critiques des participants, solliciter l'avis de nos amis. Sans oublier, en cours d'utilisation, de repérer les réactions du public pour percevoir les images qui ont le plus d'impact et celles qui n'ont provoqué aucune réaction. Noter ces remarques pour en tenir compte lors d'une prochaine utilisation.

Savoir utiliser le multimédia

Son importance

Nous entrons dans l'ère du multimédia. Il est indispensable que chaque personne comprenne l'enjeu de ce nouveau moyen à notre disposition. Cet outil peut contribuer à : faciliter la compréhension des problèmes, favoriser la communication entre les personnes, étendre les échanges entre groupes au sein d'une organisation, d'une entreprise, être utilisé comme un moyen de développer la démocratie en aidant les personnes et les groupes à communiquer plus facilement.

Ce qu'est le multimédia

Aujourd'hui, la plupart des ordinateurs sont des "machines multimédias". Si nous décomposons les éléments pour comprendre la signification, nous avons :

- ***machine***. Se rappeler toujours que l'ordinateur est une machine, qu'elle n'est pas intelligente car c'est l'homme qui lui construit des programmes (logiciels) pour qu'elle travaille.
- ***multi*** signifie plusieurs. Nous dépassons à présent l'ère du mono pour conjuguer la presse, le livre, etc. (l'écrit), l'affiche, la photo (image), les disques, les CD (son), le cinéma, la télévision (animation).
- ***média***, c'est-à-dire servant d'intermédiaire entre les personnes, les groupes, les institutions, pour communiquer de l'information, base de toute décision, donc fondement de tout pouvoir.

Apprendre à le maîtriser

Dans la mesure où le multimédia devient incontournable comme outil, il ne faut pas en laisser le monopole d'utilisation à une minorité. Il est urgent que chacun de nous développe ses compétences.

1. Compétence technique. Elle est nécessaire pour utiliser toutes les capacités des outils :

- maîtrise de l'ordinateur pour se servir de tout son potentiel
- maîtrise des périphériques (imprimante, scanner, etc.) pour exploiter, en fonction de nos objectifs, toutes les possibilités existantes
- maîtrise des logiciels ; ils sont de plus en plus complexes et puissants, une formation permettra de gagner du temps pour les utiliser plus judicieusement qu'en apprenant seul.

2. Compétence sur chacun des médias

- le texte : certes, à l'école, nous avons déjà fait cet apprentissage, il est nécessaire de le continuer pour mieux communiquer
- le son, la parole, pour réaliser des commentaires, clairs et judicieux
- l'image pour choisir celle qui exprime le mieux notre pensée
- l'animation, le film pour introduire des séquences animées ; il faut apprendre à utiliser tous les éléments existants, les comparer, en faire la critique et, surtout, les utiliser avec pertinence.

3. Compétence d'utilisation. Le danger réside dans le fait que l'on peut tomber dans le piège des jeux. "Du pain et des jeux" comme disaient les Romains, pour endormir le peuple et conserver le pouvoir. On peut :

- développer nos savoirs car de nombreuses matières sont en multimédia
- étendre nos relations grâce aux réseaux pour éviter le repli sur soi
- aider nos enfants, nos collègues à se servir de ces outils
- sélectionner les informations en fonction de nos besoins, de nos responsabilités.

L'enjeu est important : faire accéder l'ensemble de la population à la maîtrise de ces moyens, en commençant par nos proches.

Le matériel nécessaire

La tendance est de vendre un produit complet comprenant :

- ***Un ordinateur multimédia*** composé de :
  - *Un écran couleur*, plus la taille est grande, plus il est confortable, mais plus il est cher.
  - *Un processeur performant.* C'est le moteur de l'ordinateur.
  - *Une mémoire vive* importante (RAM) ou mémoire de travail. Elle stocke temporairement les informations en cours de traitement ou d'élaboration.
  - *Une mémoire de stockage* (disque dur) conséquente. Elle sert à stocker le système d'exploitation, les logiciels d'applications et les documents que vous créez.
  - *Une mémoire cachée* (SRAM). C'est une mémoire ultra rapide où sont conservées les instructions qui reviennent le plus souvent.
  - *Une mémoire vidéo* (VRAM) où se stockent les images à afficher à l'écran.
  - *Un lecteur de disquettes.*
  - *Un lecteur de CD-Rom*, véritable livre électronique interactif.
  - *Une horloge système.* Elle contrôle et synchronise le microprocesseur et ses composants. Sa vitesse est exprimée en mégahertz (MHz).
  - *Des connecteurs d'extension*, emplacements disponibles destinés à recevoir des cartes d'usages divers.
  - *Des entrées/sorties.* Tous les ordinateurs comportent des ports séries et parallèles pour les liaisons avec les périphériques.
  - *Un système audio stéréo* avec micro, ampli stéréo et hauts parleurs intégrés.
  - *Un Modem* pour assurer les liaisons extérieures (Internet, Fax, Minitel).
  - *Une carte d'acquisition* vidéo et TV pour capter des images.
  - *Une carte MPEG* permettant d'utiliser les CD-C (film).

- ***Des périphériques*** pour utiliser l'information traitée ou créée.
  - *Une imprimante couleur* à jet d'encre. Elles sont peu chères et très performantes ; les imprimantes laser sont meilleures, mais d'un coût plus élevé.
  - *Un scanner couleur* pour récupérer texte, dessin, image, afin de les utiliser dans son ordinateur (pour le texte prévoir un logiciel de reconnaissance d'écriture).
  - *Un clavier numérique* pour communiquer avec son ordinateur, lui envoyer des commandes ou données.
  - *Une souris*, outil de pointage à l'écran, facilite le travail.

- ***Des logiciels*** de plus en plus nombreux et variés. Il convient de les choisir en fonction de ses besoins.
  - Pour un travail familial non spécialisé, un logiciel intégré suffira. Il comporte plusieurs modules qui interagissent : traitement de texte, tableur, base de données, dessin, communication.
  - Si l'on veut se spécialiser et être plus performant, des logiciels de chacun de ces éléments existent avec des fonctions plus nombreuses.
  - Des logiciels existent pour la plupart des professions (médecin) ou pour la plupart des tâches (comptabilité).

L'ordinateur multimédia est incontournable pour utiliser pleinement les CD-Rom, les réseaux, les autoroutes de l'information et, en particulier, Internet le plus courant.

Savoir se servir des CD et des DVD

Les disques compacts ou CD

Ce sont des disquettes sur lesquelles sont gravées, par laser, des informations qui n'occupent ainsi qu'une place restreinte d'environ quelques microns. Comparable à une perceuse, le laser, lors de l'écriture, creuse des trous qui, lors de la relecture, réfléchiront la lumière de façon caractéristique. La difficulté consiste à obtenir des matériaux durables pour un usage intensif et professionnel.

Une évolution rapide

- Plusieurs générations ont précédé les DVD (Digital Video Disc) actuels : les CD audio qui ont remplacé les disques 78 tours, 45 tours, etc. les CDI comportant des films que l'on pouvait regarder sur son poste de télévision, les CD photo ne comportant que des images, les CD-Rom (appelés Cédéromes) comportant : texte, image, son, animation.
- Le nouveau produit s'appellera DVD (Digital Video Disc). Il mesurera, comme le CD-Rom, 12 centimètres de diamètre. Il pourra comporter deux faces de 0,6 millimètre d'épaisseur chacune. La capacité de stockage passera de 650 millions d'octets pour un CD à 4,7 milliards d'octets par face pour un DVD. Sa capacité pourra s'accroître en multipliant le nombre de couches. Les anciens CD fonctionneront sur les nouveaux appareils.

Savoir choisir

La gamme des produits ne cesse de croître. On trouve sur le marché :

- ***Des jeux***. Certains sont centrés sur la violence, la destruction, la guerre, et habituent les utilisateurs à une banalisation de la mort et de la violence. D'autres, au contraire, sont très éducatifs. Il faut les rechercher, les expérimenter et les faire connaître.
- ***De l'art***. On trouve des monographies de peintres avec la présentation de leurs œuvres, une illustration, un commentaire. Sont présentés la poésie et les poètes, l'architecture et les architectes, etc. Ce peut être une excellente introduction avant d'aller visiter un musée ou une exposition.
- ***Des sciences***, tant dans le domaine technique : physique, chimie, astronomie, que dans celui des sciences humaines : biologie, philosophie, histoire, géographie, etc. Autant d'éléments pour accroître notre savoir et notre compréhension.
- ***Des dictionnaires*** de toute nature : Hachette, Larousse, Robert, Bordas utilisent judicieusement le multimédia. Avec une définition du mot, il peut y avoir un commentaire, une image, une animation qui viennent faciliter la compréhension. Universalis traite ses 30 volumes de texte.
- ***Des programmes scolaires*** pour tous les niveaux et toutes les matières permettent aux enfants, comme aux adultes, de se former ou du moins de compléter leur formation grâce à une présentation attractive de la matière traitée que ce soit : langues, maths, sciences.

Chaque jour de nouveaux domaines sont ouverts. L'inconvénient : leur prix encore trop élevé empêche de se constituer une bibliothèque multimédia importante. Ce peut être compensé par des échanges entre amis.

Apprendre à maîtriser les CD-Rom

Les utilisations d'un DVD sont de plus en plus nombreuses. Repérons-en quelques-unes.

1. Se constituer une bibliothèque de CD et DVD qui viendront compléter notre bibliothèque de livres et de disques. Le prix en est encore élevé.

2. Etablir un réseau de personnes ou d'organisations qui prête, loue ou échange des disques, pour savoir où trouver ceux dont on a besoin.

3. Maîtriser les arborescences. Chaque maison d'édition a sa façon d'organiser la matière. Il faut découvrir la méthode de chacune pour utiliser au maximum le contenu du disque. D'autant qu'il y a rarement un texte pour expliquer le mode d'utilisation.

4. Savoir travailler l'hypertexte. C'est un moyen simple de navigation dans un ensemble d'informations. Des liaisons sont établies entre un mot et d'autres mots qui s'y rattachent. En cliquant sur un mot clé, on passe d'un texte à un autre qui est en relation avec lui. Dans ce nouveau texte, d'autres liens peuvent être établis permettant de circuler dans un ensemble d'informations de même nature. Il est ainsi possible de nous constituer des dossiers sur les sujets qui nous intéressent.

5. Apprendre à utiliser Internet. Aujourd'hui, la plupart des disques comportent une ouverture sur Internet permettant de mettre à jour les informations que l'on possède. En particulier, ce mode est utilisé par la Presse qui a gravé, par exemple comme **Le Monde diplomatique**, les textes des années 1989 à 1996 et propose une mise à jour grâce à Internet.

6. Acquérir et utiliser des logiciels qui permettent de modifier le contenu de notre disque. Par exemple, avec Photoshop, Illustrator, il cst possible d'améliorer ou de modifier les images, les photos qui sont sur notre disque.

7. Savoir comment faire graver un CD. Nous croulons sous les documents que nous avons réalisés au cours des années. Nos disques durs sont pleins. La solution : faire transférer par un spécialiste l'ensemble de nos informations sur un CD, ce qui soulagera grandement notre mémoire d'ordinateur et permettra cependant de pouvoir utiliser facilement ce que nous aurons fait graver.

8. Apprendre à graver nos CD. On trouve sur le marché des disques enregistrables. D'autre part, les gravures de CD ont beaucoup baissé et leur prix est accessible à une organisation. Il suffit de choisir un appareil facile à utiliser et, de cette façon, il devient possible de stocker une masse d'informations sur un disque et on peut le faire circuler.

9. S'initier à la réalisation de nos propres CD. Pour cela il existe des logiciels qui permettent d'organiser nos informations : texte, son, image et animation. Mais l'apprentissage est long car il faut :
- maîtriser chaque média : texte, son, image, animation
- maîtriser les outils : ordinateur, périphériques, logiciels
- maîtriser l'architecture du contenu pour en rendre l'utilisation facile à l'usager et surtout donner une densité au message à transmettre.

10. Etre disponible au changement pour maîtriser cet outil.

Internet

C'est l'acronyme de Intercommunication Network. C'est un réseau de réseaux qui permet à l'utilisateur de voyager sur les cinq continents à la vitesse de la lumière, de recevoir ou envoyer des messages écrits, de faire des arrêts sur l'image pour découvrir le grand Louvre, d'échanger des discussions passionnées sur les mutations techniques, etc.

C'est un réseau à croissance rapide. Sa croissance est de 12 % mensuels d'abonnés et l'on estime à 180 millions d'ordinateurs connectés en l'an 2000 contre 4 millions aujourd'hui.

Le matériel nécessaire au "Netsurfer"

• ***Un moyen de transport : l'ordinateur***. Une configuration même modeste permet son utilisation à condition d'avoir un **modem**. Mais les progrès techniques étant très rapides, l'amélioration de transmission du son, de l'image et du mouvement, nécessite un matériel plus élaboré. Il est donc conseillé de posséder un ordinateur multimédia. Il contient tous les éléments nécessaires pour notre confort de travail, de communication et de réception.

• ***Des instruments de navigation : les logiciels***

Les logiciels du marché

– Pour l'instant Netscape contrôle 80 % du marché des logiciels d'aide à la navigation sur le réseau. Il est donc en passe d'imposer son langage de programmation (Java Script) pour la création de services en le distribuant gratuitement. IBM-ATT, Apple, Digital Equipment, Hewlett-Packard l'ont déjà adopté.

– Microsoft, le n°1 des logiciels, a réagi pour rattraper son retard dans ce domaine. Il n'avait pas pressenti une évolution aussi rapide. Pour s'imposer, il donne aussi gratuitement son logiciel de navigation.

– C'est pour lui une question de survie car, à terme, les logiciels traditionnels de traitement de texte, tableur et autres seront disponibles sur Internet et chacun pourra les utiliser en fonction de ses besoins, faisant perdre un marché fructueux aux fabricants actuels.

– La plupart des logiciels nécessaires se trouvent d'ailleurs sur le Net. Nous pouvons les télécharger pour notre propre utilisation sans oublier de payer à l'auteur la somme demandée (souvent modeste). On peut y trouver :

  • des logiciels de compression pour circuler plus facilement ;

  • des logiciels image, son et vidéo pour visualiser, transmettre, de la vidéo en direct ou pour téléphoner.

Les logiciels pour utiliser les quatre grands types de services

- Le E-Mail, courrier électronique pour transmettre plus facilement les messageries.
- Le WWW (World Wide Web ou Web) pour circuler de serveur en serveur sans nous soucier du comment. Certains logiciels nous permettent de créer notre propre adresse Web.
- Les newsgroups ou forums pour dialoguer, échanger dans des espaces virtuels sur des thèmes précis que nous choisissons. Certains logiciels nous permettent d'ouvrir et d'animer nos propres conférences.
- Le FTP, protocole de téléchargement. Ces logiciels nous permettent de rapatrier sur notre ordinateur des logiciels en circulation publique ou des documents (textes, images, films, sons) qui résident sur des serveurs éloignés.

Nous trouvons aussi des logiciels plus particuliers

- Des logiciels anti-pub qui éliminent les panneaux publicitaires qui ornent les pages du Web.
- Des logiciels de veille. Ils surveillent les pages du Web qui nous intéressent faisant le tri dans la masse énorme de propositions.
- Des logiciels de sélection : on donne l'adresse d'une page et sont sélectionnés tous les documents qui s'y rattachent.

Etc.

• ***Un visa d'entrée : la connexion***

Sa fonction : Elle permet de se brancher à un réseau déjà membre de la galaxie. La plupart des réseaux d'un pays sont interconnectés entre eux, ce qui permet aux messages émis par un utilisateur de l'un de ces réseaux, à destination d'un usager d'un autre, de transiter par un autre pays pour parvenir à destination.

Choisir son opérateur. Ils sont de plus en plus nombreux à proposer leurs services. Quels sont les critères de choix dont il faut tenir compte ?

Les prix

Aujourd'hui les tarifs des uns et des autres sont très proches. Ce n'est donc pas l'élément déterminant, encore que cela puisse être intéressant de savoir le nombre d'heures d'utilisation pour un prix donné. Il peut varier de X heures à illimité. Il vaut mieux regarder du côté de la qualité du service.

Les outils de télécommunication

Ils sont un critère de choix important :

- Le nombre de lignes de télécommunication offertes : si elles sont peu nombreuses, il y a risque d'encombrement pour accéder aux réseaux, les minutes d'attente font perdre du temps à l'utilisateur.
- Le débit des câbles doit aussi être suffisant pour, qu'une fois branché, ils puissent supporter l'ensemble des échanges demandés par les abonnés connectés à un instant donné.
- Le service de recherche pour trouver le plus rapidement possible les serveurs Internet les plus pertinents, car il n'existe pas encore d'annuaire général des personnes raccordées.

Notre adresse Internet

Quand l'opérateur nous a enregistré, nous avons notre passeport pour le réseau. Il comprend : un "login" (prononcer loguine) – c'est le nom par lequel nous nous identifions auprès de l'ordinateur contacté – un mot de passe, notre adresse Internet. Nous pouvons à présent nous lancer dans la communication planétaire.

Utiliser la visioconférence ou réunion de travail à distance

1. Un outil d'avenir

Cette technique, encore peu répandue, progresse régulièrement du fait de l'évolution des mentalités et de l'abaissement des coûts d'équipement et de transmission. C'est le mariage du téléphone et de l'ordinateur multimédia qui permet la communication à distance de textes, sons, images et animations. Ces relations peuvent s'établir avec l'ensemble de la planète, abolissant les distances, les frontières et les hiérarchies.

2. L'équipement nécessaire

Un ordinateur multimédia avec son équipement intérieur complet, en particulier un Modem. Si possible des tailles mémoire importantes, car l'image est dévoreuse d'octets et l'animation aussi, si l'on veut transmettre des extraits de film, de vidéo ou de camescope. Des ports entrées et sorties pour brancher facilement des périphériques. Un écran couleur minimum 15 pouces, plus si c'est possible, pour avoir du confort d'utilisation, de visualisation et de répartition d'images.

3. Le branchement à un réseau

La France possède le RNIS (Réseau Numéris à Intégration de Service), appelé Numéris, de très grande qualité, mais peu utilisé tant que les prix ne baisseront pas. Ce qui ne saurait tarder. Dans le monde entier, on peut utiliser Internet qui ouvre les portes d'accès à toute personne équipée d'un ordinateur avec Modem, quel que soit son pays d'origine. Les qualités de transmission s'améliorent régulièrement et l'on obtient à présent une fluidité et une qualité d'image très appréciables.

4. Des logiciels particuliers comme pour toute autre application

Ils permettent de gérer la transmission des données et l'organisation de l'écran pour faciliter la communication entre émetteur et récepteur. On peut ainsi voir, à gauche de l'écran, sur une colonne, la photo de l'interlocuteur ou du groupe avec lequel on est en relation, réservant le centre de l'écran pour y mettre le message, qu'il soit sous forme de textes, d'images ou d'animations, le son étant transmis simultanément avec les autres supports.

5. Une caméra branchée sur l'ordinateur

Elle suit les mouvements d'une personne ou d'un groupe. Elle peut aussi saisir les documents, schémas, images, mais, dans ce cas, ils ne seraient pas modifiables par le récepteur qui ne pourra pas les retravailler, mais seulement les utiliser. Cette caméra peut être fixe, pour avoir les mains libres, ou mobile pour couvrir des scènes à plusieurs personnes. C'est l'occasion d'une prise de conscience de la nécessité d'apprendre à maîtriser les images et le son pour une communication plus pertinente.

6. Des périphériques nombreux et variés

Certes, il est indispensable de posséder une imprimante pour récupérer les documents, textes, images, ou schémas couleur. Un scanner serait utile pour expédier tout document, texte, image en les numérisant. La caméra, évidemment, mais aussi se donner la possibilité d'utiliser un camescope pour transmettre nos films ou un magnétoscope pour faire passer des séquences d'animation. On peut aussi utiliser les appareils de photo numériques, le Fax, et ainsi tout document peut circuler facilement.

7. Communiquer entre personnes ou entre groupes

Une visioconférence peut se faire avec des personnes individuelles réparties sur toute la planète. Il est déjà facile de le faire sur son propre territoire national. Il suffit de se mettre d'accord sur le jour, l'heure, l'ordre du jour et la durée. Cela aura été fait par l'animateur qui aura envoyé sa convocation par Fax ou par Internet à tous les participants. La même chose peut se faire avec des groupes. C'est beaucoup plus lourd à réaliser et la communication est plus difficile à établir, du fait de la nécessité d'une entente préalable au sein de chaque groupe pour distribuer la parole ou le message à transmettre.

8. Un moyen de développer la convivialité

Il est difficile et coûteux pour les membres d'une même organisation, d'une même entreprise, de se rencontrer fréquemment. Avec la visioconférence, il devient plus facile de communiquer régulièrement. Certes, la productivité de 1 h de visioconférence est moins grande que 1 h de rencontre, car la lourdeur technique freine beaucoup la spontanéité. Mais, par contre, se développent la coopération, le gain de temps et l'abaissement des coûts.

9. Les coûts

Prenons un chiffre fictif pour saisir la démarche. Supposons qu'une heure de vision-conférence revienne à 1 000 F. Si toutes les personnes s'étaient déplacées pour se rencontrer, il aurait fallu compter les frais de déplacement, les frais d'hébergement, les frais de nourriture, auxquels il convient d'ajouter le temps passé entre le départ et le retour. Ce qui risque de faire monter la note à près de 20 000 F. Il est peut être judicieux d'étudier le problème.

10. Un outil collectif

Si quelques particuliers ont la possibilité de s'équiper, c'est surtout les organisations et entreprises qui peuvent bénéficier pleinement de ce progrès technique, pour établir des relations plus fréquentes et, de ce fait, plus fructueuses entre les membres. C'est tout un apprentissage à faire qu'il serait souhaitable de commencer le plus tôt possible.

Multimédia, autoroute de l'information et vie associative

Il est important aujourd'hui de rejoindre ceux qui utilisent le réseau Internet pour faire l'apprentissage de la communication à longue distance, mais aussi pour utiliser ces moyens comme facteur de développement de la démocratie [1].

Une autre démarche

- Pour choisir une nouvelle démarche, qui consiste à utiliser les nouvelles technologies pour plus de démocratie interne, encore est-il nécessaire de faire le point sur ce qui est possible, à quoi cela peut servir, avec quels moyens et comment le réaliser.
- Que veut-on faire ? est la première question. Pour y répondre, il faut préciser les objectifs de l'association, pour que les moyens utilisés servent à renforcer les relations entre les membres dans le sens et la direction choisis.
- Ensuite, il est nécessaire de préciser jusqu'où l'on veut aller : 1. réserver les nouveaux outils au sommet de la pyramide (Président, permanents, Bureau, Conseil) ; 2. élargir à l'ensemble des responsables (Commissions de travail, responsables de sections départementaux et régionaux) ; 3. les mettre à la disposition de tous les adhérents ; 4. en faire un outil de prise de conscience pour l'ensemble de la population concernée par le problème pris en charge par l'association.

Ce qu'il est possible de faire

- Les relations internes : Au stade de développement actuel de la technique, il est possible à une association de mettre ses informations à la disposition de tous ses adhérents sur l'ensemble du territoire.
  - *Information fonctionnelle* : planning des réunions, convocations, comptes rendus de réunions, documents des divers congrès, rapports des différentes Commissions de travail, etc.
  - *Information spécialisée de base* : Si une association s'est spécialisée sur les problèmes de la famille, elle peut mettre à la disposition des adhérents la législation familiale, la jurisprudence, les travaux de recherche réalisés sur différents thèmes : contraception, éducation, sexualité, etc.
  - *Information permanente* : Les problèmes évoluent, de nouveaux aspects apparaissent, la législation change, des travaux de spécialistes apportent un éclairage complémentaire. Autant d'éléments qu'une association vivante doit prendre en compte pour ne pas être en décalage avec la réalité. Autant d'éléments qui pourraient être mis à la disposition des adhérents, voire du public, si l'on veut favoriser la promotion collective hors des discours classiques des Congrès.
- Les relations externes : Pour promouvoir ses services auprès du public, il est indispensable de faire connaître ses activités, ses travaux de recherche, sa documentation, ses publications, ses positions, etc.

Dans le court terme, ni le public, ni les adhérents ne sont encore prêts à utiliser ni le matériel (ordinateur), ni les services. Ce n'est pas une raison pour que les associations ne soient pas prêtes dès à présent à vivre dans notre siècle. Progressivement, le public y viendra par trois voies complémentaires : l'apprentissage de l'informatique à l'école, l'utilisation quotidienne dans l'entreprise et la découverte progressive des services que l'ordinateur peut rendre.

---

(1) **Maîtriser les mutations techniques**, Charles Maccio, Chronique Sociale.

Les moyens nécessaires

• ***Au siège de l'association***

– Parler de matériel, c'est aussi parler de coût, donc d'investissements. C'est aujourd'hui rentré dans les mœurs. On s'est accoutumé à d'autres dépenses aussi onéreuses : voiture, photocopieuse, etc. On peut choisir un matériel de base qui peut s'étoffer progressivement pour étaler les coûts. Mais les matériels évoluent vite, il faudrait les changer au bout d'une période de 3 à 5 ans sans chercher à tirer parti de l'ancien matériel qui sera obsolète (dépassé mais non usé).

– Choisir un micro-ordinateur capable de gérer l'ensemble de nos activités avec comme critères : facilité d'utilisation par le personnel, service de maintenance efficace.

– Choisir des logiciels après les avoir vus fonctionner sur nos propres tâches.

– La taille de la mémoire a une très grande importance pour gérer une masse d'informations qui sera de plus en plus considérable : mémoire vive importante car les logiciels performants en sont de plus en plus gourmands ; mémoire morte pour avoir l'assurance de stocker le maximum d'informations qui sont nécessaires pour notre travail habituel ; mémoire auxiliaire si nous avons besoin d'avoir accès à des bases de données que nous aurons constituées.

– Avoir un modem intégré ou, si possible, un serveur. Les prix baissent, ils commencent à être accessibles à un plus grand nombre.

– Des logiciels de communication, mais la plupart du temps ils sont vendus avec les serveurs.

– Une imprimante couleur à jet d'encre pour certains documents.

• ***Aux différents échelons : Région, Département, Section***

– Un ordinateur avec une grande capacité mémoire

– Une imprimante, un scanner

– Un modem intégré à l'ordinateur.

• ***Chez l'adhérent ou le particulier***

– Apprendre à se servir couramment de son ordinateur multimédia.

– Avec un micro-ordinateur on est plus performant pour emmagasiner des informations en mémoire, pour réaliser des documents et, éventuellement, les transmettre aux collègues

– et utiliser une imprimante pour garder trace des informations.

– Apprendre à communiquer avec l'extérieur.

Comment se servir de tout cela

• La mise en place ne sera pas facile. Il faudra d'abord que les responsables en découvrent l'utilité, en étudient les éléments techniques de réalisation après avoir déterminé la matière information à traiter et le public auquel s'adresser.

• Il faudra ensuite former les responsables, militants, adhérents, à savoir se servir des différents matériels, mais aussi à savoir utiliser l'information reçue et, ensuite, arriver, grâce aux réseaux maillés, à apporter la contribution de la base pour alimenter les différents échelons des informations qui, trop souvent, ne remontent pas.

• Enfin, l'expérience aidant, une nouvelle forme de démocratie réelle pourra naître où chaque personne, concernée par un problème, sera informée et informera pour prendre les décisions les plus judicieuses pour la solution de ce problème.

Multimédia et travail en réseau dans l'entreprise

L'entreprise est confrontée aux problèmes de l'informatique, du multimédia et du réseau. Il est indispensable de réfléchir à ces outils pour les utiliser de façon constructive.

1. S'équiper en matériel multimédia

De préférence, choisir le même matériel pour tous, en variant seulement la puissance et son environnement en fonction des besoins. Eviter les terminaux pour leur préférer des ordinateurs qui permettent une utilisation beaucoup plus riche.

2. Installer un réseau maillé

Au lieu d'un réseau centralisé. Il permet d'aller d'un point à un autre par une multiplicité de voies alternatives au cas où une voie serait bloquée. L'information peut ainsi toujours circuler sans obstacle, en empruntant tout circuit disponible.

3. Permettre à chacun l'accès aux bases de données

Ces bases rassemblent l'information soit par thème, soit par fonction, soit par service ou département. En facilitant l'accès de tous aux bases de données dont nous avons besoin pour notre travail, on permet à chacun de recueillir l'information indispensable pour prendre les décisions adéquates dans nos secteurs et domaines de responsabilités.

L'avantage complémentaire c'est que le phénomène peut se faire dans les deux sens, recevoir de l'information, mais aussi en donner. Il nous est donc possible d'introduire dans les bases de données les informations que nous détenons pour les mettre à la disposition des autres. Dans certains cas (secret professionnel par exemple), il n'est pas opportun que l'information soit disponible pour tous. Il suffira de mettre un code d'accès qui sera réservé à ceux à qui l'information est indispensable.

4. Faciliter la prise de décision

L'information est indispensable à la décision. Avec une circulation et un accès facile aux informations, la prise de décision sera plus pertinente et permettra à toute personne ayant une responsabilité de décider, en possédant tous les éléments de connaissance du problème pour faire des choix. C'est donc un outil de réalisation d'une démocratie réelle, car si l'information permet la décision, la décision est la clé du pouvoir. Nous passons ainsi du monopole du pouvoir détenu par ceux qui possèdent l'information à un partage du pouvoir entre tous ceux qui ont une responsabilité.

5. Communiquer avec l'extérieur

Grâce aux réseaux maillés, il est possible de sortir des limites de l'entreprise pour se faire connaître à l'extérieur : faire de la publicité pour ses produits, présenter le catalogue de ce que l'on vend, décrire le produit que l'on met sur le marché, indiquer les prix de vente, installer des bons de commande, etc.

6. Etablir des relations conviviales et interactives

Nous avons tous un réseau de relations dans le cadre de notre fonction. Il est possible d'entrer en contact direct avec nos clients, nos fournisseurs, nos sous-traitants, etc. Ce qui est vrai de l'extérieur l'est encore plus avec le personnel de notre entreprise, collègues de travail occupant les mêmes fonctions pour échanger nos expériences, collègues d'autres services dont nous avons besoin pour réaliser notre tâche, etc.

7. Etre conscient des répercussions sur nos relations

Dans la mesure où les contacts avec les collègues deviennent plus faciles, où il est possible d'entrer en contact avec la personne compétente pour répondre à nos problèmes, une certaine atténuation de la hiérarchie se réalise. De même, quand nous pouvons communiquer avec les filiales à l'étranger, des clients d'autres pays, des approvisionneurs étrangers, une certaine abolition des frontières s'installe conduisant progressivement à atténuer le racisme latent en chacun de nous.

8. Utiliser au maximum les qualités techniques

Elles sont nombreuses.

- *Rapidité* de communication qui nous permet des échanges en temps réel avec tous nos partenaires.
- *Disponibilité* de l'information 24 h sur 24, 7 jours sur 7, et ceci quel que soit l'endroit où nous nous trouvons.
- *Fiabilité*. Avec la numérisation toute information circule sans être déformée, que ce soit le texte, le son, l'image ou l'animation.
- *Sécurité*. Chacun peut avoir accès à toute l'information, mais pour ce qui est confidentiel un mot de passe personnel fait la sélection.
- *Facilité*. Plus d'adresses à taper, d'enveloppes à coller. Choisir les destinataires et cliquer sur le bouton "envoyer" et c'est fait.

9. Profiter de ce type d'outils pour mieux communiquer en utilisant :

- *Interactivité*, c'est-à-dire la possibilité pour chacun de nous de travailler en choisissant dans le flux d'informations proposées.
- *Convivialité* en permettant l'expression de chacun de nous et en donnant aux autres la possibilité de réagir immédiatement.
- *Virtualité* en illustrant notre message avec des images construites qui rendent plus accessible ce que nous avons à dire.
- *Accessibilité*. Dès qu'il est équipé, quiconque peut accéder à toute l'information en fonction de ses besoins.
- *Sélectivité* donnant la possibilité de choisir ce dont on a besoin sans être inondé de flots d'informations inutiles.

10. Changer de mentalité

Beaucoup de personnes ont peur du changement. Prisonnier de nos habitudes, il nous faut faire un effort pour d'abord accepter les changements, ensuite se former pour les utiliser, et enfin les intégrer dans notre environnement quotidien, pour en faire des outils disponibles en permanence pour communiquer avec plus d'efficacité.

L'utilité des méthodes

Méthode, du latin ***methodus***, du grec ***methodos*** : de ***meta*** (vers) et ***odos*** (voie). S'interroger sur la méthode, c'est s'interroger sur la voie suivie ou à suivre pour une recherche, une réflexion, une action. La méthode exclut donc l'improvisation et suppose une recherche des conditions optimales d'efficacité. C'est donc un ensemble de règles ou de procédés conçus et utilisés pour assurer un résultat déterminé. C'est un enchaînement raisonné de moyens en vue d'une fin :
– intellectuels : chercher, démontrer, exposer, apprendre, etc.
– techniques : méthode est alors synonyme de procédé.

La logique a pendant longtemps distingué deux démarches de l'esprit :
– la déduction consistant à conclure du général au particulier,
– l'induction, l'esprit passe alors du particulier au général.

Parmi les mouvements généraux de la pensée on distingue :
– l'analyse qui décompose un tout en ses éléments,
– la synthèse qui regroupe des éléments épars en un tout cohérent.

L'épistémologie étudie les méthodes de connaissance qui sont pratiquées dans les sciences. Gaston Bachelard, théoricien de la science moderne, montre que la pensée rationnelle, l'effort de systématisation précèdent le contact avec l'expérience, mais que l'expérience fait toujours éclater toutes nos systématisations rationnelles. Cela conduit à avoir une démarche avec ses trois moments : observation des faits, induction de l'hypothèse et vérification expérimentale.

La méthode de la connaissance philosophique ou méthode réflexive se présente comme une dialectique, c'est-à-dire une démarche. Nous sommes conduits d'une idée à son contraire pour nous approcher de la vérité. Elle permet la prise en compte de la complexité des phénomènes et situe leur place dans un système, avec ses mécanismes d'interaction des éléments entre eux, afin de percevoir l'impact du phénomène sur le milieu et du milieu sur le phénomène.

La multitude des méthodes est née de l'interaction des recherches issues des sciences fondamentales, des techniques et des sciences humaines. Cela a donné naissance à différentes approches : méthode analytique, dialectique, systémique, expérimentale, scientifique, etc. dont les caractéristiques communes sont
– une marche rationnelle de l'esprit pour arriver à la connaissance, à l'approche de la vérité,
– un groupement logique des éléments d'une science, d'un art, d'un enseignement pour donner cohérence à une démarche,
– une manière de dire, de faire ou de faire faire suivant certains principes pour arriver à un but.

C'est une démarche rationnelle de l'esprit guidée par certains principes qui donnent sens. Une méthode n'est jamais neutre. Elle dévoile, au travers de la démarche proposée, les orientations profondes, les idéologies sous-jacentes ou exprimées, et indique en définitive les valeurs réelles que l'on choisit comme guides pour son action.

Les éléments d'élaboration d'une méthode

Connaissance du sens. Quels que soient le thème abordé, le sujet traité, le problème à régler, il convient toujours de se poser la question du pourquoi ; en d'autres termes celui de **l'objectif** à atteindre et du **sens** à donner à l'action pour avoir une référence de base tout au cours de la démarche.

Connaissance sensible (culture). C'est la capacité à situer un problème dans son contexte : ampleur du problème, importance des personnes concernées, thèses en présence pour le résoudre, expériences déjà réalisées, de façon à percevoir le problème dans son insertion sociale.

Connaissance concrète (information). Rassembler les matériaux nécessaires pour faire le tour du problème : aspects quantitatifs, qualitatifs, de nature différente, de sources différentes, etc. Après avoir rassemblé, classé, organisé, traiter pour dégager une hypothèse.

Connaissance rationnelle (conceptualisation). Décomposer le problème en éléments simples (analyse) dans les différents secteurs où il se pose. En comparant les diverses analyses, faire la synthèse pour dégager les contradictions, les points communs et les points divergents. Nous vérifions si notre hypothèse est opérationnelle.

Connaissance pratique (expérimentation). C'est la seule façon de vérifier l'hypothèse. Soit elle est confirmée et l'on dégage alors des concepts, des lois ou des actions à réaliser. Soit elle est infirmée, il convient alors d'émettre une nouvelle hypothèse.

L'action sera d'autant plus pertinente que la méthode mise au point sera conforme aux objectifs de départ et aux analyses conduites pour dégager une hypothèse d'action pertinente.

Quelques règles pour choisir une méthode ou en élaborer une

- Elle est aisée à retenir et à utiliser.
- Elle est assez précise pour être efficace, assez logique pour être claire, assez souple pour laisser place à l'initiative et à la créativité.
- Elle facilite la maîtrise du problème à résoudre en permettant le centrage sur l'essentiel.
- Elle est commode à utiliser pour réaliser un travail personnel et collectif.
- Elle rend possible l'expression personnelle et collective.
- Elle permet l'affrontement des idées et des expériences.
- Elle simplifie la capacité d'auto-organisation.
- Elle rend praticable la participation de toutes les personnes concernées.
- Elle contribue à l'accès aux changements personnels et sociaux.

Ces quelques règles permettent de faciliter le choix d'une méthode. On peut s'en servir de façon orthodoxe. On peut vouloir l'améliorer grâce à sa propre expérience. On peut aussi en inventer une qui corresponde mieux à nos besoins spécifiques. La méthode est un tremplin vers un objectif, non une prison. Il nous reste à présent à fabriquer notre caisse à outils.

Gérer son temps

Nous avons tous une multitude de tâches à accomplir au cours d'une journée, dans le domaine professionnel, familial, associatif, etc. Chacun se plaint de manquer de temps pour réaliser tout ce qui est à faire. C'est une des raisons majeures qui font que, le temps n'étant pas extensible, il faut le gérer au mieux de nos choix [(1)].

Quelques lois à connaître, fruits de l'expérience...

Loi de Reeves. La façon dont le temps est perçu par un individu varie selon les conditions dans lesquelles il se trouve. Il n'y a plus un temps, il y en a un nombre infini, chacun avec son rythme propre. Chacun doit donc apprendre à gérer son temps avec ce qu'il est.

Loi de Parkinson. "Plus on dispose de temps pour accomplir un travail, plus ce travail précisément prend du temps." D'où la nécessité de s'organiser.

Loi de Franklin. "Ne jamais remettre au lendemain ce qui peut être fait le jour même." C'est une habitude à prendre qui nous rend plus efficaces.

Loi de Pareto. "L'essentiel prend 20 % du temps, l'accessoire 80 %." C'est la fameuse loi des 20/80 où, en gestion, on repère les 20 % de clients qui font 80 % du chiffre d'affaires. 20 % des erreurs entraînent 80 % des pertes. 20 % des réunions produisent 80 % des décisions, etc.

Loi de Murphy. "Rien n'est jamais aussi simple qu'il y paraît, chaque chose prend plus de temps qu'il n'y paraît." Cela nous engage à une réflexion préalable, à une analyse et à une prévision de l'imprévu.

Loi de l'Ecclésiaste. "Il y a un moment pour tout et un temps pour chaque chose." Cette loi très ancienne est pleine de profondeur et de sagesse. Elle nous aide à comprendre la nécessité d'avoir le sens du relatif pour être réaliste.

Ces lois nous permettent de mieux cerner l'organisation du temps.

Les temps complémentaires, en interaction.

Le temps de la réflexion nous permet de clarifier nos projets, de déterminer nos objectifs, nos priorités, notre démarche, nos bilans.

Le temps de l'organisation. Cette réflexion débouche sur une organisation matérielle rigoureuse du temps, de l'espace et des documents.

Le temps de la communication. La gestion actuelle nécessite de travailler en groupe, donc de se réunir pour communiquer.

Le temps de l'action. Sans un passage à la pratique, paroles et théories sont vaines. Répartir les tâches entre tous les membres.

Le temps de détente. Il joue un rôle irremplaçable dans le maintien de l'équilibre physique, affectif et intellectuel de chacun.

La gestion du temps n'est en définitive faite que de réactions de bon sens, issues de l'expérience de ceux qui nout ont précédés et qui nous ont transmis leurs réactions et leurs réalisations.

---

(1) **Mieux gérer son temps**, Fathi Tlatli, Chronique Sociale.

Les dix règles méthodologiques à observer

Rappelons que chaque personne a son rythme de vie propre. Les uns sont du matin, d'autres du soir. Apprenons à gérer notre temps avec ce que nous sommes, avec notre organisme.

1. Acquérir des outils. Les plus importants sont la grille horaire, l'agenda, le calendrier, et surtout un planning. L'efficacité réside dans la faculté d'accomplir ce qu'il faut, quand il faut. Le planning en sera l'outil majeur.

2. Planifier nos objectifs. Ce n'est pas le travail qui doit nous commander, mais nous qui devons rester maître de notre travail. Pour cela énumérer les objectifs à atteindre, les classer par ordre de priorité de façon à savoir dans quel ordre les prendre en charge.

3. Se fixer des étapes. Ce sont les phases successives qui conduisent à la réalisation définitive d'un objectif. Elles ont une double dimension : prévoir les étapes pour chaque objectif ; prévoir l'ordre de prise en charge des différents objectifs que nous nous sommes fixés.

4. Se fixer des délais. Dans la programmation il faut être précis, indiquer la date, le jour, l'heure et la durée de chaque phase. En restant dans le vague, on ne maîtrise pas son temps. Une fois le temps écoulé, passer automatiquement à la phase suivante.

5. Déterminer les périodes de planification. La planification permet de toujours savoir où l'on en est. Pour cela, deux démarches complémentaires sont à faire : fixer la date où nous faisons notre planning, le dimanche soir ou le lundi matin par exemple ; vérifier où nous en sommes de nos activités, cela permet de remettre nos listes à jour.

6. Préciser les différents types de périodes. Les périodes fixes sont celles qui sont occupées par des activités dont la régularité ne varie jamais. Les périodes variables sont celles dont la durée ou les activités peuvent changer d'une semaine à l'autre. On distingue encore les périodes variables courtes (1 h et moins) et les périodes variables longues (2 h et plus). Par prudence, prévoyons des périodes tampons. Elles serviront à mettre de la souplesse dans un emploi du temps trop rigide. Laisser des périodes libres pour la détente, la récupération, etc.

7. Pas de perfectionnisme. Certaines personnes ne sont jamais satisfaites de ce qu'elles ont fait. C'est une maladie nuisible qui engendre l'anxiété, l'insomnie, voire la dépression nerveuse. Acquérir une discipline personnelle qui nous fait apprécier le travail fait pour passer au suivant.

8. Avoir de l'ordre. Il facilite grandement la gestion du temps : tenue à jour du planning, ordre du classeur, des fiches, des documents, ordre dans le lieu où on travaille, ordre dans les outils de travail. Eliminer tout ce qui ne peut nous être utile.

9. Savoir dire non. C'est une attitude de rigueur de savoir refuser les multiples tentations de diversion : sorties avec un ami, téléphone, émissions de télé. C'est un contrat que nous devons passer avec nous-même pour respecter nos décisions.

10. Prévoir de la détente. Ne pas négliger la place des loisirs ou l'alternance avec d'autres travaux plus détendants. C'est la condition de notre développement et de notre épanouissement personnel. Dormir 8 h minimum par nuit et nous récupérons pour le lendemain.

La gestion de notre temps est une démarche de responsabilité et de liberté qui contribuera à nous faciliter la réalisation de toutes les tâches que nous aurons prévu de réaliser.

S'informer

L'information, une nécessité

L'information est l'essence des choses. Etymologiquement, c'est l'action de donner forme, à condition de préciser que ***forma***, pour le philosophe, ne signifie par l'expérience des choses, mais leur essence sur laquelle la raison peut s'exercer. Le terme est cependant ambivalent car il désigne à la fois un **contenu** et la **façon** dont celui-ci peut être transmis. L'information peut se réduire à un ensemble d'équipements qui permettent la diffusion. Elle serait incomplète sans la matière qui transite par les équipements : connaissance, jugement, proposition d'action, décision, etc. Elle a un rôle de collecte, de traitement et de diffusion.

L'information outil de conscientisation. Un événement prévisible comme le lever du soleil n'est pas une information. Un événement est porteur d'information quand il met un terme à une incertitude ou quand il apporte du nouveau. Une information qui met un terme à une incertitude, par exemple la connaissance des écarts de salaires entre l'ouvrier et le PDG, par la prise de conscience qu'il opère, permet de déboucher sur des actions éventuelles. Une information qui procure du nouveau sur les autoroutes de l'information peut provoquer l'inquiétude, qui sera surmontée par une analyse sérieuse des enjeux sur notre vie.

L'information nourriture de la communication. La communication est un système cohérent dans lequel un émetteur (celui qui parle) transmet un message (une information) à un récepteur (qui le reçoit) par l'intermédiaire d'un canal (écrit, oral, audiovisuel, téléinformatique) avec la possibilité pour le récepteur de réagir en retour (interactivité). Tout cela en vue de favoriser la connaissance et la compréhension entre les personnes pour améliorer leur vie sociale.

L'information matière première de la formation. Celle-ci a une double dimension : 1. la formation se nourrit de connaissances que nous n'avons pas, donc d'informations ; 2. pour savoir rechercher, traiter et utiliser l'information, il est préférable d'être formé, sinon l'information à notre disposition ne sera pas utilisée avec toute l'efficience nécessaire. La formation n'est que le prolongement de l'information.

L'information permet la décision. En effet, comment décider relativement à un problème ou dans un domaine particulier, sans information préalable ? "Savoir c'est pouvoir" disait Francis Bacon. Sans information pas de prise de responsabilité sérieuse, car chaque secteur nécessite le rassemblement et le traitement de l'information pour prendre les décisions nécessaires, tant individuelles que collectives.

L'information précède l'action. Il ne suffit pas de voir, d'écouter, de savoir. Il faut encore comprendre pour agir. Par les décisions qu'elle permet de prendre l'information rend l'action efficace et procure le pouvoir de peser sur l'évolution politique, économique, sociale, culturelle de l'humanité.

L'information peut être déformée par l'idéologie. L'information passe aussi par nos systèmes d'idées qui reçoivent, filtrent, trient ce que nous apportent les médias. Là où nous disposons d'idées fermes et arrêtées, nous sommes très accueillant pour toute information qui les confirme, mais forts méfiant pour celles qui les contrarient. Edgar Morin nous propose cette loi : "Une conviction bien assurée détruit l'information qui la dément". Nous devons devenir conscient que, souvent, notre sincérité empêche notre lucidité.

Une méthode de travail sur l'information

1. Se fixer des objectifs clairs. Une information, pour être utile, doit concerner le problème sur lequel on veut intervenir. Sur ce problème se fixer un objectif afin que l'information permette la connaissance de ce problème, la compréhension des personnes, la confrontation des points de vue, afin d'aboutir à une décision engageant une action efficace.

2. Rassembler l'information. Le fil conducteur de recherche est la connaissance et la clarté de l'objectif à atteindre. il convient alors de repérer les sources d'informations existant sur le problème pour recueillir le maximum d'éléments en veillant : 1. au volume d'informations, quantité ne rime pas toujours avec qualité ; 2. au contenu qui donne sens au message ; 3. à sa nature : écrite, orale, audiovisuelle, informatique ; 4. au langage, c'est-à-dire à l'accessibilité à tous ; 5. à la pertinence, en fonction de l'objectif sur un problème ; 6. à la fraîcheur, si elle est ancienne ou récente. Plus l'information sera large, précise, abondante, récente, diversifiée, plus il sera possible de faire une analyse fine de la réalité. Une information partiale ou partielle induit la décision et la déforme.

3. Traiter l'information. Il s'agit à présent d'organiser notre moisson.

- *Regrouper* les diverses formes d'information autour des idées-forces afin de dégager un plan structuré qui donne cohérence au tout.
- *Distinguer* clairement les faits des opinions de façon à utiliser, en fonction des besoins, la raison et les passions en restant lucide.
- *Etudier* chacun des documents pour en faire un classement facilitant leur utilisation. Faire ressortir les valeurs à défendre.
- *Choisir* en fonction d'une critique des documents, conserver ceux qui seront utilisés, éliminer les autres devenus inutiles.
- *Argumenter*. C'est le dernier acte qui permet à présent de repérer les arguments pour défendre une thèse, les arguments opposés, afin de préparer une démarche dialectique aboutissant à une synthèse.

4. Utiliser l'information. C'est la phase d'exploitation de l'information.

- En fonction des objectifs.
- En tenant compte de l'efficacité des différents moyens. On estime en général que le taux de rétention (ce que l'on retient après 8 jours) d'une information orale est de 5 %, celui de l'écrit passe à 10 % car on peut relire une information. On passe à 20 % si l'écrit est le résultat de notes de travail. On monte à 55 % en utilisant l'audiovisuel qui interpelle simultanément plusieurs de nos sens (vue, ouïe, imagination) car l'image est polysémique (plusieurs sens), ce qui peut susciter des réactions différentes. L'efficacité maximum de l'information est atteinte avec 80 % quand nous recueillons, réalisons nous-même nos informations, car nous nous engageons tout entier dans le processus de l'information et la téléinformatique est un puissant outil pour cela, mais il n'est pas exclusif.
- Suivant le public concerné. On ne s'adresse pas de la même façon à un enfant, un adolescent, un adulte, à un technicien ou à un cadre. Se rappeler cette règle d'efficacité à toute communication : "C'est le récepteur le plus important". D'où nécessité pour l'émetteur de réaliser un message accessible et compréhensible par le public visé.

5. Passage à l'action. L'information conduit à la décision et la décision à l'action, pour cela nous avons aussi des méthodes à utiliser.

Elaborer un plan logique

Préparation

Pour analyser un sujet, rassembler le maximum d'informations sur le thème choisi, dans le cadre de l'objectif adopté.
Classer méthodiquement cette information en lui donnant un ordre allant du simple au complexe.

Les étapes de construction du plan

*1. **Déballage spontané*** (brain storming)

Avoir présent à l'esprit l'objectif, jeter en vrac toutes les idées qui viennent à l'esprit sans trier, ni critiquer.

2. Organiser ces premiers matériaux

– *Commencer à mettre de l'ordre* en entourant les mots clés.
– *Dégager les idées principales.*
– *Placer les idées secondaires* dans un ordre logique.
– *Classer les idées tertiaires* pour affiner l'analyse.
– On peut faciliter l'organisation en numérotant :
– 1 - 2 - 3 pour les idées principales
– 11 - 12 - 13 / 21- 22 - 23 / 31 - 32 - 33 pour les idées secondaires
– 111 - 112 - 113 pour les idées tertiaires.

3. Présentation - Exemple

1. Idée principale	**1. Information écrite**
11. idée secondaire	11. par nous
111. idée tertiaire	111. tracts
112. idée tertiaire	112. documents
12. idée secondaire	12. par les médias
121. idée tertiaire	121. journaux
122. idée tertiaire	122. revues
2. Idée principale	**2. Information orale**
21. idée secondaire	21. par nous
211. idée tertiaire	211. réunions
212. idée tertiaire	212. meeting
22. idée secondaire	22. par les médias
221. idée tertiaire	221. radio
222. idée tertiaire	222. cassettes enregistrées

4. Compléter les manques

L'organisation va aussi montrer des manques. Il suffira de compléter soit en ajoutant des idées principales, soit des idées secondaires ou des idées tertiaires.

5. Au travail

– Quand notre plan est fait, il nous reste à l'étoffer.
– Nous classons notre documentation en fonction du plan.
– Nous créons des sous-dossiers autour des idées principales.
– Placer le plan dans une structure : celle-ci comporte 3 éléments
1. *l'entrée en matière* indique ce que l'on va dire ou faire,
2. *le développement* entre dans le détail de l'analyse grâce au plan,
3. *la conclusion* reprend l'ensemble des synthèses partielles dans une synthèse générale.

Utiliser en cas d'urgence une bouée de sauvetage

(le plan méthodologique)

Sa fonction

Quand on est pris au dépourvu ou que l'on dispose de peu de temps pour préparer, on peut faire appel à un plan méthodologique. C'est en général quelques mots clés qui nous rappellent les étapes à suivre.

Quelques exemples de plan méthodologique

Quoi = l'objet **Q**ui = le sujet **O**ù = le lieu **Q**uand = le moment **C**omment = la façon **P**ourquoi = la raison	**O** = Observation **H** = Hypothèses **E** = Expérience **R** = Résultat **I** = Interprétation **C** = Conclusion	**A** = Attirer l'attention **I** = Inspirer l'intérêt **D** = Déclencher le désir **A** = Accord pour agir	**A** = Thèse **A** = Antithèse **S** = Synthèse **V** = Voir **J** = Juger **A** = Agir
E = Ecouter • regarder • comprendre • prendre le temps **R** = Répéter • reformuler • faire préciser • vérifier la compréhension **Q** = Questionner • compléter l'information • clarifier la demande • faire exprimer sa réponse personnelle **R** = Répondre • donner votre avis • synthèse • vérifier si réponse conforme à l'attente	**C** = Connaissance (apprendre) **A** = Autonomie (apprendre à apprendre) **R** = Réaliser (apprendre à faire) **E** = Etre soi-même (apprendre à être) **C** = Changement (apprendre à devenir)	**C** = Combiner **R** = Renverser, inverser **E** = Elargir, agrandir **A** = Adapter **T** = Transformer, réduire **I** = Intervenir remplacer **V** = Vue différente, aspects **I** – Impertinence **T** = Transformer l'usage **E** = Essayer toutes combinaisons	**C** = Choisir **O** = Observer **R** = Réfléchir **D** = Décider **A** = Agir **C** = Constater **C** = Comprendre **C** = Constuire

Son utilisation

- Le moins souvent comme plan, car imaginez que tous les livres soient écrits en utilisant le même plan méthodologique, cela rendrait difficile l'analyse de la réalité dans sa spécificité. A utiliser seulement en cas de besoin pour se dépanner.
- Même comme bouée de sauvetage, il est préférable de choisir une méthode adaptée aux types de réunions (information – recherche – décision, etc.) car toutes ne sont pas utilisables pour tous les cas.
- Par contre, une méthode peut être choisie et utilisée pour faire une grille d'analyse.

Analyser

Une démarche essentielle

Du grec *analusis*, acte de délier *(analusein)*. Action de décomposer un tout soit physique, soit affectif, soit intellectuel, en ses éléments essentiels.

- ***L'analyse dans les sciences*** du monde (physique, chimie) consiste à passer du visible compliqué à l'invisible simple pour comprendre. C'est le besoin d'analyse qui a animé toute recherche des éléments premiers des choses depuis l'Antiquité jusqu'à nos jours.
- ***L'analyse psychique*** recherche, derrière les conduites de l'homme et surtout derrière ses échecs et ses réussites, une motivation profonde qui tient à son histoire relationnelle depuis sa naissance.
- ***L'analyse réflexive***, pratiquée en philosophie, porte sur les conditions et la structure de la pensée. Son objet est d'arriver à la connaissance de la nature originelle de l'esprit et, fondamentalement, de résoudre le problème de la liberté ou du déterminisme.
- ***L'analyse de problème*** a pour fonction, dans une équipe, de connaître les éléments de ce problème, d'en comprendre la signification, afin de pouvoir décider des actions à entreprendre dans le sens choisi par l'organisation. Pour cela, elle va mettre à contribution les trois types d'analyse précédents. L'information sera la matière première des analyses.

Le mécanisme de l'analyse

- ***L'analyse globale*** de départ permet d'avoir une vision de l'ensemble des détails et des caractéristiques d'un phénomène, d'un problème ou d'un événement, au moment où se fait l'analyse.
- ***L'analyse du processus*** permet de suivre le mouvement, l'évolution des caractéristiques de l'objet analysé. Elle permet, en s'appuyant sur une connaissance du passé, de mieux saisir le présent pour déterminer les perspectives d'évolution éventuelle, de façon à agir en conséquence.
- ***L'analyse du réel apparent*** permet de repérer les signes, de les décoder, afin de pouvoir amorcer une analyse plus en profondeur.
- ***L'analyse au-delà des apparences***, en utilisant les signes, permet de découvrir la réalité cachée pour connaître ce qui se passe vraiment.
- ***L'analyse permanente*** en cours de réalisation, à toutes les étapes de la réflexion et de l'action, permet de tenir compte de l'évolution éventuelle de la conjoncture, ou de certains éléments constitutifs de façon à les prendre en compte dans le mouvement même de leur apparition, et ainsi d'avoir une plus grande maîtrise des phénomènes.
- ***L'analyse dynamique*** suppose que l'on ait fabriqué des outils d'analyse, en particulier un plan guide spécifique au problème auquel on ajoute une méthode (Voir, Juger, Agir, par exemple) pour que chaque point du plan puisse déboucher sur une critique et des propositions de changement.
- ***L'analyse du complexe*** permettra de situer chaque problème dans son contexte économique, politique, idéologique, après l'avoir situé dans le temps (histoire), dans l'espace (géographie) et en profondeur (sens), de façon à en voir les interactions.
- ***L'analyse dialectique*** permettra de faire la synthèse entre l'analyse de la thèse et l'analyse de l'antithèse pour prendre en compte les convergences et les divergences.
- ***L'analyse systémique*** favorisera la compréhension des interactions entre les différents éléments constitutifs de chaque problème et de chaque situation, afin de percevoir l'influence des éléments entre eux.

Exemple d'une méthode d'analyse

Cette méthode n'en est qu'une parmi d'autres.

1. Définir l'objectif du problème à régler (orientation)

Se rappeler qu'il comporte :

1. le problème à régler
2. les personnes ou groupes concernées
3. l'action à entreprendre
4. les délais à respecter;

2. Description des faits (mise en commun de l'information)

- Chacun, à tour de rôle, explique son fait, apporte son information.
- Un secrétaire de séance les note.
- A la fin, on les classe dans un ordre logique.
- On peut, pour faciliter l'expression, utiliser la méthode QQOQCC :
  - Quoi : quels sont les problèmes
  - Qui : qui est concerné directement par le problème
  - Où : le lieu où se situe le problème
  - Quand : les moments où les événements se passent
  - Comment : la façon dont le problème se pose
  - Combien : fréquence, nombre de fois où le problème a été soulevé.

3. Recherche des causes (le pourquoi)

- Trouver les relations entre les effets et leurs causes :
  - prendre chaque élément du problème et en rechercher la cause
  - en se posant la question : pourquoi ?
- Faire la liste des causes.
- Classer les causes par ordre d'importance.

4. Recherche des conséquences (répercussions)

- Rechercher les conséquences pour chaque cause :
  - reprendre la liste par ordre d'importance
  - et, en parallèle, voir les répercussions diverses : personnes, environnement
  - analyser les conséquences à la lumière des valeurs choisies.
- Faire une liste des conséquences :
  - plusieurs causes peuvent avoir les mêmes conséquences
  - une cause peut avoir plusieurs conséquences différentes
  - les mêmes causes ne produisent pas toujours le même effet.

5. Proposition d'amélioration (imagination et rationalisation)

- Prendre la première cause, chacun à tour de rôle émet ses propositions.
- On fait la liste de toutes les idées.
- On les classe par ordre d'importance.
- On approfondit la solution retenue.
- On passe ensuite à la cause suivante.

6. Décisions (pouvoir)

- Accord sur l'objectif d'action.
- Si désaccord sur les moyens de l'atteindre :
  - décision unanime (tous d'accord)
  - pour faire des actions différentes.
- Rencontres pour confronter les pratiques différentes.

Argumenter

Après l'analyse, les interprétations peuvent être différentes quant aux propositions et aux décisions. Les positions en présence auront alors à apprendre à argumenter pour défendre leurs points de vue, tout en acceptant que les positions différentes puissent aussi argumenter leurs positions.

Les deux types d'argumentation à choisir

Imposer sa vérité comme étant la Vérité. Cette démarche, issue d'une forme de pensée métaphysique, s'appuie sur la certitude que notre logique, notre pensée et les résultats qui en découlent sont les seuls valables. Celles des autres sont entachées d'erreurs dans leurs prémisses, leur déroulement et leurs aboutissements. Cela conduit à un certain dogmatisme de pensée. Des méthodes sont enseignées pour permettre une efficacité plus grande aux tenants de cette thèse : représentants commerciaux, représentants politiques, représentants religieux, etc.

Rechercher la Vérité en sachant qu'elle ne s'atteint pas, car une démarche dialectique est une recherche permanente de la vérité. On se met en marche vers la Vérité, mais personne ne peut prétendre la détenir de façon certaine et absolue. Cela ne signifie pas que l'on ne défende pas sa vérité, mais on la sait relative à soi et remplie de contradictions. En le reconnaissant, on peut chercher ces contradictions et ainsi arriver à les surmonter pour avancer vers plus de vérité. On sait d'autre part que nous ne sommes pas seul à affirmer notre part de vérité, d'autres ont la même démarche, ils affirment leur vérité en la sachant relative à eux-mêmes. Cela permet des affrontements constructifs où chacun recherche la part de vérité détenue par l'autre pour s'enrichir de sa différence (1).

Une démarche méthodologique pour faciliter la préparation

Les données (Informations)
C'est présenter l'information sur le sujet à aborder. Cela permettra de situer le contexte du problème et déjà en indiquer les différents caractéristiques et aspects. Cette première étape est essentielle pour nourrir nos arguments à partir des faits concrets et vérifiables.

Si cette démarche est réciproque, le partenaire apportera aussi d'autres éléments d'information éclairant différemment, de façon contradictoire ou complémentaire, le problème.

Conviction (Affirmation)
C'est assumer sa subjectivité après la première démarche objective. On explique pourquoi le sujet est important pour nous, quels en sont les enjeux pour nous. En s'impliquant dès le départ, les faux-fuyants sont évités et les justifications superficielles éliminées.

Si cette démarche est réciproque, les échanges qui suivront se feront dans la clarté des positions en présence et des motivations de chacun. Cela permet ainsi de comprendre dès le départ les raisons des choix qui vont suivre.

(1) Pour aller plus loin : **Autorité, Pouvoir, Responsabilité**, Charles Maccio, Chronique Sociale, 3e éd.

Appuis (Démonstration)

Pour appuyer nos convictions, il conviendra de :

- faire l'inventaire de tous nos arguments,
- vérifier la pluralité de leurs variantes permettant de cerner les différentes facettes du problème,
- rechercher les diverses manières de les présenter de façon pédagogique pour être compris clairement,
- analyser leur force respective pour les classer par ordre d'importance,
- les organiser de façon stratégique pour les utiliser efficacement au moment opportun,
- vérifier la cohérence de l'ensemble : diversité, force et ordre, car en elle-même, elle contribue à l'efficacité. Si les arguments se tiennent, s'organisent en une sorte de faisceau, ils témoignent en faveur de la solidité de la thèse.

Réfutation (Objections)

- Repérer les contradictions internes à chaque argument.
- Rechercher les contradictions à l'ensemble de notre thèse.
- Prévoir les objections que l'on risque de faire à chacun de nos arguments.

C'est un excellent exercice à un double titre. Il nous permet d'être conscient de nos propres contradictions. Il nous aide à comprendre les positions différentes ou opposées aux nôtres. Nous avons ainsi la possibilité de préparer les réponses aux arguments qui nous seront opposés. Dans certains cas, cet exercice pourra nous faire modifier certaines hypothèses de départ, voire affiner quelques-uns de nos arguments.

Synthèse

Dans une pensée métaphysique, on chercherait que notre thèse l'emporte sur la thèse opposée puisque nous croirions détenir la vérité ; donc conclusion et non synthèse.

Dans une pensée dialectique, rechercher une synthèse c'est accepter de dépasser notre thèse en l'enrichissant de l'apport de l'antithèse, pour arriver à une position nouvelle dépassant les positions de départ des deux parties en présence. Elle nécessite de repérer : les points communs (accords) et les points divergents (désaccords), car il est impossible que tout le monde puisse être d'accord sur tout. C'est une réalité avec laquelle il est préférable d'apprendre à vivre.

Une méthode de travail

Cette méthode d'argumentation dialectique suppose que les parties en présence fassent la même démarche de réciprocité, sans cela aucun résultat ne peut avoir lieu.

Expression totale de la pensée de chacun, avec le temps nécessaire pour communiquer l'ensemble de la position.

Ecoute disponible de la pensée exprimée pour comprendre la position adverse. Comprendre ne signifiant pas être d'accord, mais permettant de réagir sur les points mêmes du désaccord.

Recherche réciproque de la part de vérité existant dans la position de l'autre.

Repérage des points d'accord et de désaccord.

Par un entraînement régulier, il devient possible d'accéder à une maîtrise efficace de cette méthode conduisant à l'unité dans la diversité, ainsi qu'à faire l'apprentissage des décisions unanimes non uniformes.

Réaliser des synthèses

L'analyse

Elle permet la connaissance détaillée d'un problème, un peu comme le démontage pièce par pièce d'une automobile pour en connaître la composition. Elle ne permet pas de comprendre le fonctionnement de l'ensemble, elle décompose le tout en parties.

Les deux fonctions complémentaires de la synthèse

Recomposer le tout à partir des éléments. La synthèse c'est la fonction par laquelle la pensée reconstruit le tout en établissant les liaisons existant entre les parties et permettant des combinaisons nouvelles. Elle permet de reconstituer le tout complexe selon sa propre logique et d'en percevoir le mouvement et le fonctionnement. Elle donne donc une vision globale et cohérente d'un problème en faisant apparaître ses lignes de force, ses points forts et ses points faibles. Elle permet aussi, à partir de cette connaissance, de réaliser des combinaisons nouvelles en disposant d'une façon plus personnelle ou plus pertinente les éléments du tout, sans désorganiser le système et en respectant sa logique interne. Quand on connaît la structure globale d'une ville, on ne peut plus se perdre et les urbanistes peuvent l'aménager à partir de ces données.

Faire apparaître le mouvement de la vie. Comme tous les éléments d'une analyse sont à prendre en compte, vont apparaître des contradictions dans chaque situation (faits), dans chaque position (opinions), dans chaque proposition d'action (décisions) au sein des équipes.

Le rôle de la synthèse c'est, après avoir fait apparaître les thèses en présence et les antithèses qui s'y opposent, prendre en compte ensemble des éléments tant de la thèse que de l'antithèse. Cela conduit à rechercher dans les documents, dans les débats, dans les décisions :

1. les points communs à la thèse et à l'antithèse ;

2. les points différents, c'est-à-dire ceux qui ont été abordés par la thèse et pas par l'antithèse, et réciproquement ; le débat qui en résulte permet alors de faire ressortir les points de convergence et les points de divergence ;

3. les points divergents car, comme aucun groupe ne peut arriver à l'unanimité sur tous les points, il est préférable de faire apparaître les oppositions et d'apprendre à vivre avec elles puisque cela correspond à la réalité de la vie.

Complémentarité de l'analyse et de la synthèse

Ces deux mouvements sont nécessaires pour comprendre une situation : par l'analyse il est possible de prendre en compte tous les éléments d'un problème ; par la synthèse il est possible de dégager la cohérence et la dynamique d'une situation. L'habitude de faire des synthèses devient une nécessité si nous voulons contribuer à changer la société en tenant compte de la complexité de la vie.

Application de la méthode à une réunion

Une définition n'a de valeur que si elle est comprise et que si elle peut être d'application pratique. Distinguer deux étapes dans la synthèse :
- d'abord ce que nous appellerons **les synthèses partielles** et qui auront lieu à chaque phase de la réunion ;
- et ensuite **la synthèse finale** qui sera la synthèse des synthèses partielles et aura lieu à la fin de la réunion pour éclairer la décision.

La synthèse partielle

Ces synthèses partielles doivent avoir lieu après chaque phase de la réunion.

1re phase : Introduction expliquant l'objet du sujet abordé et proposant un plan.
- L'analyse c'est l'explication de chaque point du plan
- La synthèse c'est la structure du plan proposé.

2e phase : Discussion pour clarifier.
- L'analyse c'est la discussion de chacun des points du plan, leur remise en cause éventuelle, à partir des propositions des participants.
- La synthèse c'est, à la fin de la discussion, la proposition du plan définitif, modifié ou pas, au cœur de l'échange.

3e phase : Analyse.

Pour cette phase, nous vous avons proposé une grille d'analyse : verticalement le plan, horizontalement la méthode Voir, Juger, Agir.
- L'analyse c'est l'étude du problème en utilisant la méthode VJA pour chaque point.
- La synthèse doit avoir lieu après chaque phase de l'analyse.

La synthèse finale

4e phase : Synthèse.
- Cette dernière phase est fondamentale. Or, souvent, elle est omise car nous nous satisfaisons de l'analyse. Nous avons beaucoup de matériaux, nous avons réfléchi en profondeur et, devant la richesse de ce qui a été apporté par chacun, nous sommes contents.
- Si nous avons fait des synthèses partielles en cours de réunion, si nous les avons notées au tableau et fait noter aux participants, nous avons sous la main les matériaux nécessaires pour faire la synthèse finale.
- La synthèse finale, c'est donc le classement des idées principales, l'étude de leur corrélation pour en dégager la cohérence, pour décider.

5e phase : Décision.
- La décision sera plus claire et plus appréciée par le groupe si elle est le résultat d'une analyse sérieuse et d'une synthèse réaliste.

Pour acquérir l'esprit de synthèse, il faut s'entraîner : la prise de notes, l'utilisation du tableau, la lecture annotée, la réalisation de fiches de travail sont autant d'éléments qui peuvent contribuer à nous améliorer dans ce domaine, ce qui rendra service à tout le groupe.

Fabriquer un bilan

Il est impossible de proposer un modèle de bilan qui serait applicable à toutes les situations. C'est la raison pour laquelle il est indispensable que toutes les personnes, qui agissent et travaillent à une tâche de changement social, apprennent à fabriquer elles-mêmes l'outil de travail qu'est le bilan, pour avoir les informations nécessaires à la gestion de leur organisation.

Tout n'est pas mesurable

Un être humain est une totalité complexe : corps, sentiments, pensées. S'il est possible de mesurer les performances physiques, les comportements visibles d'une personne, il n'est pas possible de mesurer les sentiments ou les pensées. Pourtant, elles existent et on ne peut en faire abstraction. Il nous faut réaliser un outil d'analyse qui en tienne compte.

Ce qui est vrai de la personne est encore plus vrai pour les groupes, les organisations et les institutions. Les phénomènes de groupe sont complexes. Si on peut mesurer le nombre de personnes en conflit par exemple, on ne peut mesurer les intentions, les répercussions psychologiques, les influences idéologiques, et pourtant elles existent. Là encore il nous faut fabriquer des outils d'analyse qui en tiennent compte.

Enfin nous savons que toute analyse peut dériver et se transformer en jugement de valeur. Pour éviter ce travers, il nous appartient de réaliser des outils qui empêchent cette dérive ou du moins la limitent.

La forme de l'outil

L'outil devra tenir compte de ces éléments. Pour faciliter la description d'un phénomène de détail ou d'ensemble on pourrait donner la priorité à trois types de formulation après que l'on aura, au préalable, décomposé un tout complexe en éléments simples. Face à chaque élément, on pourra écrire :
- OUI – en partie – NON
- Sais faire – sais faire en partie – ne sais pas faire
- Constat de réalisation – écart avec l'objectif – décisions correctives

Eliminer tout ce qui est porteur de jugement de valeur, comme :
- Bien – assez bien – passable – mauvais
- la notation de 1 à 10 ou 20, qui connote le jugement de valeur
- la substitution par des lettres A B C D E, qui revient au même.

Exemple d'outil pour un bilan portant sur **un détail** de la vie du groupe : **un rapport de commission de travail**

Présentation du rapport	OUI	en partie	NON
1. Le texte est lisible			
2. Le texte est aéré			
3. Le plan est logique			
4. Le titre est indicateur			
5. Les titres des paragraphes correspondent au contenu			
6. Les titres et sous-titres ressortent du texte			
7. Des documents sont joints			
8. Des illustrations aèrent le texte			
9. Il y a des synthèses à la fin des chapitres			
10. Il y a une synthèse finale			

Méthode d'élaboration et d'utilisation d'un bilan

Les étapes suivantes permettent à chaque groupe ou organisation de se fabriquer les outils nécessaires à l'analyse de gestion.

1. Déterminer en équipe
- sur quel domaine va porter le bilan
- l'ensemble des personnes concernées
- le choix de l'outil

2. Réaliser un document global
- qui aborde tous les domaines du projet, de la vie du groupe, etc.
- en mettant l'accent sur les points essentiels
- qui ne peut être exhaustif

3. Elaborer un avant-projet de grille d'analyse pour le domaine choisi
- qui situe les objectifs
- les personnes concernées par cet aspect
- les moyens et méthodes utilisés

4. Débattre en équipe de cet avant-projet
- analyser les points de désaccord
- étudier les propositions d'amélioration
- s'affronter par l'expression de chaque personne pour arriver à un accord

5. Tester le document individuellement en le remplissant
- en partant de son expérience pratique (des faits)
- en exprimant une pensée personnelle (expérimentation)
- en faisant des propositions novatrices

6. Mise en commun au sein de chaque équipe
- expression de chacun, synthèse des constats
- propositions à l'égard des points faibles
- élaboration d'un processus de remédiation

7. Mise en commun de l'ensemble des équipes
- dégager les points communs
- faire ressortir les aspects différents
- souligner les divergences

8. Elaboration d'un document définitif
- précisant l'utilisation par chaque personne
- les actions à réaliser par chaque équipe
- prévoyant les constats en cours d'actions et les bilans à la fin

9. Prévoir le suivi
- sur quoi il va porter, par qui il sera fait
- à quel moment du déroulement de l'action
- comment il sera fait

10. Analyse des matériaux recueillis
- vérifier l'écart entre objectif et réalisation
- analyser la nouvelle situation créée par l'action
- vérifier que les changements ont été réalisés dans le sens prévu

Il reste à présent à utiliser les fiches de travail remplies, pour faire le bilan dans le domaine qui a été choisi, et à se servir de ces bilans pour assurer la gestion du groupe ou de l'organisation.

La décision base de la démocratie

Lorsque nous parlons de la décision comme facteur de démocratie, il faut l'entendre sous ses deux aspects : changements d'attitude des **personnes** dans la mesure de leur participation effective et changements du **groupe** suivant la façon dont les décisions sont prises.

Les différents niveaux de la participation

Sans vouloir mettre un ordre chronologique rigoureux, nous pouvons considérer les différents niveaux suivants :
La prévision. En fonction de ses objectifs, chaque groupe doit déterminer comment il va franchir la distance entre la réalité actuelle et l'objectif à atteindre. Pour cela, il va prévoir les étapes nécessaires pour progresser vers l'objectif.
L'information. Cependant, cette prévision n'est qu'indicative et montre seulement une orientation de recherche. Pour pouvoir élaborer des étapes claires et précises, il faut rassembler de l'information, la plus vaste possible, et ensuite la traiter pour faire des synthèses pertinentes.
L'élaboration. Traiter l'information, c'est élaborer des propositions de solutions possibles : plus l'élaboration est précise, plus la prise de décision est facilitée.
La décision. C'est le moment le plus important de la vie des groupes. Des décisions prises dépend l'orientation de l'action. La façon dont elles sont prises caractérise la réalité des structures du groupe. Ce point détermine si le groupe est démocratique ou autoritaire, si l'animateur est directif ou non.
L'exécution. Une fois la décision prise, c'est le départ de l'action, les tâches sont réparties. De la précision des tâches, des responsabilités, des moyens, dépendra l'efficacité du groupe.
Le contrôle. Des tâches à accomplir après décision du groupe, il convient encore de faire le point pour savoir s'il n'est pas utile d'ajuster les objectifs d'action à la réalité à laquelle on s'est heurté. Sans contrôle, pas de possibilité d'ajustement en cas de nécessité, ce qui est grave.

Les choix à faire

Après avoir vu les différents niveaux, il convient de regarder à présent à quel stade intervient chaque participant.

Le nombre des niveaux (aspect quantitatif)
- Chaque personne du groupe est concernée par chaque niveau et l'on peut dire que les changements d'attitude chez une personne sont proportionnels au nombre de niveaux où elle est sollicitée.
- Si elle est sollicitée pour fournir seulement de l'**information**, cela n'aura que peu de répercussion sur elle.
- Si, en plus, après avoir fourni l'information, on lui demande de participer à l'**élaboration**, elle se sentira plus concernée.
- En outre, s'il lui est possible de participer à la **décision**, alors sa motivation sera profonde.

La qualité des niveaux

- Chaque niveau n'a pas la même importance. Celui qui est déterminant, pour provoquer des changements profonds dans la vie des individus et des groupes, c'est la **décision**.

- Il est relativement facile de participer aux autres niveaux et il est des niveaux où l'on retrouve toujours les participants, ce sont ceux de **l'exécution**. Il ne faut pas s'étonner, dans ce cas, des tensions qui peuvent exister dans le groupe.
- Chez une personne qui a constamment l'impression d'être un pion sur un échiquier, manœuvrée par d'autres sans avoir la possibilité de dire ce qu'elle pense, naît un sentiment de frustration, qui se développe et peut conduire jusqu'à son départ du groupe.
- Si la décision est le point capital, c'est aussi le plus exigeant, car il demande à chacun de ceux qui y prennent part d'en avoir la capacité.

La capacité de prendre des décisions

Cette capacité n'est pas innée, il faut la forger. Or, la société actuelle ne prépare pas les personnes à la prise des décisions.

C'est un problème de culture qui nous est posé. L'enseignement actuel développe beaucoup plus les connaissances que la personnalité. Nous avons ainsi des individus qui possèdent un savoir important, mais qui sont souvent incapables de prendre une décision, car on ne leur a pas appris à **faire des choix**, à avoir une **pensée personnelle**.

Il nous faut donc les aider à acquérir ces deux qualités en menant le combat à deux niveaux :
- face aux jeunes qui arrivent, afin de les préparer à leur rôle de demain ;
- face aux adultes actuels, pour les aider à combler les lacunes de leur formation antérieure.

Les exigences de la démocratie

Faire participer tout le monde aux décisions, c'est vouloir construire des groupes démocratiques dans une société démocratique. Il faut cependant savoir que ce n'est pas facile, car il faut mener un combat sur deux fronts : les structures et les personnes.

Dans un groupe autoritaire, pour qu'il fonctionne, il suffit de penser des **structures pyramidales** adaptées aux objectifs à atteindre. Peu importent les **personnes** dans le groupe, il leur est seulement demandé d'obéir, de suivre les consignes. A partir de là, à quoi bon chercher à accroître leur personnalité, cela ne sert à rien au groupe. Ce qu'il faut, c'est étudier leur comportement pour éviter les conflits, mettre au point des méthodes qui détournent leur agressivité. C'est fréquemment le rôle attribué aux gestionnaires des "Ressources humaines" dans l'entreprise.

Dans un groupe démocratique, le problème est plus complexe car, là aussi, il faut des **structures**, mais pas n'importe quelles structures, des structures qui permettent aux personnes de s'exprimer, de participer à tous les niveaux, y compris celui de la décision. Mais le problème des structures n'est pas suffisant, car elles n'ont de valeur que par les personnes qui les utilisent. Or, pour vivre la démocratie dans des structures adaptées, il faut des personnes capables de faire les efforts nécessaires pour ne pas abuser de la liberté instaurée. Cela demande donc une auto-discipline appuyée sur une personnalité solide.

Dans une vie de groupe démocratique, il faut donc s'attaquer aux structures, mais aussi aider les personnes à avoir la capacité de vivre la démocratie. Ce sera long, car nous sommes tributaires d'une société qui nous a marqués par ses structures hiérarchiques autoritaires et il faudra du temps pour changer les habitudes et les comportements.

La décision individuelle [1]

Sa fonction

La réunionnite est devenue une maladie à la mode. Car, sous prétexte de démocratie, on réunit tout le monde pour décider de tout. C'est une double erreur, d'une part à l'égard du groupe qui perd ainsi beaucoup de temps, d'autre part à l'égard des personnes qui ont une responsabilité et à qui on ne fait pas confiance.

La démarche la plus simple, dans la mesure où chaque membre du groupe a une responsabilité précise, consiste à rédiger une définition de fonction pour chaque personne dans laquelle seront précisés : son champ de pouvoir, son territoire de responsabilité et les décisions individuelles qu'elle peut prendre dans ce cadre.

Ainsi, faisant confiance aux personnes, on n'encombre pas les réunions de décisions de détail qui peuvent être prises par la personne responsable. Il suffit de prévoir des temps de contrôle collectif pour vérifier qu'il n'y a pas élargissement du territoire et empiétement sur les responsabilités des autres personnes.

Le processus de la décision

1. Prendre conscience d'un problème. Dans notre champ de responsabilité, la prise de décision peut venir de deux sources :
– soit nous prenons conscience d'un problème à régler,
– soit des collègues nous sollicitent dans le cadre de notre responsabilité.
Toujours vérifier que nous restons dans le cadre de notre définition de fonction.

2. Déterminer l'objectif à atteindre. Il sera tributaire des objectifs du groupe dans le cadre du projet et, en même temps, il sera déterminé par le cadre de notre responsabilité.

3. Etudier le problème. Pour cela suivre la démarche classique :
– Rassembler l'information nécessaire sur le problème.
– Traiter l'information en distinguant faits et opinions.
– Analyser les contraintes, les obstacles matériels et humains.
– Situer le problème à régler dans le temps, dans l'espace, et par rapport au sens à donner à l'action.

4. Prendre la décision. Choisir les critères qui serviront de guide :
– *décision générale* pour distinguer le **souhaitable**, correspondant aux désirs exprimés, du **réalisable**, pour tenir compte des contraintes auxquelles on est affronté ;
– *décisions de détail* : c'est, éclairé par la décision générale, préciser chacun des éléments nécessaires à sa réalisation ;
– *penser à anticiper* : la réponse apportée, si elle est satisfaisante à court terme, peut avoir des effets gênants à plus long terme.

5. Analyser les conséquences. Cela permettra peut-être d'apporter des corrections à la décision ou, au contraire, de renforcer certains aspects bénéfiques. Les conséquences ont toujours des répercussions sur les personnes ; en étudier la nature.

La décision individuelle est un entraînement bénéfique pour consolider la responsabilité de chacun et permet l'apprentissage facilitant les décisions collectives.

---

(1) **Autorité, pouvoir, responsabilité**, Charles Maccio, Chronique Sociale, 3e éd.

Processus de décisions individuelles

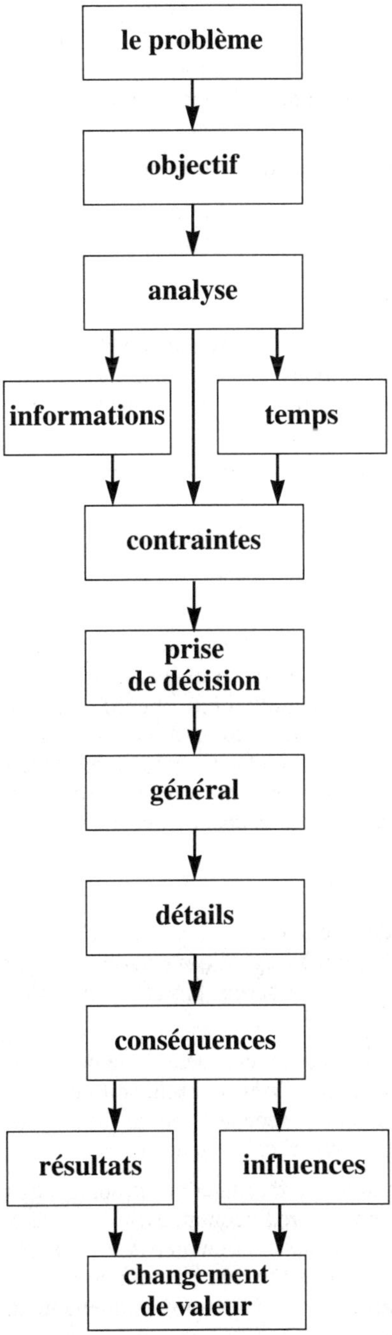

le problème : me détendre, causes : fatigue intellectuelle et physiquc

objectif : marche à pied dans la forêt

analyse :

informations
- cartes
- itinéraires
- distances
- difficultés du terrain

contraintes
- marcher 8 h
- avec sac à dos
- quel que soit le temps : pluie, vent, soleil
- quantité nourriture

temps variable
- pluie, soleil
- vêtements
- nourriture

invariable
- bouchons au retour
- entre 18h et 20h

prise de décision :

critères :
- tranquillité
- éviter énervement

général : sortir le samedi, il y a moins de monde

détails :
- heure de départ
- itinéraire
- repas
- visites
- heures de retour
- itinéraire retour
- douche
- repas

conséquences :

résultats
- fatigue physique saine
- détente intellectuelle

influences
- plus calme
- plus disponible
- esprit plus communicatif

valeur
- découverte du loisir comme recharge pour le travail professionnel ou bénévole

Un processus complexe

Décider collectivement met en œuvre un grand nombre de facteurs divers. Les uns touchent à la psychologie des personnes. Les autres aux phénomènes de groupe. Certains concernent les techniques de travail, sans oublier l'impact au niveau de la société.

Etre adulte c'est assumer cette complexité, la percevoir dans chacune de ses caractéristiques pour arriver à la maîtriser.

Les facteurs humains

Ceux concernant la psychologie des personnes

Nous avons tous des opinions différentes, issues de notre système de valeurs intégré au cours de l'enfance sous l'influence des institutions familiale, scolaire ou ecclésiale. Etre conscient de ce phénomène permet de l'utiliser de façon constructive au lieu d'en avoir peur. Cela débouchera sur une double efficacité :

- compréhension des personnes ; nous sommes tous sensibles à la reconnaissance de notre spécificité ;
- affrontement créatif de ces différences pour nous enrichir mutuellement de nos apports respectifs.

Ceux concernant la psychologie sociale

Nous vivons dans un monde normalisé où chacun a appris à jouer son rôle. Il arrive souvent que des personnes aspirent à se libérer de ce poids en rejetant tout conformisme. Ce phénomène, en prenant de l'ampleur, nécessite d'être attentif aux nouveaux besoins ressentis aujourd'hui. Il risque de nous conduire, non à la suppression des normes, mais à l'organisation d'une société où chacun aura la possibilité de participer à élaborer les normes dans les institutions où il est concerné. Sommes-nous prêt à ces mutations qui élargissent le champ de la décision collective ?

Les facteurs techniques

Nous avons souvent des réticences à utiliser des techniques. Nous avons l'impression de nous servir de mécanismes de manipulation à l'égard des personnes. Il est utile d'être conscient de ce danger. Cependant, nous ne serons pas efficace si nous ne disposons par d'outils pour travailler.

Un outil est rarement neutre dans la mesure où sa possession détermine nos comportements. Cependant, il existe plusieurs façons d'utiliser un outil, soit de façon aliénante : avec un marteau on peut assommer une personne ; soit de façon libérante : avec ce même marteau il est possible de construire une maison.

Mais, surtout, l'important c'est de devenir capables de fabriquer nos propres outils en fonction de nos besoins. Au départ, on ne pourra faire l'économie d'utiliser ceux qui existent, car on ne peut repartir à zéro en faisant abstraction du passé. Mais ces outils, au lieu d'être une contrainte gênante, pourront être la base d'une expérimentation conduisant, au début, à leur amélioration pour aboutir éventuellement, par la suite, à la création de nouveaux outils.

Processus de décisions collectives

- **Préparation**
  - **Comprendre le problème**
    - Lire des données
    - en détail
  - **Préciser l'objectif**
    - compris
    - accepté
  - **Déterminer une procédure**
    - choix d'un animateur
    - ressources de chacun
    - chaque point approuvé
    - des faits non des opinions
    - prendre le temps
  - **Informations – traitées – rassemblées**
    - expression de chacun
    - écouter
    - interroger
- **Décisions**
  - **Déterminer les critères**
    - en fonction de l'objectif
    - classer ordre d'importance
    - dans le contexte
  - **Argumentations – thèses – anti-thèses**
    - données
    - convictions
    - appuis
    - esquives (réfutations)
    - renforts (contre-réfutations)
    - conclusions
  - **Affrontements – synthèses • commun • différent • divergent**
    - on a une part de vérité
    - rechercher celle de l'autre
    - réciprocité
    - accepter de changer
  - **Décisions unanimes – uniformes – diversifiées**
    - vote
    - consensus
    - cohérence
  - **Conséquences – sur les objectifs – sur les moyens**
    - critiques
      - logique ≠ rationnel
      - souhaitable ≠ possible
- **Réalisations**
  - **Organisation de l'action**
    - objectifs
    - priorités
    - responsabilités
    - échéances
    - moyens
    - finances
  - **Exécution**
    - par chacun
    - de sa responsabilité
  - **Contrôle d'écarts**
    - en fonction des objectifs
    - en cours d'action
    - à la fin
  - **Décisions correctives**
    - actions immédiates
    - actions futures

Les décisions unanimes non uniformes

Les désaccords sur les moyens d'atteindre l'objectif

Dans un groupe, les membres sont habituellement d'accord sur les finalités, les politiques, les objectifs, mais ils divergent parfois sur les moyens de les atteindre.

Généralement, on tranche les différends par un vote en croyant que c'est une formule démocratique, les majorités détenant le pouvoir. L'expérience prouve que les minorités battues par un vote continuent à se battre sur leurs positions, malgré leur accord formel, entraînant des pertes de temps en discussions stériles.

Cela est dû au fait que chaque partie en présence croit détenir seule la vérité. Pour y remédier, il convient d'utiliser la méthode de l'affrontement.

L'affrontement : la démarche

Les conditions

- croire ne pas posséder seul la vérité ;
- exprimer totalement sa vérité en étant conscient de sa relativité ;
- écouter et rechercher la part de vérité de l'autre ;
- prendre le temps de s'expliquer ;
- faire effort pour comprendre la position de l'autre ;
- accepter de changer par l'autre ;
- la démarche doit être réciproque ;
- passer au problème suivant, chaque fois que l'on arrive à un accord ;
- se rencontrer pour confronter les pratiques différentes.

La méthode

- L'animateur fait exprimer totalement à tour de rôle chaque thèse en présence.
- Il les note au tableau pour objectiver et éviter les répétions, d'autre part cela oblige à parler sur un ton calme, en dégonflant l'agressivité.
- Le groupe fait la synthèse en dégageant des positions en présence :
  - les points d'accord (plus besoin de débat)
  - les points différents venant s'ajouter après débat aux points d'accord ou de désaccord
  - les points divergents subsistant entre les parties ; on ne peut les éliminer puisqu'ils existent et qu'ils seront à l'origine de nouveaux affrontements, sources de progrès.

Conduit à une décision unanime non uniforme

Nous sommes habitués aux décisions unanimes et uniformes où tout le monde est d'accord pour faire la même chose. A l'usage on s'aperçoit que les divergences subsistent et enveniment le travail. Pourquoi ne pas accepter des décisions unanimes (tous d'accord) non uniformes (chacun expérimentant les moyens qu'il propose).

Par exemple :

- des enseignants qui veulent utiliser les méthodes pédagogiques traditionnelles peuvent le faire
- ceux qui veulent expérimenter de nouvelles pédagogies peuvent le faire aussi.

La condition impérative c'est que les tenants des positions différentes se retrouvent pour confronter leurs pratiques, pour s'enrichir mutuellement de la différence de l'autre.

Ainsi le débat, au lieu de porter sur de la théorie, portera sur des pratiques. Sans cette rencontre on risque d'aller à des scissions.

Processus de décisions unanimes non uniformes

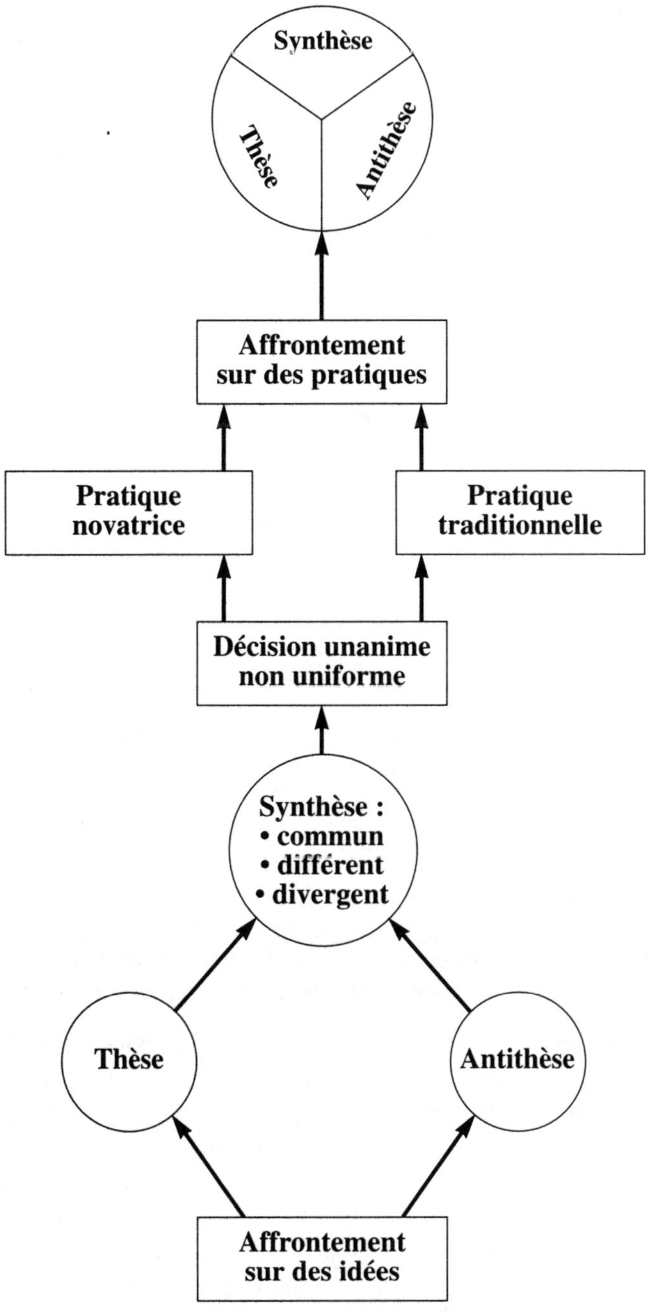

La cohabitation de pratiques différentes

Affrontement des idées

Pour faire de l'affrontement une valeur enrichissante pour les parties en présence, il est souhaitable de sortir du débat sur des idées pour passer à un débat sur les pratiques. Les idées favorisent certes la réflexion, mais surtout elles sont à l'origine de la plupart des conflits de pouvoir, dans la mesure où les détenteurs du pouvoir le justifient au nom de leurs idées.

Le passage de l'idée à la pensée se fait par l'analyse du réel, c'est-à-dire l'étude des pratiques sociales. On peut réfuter une idée, on ne peut nier un fait. Il est donc utile d'apprendre à penser en réfléchissant sur nos actes.

Mouvement dialectique

Le passage des idées à la pensée s'amorce par l'apprentissage de la présentation des thèses en présence.

– Les partisans d'une thèse l'expriment.

– Les partisans de l'antithèse font de même.

Cette première démarche n'est pas simple. Elle suppose un double effort :

– le courage de parler pour argumenter sa position et la défendre ;

– la résolution d'écouter pour comprendre la position de l'autre et répondre en tenant compte de cette compréhension.

Le plus difficile reste à faire. C'est d'arriver à faire une synthèse des positions en présence.

Le mécanisme de la synthèse

Sa signification. C'est la remontée du plus simple au plus complexe. Elle permet la compréhension d'une situation, d'un événement, d'une personne ou d'un objet. Il ne suffit pas de connaître chacun des éléments d'une situation (analyse) encore convient-il de saisir l'ensemble des relations qui les unissent.

Son contenu doit alors tenir compte de tous les éléments en présence.

– *Les éléments communs* à la thèse et à l'antithèse, il en existe toujours, mais ils ne sont pas toujours perçus.

– *Les éléments différents* : ceux apportés par la thèse, auxquels n'a pas pensé l'antithèse ; ceux apportés par l'antithèse auxquels n'a pas pensé la thèse. Ces éléments, après débat, s'ajouteront soit aux éléments communs, soit aux éléments opposés.

– *Les éléments opposés* : certains sont tentés de les éliminer ou de les oublier par peur des conflits ou d'une opposition permanente. Cela permet de vivre dans l'illusion de l'unité à court terme, mais les divergences finissent toujours par apparaître, alors le conflit resurgit avec plus de violence.

Le réalisme consiste donc à assumer dans la synthèse la totalité des données pour comprendre une situation, rechercher les contradictions et les oppositions au lieu de refuser de les voir. Il devient alors possible de les utiliser avec profit par les parties en présence. Il nous faut apprendre à vivre dans nos groupes en acceptant nos divergences.

Décision unanime non uniforme

L'affrontement des idées conduit à la synthèse des positions en présence. On a alors les éléments nécessaires pour décider. Cela rompt avec l'habitude culturelle des décisions à la majorité (vote auquel se soumet la minorité).

C'est ne pas prendre en considération les oppositions. Il y a souvent acceptation verbale lors d'un vote, mais l'expérience montre à l'évidence que la plupart du temps, dans la pratique, chacun reste sur ses positions.

Il serait donc plus sage de tenir compte de cette réalité en prenant des décisions unanimes non uniformes toutes les fois que c'est possible. Tout le monde serait d'accord (unanimité) pour agir en fonction de ses propositions (non uniforme).

Les deux exigences posées sont, d'une part **être d'accord sur l'objectif**, mais diverger sur les moyens de l'atteindre et, d'autre part, **accepter de se rencontrer** pour confronter les pratiques différentes.

Ainsi, au lieu de passer des heures à discourir sur des idées, afin d'amener l'autre à penser comme nous, il serait plus judicieux d'accepter pour chacun la possibilité de mettre en pratique ses théories. Le passage à l'acte serait la meilleure démonstration de l'exactitude ou non des positions en présence. Ainsi, au lieu de se battre sur des idées, il deviendrait possible d'analyser les pratiques concrètes de chacune des parties en présence.

Affrontement des pratiques

Le groupe pourra alors avoir des éléments d'analyse concrets. L'affrontement, au lieu de porter sur des idées, portera sur le concret des pratiques en obligeant à introduire de la rigueur dans les débats.

L'affrontement sur les pratiques servira de révélateur au groupe pour discerner si les différences de pratiques recouvrent une identité d'objectifs mais une divergence des moyens, ou si c'est de divergence d'objectifs dont il s'agit. Dans ce cas un débat de fond devient nécessaire.

L'affrontement sur les pratiques sera aussi un moyen de prise de conscience pour d'autres groupes ou pour la population. Quand on veut un changement, si on le réalise dans le concret, tout le monde peut comprendre ce dont il s'agit et ce que cela peut apporter à chacun. C'est un moyen d'accélérer le changement à partir de la base en montrant par sa pratique une autre façon de vivre ses choix.

L'organisation de l'action

Une fois les décisions prises, qu'elles soient individuelles, collectives ou unanimes non uniformes, dans tous les cas, s'il n'y a pas organisation de l'action, il n'y aura pas ou peu de réalisation. Le danger de rester au niveau des intentions est grand.

La décision prise devient un objectif à court terme à atteindre. Pour être efficace, il est souhaitable de prendre en compte les sept éléments suivants qui sont complémentaires.

1. Objectifs

Nous avons vu qu'au cours des réunions de décision, nous avons suivi un plan auquel nous avons appliqué pour chaque point la méthode Voir, Juger, Agir. Nos objectifs seront donc la reprise de tous les agir qui se trouvent en face de chaque point du plan (pp. 165, 240).

Ce sera le moment de vérifier la cohérence des objectifs du groupe avec ceux de l'organisation : contrôler que chaque objectif correspond au sens que l'on veut donner à l'action, confirmer qu'ils se situent les uns et les autres comme une étape de réalisation du projet dans le cadre de la stratégie du groupe, surveiller enfin que chaque objectif a été rédigé en prenant en compte les quatre paramètres proposés : action à réaliser, personnes et groupes concernés, changement à réaliser, délai à respecter.

2. Priorités

Comme la liste peut être importante, on ne pourra réaliser toutes ces actions à la fois. Il nous faut mettre de l'ordre dans cet ensemble. Comment déterminer le classement qui fixera les priorités ? Plusieurs choix sont possibles :
- Mettre les décisions par ordre d'importance, en commençant par les plus petites, les plus faciles à réaliser, afin de faciliter la mobilisation des membres de l'équipe.
- Les placer par ordre d'urgence. Certains problèmes ne peuvent être résolus que si d'autres l'ont été auparavant ou certains problèmes non résolus bloquent la vie du groupe. On peut alors commencer par eux.
- Tenir compte du niveau de conscience des membres du groupe ou de celui de la population. Cela permet de démarrer l'action avec des personnes motivées puisque au fait de ce qui leur semble prioritaire à elles.

Il n'y a pas de règles absolues en la matière, c'est à chaque groupe de déterminer ce qui est le plus mobilisateur, car l'important c'est d'agir.

3. Echéances

Une fois déterminé le classement des objectifs, il découle la nécessité de fixer des dates précises à chaque objectif : avec une date pour commencer, un délai de réalisation, une date à laquelle l'objectif doit être atteint (date-butoir). En réalisant un planning précis, on évite les chevauchements d'actions toujours préjudiciables s'ils n'ont pas été prévus. En outre, chaque personne sait clairement qui intervient, à quel moment et avec qui. C'est un apprentissage excellent pour tous les membres d'un groupe : apprendre à maîtriser son action.

4. Responsabilités

Après avoir établi les priorités et fixé les échéances, il s'agit de savoir qui sera responsable de la réalisation de chacun de ces objectifs intermédiaires.

L'habitude consiste encore trop souvent à ce que l'animateur se charge de toutes les actions, car peu de participants se mobilisent pour agir ou en ils laissent le soin à l'animateur. Or la fonction de l'animateur n'est pas de réaliser toutes les tâches. Il aide le groupe à répartir l'ensemble des objectifs entre tous les participants. Il peut, certes, prendre une tâche à réaliser, mais l'essentiel pour lui est de coordonner la réalisation des objectifs en faisant respecter le contenu et le planning.

Cette démarche est un moyen essentiel de faire accéder chaque membre du groupe aux responsabilités concrètes et précises. C'est déjà un apprentissage du partage du travail.

5. Moyens

Les objectifs ne peuvent être atteints sans moyens si minimes soient-ils : moyens matériels comme tracts, ordinateurs, locaux, etc. ; moyens en personnes : qui frappe le texte, qui le tire, qui le distribue, etc. A l'aspect quantitatif s'ajoute l'aspect qualitatif pour savoir si le moyen choisi est le plus pertinent pour atteindre l'objectif. Parfois plusieurs coups de téléphone peuvent remplacer une réunion. Dans d'autres cas, une réunion sera plus utile que de voir individuellement les personnes ou inversement. Car du choix des moyens dépendra l'efficacité de l'action engagée.

6. Finances

Tout moyen utilisé a un prix. L'oublier sera grave car, si nous n'avons pas prévu le financement de nos actions, nous risquons de ne jamais les réaliser. Cela pose deux problèmes :

1. Choisir entre prévoir des actions en fonction de ses moyens financiers ou, au contraire, rechercher des finances nécessaires pour faire les actions prévues. Cette attitude est plus dynamique.
2. Prendre l'habitude d'affecter une enveloppe budgétaire à chaque responsable d'action à entreprendre afin, d'une part, de faire faire l'apprentissage de la gestion et, d'autre part, de rendre conscient chaque membre du groupe des coûts de l'action. Le trésorier étant seulement chargé de coordonner tout ces budgets pour éviter les déséquilibres et les erreurs de gestion. De ce fait il devient le formateur financier de tous les autres responsables qui doivent s'habituer à maîtriser leurs dépenses.

7. Contrôle

En cours d'action il peut se trouver que la conjoncture évolue, que de nouveaux problèmes surgissent, que les mentalités évoluent plus vite ou plus lentement que prévu, que des incidents de parcours surgissent, etc. Il est donc indispensable, outre le suivi assuré par l'animateur, qu'il y ait des rencontres pour faire le point et prendre les décisions correctives nécessaires.

Ainsi actions individuelles et actions collectives sont intimement liées et deviennent plus complémentaires.

La nécessité d'une procédure

Procédure de **procéder**, du latin ***procedere***, aller en avant. C'est agir, opérer d'une certaine façon, avec méthode, en disposant des moyens nécessaires. C'est la forme selon laquelle sont accomplis certains actes situés dans une démarche et utilisant certains outils. Par analogie, on peut parler de procès, de processus, de procédé, qui tous ont la même racine, *procedere* : aller *(cedere)* en avant *(pro)*. C'est toujours **l'ensemble des étapes d'une activité complexe permettant d'aboutir au résultat désiré**. Si cette obtention demande une suite de procédés différents, on parle de procédure.

Ensemble de règles qui doivent être nécessairement suivies pour la réalisation de certains produits, pour satisfaire la revendication de certains droits ou le règlement de certaines situations, et particulièrement toutes celles qui fixent le déroulement des actions.

Les procédures sont le plus souvent utilisées dans les domaines les plus variés.

- **Judiciaire**. Les procédures pénales et civiles ont pour objet de déterminer et d'organiser les autorités et les juridictions et de fixer les règles à suivre par les magistrats, par la police judiciaire et par les autres auxiliaires de la justice.
- **Administratif**. La procédure administrative fixe les règles que l'on doit suivre pour l'obtention d'un document, pour une réclamation, pour réaliser un projet d'achat d'une maison, d'une voiture, etc. En tout domaine des procédures ont été établies, qui définissent les démarches à réaliser. Elles concernent les administratifs de l'Etat, d'une banque, d'une assurance, d'un commissariat de police, comme les usagers.
- **Informatique**. La notion de procédure s'applique de façon importante à l'élaboration de programmes. Le programmeur, qui ne respecterait pas les procédures indiquées par ceux qui ont mis au point certains langages, serait inefficace. De même, pour l'utilisation de logiciels courants, les procédures proposées facilitent le travail pour obtenir les résultats escomptés.
- **Education**. On appelle procédure éducative une séquence d'actes qui, dans les relations interpersonnelles, aboutit au résultat proposé. La procédure suppose une succession dans le temps non pas fortuite ou accidentelle, mais établissant une norme de développement selon laquelle les actes précédents conditionnent les suivants.
- **La vie de groupe**, d'organisation ou d'institution, n'échappe pas à la nécessité d'établir des procédures qui facilitent le travail du groupe ou de l'organisation. Elles désignent une suite d'événements organisés, apparaissant avec une certaine régularité, ayant un début, une fin comparable, comme le déroulement d'une réunion ou la réalisation d'un projet.

La distinction de la procédure et du fond ne va pas de soi dans de nombreux domaines. Pour les uns la procédure enferme les personnes dans une démarche alors que la personne est unique et que chaque situation est différente et ne peut se répéter. D'autres affirment au contraire que la procédure est libératrice car elle favorise le changement, permet à la personne d'avoir la maîtrise de sa démarche en lui donnant un sens qu'elle a choisi. Cela suppose évidemment dans tous les cas, si l'on ne veut pas aliéner la liberté de l'être, que chacun participe au choix des procédures ou à leur élaboration.

Les caractéristiques d'une procédure

Le choix, l'utilisation ou la création d'une procédure devraient pouvoir tenir compte de plusieurs éléments complémentaires.

1. Une procédure ne peut être la somme d'actes isolés, uniques, non répétés. Au contraire, c'est **une suite d'activités** répétitives, structurées, enchaînées, qui forment **une totalité** en mouvement pour permettre un progrès, **un développement**, une série de modifications, de transformations.

2. La procédure a nécessairement une triple dimension. Elle s'inscrit dans **le temps** puisqu'elle est composée de séquences. Elle se situe dans **l'espace** puisqu'elle se réalise dans un lieu précis. Elle donne **un sens** aux actes que l'on pose puisque, à son terme, on doit avoir atteint un objectif fixé.

3. La procédure réalise la liaison entre divers **moyens** et diverses **méthodes** nécessaires, utilisés pour prendre en charge un problème et le conduire jusqu'à sa **résolution**.

4. La procédure surmonte en permanence **une contradiction**. Elle exprime à la fois **la répétition** (conduite de réunion) et **la transformation** (action décidée en fin de réunion par exemple). Il s'ensuit que l'on ne peut admettre l'éternité des procédures qui doivent vivre et évoluer en même temps que les problèmes et les mentalités.

5. La procédure **se décompose** en plusieurs éléments profondément imbriqués : le problème à prendre en charge, les moyens utilisés pour l'assumer, les méthodes à suivre pour progresser, les actes à poser, le sens à donner à l'ensemble de la procédure et à son aboutissement.

6. La procédure concerne **un ensemble de rapports** : les rapports que l'homme noue avec la nature (moyens, problèmes), les rapports qui s'établissent entre les hommes (déroulement de la procédure, action), les rapports à l'esprit qui se réalisent grâce à la réflexion, à la préparation et au déroulement qui découlent de l'utilisation d'une procédure ouverte.

7. La procédure sert de **garantie** que les règles établies seront appliquées, quelles que soient les circonstances ou les personnes qui se trouvent confrontées à son utilisation ou à sa réalisation. Ce sont des contraintes étudiées et choisies applicables à tous sans distinction ni passe-droit.

8. La procédure, pour être opérationnelle, doit être **définie** avec le maximum de précision pour éviter toute interprétation erronée. Elle doit préciser les règles à suivre, les démarches à respecter, les moyens à utiliser.

9. La procédure a besoin d'**une structure** porteuse qui donne cohérence à l'ensemble de la démarche. Cette démarche doit être progressive et conduire à l'objectif fixé.

10. La procédure qui sera le mieux utilisée sera celle qui aura été **élaborée par toutes les personnes concernées**. Si une procédure existe, elle sera choisie par ces personnes. Si, éventuellement, la procédure choisie n'était tout à fait adéquate, elle sera améliorée par les personnes qui en seront utilisatrices.

Dans tous les cas, une procédure, une fois choisie, améliorée ou élaborée, doit être respectée impérativement. Pour ne pas en être prisonnier, chaque année on fera un bilan d'utilisation et, à ce moment, des transformations pourront être apportées, mais dans l'intervalle la procédure doit être utilisée par tous.

Procédure pour développer toutes nos potentialités

Comme personne unique voulant être autonome, nous sommes aussi un être de relations qui doit vivre son autonomie en liaison avec l'autonomie des autres.

Etre en pleine forme pour s'accepter soi-même tel que l'on est. Elargir progressivement son champ de conscience pour se percevoir avec ses forces et ses faiblesses et utiliser ces deux faces complémentaires de nous-même. On se connaît par un retour sur soi, mais aussi à travers les autres qui nous renvoient en miroir ce que nous sommes. Cultivons nos dons. Veillons à notre santé. Organisons nos loisirs, notre détente. Protégeons notre sommeil pour récupérer. Quand on est à l'aise dans sa peau, on peut assumer des responsabilités, prendre des initiatives de façon à apporter notre contribution à la vie sociale en donnant un sens à nos actes.

Canaliser nos sentiments. C'est un état affectif complexe, combinaison d'émotion et d'imagination, qui sans bride peut dégénérer en sentimentalisme ou en passion violente. Nos sentiments nous aident dans toute notre vie intellectuelle, morale ou affective. Les sentiments esthétiques, religieux, la révolte contre l'injustice et l'inégalité, la sympathie, l'admiration, la fierté, la honte, influencent nos conduites. C'est pourquoi nous avons besoin de lucidité pour les guider, les orienter dans une direction contruite par nous, pour les autres, pour la société.

Exercer notre intelligence. La vivacité d'esprit, l'attention, la perception, la réflexion, voilà les bases nécessaires qui nous permettront d'exercer notre intelligence. L'attention à ce qui nous environne, l'écoute, la compréhension, la créativité, l'émotion, l'humour, autant d'éléments pour développer notre esprit d'analyse et de synthèse. Sur ces bases il sera alors possible de se façonner un mode de pensée, fondé sur une démarche dialectique, afin de savoir que tout élément fait partie d'un système où chacun, étant en interaction avec les autres, les transforme et se transforme par eux. Nous sommes alors prêt à assumer la complexité de notre être, des autres, de la société.

Réfléchir avant d'agir. Nous avons des désirs qui orientent nos actes. Nous serons efficace si nous recensons nos atouts : nos capacités, nos aptitudes, notre expérience. Utilisons au mieux nos forces vives, notre énergie vitale qui alimente notre volonté pour aller au terme de nos décisions. Puisons dans nos connaissances scolaires, extrascolaires, celles reçues, celles que nous avons choisies. Nous possédons un stock de théorie et de pratique issu de nos expériences, servons-nous en. Servons-nous de nos relations pour nous informer, demander conseil, recevoir une aide. Ensuite c'est nous qui devons décider seul en prenant nos responsabilités.

S'organiser. Devant la masse de choses à faire dans la journée, la semaine, le mois ou l'année, nous devons mettre en place une organisation précise. Elle peut reposer sur plusieurs éléments complémentaires : 1. Se fixer des objectifs clairs et précis ; 2. Elaborer un programme de travail ; 3. Rassembler de l'information, la traiter, l'utiliser ; 4. Développer nos connaissances, nos capacités, notre mémoire ; 5. Progresser par étapes ; 6. Travailler en équipe, l'entraide mutuelle est toujours bénéfique ; 7. Après nos analyses, faire toujours des synthèses, cela donne cohérence à notre pensée et efficacité à notre action ; 8. Apprendre à faire des bilans qui nous donnent la situation de notre travail et permettent de gérer notre vie en nous aidant à prendre les décisions correctives nécessaires.

Etablir un plan d'action. Une organisation correcte débouche sur un plan d'action. Celui-ci nécessite : 1. De vaincre ses inhibitions (blocages), peur de s'exprimer, peur d'agir ; 2. D'organiser sa pensée pour rester centré sur le sujet et son objectif, l'approfondir par la méditation ; 3. De concevoir des solutions aux problèmes en essayant d'avoir un regard neuf ; 4. De tenir compte, dans notre expression, des personnes à qui nous nous adressons en priorité ; 5. D'élargir nos connaissances et nos compétences, notre action sera plus efficace ; 6. De gérer son temps en préparant, organisant et respectant ce qui a été prévu ; 7. De mobiliser notre volonté pour réaliser les tâches même peu intéressantes ; 8. De choisir une méthode Voir, Juger, Agir, cela nous conduit à agir ; 9. De penser aux imprévus, faire un plan à 60 % du temps disponible ; 10. De mettre de la cohérence dans l'ensemble de notre démarche.

Lire efficacement. Lire c'est accéder à l'information, base de tout choix et de toute décision. C'est élargir ses connaissances et se donner les moyens de comprendre un événement, un problème, une situation, une population. En s'entraînant à la lecture rapide, on peut sélectionner une grande quantité d'informations et prendre le temps ensuite d'une lecture réflexive. Pour cela, établissons un programme de lecture en alternant lectures utilitaires et de détente. Certaines lectures nécessitent de prendre des notes, de faire des fiches. Apprenons à construire des synthèses de lecture de plusieurs documents. Classons nos fiches dans nos dossiers afin d'augmenter et tenir à jour notre documentation.

Prendre l'habitude d'écrire. La plus simple et la moins utilisée consiste à prendre une feuille blanche quand on a un problème à étudier ou à éclaircir et à écrire spontanément ce qui nous passe par l'esprit. Nous verrons les idées se clarifier, se creuser. Il ne nous restera plus qu'à les classer et les organiser. Faire des fiches de travail sur tous les sujets qui nous concernent, sur chaque domaine de nos responsabilités permet de préciser le contenu de nos tâches, de clarifier le contenu d'un problème en puisant dans les différentes sources d'information. Ces fiches viendront grossir notre documentation. Profitons-en pour enrichir notre vocabulaire, améliorer notre style et affiner nos textes.

Apprendre à nous servir de la téléinformatique. L'ordinateur, avec ses logiciels et ses périphériques, est un outil nécessaire. Nous pouvons l'utiliser pour taper nos textes, les présenter agréablement, gérer notre documentation, notre bibliothèque, nos fichiers, notre budget, nous détendre en dessinant, en créant, en illustrant. Notre ordinateur peut aussi servir à communiquer grâce à un modem-fax. Par l'intermédiaire d'un réseau maillé, nous avons accès à de multiples banques de données, nous pouvons entrer en relations avec beaucoup de personnes. Les frontières s'abolissent mais pour cela il faut éviter le piège des jeux.

Dialoguer avec les autres. Les autres nous permettent de nous situer dans la vie sociale comme par rapport à nos valeurs, à nos objectifs. Ils sont le révélateur des crises latentes, le miroir de nos difficultés cachées. La rencontre des autres est une nécessité. C'est l'air dont nous avons besoin pour vivre. On apprend à connaître les autres et à les comprendre par la relation. Ils nous permettent de devenir diplomate en choisissant nos mots, le moment, la façon de leur parler. En participant à la vie collective, notre sociabilité se développe. Elle facilite la connaissance du monde, la prise en charge de la vie en société. La participation active à la vie collective est un enrichissement pour nous : perception, réflexion, expression, compréhension.

Procédure de conscientisation

Un constat [1]

Une grande partie de la population est concernée par des problèmes qu'elle vit en les trouvant naturels et normaux. Elle ne peut pour cela participer à sa propre libération. Il lui faut passer par une prise de conscience de son conditionnement. Cette conscientisation passe par la prise en compte des phénomènes de base :

- Se sentir considéré comme une chose, un animal ou une marchandise, c'est une atteinte profonde à **la dignité humaine.**
- Etre dans l'incapacité de vivre dignement et de faire vivre décemment sa famille, avec peu ou pas de revenu, pas de logement, être contraint à l'assistance, c'est **une injustice** profonde dans un monde riche du travail des hommes.
- Ne pas pouvoir s'exprimer pour être entendu, parce qu'on n'a pas de relations, parce que les médias recherchent le sensationnel, la brutalité, le vol, la vie des nantis et, parfois pour faire exception à la règle, des plus démunis, c'est une atteinte grave à **la liberté.**
- Constater que des écarts importants existent entre la richesse du Nord et celle du Sud, entre les dirigeants et la population, entre les hommes et les femmes, entre les enfants et les adultes, c'est percevoir **les inégalités** existant entre les êtres humains.

Tout cela représente un "état de violence" dans lequel sont maintenues des millions de personnes de par le monde. Mais commençons déjà par regarder autour de nous les "états de violence" que nous vivons.

C'est l'état de violence qui engendre la violence

Quand ceux qui subissent ces états de violence en prennent conscience, ils commencent par demander le rétablissement de la justice. Ils se regroupent dans des associations pour la défense de leurs droits. Celles-ci élaborent des projets de changement qu'elles soumettent aux pouvoirs publics, aux dirigeants d'entreprises, à la hiérarchie des Eglises, etc. Elles sont rarement entendues quand les demandes sont faites au nom d'une valeur, justice, égalité, dignité humaine. Devant ces refus, il ne reste d'autre issue que la lutte sous forme de grèves, de manifestations, de pétitions, afin de mobiliser largement les populations concernées. Ces actions généralement ne débouchent pas quand le rapport de forces est insuffisant. Ce n'est donc pas la justesse d'une demande qui enclanche le changement, mais le rapport de forces. Quand la population est massivement dans la rue, alors les détenteurs du pouvoir écoutent et prennent en considération les demandes. Pourquoi la raison, les valeurs ne peuvent-elles prévaloir avant ces mobilistions massives ? De toute façon, elles sont constructives, car c'est un facteur de conscientisation auquel n'avaient sans doute pas songé les détenteurs du pouvoir. Quand la négociation précédera l'action, nous aurons là le signe que les rapports sociaux ont changé. Pour le moment, les négociations, du moins celles qui sont efficaces, ont toujours lieu après des actions massives, après un rapport de forces important.

"Ce ne sont pas les tyrannisés qui apportent la tyrannie, mais les tyrans. Ce ne sont pas ceux dont l'humanité a été refusée qui apportent le refus de l'homme, mais ceux qui leur ont refusé cette humanité en refusant la leur en même temps [1]."

Les procédures

---

(1) **Pédagogie des opprimés**, Paolo Freire, Petite collection Maspero, 1974.

Proposition d'une démarche

Rupture à créer. Ce qui est, aujourd'hui, doit changer radicalement. Aujourd'hui :
– l'animateur éduque, les participants sont éduqués ;
– l'animateur sait, les participants ne savent pas ;
– l'animateur pense, les participants sont ceux qui sont pensés ;
– l'animateur choisit, les participants obéissent aux prescriptions ;
– l'animateur discipline, les participants sont disciplinés.

Demain, il y aura dialogue, participation et coopération, commençons aujourd'hui.

Personne ne libère autrui, personne ne se libère seul, les personnes se libèrent ensemble. La conscientisation, la réflexion et l'action s'imposent, car la conscience et la réflexion conduisent à l'action. L'action est formatrice, elle doit être conduite avec toutes les personnes concernées. Avoir cette conviction que les personnes se libèrent elles-mêmes.

Personne n'éduque autrui, personne ne s'éduque seul, les personnes s'éduquent ensemble, par l'intermédiaire du monde. Il est important de dépasser la contradiction qui existe entre l'éducateur et l'éduqué, entre l'animateur et les participants. C'est à travers le dialogue que s'opère ce dépassement.

La personne est un être en devenir, consciente de ses imperfections dans un effort permanent en vue d'un plus être. Pour être, il faut être en devenir, en se situant dans la durée grâce au processus du jeu des contraires permanence/changement. Ainsi est rompu l'immobilisme, dans un mouvement permanent de changement.

Le dialogue, essence de la relation comme pratique de la liberté. La parole est l'essence même du dialogue. Elle a deux dimensions : l'action et la réflexion, les deux solidaires dans une interaction absolue. En supprimant l'une d'elles, même en partie, l'autre en souffre immédiatement. L'existence humaine ne peut être silencieuse, il lui faut ces paroles authentiques avec lesquelles la personne transforme le monde.

L'action de dialogue a quatre caractéristiques interdépendantes :

- *La coopération*. Les sujets coopèrent pour transformer le monde. Il n'y a pas un sujet qui domine et un objet dominé, mais seulement des sujets qui se **rencontrent** pour déchiffrer le monde, pour le transformer.
- *L'union*. **L'unité du moi** : pour surmonter une situation qui le divise, en brisant la fausse unité de son être divisé il devient véritablement une personne. **L'unité des personnes concernées** par un problème à prendre en charge, pour se donner les moyens de transformation de la réalité injuste. **L'unité d'action des organisations** qui décuplent leur efficacité par la solidarité.
- *L'organisation*. Elle n'est pas seulement directement liée à leur union, mais elle en est le prolongement nécessaire pour réaliser une tâche commune. L'organisation va donner **cohérence** à la pensée et à l'action, va procurer **l'audace** nécessaire pour agir dans la direction choisie, **le courage d'aimer** pour œuvrer à la transformation de ce monde et la libération des personnes.
- *La synthèse culturelle*. L'ensemble de la démarche est une rupture par rapport aux schémas culturels traditionnels. Un changement de culture s'amorce au travers de la pratique quotidienne consistant dans l'absence de toute espèce d'imposition, dans le dialogue permanent entre les acteurs quelles que soient leurs fonctions, dans la prise en charge par les intéressés eux-mêmes de leurs problèmes.

Procédure de participation

Participer

Ce terme a été longtemps empoisonné par les propres ambiguïtés sémantiques du verbe “participer” : recevoir une part ou prendre part. Comme tous les mots, celui-ci est ambivalent, il a plusieurs significations parfois opposées comme ici. Les deux acceptions sont nécessaires. Prendre part a un sens dynamique. Il correspond au désir profond d'une partie importante de la population qui aspire à pouvoir utiliser ses capacités pour s'épanouir et apporter sa contribution, au travers des responsabilités, à la construction de la société. Recevoir peut sembler un aspect plus passif. C'est une interprétation restrictive car, si j'ai une responsabilité et que j'admette que tous les autres en aient une, il sera nécessaire d'accepter de recevoir des autres le résultat de leur travail de responsables. Ainsi donner et recevoir deviennent la base même de toute participation.

La participation, une dynamique

Le problème central est celui du pouvoir et personne parmi ceux qui détiennent du pouvoir n'est enthousiaste à l'idée de devoir partager, ne serait-ce qu'une infime partie du sien. Et cependant nous savons que la survie de tous les groupes, organisations ou institutions, donc de la société tout entière, dépend non seulement du bon vouloir de chacun, mais aussi des énergies, de l'inspiration créatrice, de l'initiative de chacun de ses membres. Il est nécessaire de prendre conscience qu'un chef, quelle que soit la structure ou la particularité qu'il dirige, ne peut décider de tout, tout seul, aujourd'hui, devant la complexité des problèmes et la nécessaire spécialisation des responsabilités. Il faut à présent répartir le pouvoir entre toutes les responsabilités et leur affecter un champ de pouvoir précis, avec délimitation des décisions individuelles qui peuvent être prises et détermination des problèmes pour lesquels la participation aux décisions collectives est nécessaire. Sinon, comment chacun peut-il assumer sa tâche avec intérêt, si la collectivité dont il fait partie ne lui donne pas l'occasion de mettre en œuvre ses capacités et ses aptitudes, dans le cadre de cette tâche et de celles qui l'environnent ? Comment se sentirait-il concerné pour donner le meilleur de lui-même, dans un groupe ou une organisation dont il n'aurait pas participé à déterminer les objectifs, dans laquelle il se sentirait comme un numéro dont on utilise la force de travail physique ou intellectuel, mais qu'on n'informe ni ne sollicite quant aux décisions déterminant l'existence de cette collectivité ?

La participation, un engagement à tous les niveaux

La véritable participation ne peut se satisfaire, comme cela a été longtemps le cas, d'être cantonnée à l'exécution. Dans toute démarche dynamique, il existe plusieurs niveaux : la réflexion, l'élaboration, la planification, la décision, l'exécution et le bilan. C'est à travers tous ces niveaux que la véritable participation se réalisera. Elle aura un moyen simple pour le faire, la responsabilité concrète de chaque membre. C'est par cet intermédiaire de sa responsabilité que chacun pourra participer à la vie de l'ensemble du groupe ou de l'organisation et ainsi contribuer à la prise de décision.

Proposition d'une démarche

Participation à la perception. C'est par elle que nous organisons nos sensations pour prendre connaissance de la réalité. Elle est faite de notre sensibilité qui, par l'intermédiaire de nos sens, nous fait découvrir des phénomènes, mais aussi de notre culture qui nous fait sélectionner ce que nous percevons en fonction de nos intérêts.

Participation à l 'information. A partir de nos perceptions, quand nous avons sélectionné les problèmes à prendre en charge, il convient de vérifier si l'on est nombreux ou pas à avoir perçu ces problèmes. D'où nécessité de rassembler de l'information de toute nature pour essayer de cerner la réalité avec plus de précision et de clarté. Sans ces matériaux rassemblés, traités et organisés, pas de réalisme.

Participation à la réflexion. C'est l'attitude mentale qui, grâce à la concentration de notre esprit, éclaircit nos idées et nous permet l'acquisition d'une pensée personnelle sur les problèmes. Cette réflexion permet d'avoir des explications sur les faits, nous aide à les organiser pour en tirer les éléments nécessaires à l'analyse. Pour être judicieuse, elle nécessite que nous sachions utiliser notre raison et notre passion.

Participation à la prévision. Cette réflexion nous permet d'estimer les informations recueillies. Certes, il existe toujours un degré d'incertitude, mais c'est en cela que la prévision est nécessaire. Elle réduit cette incertitude pour nous aider à construire un projet qui corresponde à nos aspirations de transformations sociales. C'est une démarche rigoureuse qui conjugue information, réflexion et projet.

Participation à l'élaboration d'un projet. La prévision, pour être réalisée, a besoin de se transformer en élaboration, c'est-à-dire préparer, produite, par un long travail de préparation. Ce projet comporte le problème à prendre en charge, mais aussi les objectifs à atteindre avec les moyens et les méthodes nécessaires pour le réaliser.

Participation à la planification. Le projet, pour être exécuté, nécessite la mise en œuvre d'un plan qui donne cohérence à la démarche, en tenant compte de la population concernée, du lieu géographique où elle se réalise, de la spécificité du problème à régler, des milieux qui seraient interpellés, qui organise la synchronisation des étapes, l'ajustement de l'ensemble en cours de réalisation.

Participation à la décision. Toutes ces étapes préparatoires conduisent au moment crucial de la décision : les décisions partielles qu'il a fallu prendre à chaque étape, les décisions nécessitant de choisir entre plusieurs hypothèses et décisions finales d'application du projet et de sa planification avant de passer à l'action. Cette phase est la phase politique de la démarche, elle permet, la participation des personnes.

Participation à l'action. C'est le passage à l'application qui, traditionnellement, était le seul à être pris en compte. Les élites, les chefs réalisaient les étapes précédentes, pour terminer par des ordres à donner aux exécutants, et l'on s'étonnait du manque de motivation. Aujourd'hui, la participation à toutes les étapes de la procédure permet à chaque personne de se sentir concernée par la mise en œuvre de ce qui a été préparé.

Participation au bilan, en cours d'action, comme à la fin, pour mesurer l'écart objectif/réalisation afin de prendre les décisions correctives nécessaires.

Procédure de définition de fonction [1]

Répartir les responsabilités fonctionnelles et politiques sera efficace si chaque personne ayant une responsabilité possède une définition de fonction qui lui permette de savoir exactement quels sont le contenu et les limites de sa responsabilité, afin que chacun connaisse clairement quel est son territoire, comment il faut l'utiliser et dans quelle direction.

La méthode pour définir une fonction

C'est la personne responsable qui fait une proposition

En effet, si l'on veut être efficace, en utilisant toutes les capacités de chaque personne, il est préférable que ce soit la personne qui accepte une responsabilité qui fasse la première mouture de la façon dont elle conçoit son rôle. Pour cela, elle examinera, avec la personne qui occupe déjà cette fonction, les problèmes de fonctionnement que celle-ci a rencontrés ; elle recherchera en elle les ressources susceptibles de l'aider à assumer efficacement sa fonction. Cela devra se traduire par une définition écrite, afin de pouvoir travailler sur un texte concret.

Le groupe réagit et complète

Les désirs des personnes sont une chose, les besoins du groupe en sont une autre. A partir du texte présenté, chacun réfléchira à la façon dont il perçoit la responsabilité de l'autre et, au cours d'une rencontre, un débat s'instaurera pour affiner, modifier, compléter, adapter la fonction aux problèmes que le groupe doit prendre en charge. Le texte initial est donc modifié pour arriver à un texte qui ait l'accord de tous les membres du groupe et de l'intéressé. Ce qui est vrai d'une personne est valable pour chacune d'elles puisque toutes les personnes ont une responsabilité. On a ainsi un texte servant de référence tout au cours de l'année pour situer la responsabilité de chacun par rapport aux autres.

Un contrôle permanent est nécessaire

Il permet de vérifier qu'il y a toujours adéquation entre la responsabilité de chaque membre et les problèmes à prendre en charge. Au cas où des écarts importants se manifesteraient, il y aura possibilité de réajustement, évitant ainsi d'attendre que les dysfonctionnements soient trop nombreux avant d'intervenir. Le contrôle n'est pas fait pour sanctionner, mais pour réguler, afin de toujours assumer personnes et problèmes.

Un renouvellement régulier de la définition de fonction

Elle doit être faite pour une période donnée, un an en général, et pendant cette durée la définition est stable. Mais, au terme de l'année, il est judicieux de revoir chaque définition de fonction, afin qu'elle corresponde à l'évolution des mentalités et aux changements entraînés par l'action sur les problèmes.

Contenu possible d'une définition de fonction

Elle devrait tenir compte en permanence de deux impératifs : le poste qui répond aux problèmes à prendre en charge, les personnes chargées d'occuper le poste.

(1) **Valeurs pour notre temps**, Charles Maccio, Chronique Sociale, pp. 226/227.

1. Mission de base

Elle définit la charge affectée à une personne en lui précisant les tâches à accomplir dans une direction donnée, dans le cadre d'objectifs précis à atteindre.

2. Les objectifs à atteindre

Ce sont ceux auxquels il faut parvenir dans le cadre de la responsabilité de chacun. Ils sont situés par rapport aux objectifs du groupe. Ils sont placés dans une progression à court, moyen, long terme, afin de prévoir les étapes et leur évolution. Chaque objectif sera assez précis pour être mesurable.

3. Le champ des pouvoirs

Etre responsable, c'est avoir la responsabilité de décider dans le cadre de sa fonction. Seront donc précisées, d'une part **les décisions individuelles** pouvant être prises dans le cadre de sa responsabilité sans avoir besoin de réunir les autres. Cela évitera la réunionnite, tout en assurant un contrôle régulier ; d'autre part **les décisions collectives**, c'est-à-dire celles que l'on doit obligatoirement aborder en groupe, car elles concernent tout le monde et peuvent influer sur le sens de la vie et de l'action du groupe.

Rappeler la nécessité d'acquérir de l'autorité, c'est-à-dire avoir une personnalité suffisamment forte pour ne pas abuser de son pouvoir comme font les faibles.

Se souvenir que la responsabilité est la conjugaison de l'acquisition de l'autorité (personnalité) et de la possibilité d'avoir du pouvoir (de décision) qui permet d'atteindre équilibre personnel et efficacité de la fonction.

4. Les compétences à posséder

On ne peut être responsable si l'on n'est pas compétent dans les domaines que l'on a accepté de prendre en charge : compétences particulières à la fonction, compétences ouvertes aux autres fonctions pour pouvoir participer aux débats au sein d'une équipe, compétences évolutives pour assumer les changements des problèmes, des situations, des mentalités, compétences élargies qui tiennent compte des nouvelles données de la vie personnelle et sociale.

Tout cela nécessite d'accepter de s'informer et de se former régulièrement.

5. Les collaborations à établir

Nul n'est une île, surtout dans une organisation. Il serait souhaitable de prévoir les collaborations possibles pour assumer sa fonction le plus correctement possible.

6. Les moyens mis à disposition

On ne peut travailler sans outils. Devront donc être précisés les moyens matériels dont on pourra disposer pour remplir sa mission.

7. Le compte rendu d'activités à faire

Des rencontres régulières permettront de faire le point sur la progression vers les objectifs, afin que tous soient informés. C'est l'application de la stratégie au grand jour.

Procédure de résolution de problèmes

Problème, du grec *problema, atos* dérivé de *proballein*, jeter devant. C'est ce qu'on a devant soi, un obstacle à surmonter. Un problème c'est une question à laquelle on ne peut répondre qu'en recourant à des processus rationnels ou scientifiques. C'est tout ce qui demande une décision en des domaines qui ne vont pas de soi. Quand cela va de soi, on dit : il n'y a pas de problème. Questions difficiles, délicates, susceptibles de plusieurs solutions. On parle aussi de problématique qui est le développement d'un problème par la réflexion. La problématique devient l'art d'élaborer et de poser clairement les problèmes, et aussi de les résoudre rigoureusement en suivant leur transformation jusqu'à l'objectif atteint.

Les modes de résolution de problème

1. Un problème, une démarche, une solution. On s'attend habituellement à trouver, pour chaque problème, une seule manière de le résoudre et une solution unique. Beaucoup sont étonnés quand on leur dit qu'il peut y avoir de nombreuses manières de résoudre un problème et, encore plus, quand on leur dit qu'un même problème peut avoir plusieurs solutions.

2. Un problème, plusieurs démarches, une solution. Il peut y avoir plusieurs procédures de résolution pour un même problème. Certaines sont plus originales que d'autres : tâtonnement, approximation, expérimentation, méthode déductive, approche graphique, etc. Elles reflètent souvent l'esprit de ceux qui les utilisent.

3. Un problème, plusieurs démarches, plusieurs solutions. Le plus souvent on croit qu'un problème a une solution unique. La plupart des problèmes ont plusieurs solutions parmi lesquelles il faudra choisir. D'où la méthode proposée de décision unanime non uniforme possible dans de nombreux cas.

4. Un problème, plusieurs démarches, une multitude de solutions. Il existe des problèmes qui admettent une multitude de solutions. Il peut s'être produit deux choses : 1. ou les contraintes ne sont pas restrictives pour produire un nombre fini de résultats ; 2. ou il existe une régularité qui engendre constamment d'autres résultats. Dans ces cas, il est difficile de trouver tous les résultats, que se soit avec des moyens mécaniques et même avec des ordinateurs.

5. Un problème, plusieurs démarches, aucune solution. Certains problèmes présentent cette propriété spéciale de ne posséder aucune solution. Le fait d'être confronté à des problèmes spéciaux nous amène à analyser les phénomènes sous un autre point de vue et contribue à élargir nos horizons. Cependant on peut dire qu'à un problème technique il est rare de ne pas trouver de solution technique. Quant aux problèmes humains, nos certitudes se réduisent.

6. Un problème, plusieurs démarches, la preuve. Résoudre un problème c'est aussi illustrer par une preuve (CQFD) que nous avons atteint l'objectif.

La résolution de problèmes c'est une manière de penser, de tenir notre esprit en éveil en abordant des défis. C'est la société de demain, avec ses multiples défis, qui profitera au maximum de la créativité et de l'originalité des esprits qui se formeront au travers de leur pratique de résolution de problèmes.

Proposition d'une démarche

1. Perception du malaise. Un malaise peut provenir d'une insatisfaction personnelle, engendrant un désir d'amélioration. Il peut venir de la conscience d'un problème social (exclusion, pauvreté, chômage, etc.) auquel on peut contribuer à apporter un remède parce qu'on est concerné. Pour percevoir, nous pouvons soit partir de nos modes de vie (spontané), soit d'une étude de situation (rationnel).

2. Etude de l'environnement. Elle a pour objet de préciser et de compléter la perception du malaise en lui donnant un contenu plus clair. C'est une phase de collecte d'informations pour délimiter le problème et le situer dans son contexte économique, politique, social, culturel, etc. En déterminer l'importance (ampleur), l'étendue (géographique), l'ancienneté (les racines), de façon à le cerner pour mieux l'étudier.

3. Les personnes concernées. Elles sont nombreuses et variées, d'où la nécessité d'en faire un repérage, pour faciliter la conscientisation et la prise en charge du problème par elles-mêmes. Repérons le déclencheur, la personne qui a perçu le malaise et en a parlé, a réagi. Ensuite, recensons toutes les personnes affrontées à ce problème, en percevant celles qui ne tiennent pas à ce qu'on intervienne, mais aussi les personnes responsables de cette situation.

4. Les attentes des personnes concernées. C'est le passage de la conscience du problème à la volonté de le prendre en charge en exprimant des attentes. Celles-ci suscitent deux réactions dont il convient de tenir compte : l'espoir de changement, la crainte de ne pouvoir satisfaire ces attentes. Ces attentes se décomposent généralement en trois composantes : les aspects utilitaires (pratiques), rationnels (intellectuels), émotionnels (affectifs) qui sont complémentaires.

5. La recherche de solutions. Au départ, organiser les attentes en objectifs réalisables, cela facilitera la démarche de recherche de solutions. Nous avons vu que face à un problème il existe plusieurs démarches pour le résoudre qui peuvent aboutir à plusieurs solutions. Cette étape est importante car elle doit mobiliser toutes les personnes concernées, afin que toutes puissent apporter leur contribution à la recherche de solutions.

6. Le choix de la solution. C'est la phase de décision. On ne peut tout prendre en compte ni tout faire à la fois, il y a donc des choix à réaliser. Ce sera plus facile si on admet que, si tous sont d'accord sur l'objectif, on puisse prendre des décisions unanimes non uniformes. On aura ainsi plusieurs démarches d'action, il suffira de comparer alors les pratiques pour profiter des expériences des autres.

7. La mise en œuvre de la décision. Pour que les décisions prises soient opérationnelles, il faut passer à la mise en forme définitive, c'est-à-dire examiner toutes les solutions techniques, toutes les forces en présence, pour choisir les plus adéquates et mobiliser toutes les personnes concernées. Dans la mesure où chacune d'elles aura une responsabilité précise, une tâche concrète, les moyens nécessaires, la motivation sera grande.

8. La diffusion de la solution. Cette mobilisation des personnes concernées, conscientes, va faire tache d'huile. Ces personnes, au travers de leur action, vont sensibiliser les personnes qui les entourent pour créer un mouvement d'opinion qui permettra une interpellation des pouvoirs publics quand le problème est de niveau national (chômage, exclusion, etc.). Plus la population a été sensibilisée, plus la solution locale pourra se transformer en solution nationale et, éventuellement, déboucher sur une loi qui améliore les conditions de vie de la population.

Cette démarche peut aussi se réaliser avec le concours d'autres organisations que la nôtre qui tentent aussi de s'attaquer à des problèmes similaires.

Procédure de créativité [1]

La créativité

C'est un potentiel et une disposition de toute personne ou tout groupe, sans distinction d'âge, de sexe, de race, etc. C'est l'aptitude à inventer des idées nouvelles ou des objectifs nouveaux grâce à l'imagination et, éventuellement, à l'utilisation de techniques propres à développer cette aptitude.

L'utilisation de cette aptitude favorise le développement des personnes : maîtrise de soi, équilibre personnel, épanouissement de toutes les virtualités. Elle favorise aussi le développement social dans la mesure où une structure accepte d'utiliser les potentialités de tous ses membres, où chacun peut apporter sa contribution, seul et en groupe, à l'amélioration de tous les éléments de la vie sociale. L'utilisation de la créativité par tous est un facteur dynamique pour la continuation de la création du monde.

Ce qui favorise la créativité

Pour développer la créativité, certaines conditions semblent nécessaires.

- ***Etre une personne cultivée*** au sens profond du terme, c'est-à-dire possédant une accumulation de connaissances certes, mais aussi une capacité d'être soi-même : avoir en soi suffisamment de matériaux de réflexion et de capacité d'analyse pour décider face à ses problèmes.
- ***Avoir une certaine expérience*** de la vie pour se situer par rapport à son environnement et à soi-même. L'expérience apporte la maturité nécessaire pour tirer les leçons du vécu dans son déroulement. Elle permet de se situer en permanence face à l'événement qui surgit, de cette façon la réflexion porte sur le réel.
- ***Posséder la sérénité affective*** pour éviter, dans sa recherche, d'être polarisé sur ses problèmes personnels. Quand on est libéré de ses angoisses intérieures, on est disponible pour pouvoir créer.
- ***Maîtriser sa spontanéité***, car toute spontanéité est le fruit de la densité, résultat d'une lente maturation et d'une imprégnation permettant de réagir immédiatement à un problème ou à un événement nouveau.
- ***Développer sa capacité de méditation***, elle demeurera en permanence l'élément déterminant de la créativité. C'est en réfléchissant longuement que l'étincelle peut jaillir.

Les freins à la créativité

- ***L'éducation*** nous apprend à intégrer un savoir pré-existant élaboré par d'autres. Elle nous modèle dans des normes et des règles.
- ***La crainte de la nouveauté*** est le refus d'être dérangé dans ses habitudes en le justifiant par des raisons élevées.
- ***Le refus de se remettre en cause*** de crainte de se dépersonnaliser, de ne plus être soi-même, alors que c'est l'inverse : seule une personnalité forte est capable de saisir la nécessité du changement pour évoluer.
- ***L'esprit de compétition*** : on garde ses idées pour soi, or elles s'enrichissent au contact des autres, en coopérant avec eux, en acceptant l'affrontement et en dialoguant avec chacun.

Le processus créateur

La créativité que nous décrivons s'applique surtout aux objets. En matière de créativité d'idées la démarche est différente, même si certaines phases de cette méthode sont utilisables. Une remise en cause des objets familiers est déjà traumatisante au moment de la phase de concassage, c'est encore pire lors de la remise en cause des idées pour en trouver de nouvelles. Il convient donc d'être prudent à cet égard. Voyons à présent les étapes du processus créateur.

1. Déterminer l'objectif. C'est une nécessité, car comment inventer si l'on ne sait pas ce que l'on cherche ? Ce pourra être un nouveau produit, une nouvelle méthode de travail, une nouvelle pédagogie.

2. Formulation du problème. L'objectif précisé, il sera nécessaire de rassembler de l'information pour ne pas réinventer ce qui existe déjà. Dans de nombreuses entreprises japonaises, des salariés parcourent le monde pour découvrir les nouveautés et se les approprier. Cela coûte en définitive moins cher que la recherche en laboratoire qui sera réservée aux domaines non explorés.

3. Phase d'incubation. L'observation va permettre de s'imprégner du problème, de le pénétrer jusqu'à le connaître intimement dans ses particularités existantes et la diversité de son expression.

4. Phase de concassage. C'est la plus difficile à vivre car les méthodes utilisées visent à casser en nous l'idée même de l'objet existant. On ne peut rien créer de neuf si l'on n'a pas fait table rase du passé.

5. Analogie. L'esprit étant rendu libre, il devient possible alors, à partir de n'importe quel objet, de lui découvrir des analogies avec ce que nous cherchons. La biologie est un champ immense d'analogies possibles.

6. Identification. Pour faciliter la démarche créative, il est utile de se mettre à la place de l'objet ou du sujet, de sentir en soi les réactions possibles qu'il aurait dans diverses situations.

7. Etincelle. Tout ce travail préparatoire nous a imprégné de l'idée du nouvel objet. Nous sommes prêt à recevoir l'illumination qui nous fera crier : "Eurêka, j'ai trouvé !".

8. Autonomie de l'objet. Il s'agit alors de voir si le nouvel objet, la nouvelle méthode, correspondent à toutes les fonctions que l'on attend d'eux.

9. Expérimentation. Après avoir vérifié la cohérence au niveau des idées, il sera nécessaire d'expérimenter pour voir si, concrètement, ce que l'on a trouvé répond aux services attendus. Toutes ces phases sont utiles, mais il n'est pas forcément nécessaire de les utiliser toutes, ni dans cet ordre, mais cela facilite. A nous de voir celles qui nous seront le plus utiles en fonction de nos besoins.

---

(1) **Des réunions plus efficaces**, Charles Maccio, 2e éd, Chronique Sociale, pp. 132/133.

Procédure de négociation

Nous sommes tous des négociateurs. Que ce soit en famille pour choisir le programme de télévision ou la sortie du dimanche, au travail pour organiser le ramassage en voiture pour économiser le coût du trajet, entre amis pour préparer une sortie du week-end. Ce qui est vrai individuellement l'est aussi au plan social. Toutes nos associations culturelles, sportives, syndicales, politiques, municipales, etc. emploient en permanence la négociation, tant interne qu'externe. Avec le progrès technique, la téléinformtique, le multimédia, les autoroutes de l'information, nous décuplons notre capacité de négociation sur tous les horizons.

La négociation est une façon de tenter de résoudre les problèmes par la discussion, soit entre les individus, soit entre les diverses collectivités dont ils font partie. Elle englobe de nombreuses situations. Ce peut être :

- un face à face (parents/enfants),
- une personne et un groupe (l'animateur qui propose un plan),
- deux groupes ou plusieurs (débat au conseil municipal),
- à l'intérieur d'un groupe pluridisciplinaire où chaque spécialiste affronte sa pensée à celle des autres (recherche sur les problèmes du travail).

Elle peut être spontanée (mais la spontanéité est le fruit de la densité donc de la réflexion et de l'expérience) ou avoir été longtemps préparée méthodiquement. Elle peut être formelle (ritualisée) ou informelle (à l'instant).

Négocier c'est avoir la volonté de trouver une solution satisfaisante pour chacune des parties en présence. Pour négocier, il est nécessaire que les parties le veuillent, sinon c'est l'échec. Négocier c'est accepter de se rencontrer pour confronter ses idées, ses positions, ses propositions, pour éviter la poursuite d'un conflit et mieux encore pour l'éviter.

La négociation, un style de vie sociale. Qu'on se désole ou qu'on s'en félicite, l'époque est passée où la vie de l'entreprise, de la famille, des associations, des Eglises se déroulait quasi uniquement au moyen d'ordres et d'instructions, faisant appel à l'obéissance. Nous sommes entrés dans **l'ère du dialogue**. Les négociations sont à la fois :

1. Une nécessité économique qui réduira les coûts pour l'entreprise, par exemple, dans la mesure où les intéressés auront été associés à la conception et à la mise en place de l'organisation ; mais il en est de même pour les autres organisations si l'on veut éviter les conflits.
2. Une réponse à la demande sociale de partage du pouvoir pour la répartition des responsabilités entre toutes les personnes. On retrouve partout ce besoin de participation qui caractérise l'homme au travail comme le citoyen. C'est la frustration de cette attente qui estompe la motivation jusqu'à la faire disparaître.

Tous les éléments de la vie du groupe et de l'organisation doivent être l'objet de négociation, afin de tenir compte des aspirations et des besoins des parties en présence :

- Négociation sur les objectifs, car on respecte d'autant plus facilement une orientation que l'on a participé à son élaboration.
- Négociation pour répartir les responsabilités entre tous les membres du groupe et de l'organisation pour qu'elles répondent aux désirs des personnes et aux besoins du groupe.
- Négociation pour définir les fonctions, en sachant combien sont précaires des définitions dans une société en mouvement. Il conviendra donc de renégocier chaque année l'évolution des fonctions.
- Négociation pour déterminer le champ du pouvoir de chaque responsabilité pour préciser les domaines de décisions individuelles et ceux affectés aux décisions collectives.

Proposition d'une démarche

Préparation de la négociation

- Le problème à régler : cerner avec précision ses caractéristiques.
- Les objectifs à atteindre pour chaque partie (dit ou non-dit), dégager ce qui est fondamental de ce qui est accessoire.
- Les désaccords en précisant clairement : ce qui est incontestable (les faits), ce qu'il faut éviter de discuter (les opinions), ce qui doit être pris en compte (les sentiments), ce à quoi il faut veiller (les malentendus, les susceptibilités, etc.)
- L'argumentation à organiser en tenant compte de : ce qui est (la situation), ce qui détermine ce qui est (les causes), le souhaitable (politique), le possible (objectif), ce qu'il convient de faire (moyens et méthode).

Déroulement de la négociation

- *Les moyens*
  - planning, durée de la réunion, nombre de réunions
  - tour de rôle, durée des interventions
  - animation, secrétariat, compte rendu
  - documentation, informations
- *Les méthodes*
  - les ressources de l'expression orale, écrite, audiovisuelle, informatique
  - les techniques de l'argumentation
  - les techniques de la dialectique
  - les conditions matérielles : salles, sièges, tableau, papier, boissons, etc.
- *Les comportements et attitudes*
  - ajustement : être disponible, tolérant, compréhensif, synthétiser
  - engagement : oser affirmer, argumenter, réfuter, repérer les convergences
  - arrangement : rechercher les points d'accord et de désaccord, pas de perdants
- *Les étapes*
  - les 5 premières minutes : présentation, sensibilisation
  - rappel de la raison de la négociation
  - proposition d'une procédure
  - argumentation : thèse et antithèse, même temps accordé à l'une et à l'autre
  - recherche de solution : synthèse par l'affrontement
  - accord sur les points de convergence
  - texte rédigé avec les modalités d'application
- *Aboutissement*
  - travailler sur les accords pour décider
  - constater les désaccords pour continuer éventuellement
  - faire l'inventaire des actions à conduire ensemble
  - éviter qu'il y ait des vainqueurs et des vaincus, c'est dangereux

Après la négociation

- Analyse de l'efficacité : préparation, habileté, valeur de l'objectif, etc.
- Utilisation du document écrit final
- Choix des moyens et des méthodes
- Les progrès réalisés pour résoudre le problème
- Les suites éventuelles à donner.

Procédure d'apprentissage

La vie de groupe est une réalité complexe. Elle nécessite la connaissance et la compréhension des personnes et des phénomènes de groupe. Elle nous oblige à posséder des outils, à en fabriquer et à les utiliser. Tout cela ne se fait pas tout seul, d'où nécessité d'apprendre et, mieux encore, d'apprendre à apprendre.

Apprentissage. Acquisition d'un savoir, d'un savoir-faire, d'un savoir-être, d'un savoir-devenir. Les processus d'apprentissage utilisent les travaux de nombreuses sciences : la psychologie, la pédagogie, la psychologie sociale, la sociologie, etc.

- L'apprentissage commande les acquisitions individuelles, notamment durant l'enfance, participant à la constitution de la personnalité, mais aussi, tout au cours de la vie, pour favoriser le développement de la personnalité et permettre aux personnes de réaliser les actions désirées dans le sens qu'elles auront choisi. Il n'est donc qu'un élément d'un processus plus large de socialisation, complément de l'accès des personnes à l'autonomie qui concerne tous les âges de la vie.
- On entendra par **formation** toute forme de démarche visant à infléchir un mode de réaction. L'enseignement n'est qu'un exemple de formation. La formation permanente, du berceau à la tombe, nécessite d'accepter que nous soyons sans cesse en apprentissage.
- L'apprentissage peut être considéré comme un processus qui élargit la vision du monde de chaque personne. Il ajoute à l'expérience de vie en modifiant ou en donnant une signification au monde et à son fonctionnement.
- Tout être humain cherche à maîtriser les situations qu'il rencontre. Pour cela il doit posséder les outils intellectuels pour les comprendre, prévoir leur évolution, agir efficacement sur elles. L'apprentissage est l'activité qui permet l'outillage mental, affectif et pratique de la personne. Celle-ci se mettra à apprendre quand sa capacité d'intervention se révélera impuissante devant des événements donnés, c'est-à-dire en permanence.

Les étapes du processus d'apprentissage. Il est possible de regrouper tous les processus d'apprentissage autour de deux démarches. L'une privilégie la relation de la personne à son environnement et se centre sur l'observation de sa pratique en tant que réponse aux sollicitations du milieu dans lequel elle se trouve. Elle vise à utiliser la dynamique de la personne créative dans le processus de modification de son milieu. L'autre se centre sur le sujet comme individu. Elle le prend comme être statique pour lui permettre de s'adapter en permanence à son milieu et utilise pour cela les moyens de conditionnement qui fleurissent depuis les travaux de Pavlov.

Cependant chacune des démarches passe par un processus en plusieurs étapes :

- ***Prise de conscience*** de ses limites sur un sujet, un problème, qui révèle un besoin de formation pour répondre au désir de la personne.
- ***Saisie des données nouvelles*** pour combler un manque. Le traitement de l'information devient la porte d'entrée de la formation.
- ***Traitement de ces données***, c'est un des points important de l'utilisation de la pédagogie pour transmettre un nouveau savoir.
- ***Mémorisation*** des nouvelles connaissances pour qu'elles deviennent des acquis, interférant sur la vie de la personne.
- ***Utilisation*** de ces acquis au travers de nouvelles pratiques sociales, synthèse de la conjugaison de la pensée et de l'action.

Proposition d'une démarche

Les principes qui éclairent la démarche (Carl Rogers)

1. Les êtres humains ont en eux une capacité naturelle d'apprendre.

2. Un apprentissage valable a lieu lorsque son objet est perçu par l'apprenant comme ayant un rapport avec ses projets personnels.

3. L'apprentissage, qui implique un changement dans l'organisation du moi ou dans la perception du moi, est ressenti comme menaçant et on tend à y résister. D'où la nécessité d'apprendre à accepter ces changements.

4. Les apprentissages qui sont menaçants pour le moi sont plus facilement perçus et assimilés lorsque les menaces extérieures sont réduites au minimum.

5. Lorsque la menace contre le moi est faible ou lorsque l'apprentissage est perçu comme une consolidation du moi, l'expérience vécue peut être perçue dans ses nuances et l'apprentissage peut avoir lieu.

6. On apprend beaucoup et valablement dans l'action.

7. L'apprentissage est facilité lorsque l'apprenant détient une part de responsabilité dans la méthode, en permettant à l'apprenant de choisir lui-même son orientation.

8. Un enseignement auto-déterminé, qui engage la personne tout entière avec ses sentiments autant qu'avec son intelligence, est celui qui pénètre le plus profondément et qui est retenu le plus longtemps.

9. L'indépendance d'esprit, la créativité, la confiance en soi sont facilitées lorsque l'autocritique et l'auto-évaluation sont considérées comme fondamentales et que l'évaluation par autrui est vue comme secondaire.

10. Dans le monde d'aujourd'hui, l'apprentissage le plus utile socialement c'est l'apprentissage des processus d'apprentissage.

Les étapes de la démarche

1. On apprend en exécutant et en répétant. "C'est en forgeant que l'on devient forgeron." Il faut choisir des micro-objectifs qui doivent être atteints.

2. On apprend en observant et en imitant. Pour savoir, prendre exemple sur une personne qui maîtrise le problème, on acquiert ainsi des méthodes de travail.

3. On apprend en s'imprégnant. Pour apprendre une langue, mieux vaut se plonger dans la vie du pays pour vivre en permanence dans un univers dominé par l'objet que l'on veut apprendre.

4. On apprend en écoutant, en lisant, en voyant et en enregistrant l'information correspondant au problème à connaître et à comprendre.

5. On apprend en interrogeant l'information. Pour connaître une matière, il faut traiter l'information sur cette matière, mais il faut aussi connaître l'apprenant, se connaître pour accompagner ses interrogations et clarifier les réponses apportées.

6. On apprend en discutant et en synthétisant. Réunir les points de vue divergents pour mieux cerner les aspects et, par le dialogue, arriver à faire des synthèses.

7. On apprend en cherchant. Le tâtonnement expérimental fait appel à un questionnement basé sur une observation attentive portant tantôt sur les détails, tantôt sur des ensembles et des regroupements.

Procédure d'autoformation

L'apprentissage est une démarche de formation entre formateur et formé. L'autoformation[1] se veut une démarche non pas solitaire, puisque nous puiserons dans le patrimoine culturel de l'humanité, mais solidaire où chacun peut rencontrer ceux dont il a besoin, ou leurs œuvres, ou leurs outils, en fonction de ses choix et de ses objectifs.

L'autoformation

C'est l'appropriation de son pouvoir de formation (G. Pineau). C'est l'acte de la personne qui se forme par elle-même. L'étymologie renvoie pour **forme** aux notions de "contour", "d'apparence", et "principe interne d'unité". Ainsi qu'au double sens ***d'auto***, "soi-même", lui-même, qui désigne, en grec, à la fois l'intensité consciente en acte (*auto-ipse*, je suis moi-même) et la constance de l'identité subjective dans le temps (*auto-idem*, je suis le même). L'autoformation désigne alors **l'acte** par lequel le sujet (auto) prend **conscience** et prend en charge son propre processus de formation, en se fondant sur une **réflexion** sur ses connaissances, que le sujet gère en se réappropriant son **expérience** en fonction de ses **besoins**, pour assumer et prendre en charge ses **problèmes** issus de la société.

Formation désigne ici le processus global de développement de la personne désirant contribuer à donner sens au changement social, humain et technique. La formation s'oppose ainsi aux multiples influences extérieures (conscient) et intérieures (inconscient) qui tendent à dissoudre la cohérence de la personne.

L'autoformation est un double processus réflexif

1. De prise de conscience de soi comme pouvant se former par les autres (hétéroformation), par le monde (écoformation) et par lui-même (autoformation).

2. D'appropriation du pouvoir de formation par le sujet et de son application à lui-même : il se forme, il se produit, dans le sens qu'il a choisi, en puisant dans les matériaux qui lui paraissent les mieux appropriés à sa démarche et à ses objectifs.

L'autoformation est tripolaire

Elle résulte de la conjugaison de trois approches complémentaires, en interaction, et indissociables.

- ***Soi (autoformation)***. Chaque sujet a capacité à produire sa propre identité. L'autonomie n'est pas synonyme d'isolement, au contraire, elle rencontre l'autonomie des autres, qui construit la socialisation.
- ***Les autres (hétéroformation)***. C'est la formation reçue des "autres", que nous choisissons pour leurs compétences, leur expérience, leur réflexion, leurs écrits, leurs capacités à transmettre, la clarté de leur communication, etc.
- ***Les choses (écoformation)***. C'est à la fois l'action de la nature, mais aussi l'expérience directe des choses et des éléments qui la composent. Nous sommes immergés dans la nature. Les sciences tentent de la comprendre, par la connaissance de plus en plus approfondie de ses caractéristiques physiques et chimiques, à l'origine du développement des sciences et des techniques qui conditionne nore mode de vie et fait surgir de nouveaux problèmes à prendre en charge.

---

(1) **Autoformation et fonction du formateur**, Pascal Galvani, Chronique Sociale, 1991.

Proposition d'une démarche

Démarche fondée sur l'autoformation émancipatrice, individuelle et collective.

1. Attitude personnelle. L'autoformation nécessite de vouloir développer sa manière d'être et les traits de personnalité nécessaires pour la poursuivre : être motivé (engagement volontaire), être ouvert (se remettre en question), être intrigué (naître chaque jour), être soi-même (maîtrise de ses fonctions), être autocritique (capacité à se remettre en question), être acteur (oser faire), être vivant (vivre ses émotions), être combatif (capacité à s'affronter).

• Cela suppose une dialectique **moi/les autres**.

2. Préoccupations réelles. Ces préoccupations varient évidemment d'une personne à l'autre. Ce peut-être : résoudre un problème, réfléchir sur un événement, abandonner des stéréotypes culturels, surmonter une émotion, relever un nouveau défi, obtenir des informations sur nos problèmes de vie, expérimenter une nouvelle idée, une nouvelle tâche, etc. Ces préoccupations sont essentiellement actives.

• Cela engage une dialectique **conscient/inconscient**.

3. Observer le réel qui nous a interpellé, pour l'approfondir en recueillant de l'information, la nôtre, celle des autres, en l'organisant, en la traitant. Cela nous permet de réfléchir, penser, méditer pour pouvoir discuter, échanger, dialoguer, avec ceux qui sont affrontés aux mêmes problèmes, aux mêmes préoccupations.

• Cela nécessite une dialectique du **vouloir et du savoir**.

4. Manière nouvelle de percevoir, tant soi-même, les autres, que la société.Trouver un sens aux choses en fonction de nos finalités, de nos valeurs. C'est une conscience nouvelle, une compréhension nouvelle suscitant en nous de nouveaux sentiments, de nouvelles attitudes, de nouvelles intentions, pour situer notre finalité.

• Cela entraîne une dialectique **valeurs/action**.

5. Objectif à atteindre. Face à ce problème concret à résoudre, un nouveau domaine de savoir à aborder, il est nécessaire, pour être efficace, de concrétiser nos finalités (valeurs), nos politiques, dans un objectif final clair comportant, comme nous l'avons vu : 1. l'action à réaliser ; 2. les personnes et groupes concernés ; 3. le problème à régler ; 4. les délais de réalisation.

• Cela oblige à une dialectique de **notre raison et de notre passion**.

6. Outils à utiliser. Pour agir comme pour travailler, il nous faut des outils. D'où la nécessité de posséder une "caisse à outils". Ils se décomposeront en moyens, méthodes et procédures, dont il faudra planifier l'utilisation.

• Cela conduit à une dialectique **des fins et des moyens**.

7. Expérimentation. C'est la mise en œuvre de notre plan de travail, de notre projet d'autoformation. C'est passer des intentions aux actes. En cours de réalisation, de nouvelles interpellations surgissent (étape 2) influençant notre attitude (étape 1), nous obligeant à une nouvelle observation (étape 3) et de nouvelles perceptions (étape 4), approfondissant nos objectifs (étape 5). L'action devient une interaction permanente.

• Cela entraîne une dialectique **théorie/pratique** appelée praxis.

8. Bilan. Comme en toute chose, il est nécessaire de faire le point régulièrement. Dans tous les cas des décisions sont à prendre, permettant, grâce à cette rétroaction et à cette interaction, de situer l'autoformation comme un processus continu.

• Cela nous enrichit par la dialectique **autonomie/socialisation**.

Procédure pour faire connaître son organisation

Les relations publiques

C'est une communication à base d'informations compréhensibles et susceptibles de provoquer la sympathie. Il s'agit à la fois :

- de promouvoir une meilleure communication, une information claire,
- d'exprimer une sympathie agissante dans les relations entre personnes et entre organisations, en utilisant les techniques appropriées à chaque public et à chaque situation. Cette démarche est valable tant pour les relations intérieures que pour les contacts avec l'extérieur,
- de promouvoir, sous toutes ses formes, la meilleure connaissance et la plus fréquente utilisation d'un service ou d'une activité,
- de tendre à favoriser la coopération entre les membres de l'organisation et entre l'organisation et d'autres organisations.

Les relations publiques sont une fonction de caractère permanent et organisé par laquelle une organisation cherche à obtenir et maintenir la compréhension, la sympathie et le concours de ceux à qui elle a ou peut avoir affaire.

Ce que nous voulons faire connaître : préciser nos objectifs

Promouvoir une activité, pour provoquer chez le public une réponse

- L'activité à préciser : venir à une réunion, utiliser nos services, acheter nos productions, adhérer à l'association, y prendre des responsabilités, etc.
- Le public visé : l'identifier aussi précisément que possible : qui sont-ils ? combien sont-ils ? où les toucher ?
- Les arguments à utiliser : choisir ceux qui toucheront la sensibilité et l'intelligence, éviter ceux de nature à heurter ou décourager.

Développer la renommée de notre organisation

- C'est utile pour faciliter le recrutement, obtenir plus facilement un soutien du public, des pouvoirs publics, des décideurs, etc.
- Choisir ce qu'il faut mettre en valeur : l'identité de notre organisation, son nom, son sigle, son logo, son adresse, ses activités, son audience ; toujours rester sobre.
- Construire une image de marque : c'est le complément de la connaissance de son existence ; ce qu'elle fait, ce qu'elle représente, ce qu'elle défend.

Promouvoir des choix de société : protection de l'environnement, défense du consommateur, amélioration des conditions de vie, développement culturel, etc. :

- s'engager dans une action régulière et durable,
- répéter le message et conserver une continuité de forme et de fond,
- compléter par des actions marquantes, originales, conscientisantes,
- toujours partir des préoccupations du public.

Diffuser des informations générales pour sensibiliser une population, une catégorie particulière, une minorité influente :

- ce peut être des connaissances techniques : santé, environnement,
- des indications pratiques pour une réunion, un stage, une exposition, etc. ,
- des rectifications, cela peut donner l'occasion de faire reparler de nous et consolider notre image de marque, de rigueur et d'honnêteté.

Proposition d'une démarche

1. Formuler notre message. *"Ce qui se conçoit bien s'énonce clairement et les mots pour le dire arrivent aisément."*, encore faut-il respecter quelques règles simples.

• *Aller à l'essentiel.* L'objectif doit apparaître clairement :
– sélectionner ce qui est important en nous rappelant les sept mots clés : Qui (organisation) Quoi (activité) A qui (quel public) Quand (date) Où (lieu) Comment (moyens) Pourquoi (répéter l'objectif)

• *Traiter un seul sujet à la fois*, mieux vaut plusieurs documents
– un seul objectif clair et précis
– un seul sujet, pas de mélange de genres

2. Choisir et conjuguer les supports d'information

Pour faire passer un message, c'est comme pour enfoncer un clou, il faut taper plusieurs fois, répéter, mais avec des supports différents.

• *La presse.* Faire l'inventaire des journaux et publications. Etablir un fichier, avoir des contacts personnalisés. Téléphoner avant la manifestation pour qu'ils soient présents, donner un dossier de presse. Après, envoyer un compte rendu et proposer un texte de communiqué de presse.

• *Les supports écrits sont nombreux* produits par notre organisation :
– le journal de notre organisation avec son titre et sa présentation
– l'affiche conçue pour interpeller et être lue rapidement
– le tract présenté agréablement dans un langage clair et concis
– la lettre personnalisée envoyée à des personnes influentes
– le dossier remis aux pouvoirs publics, etc.

• *Les supports audiovisuels* ont un impact plus important :
– la radio locale, en particulier, est très utile
– la télé, d'un accès plus difficile, demande de la persévérance
– la publicité pour certaines opérations sélectionnées car c'est cher

• *Les manifestations* peuvent être très variées :
– un rassemblement pour une date anniversaire par exemple
– un spectacle en plein air avec stands, jeux, divertissements
– une exposition présentant notre message de façon claire et agréable
– l'Assemblée générale avec des idées novatrices de déroulement

• *L'arrivée à un prix raisonnable de l'informatique* permet :
– de créer une banque de données en fonction de notre spécialisation
– d'établir un réseau maillé avec nos adhérents et sympathisants
– de communiquer plus facilement avec nos partenaires
– de faire circuler un grand nombre d'informations, etc.

3. Organiser notre démarche

– connaître nos adhérents
– établir des contacts avec tous nos partenaires
– établir un plan annuel d'information
– rédiger un programme d'année diffusé largement
– établir un budget correspondant
– mettre en place des responsables de l'information et de la communication

Procédure pour acquérir de l'autorité [1]

La responsabilité, pour être exercée correctement, nécessite que chaque personne responsable acquière de l'autorité (avoir de la personnalité) et gère son pouvoir (venant de l'institution). Ces deux aspects ne sont pas innés comme toute autre chose, cela s'acquière et se développe si on en a le désir et la volonté.

1. Etre conscient de son potentiel. Chaque personne a des potentialités. Elles n'ont pas toujours pu s'extérioriser, ni se développer, mais elles **existent**. Elles ne se détruisent pas, même avec le temps (personnes âgées), ni par les manipulations (conditionnement). C'est à nous de redécouvrir ces points forts pour les utiliser en fonction de nos besoins, de nos responsabilités.

2. S'accepter tel que l'on est. Tâche difficile quand on s'est entendu dire dans l'enfance : tu devrais être comme ceci, tu devrais faire cela. Ces personnes qui nous disaient cela pour notre "bien", nous ont empêché d'être nous-même. C'est en travaillant avec ce que nous sommes que nous pouvons **progresser**. Car, pendant que je cours après ce que je voudrais être, je ne peux être ce que je suis.

3. Acquérir de l'assurance. C'est en commençant à travailler avec ce que nous sommes que l'assurance vient. Si je suis rapide, je vais travailler avec ma rapidité, malgré les reproches que l'on peut me faire. Si je suis lent, je travaillerai avec ma lenteur, malgré les remarques que l'on me fera. Travailler avec nos potentialités nous permet d'utiliser toutes **les ressources** de notre personnalité, physiques, affectives et intellectuelles.

4. Avoir confiance en soi. C'est être lucide sur ce que nous sommes et savoir que l'on peut compter sur son organisme pour réaliser les tâches que l'on a prévues. Cette confiance en soi se fonde sur notre **volonté**. Nous savons que lorsque nous avons décidé quelque chose nous le réalisons. C'est en faisant régulièrement ce que l'on a décidé que la volonté s'affirme avec la confiance en soi.

5. Repérer nos désirs profonds. Ce n'est pas facile, car nous sommes souvent prisonnier de nos besoins. Ils ont été créés par la publicité, par l'éducation, par le milieu, etc. ainsi nos besoins ont souvent tué nos désirs et nous avons de la peine à les faire resurgir. En faisant effort pour retourner aux sources de nos désirs, cela **suscitera des besoins**, mais ceux-là nés du désir, et donc plus mobilisateurs.

6. Ouverture accrue à l'expérience. Chacun de nous a une histoire personnelle. Sachons, avec lucidité, tirer parti des expériences de notre passé. Mais le plus important c'est encore de savoir expérimenter dans **le présent**. Car si je peux me fier à l'expérience des autres ou à mon expérience passée, celles que je réalise aujourd'hui avec ce que je suis sont encore plus riches d'enseignements. Elles sont riches de mes réussites et de mes échecs. D'où la nécessité de s'accorder **le droit à l'erreur**, car reconnaître ses erreurs c'est être lucide, y réfléchir, et prendre les moyens d'y remédier, au lieu de vivre dans l'illusion que l'on n'en fait jamais.

---

(1) **Autorité, pouvoir, responsabilité**, Charles Maccio, Chronique Sociale, 5e éd.

7. Développer nos compétences. Chaque responsabilité nécessite des compétences particulières. Elles sont exigées des professionnels. La même exigence se pose pour les bénévoles. Une responsabilité doit être assumée dans toute sa dimension et si l'on n'a pas encore toutes les compétences requises, c'est une excellente occasion de se former pour les acquérir.

8. Elargir notre culture. C'est situer cette compétence dans sa relation aux autres compétences pour être capable de saisir la complexité des problèmes auxquels nous sommes affronté. Ces problèmes sont en outre insérés dans un réseau d'autres problèmes locaux, nationaux et internationaux avec leurs aspects économiques, politiques, idéologiques, sociaux, etc.

9. Approfondir nos valeurs. Chacun de nous, consciemment ou inconsciemment, donne un sens à ses actes. Il est préférable d'en être conscient, d'une part pour choisir les valeurs qui nous serviront de guide pour notre action, mais d'autre part pour les approfondir afin d'être capable de les communiquer, de les défendre et surtout de les vivre dans notre vie quotidienne personnelle.

10. Développer notre conscience morale. C'est elle qui nous sert de guide pour tous les actes de notre vie quotidienne. Elle est encore plus nécessaire quand nous sommes affronté à des problèmes de choix délicats qui engagent d'autres personnes ou l'avenir (euthanasie, avortement, grèves, etc.). Nos valeurs nourriront notre conscience morale et nous aideront à décider.

11. Etre ouvert aux autres. Je me construis grâce à mes relations aux autres. Ainsi ce que je fais pour moi, je le veux aussi pour les autres : les accepter tels qu'ils sont sans avoir de projet sur eux, mais en faire ensemble ; avoir confiance en eux en acceptant pour eux aussi le droit à l'erreur ; savoir percevoir en chacun sa richesse spécifique et l'aider à s'épanouir.

12. Cultiver le doute. C'est l'attitude scientifique. Cela ne veut pas dire que je n'ai pas de certitudes, mais ces certitudes je suis prêt à les remettre en cause au cours d'affrontement, de dialogue, si l'on me fait découvrir des éléments nouveaux que je n'avais pas perçus. Le doute c'est le moteur du changement, de la vie. Celui qui a des certitudes définitives devient vite un fanatique.

13. Accepter de changer. Après avoir fait l'effort de s'accepter tel que l'on est, c'est difficile d'accepter de changer. Paradoxalement, c'est en agissant avec ce que je suis que je peux changer. Par mes actions, je contribue au changement social et, du même coup, à mon propre changement. Je m'enrichis par l'expérience.

14. Apprendre à anticiper. Dans un monde où il y a une accélération de l'histoire, où les mutations sont rapides, il est indispensable de prendre conscience que toutes nos décisions engagent l'avenir de nos enfants. Il faut donc resituer les décisions présentes en fonction des réalités de demain.

Procédure pour maîtriser son pouvoir

Le pouvoir peut être utilisé en le conservant pour soi seul. On peut déléguer une partie de son pouvoir, mais c'est une illusion. Il est possible de le partager, par l'intermédiaire des responsabilités réparties entre toutes les personnes auxquelles sont affectés les pouvoirs nécessaires pour les exercer, s'appuyant sur l'autorité de chacun.

1. Repérer les niveaux de conscience. Dans un groupe, les personnes n'ont pas toutes le même niveau de conscience des problèmes posés au sein du groupe et de ceux auxquels est affronté le groupe. Il est souhaitable de percevoir le niveau de conscience tant des personnes que du groupe. Sans prise de conscience, pas de marche en avant vers l'autonomie symbolisée par le pouvoir.

2. Attendre la demande, la contestation. Partager le pouvoir par la répartition des responsabilités, sans que cela ait été demandé par des personnes ou par le groupe, c'est prendre le risque de l'échec. Cette attitude paternaliste, généreuse, au lieu de favoriser l'évolution des personnes et du groupe, la freine. Car si c'est celui qui détient le pouvoir qui décide de le partager, il le garde.

3. Considérer la révolte comme un appel. Se réjouir quand le groupe se révolte contre le détenteur du pouvoir. C'est un signe de réussite de sa démarche, car la liberté ne s'octroie pas, elle se conquiert. Cette phase de l'œdipe est un appel à dialoguer, à négocier, pour établir de nouvelles relations et passer d'une relation hiérarchique à une relation plus communautaire.

4. Remplacer l'obéissance par le dialogue. Cet appel à un changement illustre que le groupe a atteint un certain niveau de conscience et qu'il est prêt à négocier. Le dialogue est le signe du passage de la dépendance à la reconnaissance de l'identité et des capacités des autres. C'est établir une relation d'égalité dans la différence où chacun exprime ses attentes.

5. Négocier avec les personnes concernées. C'est avec les personnes qui ont réagi qu'il convient de négocier, pas avec des délégués, ni avec tout le monde. En faisant ce choix on interpelle les personnes qui n'ont pas réagi. On commence la négociation à partir des demandes, en évitant la démagogie d'accepter tout ce qui est demandé, comme si on n'avait pas d'exigence.

6. Commencer le changement avec les volontaires. La négociation aboutit à des décisions de changement. Le danger serait de l'appliquer à tout le monde. Cela conduirait à l'échec car tous ne sont pas prêts. En commençant uniquement avec ceux qui le désirent, on amorce une cohabitation des pratiques différentes, où ceux qui changent réalisent une expérience sous les yeux de ceux qui ont choisi de laisser les choses en l'état. C'est cette pratique nouvelle que les autres voient vivre qui les interpelle. Quand ils demandent de changer, la négociation commence alors avec eux.

7. Favoriser le développement des personnes. Cela commence avec la négociation où l'on demande à chacun d'exprimer clairement ses désirs, ses attentes. Le débat renforce la prise de conscience qui permet aux personnes d'accepter une répartition des responsabilités. C'est le moment de rechercher ensemble quel est le potentiel de chacun et de prévoir la façon dont il sera utilisé et développé.

8. Dans l'équipe, à chacun une responsabilité. Cela évite qu'elles ne reposent toutes sur l'animateur ou une minorité. C'est chaque personne qui pourra avoir une responsabilité correspondant à ses capacités et à ses compétences. Ainsi, le partage des tâches étant réalisé, il sera plus facile de prendre en charge les problèmes, tant internes qu'externes.

9. Faire l'apprentissage de la décision. La décision, c'est le fondement, l'expression du pouvoir. Elle est nourrie par l'information. Il est donc nécessaire d'apprendre à décider en distinguant les décisions individuelles dans le cadre de la définition de fonction, les décisions collectives prises en équipe et les décisions unanimes non uniformes, quand il y a désaccord sur les moyens.

10. Expérimenter les décisions unanimes non uniformes. Toutes les fois que cela sera possible, suivre cette démarche, source d'apprentissage de la démocratie réelle, en acceptant, lorsqu'il y a accord sur l'objectif, qu'il puisse y avoir désaccord sur les moyens de l'atteindre. Dans ce cas, accepter que tous soient d'accord (décision unanime) pour avoir des pratiques différentes (non uniformes), en se rencontrant pour débattre des résultats.

11. Accroître la participation à tous les niveaux. Cette démarche de responsabilité permet une participation plus large de tous à chaque étape du travail de groupe : prévision, information, réflexion, décision, exécution, contrôle. De cette façon la motivation de chacun est décuplée puisqu'il a participé au travail de réalisation à chaque niveau, ce qui lui donne une vision d'ensemble.

12. Développer la promotion collective. La répartition des responsabilités entre toutes les personnes est en fait une occasion de promotion collective dans la mesure où des rencontres régulières 1. permettent à chaque responsabilité d'être complémentaire des autres ; 2. organisent le regroupement des responsabilités de même nature (des animateurs des différents groupes de l'organisation, des trésoriers, des secrétaires, etc.).

13. Organiser le travail en équipe. Cela permet de passer du travail **en** groupe, qui est la réunion de plusieurs personnes à un moment donné pour une tâche précise, à un travail **de** groupe, qui est le résultat d'un travail continu des mêmes personnes sur une longue période, favorisant le progrès de la cohésion du groupe, les communications internes et externes et l'identité collective.

14. Elaborer ensemble un code de déontologie. Un groupe est toujours affronté à des problèmes délicats de fonctionnement interne ou de prise en charge de sujets délicats. Comme il est nécessaire sur le plan personnel de nourrir sa conscience morale, il est indispensable au plan collectif d'élaborer un code de déontologie avec et pour les membres du groupe concernés, afin de fixer les règles de vie et de comportement face à des problèmes humains délicats.

Procédure pour développer les responsabilités [1]

Une responsabilité ne pourra être assumée correctement si la personne n'a pas d'autorité et si elle ne possède pas de pouvoir, soit pour prendre les décisions individuelles dans son domaine de responsabilité, soit pour participer aux décisions collectives au sein du groupe.

1. Avoir un groupe à taille humaine. Le nombre de personnes dans un groupe est important si l'on a le désir que chacun des membres s'exprime et participe. Un groupe trop important, d'une quinzaine de personnes, permettra l'expression de 7 ou 8 personnes, donnant l'illusion de la participation, alors que 7 ou 8 autres personnes ne se seront pas exprimées ou très peu. Le chiffre optimum serait de 7 à 8 personnes.

2. Chaque personne a deux responsabilités. Une, fonctionnelle (trésorier, secrétaire, etc.) permettant au groupe de fonctionner. Une, politique, centrée sur les finalités et les objectifs de l'organisation (éducation, budget familial, etc.). Les deux étant complémentaires, elles évitent de ne rester centré que sur le fonctionnement (efficacité) ou que sur l'idéologie (sens de l'action), avec le risque de clans si elles étaient dissociées.

3. Partir des désirs des personnes. C'est une condition importante : que chacun choisisse une responsabilité en fonction de ce qu'il a envie de faire. Car, si on a du plaisir à assumer une responsabilité, on l'accomplira avec plus de dynamisme. On peut, au départ, n'être pas forcément le plus compétent, mais le désir doit primer si l'on accepte de se former pour maîtriser sa responsabilité.

4. Tenir compte des besoins du groupe. Le désir ne suffit pas, car s'il ne correspond pas aux besoins du groupe, il est inutile de le réaliser. Il est nécessaire, dans ce cas, de choisir, parmi celles dont le groupe a besoin, la responsabilité qui sera le plus en accord avec notre personnalité. Si l'on ne peut faire ce que l'on aime, il faut apprendre à aimer ce que l'on fait.

5. Chaque responsabilité est en même temps individuelle et collective. Elle est individuelle, car si nous ne l'assumons pas personne ne le fera à notre place et ce sera préjudiciable pour le groupe. Elle est en même temps collective dans la mesure où je ne l'assume pas pour les autres, mais avec eux. Responsable de l'accueil, je ne suis pas seul à accueillir, mais dois rappeler à chacun qu'il a à accueillir dans son secteur. Le trésorier n'est pas seul à gérer les finances, chacun, dans le cadre de sa responsabilité, doit gérer l'enveloppe budgétaire de son domaine. Le trésorier coordonne le tout.

6. Eviter le cumul des responsabilités. Trop de personnes ont des responsabilités multiples et nombreuses dans diverses organisations, ce n'est ni sérieux, ni efficace. C'est déjà lourd d'assumer correctement une responsabilité si l'on veut tenir compte de tous les éléments qui entrent en jeu. Le cumul est source de dégradation de la personnalité, car si l'on a le titre et si l'on fait faire le travail à d'autres en s'en octroyant le mérite, c'est malhonnête. La dispersion est un frein au dynamisme.

(1) **Autorité, pouvoir, responsabilité**, Charles Maccio, Chronique Sociale, 5e éd.

7. Fixer une durée à la fonction. Eviter les deux extrêmes. Une durée trop courte, comme changer d'animateur à chaque réunion, car on ne peut tirer profit de l'expérience pour la suivante puisqu'un autre prend la place. Une durée trop longue qui fait de celui qui l'assume un bureaucrate prisonnier de ses habitudes. Suivant les responsabilités, cela peut varier de 1 à 10 ans.

8. Rédiger une définition de fonction. Ce sera la délimitation du territoire de responsabilité de chacun précisant : la mission de base, les objectifs à atteindre, le champ de pouvoir avec les décisions individuelles que l'on peut prendre et la participation aux décisions collectives, les compétences à posséder, les moyens à utiliser, les collaborations à établir et le compte rendu d'activités.

9. Faire l'apprentissage de l'affrontement. Cela évitera les conflits qui sont opposition des positions en présence. L'affrontement, c'est accepter dès le départ le dialogue où chacun apporte sa position, l'argumente, mais accepte que l'autre fasse de même, de façon à chercher ensemble les points d'accord sur lesquels travailler et accepter les points de désaccord avec lesquels il faudra vivre.

10. Favoriser la prise de conscience de la complémentarité des fonctions. Une responsabilité est une partie d'un ensemble. Chacune des fonctions est nécessaire à la vie du groupe. L'ensemble des fonctions forme un tout cohérent et complémentaire. Il permet au groupe de prendre en charge la totalité des problèmes qui lui sont posés, d'où la nécessité d'être nombreux pour partager.

11. Organiser la rencontre des responsabilités de même nature fonctionnelle. Pour élaborer une politique d'animation, il est indispensable que tous les animateurs de groupe de l'organisation se retrouvent. Il en sera de même pour les trésoriers, les secrétaires, les responsables de la formation, des relations extérieures, etc.

12. Organiser la rencontre des responsabilités politiques. On fera de même pour les responsabilités politiques. Elles sont différentes suivant les organisations, puisqu'elles correspondent aux problèmes pris en charge. On aura donc, pour élaborer une politique éducation, une rencontre de tous les responsables éducation, etc.

13. Membre de droit de par la responsabilité que l'on a. Pour composer ces équipes, nul besoin de procéder par élection, cela n'aurait aucun sens. On participe aux réunions des trésoriers parce que l'on est trésorier. De cette façon, l'on est certain que la politique financière, par exemple, sera réalisée avec la participation de tous les trésoriers, donc tous les groupes seront représentés.

14. Ne pas attacher de valeur aux fonctions. On a trop longtemps attaché une valeur aux fonctions. Par exemple, on était valorisé en étant président. C'est du matérialisme à l'état pur, car cela évite d'attacher une valeur à la personne. Si toutes les fonctions sont nécessaires, pourquoi hiérarchiser ? Chaque fonction est différente des autres, mais elles sont toutes égales en valeur, l'important étant que chaque personne les assume correctement.

Exercice n° 9

Travailler avec des gens différents de soi

Type Prise de conscience

Objectif Repérer (1) la richesse de la différence (3) pour travailler en groupe (2) pour la prochaine réunion (4)

Déroulement Nous avons tendance à voir le monde à travers nos yeux, comme si nous étions la norme de tout

1. Ecrivez dans la colonne de droite ce que vous êtes
2. Description de votre personne

1. Sexe	....
2. Groupe ethnique	....
3. Groupe d'âge	....
4. Religion	....
5. Classe sociale	....
6. Statut professionnel	....
7. Statut matrimonial	....
8. Participation à une organisation	....
9. Santé	....

3. Penser à la façon dont ces caractéristiques influent sur :
   1. Notre vision du monde
   2. Notre comportement
   3. Nos valeurs particulières
   4. Les avantages que nous voyons à chaque caractéristique
   5. Les inconvénients que nous aimerions corriger
4. Faire de même avec trois personnes avec qui nous aimons travailler en répondant aux 5 points de la question 3
5. Faire la même opération avec trois personnes avec qui nous ne nous entendons pas
6. Faire un tableau de synthèse où apparaissent
   – ce que nous pouvons apporter aux autres
   – ce que nous apportent les gens que nous aimons
   – ce que nous apportents les personnes que nous n'aimons pas

Analyse Une personne équilibrée et responsable, acceptant les différences, prend conscience des richesses des autres et essaye de les utiliser pour un enrichissement collectif du groupe.
Voyons ce que ce que chacun peut apporter aux autres au travers de sa particularité et de sa responsabilité.

Amélioration Cet exercice nous a semblé faible sur certains points et mériterait d'être complété sur d'autres. La rédiger en remplaçant les points faibles par d'autres qui nous semblent plus judicieux et compléter les aspects manquants.

Eléments de réponse p. 301

Devenir un gestionnaire efficace

Type Amélioration de sa pratique

Objectif Décrire (1) où nous en sommes (2) par rapport aux exigences d'un gestionnaire efficace (3) au cours de la réunion (4)

Déroulement 1. Faire notre bilan en mettant une croix correspondant à ce que nous percevons de nous-même face à chacun des 11 points suivants

2. Les qualités d'un gestionnaire efficace

	Souvent	**Parfois**	**Jamais**
1. La maîtrise des faits essentiels			
2. Les connaissances techniques			
3. La sensibilité constante aux événements			
4. Un esprit analytique puis synthétique			
5. L'aisance dans les rapports sociaux			
6. La résistance émotionnelle			
7. Un tempérament actif			
8. La créativité			
9. Un esprit agile			
10. L'équilibre pour apprendre			
11. La connaissance de soi			

3. A partir de là, faisons un plan de travail en prenant la colonne Jamais et en mettant un ordre de priorité pour prendre en charge chaque point. Ne passer au suivant que lorsque le premier point est réglé. Commencer toujours par le point le plus facile pour nous.

4. Passer ensuite à la colonne Parfois et faire de même, puis à la colonne Souvent pour voir comment améliorer.

5. Quels sont les avantages et les inconvénients d'une grille d'analyse prenant cette forme ?

6. Si nous avons besoin de clarifier certains points, lire les matériaux proposés en réponse à la p. 301.

Analyse Repérer nos points forts et nos points faibles. Utiliser nos points forts pour améliorer les points faibles. Rechercher si nous sommes plus à l'aise quand nous travaillons seul, quand nous utilisons nos seules ressources ou quand nous travaillons en équipe. Repérer dans notre personnalité ce qui peut nous aider à acquérir la dimension d'ouverture nécessaire à un gestionnaire efficace.

Amélioration Parmi les 11 critères proposés certains nous semblent plus importants que d'autres, détaillons-en les éléments pour que cela nous permette de les approfondir. D'autres n'ont pas été cités et notre expérience nous indique que certains aspects d'un gestionnaire seraient à ajouter. Compléter donc cette liste en fonction de ce qui nous semble important.

Eléments de réponse p. 301

Eloge de l'étude

Apprends le plus simple ! Pour ceux
Dont le temps est venu,
Il n'est jamais trop tard !
Apprends l'ABC, cela ne suffit pas, mais
Apprends-le : Ne te rebute pas à la peine !
Commence ! Tu dois tout savoir !
Tu dois t'emparer du pouvoir !

Apprends, homme dans l'asile !
Apprends, homme dans la prison !
Apprends, femme dans la cuisine !
Apprends, femme sexagénaire !
Tu dois t'emparer du pouvoir !
Va à l'école, toi qui n'as pas de logis !
Deviens savant, toi qui as froid !
Toi qui as faim, prends un livre : c'est une arme,
Tu dois t'emparer du pouvoir !

Questionne ! N'hésite pas, camarade !
Ne t'en laisse pas raconter,
Contrôle toi-même !
Ce que tu ne sais pas par toi-même
Tu ne le sais pas !
Vérifie la facture,
Car c'est toi qui dois payer !
Pose le doigt sur chaque lettre,
Demande : comment est-elle arrivée ici ?
Tu dois t'emparer du pouvoir !

Bertolt Brecht

Des outils d'apprentissage

"Les hommes n'ont pas des bras seulement, ils ont une intelligence, ils ont un cœur. Des bras pour devenir et rester libre, une intelligence pour arriver à comprendre qu'ils sont égaux, un cœur pour sentir qu'ils sont frères."

Louis Blanc (1811-1882)

Les exercices

La caisse à outils

Ouverture sur l'avenir

> *Art.II. Tous les devoirs de l'homme et du citoyen dérivent de ces deux principes, gravés par la nature dans tous les cœurs : "Ne faites pas à autrui ce que vous ne voudriez pas qu'on vous fit. Faites constamment aux autres le bien que vous voudriez en recevoir."*
>
> **Déclaration des devoirs de l'homme**, Constitution de l'An II (22 août 1795)

Des répétitions ont été faites pour plusieurs raisons : 1. l'ouvrage étant rédigé sous forme de fiches, il a fallu conserver la cohérence de chacune d'elles ; 2. pour enfoncer un clou, il faut taper plusieurs fois, de même pour les points importants abordés.

Des matériaux à utiliser librement

Au terme de cette réflexion, il est peut-être important de rappeler que tous les matériaux rassemblés sont :

- ***Des propositions*** que chacun peut remanier en fonction de son expérience, des échanges au sein de ses équipes, de sa réflexion personnelle.
- Une incitation à **faire le point** sur sa démarche habituelle, de façon à déterminer si cela consolide et confirme ce que l'on fait déjà, si cela l'infirme et, dans ce cas, voir si c'est en totalité ou en partie, de façon à retravailler ce qui serait à revoir.
- Un guide pour la réflexion pour **préparer l'action**, car aujourd'hui il est difficile d'agir impulsivement. Il est préférable de conjuguer passion et raison, d'introduire de la rationalité dans nos démarches, sans éliminer nos intuitions, notre ressenti.
- ***Les choix étant faits***, il serait judicieux de les écrire individuellement, de réfléchir sur les écrits des autres et ensuite, en équipe, de s'affronter pour se mettre d'accord sachant qu'au terme du débat il y aura **des points d'accord** sur lesquels il sera possible d'agir ensemble, mais aussi **des points de désaccord**, car il n'existe aucune équipe où tout le monde soit d'accord sur tout. Cela serait d'ailleurs dommage. Si, au lieu de considérer les désaccords comme nuisibles, on les percevait comme les tremplins d'un nouveau débat pour avancer, l'équipe se souderait davantage au rythme de ses échanges. Il nous faudra donc apprendre à vivre dans nos équipes en étant conscients de nos points d'accord et lucides sur nos désaccords, car l'acceptation de ces différences est signe de tolérance qui est le fondement de l'amitié.
- ***Une mise à jour permanente est nécessaire***
  - Une fois écrit par l'auteur et lu par le lecteur, il faudrait sans cesse mettre à jour le texte de nos choix, car loin d'être arrivés à la fin de l'histoire, comme le prétendent certains, nous sommes au contraire en train de la construire.
  - Tant qu'il y aura de la vie, tant qu'il y aura des humains créatifs, il y aura des changements et l'histoire continuera. Mais si nous ne voulons pas qu'elle parte dans n'importe quelle direction, nous devons, par notre réflexion et notre action, lui assigner un sens, une orientation. C'est ainsi que les hommes font leur histoire.
  - Le monde change, c'est la fonction de l'humanité de le faire changer dans la direction choisie. Nous ne pouvons nous soumettre au déterminisme de la matière, ni à la rationalité désincarnée de certains penseurs, ni aux projets utopiques d'une certaine élite. C'est à chacun de nous, au sein des groupes, des organisations auxquels nous adhérons, d'apporter notre contribution pour réaliser le changement social, là où nous sommes, au travers de nos actes quotidiens, dans tous les domaines où nous sommes concerné.

Fabriquer soi-même ses outils avec son équipe

Personne ne peut travailler sans outils. Nous avons à présent des matériaux nécessaires à leur utilisation et mieux encore à leur réalisation pour mieux cerner les problèmes auxquels nous sommes affronté.

1. Outils pour **connaître et comprendre le contexte social** dans lequel nous vivons. Sans cette lucidité, face aux événements qui nous entourent, notre vie de groupe ne sera pas en prise directe avec le réel en mouvement auquel nous devons donner sens.

2. Outils pour **choisir et définir nos finalités, nos politiques, nos objectifs**, pour que nos actions aient un sens, en se fondant sur des valeurs que nous aurons choisies, qui nous permettront d'élaborer un code de déontologie qui nous serve de référentiel.

3. Outils pour **élaborer et utiliser un projet**, nous permettant de passer de la théorie des valeurs à leur pratique au quotidien, dans les secteurs de vie que nous aurons choisis. Projet élaboré avec toutes les personnes concernées par le problème à prendre en charge.

4. Outils pour que **l'animateur** devienne apte à utiliser toutes ses capacités pour animer, administrer, gérer le groupe. Qu'il soit capable aussi de transmettre ses acquis afin que chaque participant puisse faire de même dans sa responsabilité : animer, gérer, administrer.

5. Outils pour que **les participants** développent au maximum leur capacité d'autonomie et de socialisation, afin d'avoir les comportements et les attitudes nécessaires pour être totalement eux et, dans le même mouvement, des êtres de dialogue dans la relation aux autres.

6. Outils pour que les personnes acquièrent **une maîtrise des phénomènes de groupe**, pour faciliter la cohésion des équipes, la communication entre les membres, grâce à l'utilisation de l'interaction des éléments, pour progresser efficacement vers les objectifs fixés ensemble.

7. Outils **techniques** pour que moyens, méthodes et procédures soient choisis, utilisés, créés, en fonction des besoins des personnes, des équipes et des organisations. En veillant à ce que les techniques ne deviennent pas des fins, car la fin est déjà dans le choix et la façon d'utiliser les techniques.

Vers une société solidaire

- L'individualisme ambiant est un signe d'inconscience, d'inculture, car nous sommes des personnes de relations et, que cela nous plaise ou non, que nous le voulions ou non, nous ne pouvons éliminer la dimension sociale de notre vie en société. En passant par la reconnaissance de la personne dans sa globalité, nous pouvons contribuer à surmonter l'individualisme, comme certains nationalismes qui ne sont que des individualismes collectifs, pour les remplacer par la solidarité ; nous pouvons construire une société plus fraternelle qui supprime cette atmosphère ambiante où l'égoïsme prévaut sur le partage. Seule une société pluraliste, qui favorise le dialogue, peut contribuer à promouvoir une société démocratique et fraternelle.

Eléments de réponse aux exercices

Exercice n° 1 (p. 18) : Notre réseau de relations

Cet exercice a dû vous faire découvrir que vous aviez des relations très nombreuses. Toutes n'étaient pas entretenues de la même façon, à vous de voir comment les améliorer.

Ce que vous avez découvert, d'autres peuvent aussi le faire. Repérez les personnes à qui vous pouvez proposer de faire cet exercice individuellement.

Vos découvertes individuelles pourraient rendre service à l'un des groupes dans lesquels vous êtes inséré. Faites mûrir l'idée auprès des autres collègues, puis vous leur proposez de faire en équipe cet exercice. Vous pourrez ensuite, sous forme de synthèse, dresser une grille concentrique de toutes les relations existant avec l'ensemble des membres du groupe.

Exercice n° 2 (p. 19) : Les nuances de l'égalité

Il existe de nombreuses façons de prendre conscience de l'inégalité sociale. Ce petit exercice illustre à sa manière que les différences individuelles sont transformées en inégalités sociales par notre civilisation occidentale.

Cela signifie que, derrière le discours sur l'égalité inscrit sur tous les frontons des mairies, il y a une inégalité instituée inscrite dans tous les secteurs de la vie sociale. Vous pouvez d'ailleurs en chercher d'autres exemples.

Cela nous interpelle dans notre vie de groupe pour que l'animateur ne se comporte pas de la même façon à l'égard de chaque membre du groupe. Il y a différence entre les participants, il doit y avoir différence dans la relation à chaque participant. Par exemple, donner plus la parole aux timides, la couper aux bavards, etc.

Il en sera de même dans le choix des outils à utiliser. Ils devront être faits de telle manière que leur utilisation permette l'expression diversifiée des personnes et ne renforce pas les inégalités. Par exemple, ne pas mettre en valeur la compétition qui valorise les plus rapides, les plus forts, mais inciter à la coopération qui valorise l'interaction des différences pour un enrichissement réciproque.

Voici à présent les réponses, qui sont secondaires par rapport à la prise de conscience des nuances de l'égalité.

- Propriétaire : loyer
- Ecclésiastique : prébende
- Ouvrier : paye
- Militaire : solde
- Employé : appointements
- Fonctionnaire : traitement
- Médecin, Avocat : honoraires
- Actionnaires : dividendes
- Obligataire : intérêts
- Représentant : commission
- Greffier : émoluments
- Garçon de café : pourboire
- Prévarication : pot de vin
- Domestique : gages
- Artiste : cachet
- Journaliste : piges
- Administrateur : jetons de présence
- Chef de l'Etat : liste civile
- Ecrivain : droits d'auteur
- Famille : allocations

Exercice n° 3 (p. 54) : Votre degré de conformisme

Cet exercice se veut plus une interpellation qu'une réponse sérieuse à nos interrogations. C'est pour aller plus loin que nous proposons l'amélioration de l'exercice, car cette démarche nous oblige à une réflexion plus sérieuse que la réponse à 10 questions.

Une réflexion sur notre degré de conformisme a pour objet de faire prendre conscience d'une trop grande dépendance aux normes érigées en principes qui tuent toute créativité, d'un rejet trop systématique de toute norme qui, derrière l'apparence d'une forte personnalité, peut cacher une attitude infantile (le non de l'enfant de 2 ans). C'est trouver un équilibre permettant de choisir quelles normes on peut accepter, sans s'aliéner, pour respecter notre jeu des relations sociales.

Exercice n° 4 (p. 55) : Avoir des idées de changement

Cet exercice doit favoriser la prise de conscience des changements opérés dans la société qui concernent notre vie quotidienne. Il doit aussi permettre de découvrir nos capacités d'innovation. Si cela n'a pas été le cas, analysons les raisons de la résistance au changement (voir pp. 21, 159 et 160).

Exercice n° 5 (p. 118) : Apprendre à rédiger un objectif

En rédigeant ces 4 objectifs situés à 4 niveaux différents, nous avons dû faire plusieurs constatations :

1. Avoir intégré les 4 paramètres : 1. action préconisée (qui se traduit généralement par un verbe d'action) ; 2. les personnes et groupes concernés (nous et les personnes ou groupes engagés dans l'action) ; 3. les problèmes à régler et changements à apporter (cela précise ce qu'il faut faire face à un problème précis) ; 4. les délais de réalisation (évite de rester dans le vague en nous créant une contrainte de temps).

2. Les 4 paramètres peuvent être écrits dans le désordre. L'important c'est que les 4 soient présents, peu importe l'ordre.

3. La rédaction des objectifs personnels ou de réunions est plus facile à effectuer quand on a une vision claire des finalités et des politiques de son organisation.

4. Souvent un objectif suppose des préalables pour le réaliser. Dans ce cas rédigez ces préalables en objectifs avec les 4 paramètres. C'est ce que l'on appelle des objectifs intermédiaires. Il peut y en avoir plusieurs, leur nombre peut varier d'un objectif à l'autre.

Exercice n° 6 (p. 119) : Rassembler des matériaux pour réaliser un code de déontologie pour son organisation

Nous proposons ici un aspect particulier d'un code de déontologie de formateurs qui a été rédigé par une équipe affrontée aux problèmes d'utilisation des Histoires de vie.

Proposition d'un Code de déontologie du formateur

1. Principes

Les principes qui éclairent notre pratique de formateur devraient reposer sur trois socles :

- Le respect d'autrui qui est plus exigeant que le respect de soi-même, car s'il est des choses que l'on peut accepter pour soi, on ne peut sans risques les imposer aux autres.
- Le respect de la liberté de soi, mais aussi d'autrui, consistant à protéger le territoire spécifique de chacun afin de préserver son avenir.
- Le respect du mystère de l'être. On n'a pas le droit, même avec l'accord de quelqu'un, de dévoiler inconsidéremment des espaces de vie, car chaque personne a droit à son espace réservé et nul droit ne peut permettre de l'envahir.

2. Application à l'utilisation des Histoires de vie

1. Le formateur ne peut demander aux formés de s'impliquer dans leur démarche de formation s'ils n'ont pas la garantie que de ce qu'ils diront "ici et maintenant" sera préservé par le secret professionnel, tant de la part des formateurs que des formés.

2. Cependant, si une personne ou un groupe estime que ce qui a été dit au cours de l'implication peut être utile à d'autres et indique clairement ce qui peut être dit et ce qui ne doit pas l'être, cet accord permet l'utilisation de ces matériaux.

3. Toutefois, même lorsqu'il a reçu un accord explicite d'utiliser les matériaux de l'implication d'une personne ou d'un groupe, le formateur devra être assez lucide pour mesurer les conséquences de l'utilisation de ce qui a été dit à l'extérieur, tant sur l'avenir de la personne que sur sa situation ou ses relations avec son entourage.

4. Dans l'utilisation de l'implication avec accord des intéressés, il conviendra de distinguer si la communication qui en sera faite sera orale ou écrite.
   - Oralement, il est plus facile de citer des exemples en puisant dans les implications et Histoires de vie, car si les paroles s'envolent, les écrits restent.
   - Par écrit, il est plus délicat d'utiliser ces matériaux, car si la parole est libre, l'écrit est serf. Il est souvent dangereux pour les intéressés d'utiliser leurs noms, leurs expériences, même avec leur accord, car nous savons que notre histoire évolue et ce qui ne paraissait pas gênant sur l'instant peut le devenir dans de nouvelles situations ou avec de nouvelles personnes.

Votre liberté s'arrête où commence celle de l'autre. On peut donc conserver l'histoire dans son contenu et les leçons que l'on en tire, en modifiant les noms des personnes et des lieux pour respecter le mystère de la personne.

5. Un formateur ne peut exiger l'implication des formés si lui-même ne donne pas l'exemple de l'implication.

6. Les formateurs devraient pratiquer entre eux l'implication. Ils se forgeraient ainsi une certaine connaissance de l'être humain, mais, surtout, ils pourraient acquérir une plus grande authenticité et une tolérance plus étendue.

Exercice n° 7 (p. 200) : Apprendre à faire un plan

Famille

- Composition
  - Femme
    - mère génétique
    - mère adoptive
    - mère symbolique
  - Homme
    - père génétique
    - père adoptif
    - père symbolique
  - Enfant
    - enfant génétique
    - enfant adoptif
    - enfant symbolique
- Types
  - cohabitation
    - même logement
    - logement différent
    - juvénile
  - monoparental
    - veuvage
    - célibataire
    - divorcé
  - mariage
    - mairie
    - mairie + église
    - annoncé à l'entourage
- Fonctions
  - sexuelle
    - plaisir
    - procréation
    - contraception
  - économique
    - production
    - consommation
    - distribution
  - éducative
    - instruction
    - autonomie
    - socialisation

Un plan n'est jamais une démarche close. A partir du déballage, nous pouvons trouver une autre classification. L'important est de saisir la démarche : idées principales, idées secondaires, idées tertiaires.

Avec cet exercice, que nous pourrons refaire à partir de nos objectifs, nous découvrons qu'une structure de cette nature est ouverte. 1. Nous pourrons ajouter d'autres idées principales verticalement : les réseaux de pouvoir, les besoins, les ressources, etc. ; 2. de même, verticalement, nous pourrons creuser davantage les idées tertiaires, par exemple autonomie peut se décomposer en : dépendance, indépendance, interdépendance ; consommation peut se préciser encore avec : alimentaire, vestimentaire, loisirs, etc.

Exercice n° 8 (p. 201) : Réaliser un projet de groupe

1. Formulation du problème

1. Déballage des problèmes
2. Sélectionner les problèmes à prendre en charge
3. Rassembler l'information, l'organiser
4. Rédiger un texte précisant le problème à régler

2. Mise au clair des objectifs

1. En préalable rédiger un texte d'une page rappelant les finalités
2. Rédiger un autre texte précisant les politiques dans chaque domaine
3. Préciser l'objectif final avec ses 4 paramètres : actions, personnes, changement, délai
4. Enumérer les objectifs intermédiaires

3. Préciser le programme

1. Argumenter le choix des objectifs à court terme
2. Repréciser les valeurs qui leur donnent sens
3. Décrire les éléments d'application dans chaque domaine
4. Réaliser un dossier pour chaque élément, accessible à chaque membre

4. Planifier

1. Faire l'inventaire des actions à réaliser
2. Classer par ordre de priorité
3. Réaliser un planning de déroulement des actions
4. Prévoir les moments et moyens de contrôle du déroulement

5. Les outils nécessaires

1. L'organigramme du déroulement contenant la liaison :
2. des moyens : calendrier, planning
3. des méthodes : répartition des responsabilités, définition de fonction
4. des procédures : tableau de bord, contrat de projet

6. Répartir les responsabilités

1. Vérifier que chaque personne a une responsabilité concrète
2. S'assurer que chacun à une définition de fonction claire et précise
3. Préciser les compétences nécessaires pour assumer chaque fonction
4. Spécifier le champ des décisions individuelles et collectives

7. Travailler avec des partenaires

1. Les équipes internes à l'organisation
2. Les spécialistes externes pour chaque problème
3. Les autres organisations affrontées aux mêmes problèmes
4. Les populations concernées par les problèmes choisis

8. Négocier avec les adversaires

1. Les concurrents ayant des rivalités d'intérêts
2. Les opposants ayant des positions différentes des nôtres
3. Les personnes ou groupes qui se sentent touchés dans leurs intérêts
4. Les personnes ou groupes qui veulent préserver leurs avantages acquis

9. La maîtrise des coûts

1. Le budget pour chaque responsable
2. Le budget de chaque équipe
3. Le budget pour chaque problème à régler
4. Le budget général qui donne cohérence au tout

10. Vérifier la cohérence

1. Entre les finalités, les politiques et les objectifs
2. Entre les orientations et le programme à réaliser
3. Entre le programme et les outils choisis
4. Entre l'action du groupe et celle de l'organisation ou de l'association

Exercice n° 9 (p. 290) : Travailler avec des gens différents de soi

Après l'exercice et après les améliorations que vous aurez apportées, faites le point dans un des groupes auxquels vous appartenez et, en faisant la liste des personnes avec qui vous êtes, énumérez ce que chacune vous a apporté. Faites de même avec les autres groupes dans lesquels vous êtes inséré. Cela vous apprend certes à vous enrichir, vous et vos groupes, de la différence de chacun. Cela vous apporte aussi connaissance de soi et des autres, compréhension de vos réactions et de celles d'autrui, tolérance à votre égard comme à l'égard de vos collègues, ouverture aux autres.

Exercice n° 10 (p. 291) : Devenir un gestionnaire efficace

1. ***La maîtrise des faits essentiels***. Etre informé de tout ce qui se passe dans le groupe ou l'organisation et de la façon dont chacun assume sa responsabilité.

2. ***Les connaissances techniques***. Elles correspondent à la spécificité de vos responsabilités fonctionnelles et politiques, afin d'être capable de les maîtriser.

3. ***Une sensibilité constante aux événements***. Tant ceux qui se passent au sein de l'organisation, que ceux qui surgissent dans la société.

4. ***Un esprit analytique*** qui débouche au terme de la démarche sur une synthèse pour donner cohérence aux éléments divers. Cet esprit procure la capacité de juger, de décider, pour résoudre les problèmes auxquels on est affronté. Le gestionnaire à pour fonction de prendre et d'aider à prendre des décisions. Certaines seront prises de façon rationnelle, d'autres demandent une grande intuition.

5. ***L'aisance et le savoir-faire dans les rapports sociaux***. C'est la capacité d'écouter et de comprendre ceux avec qui l'on travaille de façon à décider et agir d'un commun accord.

6. ***La résistance émotionnelle***. Face aux situations imprévues, aux périodes difficiles, aux conflits, il est important de conserver en permanence assez de résistance et de maîtrise de soi.

7. ***Un tempérament actif***. Ayant des objectifs à atteindre, il est nécessaire de mobiliser ses énergies et de faire preuve d'initiative, toutes les fois que cela s'avère utile, sans attendre d'avoir le feu vert.

8. ***La créativité***. C'est la capacité à apporter de nouvelles réponses ou solutions et de voir assez grand et avec une certaine ouverture d'esprit pour reconnaître l'utilité d'idées nouvelles pour les accueillir.

9. ***Un esprit agile***. Pour saisir rapidement les problèmes, coordonner plusieurs tâches, gérer plusieurs problèmes à la fois, en passant rapidement de l'un à l'autre pour assurer leur suivi.

10. ***L'équilibre dans les façons et la capacité d'apprendre***. Etre assez indépendant dans sa façon d'apprendre en permanence pour décider soi-même de ce qu'il est nécessaire, utile, indispensable d'apprendre des autres. Avoir la capacité d'utiliser son expérience pour en tirer profit.

11. ***La connaissance de soi***. Elle est nécessaire dans la manière de concevoir son travail, son rôle, ses objectifs, choisir ses valeurs, canaliser ses sentiments, utiliser ses points forts, dynamiser ses points faibles en les améliorant, etc.

Bibliographie

Introduction

- Neuschwander Claude, **L'action et le changement** (Essai sur les réseaux), Seuil, 1991

Objectifs

- Bacon Francis, **De la justice universelle**, Méridiens Klincksieck, 1985
- Barlow Michel, **Formuler et évaluer ses objectifs en formation**, Chronique Sociale, 6e éd., 1996
- Certeau Michel de, **La culture au pluriel**, Points Seuil, 1993
- Changeux (collectif), **Fondement naturel de l'éthique**, Odile Jacob, 1993
- Changeux Jean-Pierre, Connes Alain, **Matière à penser**, Odile Jacob, 1989
- Collectif, **Sociétés contemporaines**, N° 7, septembre 1991, numéro sur "Ethique professionnelle" (déontologie), L'Harmattan
- Durkheim E., **L'éducation morale**, PUF, 1992
- Finkielkraut Alain, **La défaite de la pensée**, Gallimard, 1985
- Fouvez G., **La construction des sciences** (Introduction à la philosophie et à l'éthique des sciences), De Boeck, Bruxelles, 1988
- Habermas Jurgen, **Morale et communication**, Cerf, 1986
- Hoffmans-Gosset Marie-Agnès, **Apprendre l'autonomie, apprendre la socialisation**, Chronique Sociale, 2e éd., 1994
- Jonas Hans, **Le principe de responsabilité**, Cerf, 1990
- Kellerhals J. (collectif), **Figure de l'équité : la construction des normes de justice dans les groupes**, PUF, 1988
- Kremer-Marietti Angèle, **L'éthique**, Que sais-je ? N° 2383, PUF, 1987
- Lacroix Jean, **Le personnalisme**, Chronique Sociale, 1981
- Levinas Emmanuel, **Ethique et infini**, Le livre de poche, 1986
- Lévy Bernard-Henri, **Les aventures de la liberté**, Grasset, 1991
- Maccio Charles, **Valeurs pour notre temps**, Chronique Sociale, EVO (Bruxelles), 1991
- Morin E., – **Introduction à une politique de l'homme**, Seuil, 1965
  – **Science avec conscience**, Seuil, 1982
- Mounier Emmanuel, **Le personnalisme**, Que sais-je ? N° 395, PUF, 1992
- Quéré France, **L'éthique et la vie**, Odile Jacob, 1991
- Rawls John, **Théorie de la justice**, Seuil, 1987
- Resweber Jean-Paul, **La philosophie des valeurs**, Que sais-je ? N°2650, PUF, 1992
- Richard Michel, **La pensée contemporaine**, Chronique Sociale, 4e éd., 1990
- Russ J., **La pensée éthique contemporaine**, Que sais-je ?, PUF, 1994
- Sfez Lucien, **L'égalité**, Que sais-je ?, N°2460, PUF, 1989
- Simon Michel, **Comprendre les idéologies**, Chronique Sociale, 1978
- Texier Roger, **Introduction à une philosophie de l'homme**, Chronique Sociale, 1985
- Weber Max, **L'éthique protestante et l'esprit du capitalisme**, Plon, 1967
- Wunenbourger J.-J., **Questions d'éthique**, PUF, 1993

Projet

- Arbischer V., Decondry J.-F., Lipiensky E.-M., **Idéologies et représentations sociales**, Delval, 1991
- Barher J.-M., **Elaboration de projet d'action et planification**, PUF, 1991
- Benoit Jacques, **L'entreprise démocratique**, Chronique Sociale, 1994
- Boudouresque B., **Lutter autrement**, Nouvelle Cité, 1989
- Boutinet Jean-Pierre, **Psychologie des conduites de projet**, Que sais-je ? N° 2770, PUF, 1993
- Broch Marc-henri, Cros Françoise, **Comment faire un projet d'établissement**, Chronique Sociale, 3e éd., 1995
- Chereul Pierre-Yves, **Construire la démocratie**, Chronique Sociale, 1993
- Commission Justice et Paix, **Solidarité et développement**, Cerf, 1992
- Cosmao Vincent, **Un monde en développement**, Ed. Ouvrières, 1984
- Doucet Louis, **La foi affrontée aux découvertes scientifiques**, Chronique sociale, 1987
- Chambon Martine, Pérouze Henri, **Conduire un projet dans les services**, Chronique Sociale, 1997
- Gandhi Mk., **Tous les hommes sont frères**, Idées Gallimard, 1969
- Hall Edward T., **Au-delà de la culture**, Points Seuil, 1979
- Illich Yvan D., **Libérer l'avenir**, Seuil, 1971
- Jacquard Albert, **Voici le temps du monde fini**, Points Seuil, 1991
- King Martin Luther, **Combat pour la liberté**, Payot, 1968
- Kriegel Blandine, **Propos sur la démocratie, essai sur un idéal politique**, Descartes et Cie, 1994
- Le Gall, J.-M., **Gestion des ressources humaines**, Que sais-je ? N° 2646, PUF, 1994
- Lefort Claude, **L'invention démocratique. Les limites de la domination totalitaire**, Fayard, 1981
- Mandon Daniel, **Culture et changement social**, Chronique Sociale, 1990
- Mendel Gérard, **Pour une autre société**, Payot, 1975
- More Thomas, **L'utopie**, Flammarion, 1987
- Morin Edgar, – **Introduction à une politique de l'homme**, Seuil, 1965
  – **Les idées, leur habitat, leur vie, leurs mœurs, leur organisation**, Seuil, 1993
- Muller Jean-Marie, **Stratégie de l'action non-violente**, Points Seuil, 1981
- Ollivier Jean-Yves, **Démocratie mondiale**, Chronique Sociale, 1994
- Peretti J.-M. de, **Gestion des ressources humaines**, Vuibert, 1994
- Reeves Hubert, **L'heure de s'enivrer** (l'univers a-t-il un sens), Points Seuil, 1992
- Ricœur Paul, **Du texte à l'action**, Seuil, 1986
- Rigaux François, **Pour une déclaration universelle des droits des peuples**, Chronique Sociale, EVO (Bruxelles), 1990
- Robin J., **Changer d'ère**, Seuil, 1989
- Rogers Carl R., **Un manifeste personnaliste**, Dunod, 1979
- Rousseau Jean-Jacques, **Du contrat social**, Garnier-Flammarion, 1966

- Semaine Sociale (collectif), **Concurrence et solidarité, l'économie de marché jusqu'où ?**, Ed. Sociales, 1992
- Serres Michel, **Le contrat naturel**, François Bourin, 1992
- Servier Jean, **Histoire de l'utopie**, Folio essais, 1991
- Simon Michel, **Les droits de l'homme**, Chronique Sociale, 1985
- Texier Roger, **Education monde d'espérance**, Chronique sociale, 1988
- Tocqueville Alexis, **De la démocratie en Amérique**, Flammarion, 1981
- Touraine Alain, **Qu'est-ce que la démocratie ?** Fayard, 1994
- Zorgdibe Charles, **Le droit d'ingérence**, Que sais-je ? N° 2916, PUF, 1994

Techniques

- Authier Michel, Hess Rémy, **L'analyse institutionnelle**, Que sais-je ? N° 1968, PUF, 1981
- Beauté Jean, **Les courants de la pédagogie contemporaine**, Chronique Sociale, 3e éd., 1997
- Benezé Georges, **La méthode expérimentale**, PUF, 1976
- Bertrand Yves, **Théories contemporaines de l'éducation**, Chronique sociale, 1993
- Besnard P., **L'animation socio-culturelle**, Que sais-je ? N° 1845, PUF, 1985
- Bizouard Colette, **Invitation à l'expression orale**, 6e éd., Chronique Sociale, 1996
- Bonnamour Jean-Yves, **Guide pratique de l'écrit**, Chronique Sociale, 1997
- Burfin Régine, **Savoir rédiger**, 5e éd., Chronique Sociale, 1992
- Caire Guy, **La négociation collective**, Que sais-je ? N° 2653, PUF, 1992
- Carhop, **Archives et documentation** (guide), Chronique Sociale, 1993
- Devereux Georges, **De l'angoisse à la méthode**, Flammarion, 1986
- Domenach J.-M., **La propagande politique**, Que sais-je ? N° 448, PUF, 1979
- Ducasse P., **Formation intellectuelle et méthodes d'expression**, Dunod, 1967
- Dumas Bernard, Seguier Michel, **Construire des actions collectives**, Chronique Sociale, 1997
- Feyerabond P., **Contre la méthode** (Esquisse d'une théorie anarchiste de la connaissance), Points Seuil, 1979
- Foucault Michel, **L'archéologie du savoir**, Gallimard, 1977
- Freinet Célestin, **Pour l'école du peuple**, Petite Bibliothèque Maspero, 1969
- Freire Paulo, **Pédagogie des opprimés**, Petite Collection Maspero, 1980
- Gordon J.-J.William, **Stimulation des facultés créatrices** (synectique), Hommes et techniques, 1965
- Graugnard Gilbert, Hugo Jacques, **L'audiovisuel pour tous**, Chronique sociale, 1983
- Habermas J., **Connaissance et intérêt**, Gallimard, PUF, 1976
- Hess Rémy, **La pédagogie institutionnelle**, Ed. Universitaires, 1975
- Idatte Paul, **Sachez rédiger pour réussir votre profession**, Ed. d'Organisation, 1975
- Kepler Ariane, **Le centre ressource. Pourquoi ? Comment ?** Chronique Sociale, 1992
- La Garanderie A. de, **Une pédagogie de l'entraide**, Chronique Sociale, 1994

- Le Coadic Y.-F., **La science de l'information**, Que sais-je ? N° 1873, PUF, 1994
- Lerbet G., **Système, personne et pédagogie. Une nouvelle voie pour l'éducation**, ESF, 1993
- Lobrot M., **La pédagogie institutionnelle**, Ed. de Minuit, 1970
- Loubet del Bel, **Introduction aux méthodes des sciences sociales**, Privat, 1978
- Loureau R., **L'analyse institutionnelle**, Gauthier-Villard, 1975
- Lugan Jean-Charles, **Eléments d'analyse des systèmes sociaux**, Privat, 1983
- Maccio Charles, **Pratique de l'expression**, 5e éd., Chronique Sociale, 1994
- Martin Jean-Paul, Savary Emile, **Formateur d'adultes**, Chronique Sociale, 1997
- Oléron Pierre, **L'argumentation**, Que sais-je ? N° 2087, PUF, 1983
- Poirier Marcel, **La grammaire expliquée**, Chronique Sociale, 1993
- Raillon Louis, **Roger Cousinet : une pédagogie de la liberté**, A.Colin, 1990
- Rapp L., **Les groupes d'entreprises publiques**, Que sais-je ? N° 2295, PUF, 1986
- Rosnay Joël de, – **Le cerveau planétaire**, Points Seuil, 1986
  – **Le macroscope**, Points Seuil, 1977
- Sfez Lucien, **La décision**, Que sais-je ? N°2181, PUF, 1984
- Tchakotine Serge, **Le viol des foules**, Gallimard, 1952
- Tilman F., Grootaers D., **Les chemins de la pédagogie**, Chronique Sociale, 1994
- Unrug Marie-Christine, **Analyse de contenu**, Ed.Universitaires, 1974
- Vassileff Jean, **La pédagogie du projet en formation**, 4e éd., Chronique Sociale, 1997

Index

Nos livres par collections
avec indication du niveau de lecture Ev : Eveil Es : Essentiel S : Synthèse

Comprendre les personnes

Les étapes du développement de la personnalité

Ev **Albums illustrés - format : 21 x 29,7 cm - 64 pages dont 30 illustrations**

* **La naissance : grossesse et premiers mois de la vie**
Michel Richard - Isabelle Plat - 2e édition

* **1 à 3 ans : vers une personnalité autonome**
Jean-François Skrzypczak - Roland Burlet
2e édition

* **3 à 6 ans : l'enfant metteur en scène de sa vie**
Alain Guillotte - Thiébaud Lardier - 3e édition

* **14-19 ans : l'adolescence, la difficulté d'être**
M.-F. Cote-Jallade - J. Dumonteil - M.-N. Semet
4e édition

Ev **Livres illustrés - format : 16 x 22 cm - 30 illustrations**

* **L'œdipe. Moyen de libération**
Charles Maccio - Claude Régnier
104 pages - 2e édition

* **Le bébé et ses parents. 0 à 18 mois**
Alain Guillotte 3e édition

* **11-15 ans. Les enjeux d'une révolution**
Albert Donval - Odette Thibault - Raphaël Gattegno
112 pages - 4e édition

* * *

S * **La psychologie et ses domaines**
Collectif - 300 pages - 2e éd.

Es * **Pour une éducation de la liberté.** Les étapes du développement de la personnalité
Charles Maccio - 208 pages - 4e édition

Es * **Comprendre la sexualité aujourd'hui**
Michel Simon - 186 pages - 3e édition

Es * **Prendre sa vie en main**
André Gromolard - 128 pages - 3e édition

S * **L'inné et l'acquis**
Inégalités "naturelles" - Inégalités sociales
Jean-François Skrzypczak - 208 pages - 3e édition

Es * **Introduction à la psychanalyse de Freud**
Michel Dethy - 152 pages - 3e édition

Es * **Introduction à la psychanalyse de Lacan**
Michel Dethy - 152 pages - 3e édition

Es * **Maladies psychosomatiques et troubles de la sexualité** - Michel Dethy - 120 pages

S * **Mères en détresse, naufrage d'enfants**
Jean-Marie Charron - 144 pages

Es * **Ecouter l'autre.** Tant de choses à dire
Alfred Vannesse - 96 pages - 3e édition

Es * **Vivre après l'accident**
Jean-Luc Simon - 152 pages

S * **La personne âgée**
Dr Louis Ploton - 256 pages - 3e édition

Es * **Ensemble face à la drogue.** Agir au quotidien
Françoise Mozzo-Counil - 192 pages

Es * **Mieux vivre nos désirs** - De la naissance à la fin de vie - Dr Philippe Lefèvre - 256 pages

S * **Les courants de la psychologie**
Michel Richard - 292 pages - 2e édition

Es * **Sectes** - Les manipulations mentales
Max Bouderlique - 128 pages - 3e édition

Es * **Vivre le deuil** - De la désorganisation à une réorganisation - M.-F. Augagneur - 160 pages - 3e édition

Ev * **Le temps du mépris** - Les Maghrébins de la deuxième génération - Guy Dutey - 192 pages - 2e édition

Ev * **Le temps de la différence** - À la rencontre des solitudes - Guy Dutey - Antoine Dury - 176 pages

S * **Le corps - Rôle et parole**
Mireille-Lucile Latour - 184 pages

Es * **Acupuncture sans mystère**
Dr Auguste Nguyen - 176 pages

Es * **Vivre la boulimie ordinaire** - À la recherche de son identité - Sylvette Riéty - 168 pages

Es * **Adolescents, drogues et toxicomanie**
Louis Gonet - 144 pages

Es * **L'enfant meurtri** - S'en sortir sans rancune
Genny Le Thi Mui - 160 pages

Es * **L'homme et son langage**
Fred Poché - 160 pages

Es * **Parler pour exister**
Claude Bizet - 208 pages

Es * **Vivre avec son handicap**
Josiane Criscuolo - 160 pages

Es * **Vivre avec des personnes âgées**
C. Pichaud - I. Thareau - 2e édition - 208 pages

S * **Maladie d'Alzheimer** - À l'écoute d'un langage
Dr Louis Ploton - 176 pages

Es * **Communiquer avec des adultes âgés** - La « Clé des Sens » - Martine Perron - 176 pages

Es * **Musique, thérapie et animation**
Colette Rivemale - 158 pages

Es * **Violences familiale, scolaire et sociale**
Pierre Marc - 176 pages

Es * **Re-trouver l'estime de soi**
Colette Bizouard et Danielle Roche - 128 pages

Es * **L'avortement et le lien maternel**
Isabelle Tamian-Kunégel - 144 pages

Es * **En finir avec le tabac**
Jean-Luc Nicaud -128 pages

Es * **Favoriser le développement de l'enfant**
Jean-Charles Juhel - 240 pages

Comprendre la société

S * **Maîtriser les mutations techniques**
L'humanité face aux changements
Charles Maccio - 312 pages

S * **Valeurs pour notre temps**
L'humanité face aux changements
Charles Maccio - 260 pages

S * **Les sciences humaines en mouvement**
L'humanité face aux changements
Charles Maccio - 336 pages

S * **Nouveau paysage international**
Albert Samuel - 264 pages

S * **L'environnement** - Le comprendre pour le reconstruire
Thierry Poucet - 232 pages

S * **Comprendre et gérer les conflits dans les entreprises et les organisations**
Pierre Rousseau - 172 pages

Es * **Notre santé.** Une école de vie
Michèle Pohier - 240 pages

S * **Les religions aujourd'hui**
Albert Samuel - 368 pages - 4e édition

Es * **La coordination gérontologique**
Martine Tanguy-Mauffret - 208 pages

D * **L'entreprise démocratique**
Jacques Benoit - Damián Yurkievich - 192 pages

Es * **Le Maghreb** au cœur des crises
Michel Branciard - 176 pages

S * **Les mécanismes de l'économie politique**
Yves de Wasseige - 328 pages

Es * **Comprendre l'histoire de la Vie**
André Steiger - 224 pages

Es * **Comprendre l'action des sectes**
Max Bouderlique - 144 pages - 2e édition

S * **Les médiations du travail social**
Marie France Freynet - 304 pages - 2e édition

S * **Solidarité par le partage du travail et des revenus**
L'humanité face aux changement
Charles Maccio - 304 pages

S * **Droits de l'homme - Droits des peuples**
Philippe Richard - 184 pages

Es * **Réussir l'insertion** - Accompagner la reconnaissance sociale - Martine Buhrig - 168 pages

Es * **L'homme et la culture**
Jean Billaud - 128 pages

Es * **JAC / MRJC** - Origines et mutations
Collectif - 424 pages

Es * **Histoire des États-Unis**
Yves Bourdon et Jean Lamarre - 278 pages

Es * **Être parents**
Pierre Erny et Mi-Ree Jeong

S * **Construire des actions collectives** - Développer les solidarité - B. Dumas - M. Séguier - 232 pages

Es * **De la préhistoire aux débuts du christianisme - Culture religieuse, Tome 1**
Jacky Cordonnier - 120 pages

Es * **De l'Église des premiers siècles aux guerres de religion - Culture religieuse, Tome 2**
Jacky Cordonnier, 136 pages

Pédagogie / Formation

S * **Apprendre l'autonomie - Apprendre la socialisation** - M.-A. Hoffmans-Gosset - 168 p. - 3e édition

Es * **Formuler et évaluer ses objectifs en formation**
Michel Barlow - 176 pages - 6e édition

S * **Apprendre à écrire le français au collège**
CEPEC - 224 pages - 5e édition

S * **Itinéraire des pédagogies de groupe**
Apprendre en groupe ? Tome 1
Philippe Meirieu - 208 pages - 6e édition

S * **Outils pour apprendre en groupe**
Apprendre en groupe ? Tome 2
Philippe Meirieu - 208 pages - 6e édition

S * **Comment faire un projet d'établissement**
Marc Broch - Françoise Cros - 216 pages - 3e éd.

Es * **Education à la paix** - Fiches pédagogiques 4-12 ans
Richard Fortat - Laurent Lintanf - 208 pages

Es * **Education aux droits de l'homme** - Fiches pédagogiques 4-12 ans - R. Fortat et L. Lintanf - 144 pages

Es * **La pédagogie du projet en formation**
Jean Vassileff - 160 pages - 4e édition

Es * **Prendre ma place à l'école avec l'Analyse Transactionnelle** - Bernard Riban - 104 pages

Es * **Le défi-lecture**
J.-J. Maga - C. Méron - 192 pages - 4e édition

S * **L'évaluation participative de la formation**
Un outil du management - B. Pique - 192 pages

S * **Pédagogie de la médiation.** Autour du PEI
Avec la collaboration du Pr R. Feuerstein - 208 pages - 3e édition

Es * **Conte et (ré) éducation**
Jacques Thomassaint - 104 pages

S * **Le groupe éducatif : une réalité politique**
Michel Barlow - 168 pages

S * **Autoformation et fonction de formateur**
Pascal Galvani - 170 pages

S * **Développement des capacités personnelles**
Ariane Kepler - 264 pages

S * **Evaluer le projet de notre organisation**
M.-H. Broch et F. Cros - 240 pages

S * **Le centre-ressource.** Pourquoi ? Comment ?
Ariane Kepler - 184 pages

Es * **Chef d'établissement : des métiers, une passion**
France Rollin - 192 pages - 2e édition

Es * **Référentiel de métier du chef d'établissement**
France Rollin - 128 pages

Es * **Ensemble faisons reculer l'échec scolaire**
Michel Bourgain - 179 pages

Es * **Histoires de vie et pédagogie du projet**
Jean Vassileff - 192 pages - 2e édition

S * **Théories contemporaines de l'éducation**
Yves Bertrand - 240 pages

Es * **Les petits groupes d'apprentissage dans la classe** - Collectif - 112 pages - 2e édition

Es * **Moi j'enseigne, mais euux apprennent-ils ?**
Michel Saint-Onge - 144 pages - 3e édition

Es * **Devenir efficace dans ses études**
Christian Bégin - 208 pages

S * **Vivre le lycée professionnel comme un nouveau départ** - Gérard Wiel - 192 pages

Es * **L'évaluation scolaire** - Décoder son langage
Ariane Kepler - 184 pages

S * **Autoformation et développement personnel**
Jean-Marie Lange - 168 pages

S * **Réussir avec la neurobiologie** - Utilisations en pédagogie - Collectif - 248 pages

Es * **À l'école des éléments** - Écoformation et classe de mer - Dominique Cottereau - 136 pages

S * **Ethique et pratique de l'audit**
Michel Lecointe et Michel Rebinguet - 192 pages

Es * **Handicaps et vie scolaire** - L'intégration différenciée - P. Bonjour et M. Lapeyre - 192 pages

Es * **L'individualisation de la formation**
Hervé Prévost - 194 pages

Es * **Les chemins de la pédagogie**
F. Tilman et D. Grootaers - 128 pages

Es * **Les courants de la pédagogie contemporaine**
Jean Beauté - 192 pages - 3e édition

Es * **Une pédagogie de l'entraide**
Antoine de la Garanderie - 112 pages

S * **L'activité mentale de l'enfant en maternelle**
C. Depeyre et B. Perbet - 184 pages

Es * **Une clé pour les maths** - Soutien au collège et au lycée et pour la formation continue
C. Augier et Y. Raffestin - 304 pages - 2e édition

S * **Accompagner l'adolescence**
C hristian Philibert et Gérard Wiel - 224 pages

S * **Guide du praticien en PNL**
Louis Fèvre et Gustavo Soto - 272 pages - 2e édition

Es * **Élèves "difficiles", profs en difficulté**
M.-T. Auger et C. Boucharlat - 136 p. - 2e édition

D * **École et société** des politiques aux pratiques
Reine Goldstein - 192 pages

Es * **Le récit de vie**
Danielle Coles et Bénédicte Goussault - 184 p.

S * **Médiation éducative et éducabilité cognitive**
Autour du PEI - Collectif- 168 pages

S * **Former avec la sophrologie** - Une nouvelle voie pour apprendre - Bernard Blanc - 208 pages

Es * **Enseigner et apprendre dans une classe multiculturelle** - Méthodes et pratiques pour réussir
Monique Honor - 176 pages

Es * **Faire participer l'élève à l'évaluation de ses apprentissages**
C. Doyon et D. Legris-Juneau - 124 pages

Es * **Se (re)connaître par le théâtre**
Martine Meirieu - 134 pages

Es * **Apprendre l'orthographe** - Le français par la Cible - François Le Turdu - 208 pages

Es * **L'enseignement précoce des langues**
Dominique Groux - 208 pages

Es * **Construire ses savoirs, Construire sa citoyenneté**
GFEN - 320 pages

Es * **Vittoz et pédagogie**
Vittoz/IRDC - 176 pages

S * **Conduire un projet**
Martine Chambon et Henri Pérouze - 232 pages

Es * **Manuel du responsable d'institution**
Michèle garant - 98 pages

S * **Formateur d'adultes**
Jean-Pierre Martin et Émile Savary - 368 pages

S * **Travailler en équipe à un projet pédagogique**
Marc-Henry Broch - 224 pages

Es * **Exprimer mes désirs, Construire mon projet**
Hélène Lavoie et Marc Denault - 112 pages

Es * **Apprendre et réussir ensemble**
Vincent Lemière - 176 pages

S * **Guide du maître praticien en PNL**
L. Fèvre, G. Soto et C. Servais - 352 pages

S * **Faire de la classe un lieu de vie**
Christian Philibert et Gérard Wiel - 152 pages

Savoir communiquer

S * **Pratique de l'expression**
Charles Maccio - 308 pages - 5e édition

Es * **Le Français pour tous**
Régine Burfin - 248 pages - 4e édition

Ev * **Savoir rédiger** - Une possibilité pour tous
Régine Burfin - 112 pages - 5e édition

Es * **Cultiver sa mémoire**
Colette Bizouard - 176 pages - 3e édition

Es * **Savoir écrire un lire, un rapport, un mémoire...**
Charles Maccio - 176 pages - 2e édition

Es * **La grammaire expliquée** - Notions et exercices
Marcel Poirier - 240 pages

Es * **Vivre la communication**
Colette Bizouard - 184 pages - 6e édition

S * **Des réunions plus efficaces**
Charles Maccio - 256 pages - 2e édition

Es * **Relaxation sophrologique**
Jean-Pierre Blanchet - 136 pages - 2e édition

S * **Autorité - Pouvoir - Responsabilité**
Charles Maccio - 206 pages - 3e édition

Ev * **Organisation et responsabilités**
Charles Maccio - Guy Nauche - 64 pages

Es * **Réussir l'analyse d'un texte**
André Grange - 192 pages

Es * **Réussir le résumé de texte et la note de synthèse**
Jean Profit - 144 pages - 5e édition

Es * **Archives et documentation**
Guide à l'usage des associations et des particuliers
CARHOP - 160 pages

Es * **Invitation à l'expression orale**
Colette Bizouard - 144 pages - 6e édition

Es * **Mieux gérer son temps**
Fathi Tlatli - 164 pages

Es * **L'écoute** - Attitudes et techniques
Jean Artaud - 192 pages - 3e édition

Es * **Créer par la parole**
Pierre Lebar - 144 pages

Es * **Mieux prendre la parole en public**
Jean-Paul Berrou - 152 pages

Es * **Comprendre la presse** - Informer hier et demain
Jean-Jacques Coltice - 128 pages

Es * **Écrire au quotidien - Pratiques du journalisme**
Collectif - 144 pages - 2e édition

Es * **Apprendre, se distraire et créer avec le jeu**
10 jeux à fabriquer - Alain Bideau - 136 pages

Es * **Comprendre et maîtriser le bégaiement**
Collectif - 126 pages

Es * **Faire parler l'enfant retardé mental**
Jean-A. Rondal - 144 pages

S * **Animer et participer à la vie de groupe**
Charles Maccio - 312 pages

Es * **Guide pratique de l'écrit**
Jean-Yves Bonnamour - 200 pages

Es * **Un parcours pour l'embauche**
Michel Bourse - 176 pages

Savoir penser

S * **Introduction à une philosophie de l'homme**
Roger Texier - 168 pages

S * **Le marxisme** - Théorie de la pratique révolutionnaire
Jean Guichard - 304 pages - 4e édition - 30e mille

S * **Le Socialisme** - Histoire - Courants - Pratiques
Albert Samuel - 472 pages

S * **Le personnalisme** - Sources - Fondements
Actualité - Jean Lacroix - 152 pages

Es * **La pensée contemporaine** - Les grands courants
Michel Richard - 234 pages - 4e édition

S * **Les doctrines du pouvoir politique** - Du totalitarisme à la démocratie - Michel Richard - 192 p.

S * **Penseurs pour aujourd'hui**
Collectif - 198 pages

Es * **Penser par soi-même** - Initiation à la philosophie
Michel Tozzi - 224 pages - 3e édition

Demandez-nous notre catalogue avec descriptif complet des ouvrages

Achevé d'imprimer en France en Octobre 1997 - N° d'impression 1265

iml

Imprimerie des Monts du Lyonnais - Les Plaines - 69850 Saint-Martin-en-Haut